Dennis Beismann
Eugen Kogon in der frühen Bundesrepublik

Schriftenreihe der Vierteljahrshefte für Zeitgeschichte

Im Auftrag des
Instituts für Zeitgeschichte München–Berlin
herausgegeben von
Helmut Altrichter, Horst Möller,
Margit Szöllösi-Janze und Andreas Wirsching

Redaktion:
Johannes Hürter und Thomas Raithel

Band 121

Dennis Beismann

Eugen Kogon in der frühen Bundesrepublik

—

Ein öffentlicher Intellektueller zwischen Lehrstuhl und Fernsehstudio 1949–1969

Dissertation an der Universität Kassel, Fachbereich 05 Gesellschaftswissenschaften, eingereicht von Dennis Beismann unter dem Titel „Politischer Publizist, Politikwissenschaftler, Intellektueller. Biographische Studien zu Eugen Kogons Denken und Wirken zwischen 1949–1969", Disputation: 21.11.2018

ISBN 978-3-11-068151-2
e-ISBN (PDF) 978-3-11-068176-5
e-ISBN (EPUB) 978-3-11-068186-4
ISSN 0506-9408

Library of Congress Control Number: 2020944798

Bibliografische Information der Deutschen Nationalbibliothek
Die Deutsche Nationalbibliothek verzeichnet diese Publikation in der Deutschen Nationalbibliografie; detaillierte bibliografische Daten sind im Internet über http://dnb.dnb.de abrufbar.

© 2020 Walter de Gruyter GmbH, Berlin/Boston
Titelbild: Eugen Kogon, 1950; Foto: Privatbesitz Michael Kogon
Satz: bsix information exchange GmbH, Braunschweig
Druck und Bindung: CPI books GmbH, Leck

www.degruyter.com

Inhalt

Einleitung —— 1

I **Biographischer Prolog** —— 9

II **Leben in den 1950er Jahren** —— 18
    1   Familie Kogon —— 18
    2   In den Redaktionsräumen der *Frankfurter Hefte* —— 25

III **Intellektueller in den 1950er Jahren** —— 36
    1   Reminiszenzen an das Denken der Zwischenkriegszeit —— 37
    2   Die „Restauration" —— 41
    3   Auseinandersetzung mit dem Nationalsozialismus —— 44
    4   Zwischen Ost und West —— 63
    5   Europa-Bewegung —— 67
    6   Gegen die (nationale) Wiederbewaffnung der Bundesrepublik —— 72
    7   „Kampf dem Atomtod" —— 80
    8   Beziehungen zu Adenauer —— 85

IV **Hochschullehrer in den 1950er Jahren** —— 93
    1   Aufbau der Politikwissenschaften —— 93
    2   Ruf nach Darmstadt —— 97
    3   Die ersten Jahre als Hochschullehrer —— 102
    4   Politikwissenschaftlicher Ansatz —— 106
    5   Vorlesungen und Lehrinhalte —— 110
    6   Kollegium und Studierende —— 113
    7   Assistenten und Promovierende —— 117
    8   Eingliederung der Gewerbelehrerausbildung —— 122

V **Leben in den 1960er Jahren** —— 126
    1   Zunehmende Arbeitsbelastung —— 126
    2   Der „Fernsehprofessor" —— 130

VI **Intellektueller in den 1960er Jahren** —— 143
    1   Verhältnis zu den Bonner Parteien —— 150
    2   Spiegel-Affäre —— 161
    3   Außenpolitik und Deutschlandfrage —— 165
    4   Gegen die Notstandsgesetzgebung —— 179
    5   68er-Bewegung —— 183

VII Präsident der DVPW in den 1960er Jahren — 192
    1   Gründung der Deutschen Vereinigung für Politische Wissenschaft — 192
    2   Wahl zum Präsidenten — 193
    3   Politikwissenschaft(ler) in der Defensive — 196
    4   Finanzen und Mitgliedszahlen — 203
    5   Der wissenschaftliche Kongress im Oktober 1969 — 205
    6   Ende der Amtszeit — 210

Schluss — 212

Anhang

Danksagung — 223

Abkürzungen — 224

Kogons Lehrveranstaltungen an der TH Darmstadt — 226

Quellen und Literatur — 230

Personenregister — 246

Einleitung

Die vorliegende Studie ist nicht die erste Veröffentlichung über Eugen Kogon (1903–1987). Insbesondere nach seinem Tod erschienen mehrere knappe und zumeist essayistische Lebensbilder, Beiträge in Festschriften oder Nachrufe, in denen sein Lebenswerk gewürdigt wird. Die Lektüre weckt nicht selten hochfliegende Erwartungen an die Person, erfährt man doch, Kogon sei ein „Mann des anderen Deutschlands"[1] gewesen, einer der „Schöpfer von Europa",[2] „Anwalt gesellschaftlicher Humanität",[3] einer der „intellektuellen Gründungsvater der Bundesrepublik",[4] ja sogar das „Gewissen der Nation"[5] – die Liste ließe sich fortführen. Wer ist dieser Mann also, dessen Name vielen Zeitgenossen ein Begriff war, der aber heute weitgehend in Vergessenheit geraten ist?

Mit der vorliegenden Arbeit soll nicht der Anspruch erhoben werden, diese Frage erschöpfend zu beantworten. Vielmehr ist das Ziel, den nicht selten hagiographischen Kurzporträts eine kritische Monographie an die Seite zu stellen, die Kogons Denken und Wirken auf wichtigen Arbeitsfeldern systematisch und umfassend analysiert. Sie fokussiert dabei auf die Tätigkeit Kogons als Publizist und Hochschullehrer, als öffentlicher Intellektueller in der frühen Bundesrepublik sowie auf den Wandel bzw. der Kontinuität seiner Positionen in der alten Bundesrepublik sowie ihren Faktoren, Phasen und Wirkungszusammenhängen. Wie beurteilte der politische Publizist die Physiognomie des von Bonn regierten Staates und seine Demokratie im Detail, wie stand er zum politischen Kurs der ersten christdemokratisch geführten Regierungen in Bonn, wo positionierte er sich im Ost-West-Konflikt?

Neben der Publizistik stellte Kogons Tätigkeit als Professor für Politikwissenschaften einen zentralen Bereich seines Schaffens dar, über den sein Denken und Wirken erfasst werden kann. Obwohl er fast zwei Jahrzehnte an der Technischen Hochschule (TH) Darmstadt lehrte, legte er in dieser Zeit keine Fachpublikationen im eigentlichen Sinne vor. Ihm lagen mehr knappe literarische Formen wie die Kurzartikel oder Aufsätze, die er jeden Monat für die *Frankfurter Hefte* schrieb und in denen er die Ergebnisse seines wissenschaftlichen Denkens verwendete. Umge-

---

1 Gottfried Erb: Ein Mann des anderen Deutschlands. Erinnerungen an Eugen Kogon, in: Orientierungen 52 (1988), H. 9, S. 102–104.
2 Alfred Grosser: Die Last der Geschichte überwinden. Laudatio auf Preisträger Wladyslaw Bartoszewski, in: Neue Gesellschaft. Frankfurter Hefte 50 (2003), H. 1/2, S. 78–82, hier S. 78.
3 Joachim Perels: Eugen Kogon – Zeuge des Leidens im SS-Staat und Anwalt gesellschaftlicher Humanität, in: Claudia Fröhlich/Michael Kohlstruck (Hrsg.): Engagierte Demokraten. Vergangenheitspolitik in kritischer Absicht, Münster 1999, S. 31–45.
4 Walter Mühlhausen: Eugen Kogon – Ein Leben für Humanismus, Freiheit und Demokratie. Blickpunkt Hessen, Wiesbaden 2006, S. 1.
5 Vgl. Michael Kogon: Lieber Vati! Wie ist das Wetter bei Dir? Erinnerungen an meinen Vater Eugen Kogon. Briefe aus dem KZ Buchenwald, München 2014, S. 34.

kehrt belegen die Darmstädter Vorlesungsverzeichnisse sowie die in seinem Nachlass vorhandenen Ausarbeitungen seiner Vorlesungszyklen, dass er sich im Hörsaal der Themen und Formulierungen bediente, die auch in seiner Publizistik eine wichtige Rolle spielten. Diese in einem symbiotischen Verhältnis stehenden Bereiche – Wissenschaft und Publizistik – fußten auf dem gemeinsamen pädagogischen Impetus, aus dem heraus er Einfluss auf die öffentliche Meinungsbildung zu nehmen suchte und den es in der Untersuchung einzufangen gilt. Die vorliegende Studie berücksichtigt daher Kogons Denken und Wirken sowohl als politischer Publizist als auch als Gelehrter.

Die Gelehrtengeschichte geht davon aus, dass sich aus der Biographie eines Forschers[6] die Wahl seiner Disziplin sowie die inhaltliche Ausrichtung seiner Arbeit ergibt.[7] Diese These muss in besonderem Maße für Kogon gelten, der ohne Eltern aufwuchs, Zeuge mehrerer politischer Systemwechsel wurde und den Nationalsozialismus, zwei Weltkriege sowie jahrelange KZ-Haft überlebte, in der er mehrmals nur knapp dem Tod entging. Sein Denken und Wirken lässt sich nicht im Detail ausleuchten, ohne diese Dimensionen – seine Herkunft, seine Erfahrungen und sein persönliches Umfeld – in die historische Analyse miteinzubeziehen. Wo die Quellenlage einen stärker biographiezentrierten Zugriff ermöglicht und das Material einen zusätzlichen Erkenntniswert bietet, findet auch seine Lebensgeschichte in der Untersuchung Berücksichtigung. Über den multiperspektivischen Zugang – Charakterstudie, politisch-intellektuelle Interventionen und Wirken als Politikwissenschaftler – wird ein vielschichtiges Porträt Kogons angestrebt. Die unter den drei Kategorien subsumierten Einzelstudien ermöglichen eine mehrgleisige Thesenführung und multiperspektivische Betrachtung.

Doch warum lohnt es sich, ein ganzes Buch über diesen politischen Publizisten, Politikwissenschaftler und Intellektuellen zu schreiben? Es ließe sich vorbringen, dass Kogon Herausgeber einer der einflussreichsten kulturpolitischen Zeitschriften der Nachkriegszeit war, wichtiger Vertreter der Europabewegung, Mitbegründer der hessischen CDU und vieles mehr. Den möglichen sozialgeschichtlichen Einwand, dass eine biographische Tiefenbohrung keinen Aufschluss über strukturelle Elemente geben könne und insofern nicht repräsentativ sei, können solche Hinweise vielleicht nicht entkräften.[8] Im Rahmen der Arbeit wird dieser Kritik an der traditionellen Biographik begegnet, indem Kogons Wirken kontextualisiert und somit auch die ihn umgebenden gesellschaftlichen und institutionellen Strukturen beleuchtet werden. Der biographische Zugriff legt somit nicht nur den Blick auf eine spezifi-

---

6 Im Interesse einer flüssigen Sprache steht „Forscher" auch für „Forscherin". Auch im Folgenden steht das generische Maskulinum für beide Geschlechter, insofern kein geschlechtsneutraler Begriff existiert.
7 Vgl. Wilhelm Bleek: Geschichte der Politikwissenschaft in Deutschland, München 2001, S. 19.
8 Vgl. Jan Eckel: Hans Rothfels. Ein intellektuelle Biographie im 20. Jahrhundert, Göttingen 2005, S. 18.

sche Persönlichkeit frei, vielmehr lässt die Einbettung der Biographie Zeitdiagnosen zu. Das vorliegende Quellenmaterial eröffnet einen eigenen Blick auf die politische und gesellschaftliche Entwicklung der Bundesrepublik und ihre intellektuellen Schlüsseldebatten. Kogons Tätigkeit als Politikwissenschaftler und Wissenschaftsmanager bietet zudem Einblicke in die bundesdeutsche Entstehungsgeschichte der Politikwissenschaften.[9] Durch diesen weit gefassten Blickwinkel rechtfertigt sich der Untersuchungsgegenstand nicht nur aus sich selbst heraus.[10]

Der Nationalsozialismus und Kogons langjährige Haft im Konzentrationslager Buchenwald bildeten zweifellos eine entscheidende Zäsur in seinem Leben, die seine Einschätzungen und Überlegungen aus Zeiten der Zwischenkriegszeit und der Bundesrepublik deutlich voneinander trennten. „Ich bin im Lager ein anderer geworden", so erklärte er nach dem Ende des Zweiten Weltkriegs. In den vielen Lebensbildern zu seiner Person scheint sich diese Lesart verstetigt zu haben, und nicht selten wird ausgeklammert, dass Kogon sich in der zweiten Hälfte der 1920er Jahre mit Nachdruck für eine Zusammenarbeit des politischen Katholizismus mit dem Nationalsozialismus aussprach. Die These, dass seine Aussage, er sei in der Lagerhaft „ein anderer" geworden, relativiert werden müsse, ist nicht neu.[11] Inwiefern sich allerdings „alte" und „neue" Werthaltungen in seinem politischen Denken in der Bundesrepublik wiederfinden, wie sich das Verhältnis von Transformation und Kontinuität in seinen intellektuellen Einlassungen im westdeutschen Staat entwickelte, ist ein Desiderat der Intellektuellengeschichte.

Die Untersuchung kann dabei an die „ideengeschichtliche Archäologie der alten Bundesrepublik" von Friedrich Kießling anknüpfen.[12] Während viele Arbeiten zu den intellektuellen Wegen durch den Bonner Staat nach dem Neuen, den Zäsuren und der Transformation fragen, rückt Kießling die Kontinuitäten in den Fokus. Für vier „intellektuelle Räume" – gemeint sind Gruppen von Autoren – belegt er, dass sich tradierte Werthaltungen der 1920er und 1930er bis in das dritte Jahrzehnt der Bundesrepublik weiterverfolgen lassen. Anhand von vier öffentlichen Debatten zeichnet Kießling die intellektuelle Entwicklung seiner Autoren nach, unter denen

---

9 Von 1951 bis 1968 lehrte Kogon als Professor für Politikwissenschaften an der Technischen Hochschule Darmstadt. Von 1967 bis 1969 war er Präsident der Deutschen Vereinigung für Politische Wissenschaft.
10 Vgl. Wolfram Pyta: Biographisches Arbeiten als Methode in der Geschichtswissenschaft, in: Christian Klein (Hrsg.): Handbuch Biographie. Methoden, Traditionen, Theorien, Stuttgart/Weimar 2009, S. 331–338, hier S. 333.
11 Siehe z. B. Michael Kogon: Die frühen Schriften Eugen Kogons, in: Michael Kogon/Gottfried Erb (Hrsg.): Eugen Kogon. Die Idee des christlichen Ständestaates. Frühe Schriften 1921–1949. Band 8 der Gesammelten Schriften, Berlin 1999, S. 9–60, hier S. 43.
12 Vgl. Friedrich Kießling: Die undeutschen Deutschen. Eine ideengeschichtliche Archäologie der alten Bundesrepublik 1945–1972, Paderborn 2012.

Kogon einer von vielen ist.¹³ Seine Arbeit, die kein Gesamtpanorama von Kogons Denken und Wirken leisten will und auch keinen Zugriff auf seinen Nachlass hatte, liefert dennoch wichtige Anknüpfungspunkte für die vorliegende Studie.

Auch weitere Kernfragen zur Ideen- und Intellektuellengeschichte der alten Bundesrepublik werden in der vorliegenden Arbeit behandelt. Wie beurteilte Kogon die „Krise des Staatsgedankens", die bereits unmittelbar nach dem Zusammenbruch des „Dritten Reiches" zu spüren war,¹⁴ und wie fügt sich sein politisches Denken in den prozesshaften bundesdeutschen Weg zur „intellektuelle[n] Gründung der Bundesrepublik"?¹⁵ Wo ist Kogons Denken und Wirken im Rahmen der „Westernisierung" zu verorten, mit der aus heutiger Forschungsperspektive das Aufkommen eines gemeinsamen Wertekonsenses im Westen auf beiden Seiten des Nordatlantiks gemeint ist? Seit dem 18./19. Jahrhundert vollzog sich ein wechselseitiger Ideenverkehr zwischen Europa und Nordamerika, der mal schwerpunktartig in die eine, dann wieder in die andere Richtung verlief. Die Westdeutschen öffneten sich sukzessive diesem Wertekanon nach dem Zweiten Weltkrieg.¹⁶ Aufklärung, Liberalismus, parlamentarische Demokratie, freier Markt – all diese Bezugsgrößen nahmen auch Einfluss auf Kogons Publizistik, und es gilt, sie in seinem Gedankengebäude zu vermessen und in ihren unterschiedlichen Nuancierungen und Schattierungen einzufangen.

Christina von Hodenberg zeichnet bundesdeutsche Wandlungsprozesse in Staat und Gesellschaft am Beispiel der Geschichte der politischen Öffentlichkeit von 1945 bis 1973 nach. Die journalistische Arbeit sowie die Rezeptionsgewohnheiten des Publikums entwickelten sich vom „Konsensjournalismus" der „kurzen 50er" Jahre hin zu einer pluralen Debattenkultur am Ende der „langen 60er", in denen eine kritische Berichterstattung zu politischen Themen kein Tabu mehr darstellte.¹⁷ Auch in diesen Prozess, der in unterschiedlichen Phasen und auf verschiedenen Ebenen verlief, gilt es Kogons publizistisches Wirken einzupassen.

Die vorliegende Arbeit ist keine Biographie. Ein Grund für die Entscheidung, die Studie nicht als Biographie anzulegen, ist, dass Kogon insgesamt mehrere tau-

---

13 Kießling wählt die folgenden Topoi: Umgang mit dem Nationalsozialismus, Staats- und Demokratieideen, Modernedebatte, Raumvorstellungen.
14 Vgl. Dominik Geppert/Jens Hacke: Einleitung, in: Dominik Geppert/Jens Hacke (Hrsg.): Streit um den Staat. Intellektuelle Debatten in der Bundesrepublik 1960–1980, Göttingen 2008, S. 9–22, hier S. 9.
15 Clemens Albrecht u. a.: Die intellektuelle Gründung der Bundesrepublik. Eine Wirkungsgeschichte der Frankfurter Schule, Frankfurt a. M./New York 1999.
16 Vgl. Anselm Doering-Manteuffel: Westernisierung. Politisch-ideeller und gesellschaftlicher Wandel in der Bundesrepublik bis zum Ende der 60er Jahre, in: Axel Schildt/Detlef Siegfried/Karl Christian Lammers (Hrsg.): Dynamische Zeiten. Die 60er Jahre in den beiden deutschen Gesellschaften, Hamburg 2000, S. 311–341, hier S. 311–316.
17 Christina von Hodenberg: Konsens und Krise. Eine Geschichte der westdeutschen Medienöffentlichkeit 1945–1973, Göttingen 2006.

send Publikationen vorgelegt hat und sein 120 laufende Meter umfassender Nachlass zwar nach einigen formalen Kriterien geordnet, aber nicht inhaltlich erschlossen ist. Auch aus pragmatischen Gründen erschien es daher sinnvoll, sich auf biographische Teilstudien zu beschränken, um für einen begrenzten Zeitabschnitt exemplarisch Entwicklungen nachzeichnen zu können. Im vorliegenden Fall wurde eine Periode gewählt, in der Kogons intellektuelles Potenzial wohl am größten war. Sicher erlebte seine Prominenz unmittelbar nach dem Zusammenbruch des „Dritten Reiches" eine erste Spitze – die beeindruckende Auflagenzahl von 75 000 Exemplaren im Jahr 1948 der von ihm und Walter Dirks herausgegebenen *Frankfurter Hefte* ist dafür ein eindrucksvoller Beleg. Das thematische Panorama verschiedener Nachkriegszeitschriften – und damit auch der *Frankfurter Hefte* – ist jedoch bereits Gegenstand einiger wissenschaftlicher Monographien.[18] Auch wenn die Auflage der *Frankfurter Hefte* kontinuierlich abnahm, hatten Kogons intellektuelle Impulse einen deutlichen Einfluss auf die politischen und gesellschaftlichen Debatten der 1950er Jahre.

Frühzeitig erkannte er die Möglichkeiten der neuen Massenmedien und nutzte geschickt diese Verbreitungswege, bis er 1964 Leiter des zu dieser Zeit einflussreichsten Politmagazins der Bundesrepublik, *Panorama*, wurde. In dieser Funktion erlebte er einen neuen Höhepunkt seiner Reichweite. So war er auch in den 1960er Jahren eine Person des öffentlichen Lebens, bekannt als „der Fernsehprofessor" und in vorderster Reihe beteiligt an den großen politisch-intellektuellen Debatten dieser Jahre, wie der Auseinandersetzung um die Notstandsgesetze. Erst Ende der 1960er Jahre, als seine Kritik an der christdemokratisch geführten Bonner Regierungspolitik mit der Wahl Willy Brandts ein Ziel erreicht zu haben schien, er emeritiert wurde und aus weiteren öffentlichen Ämtern ausschied, nahm sein Einfluss auf die öffentliche Meinungsbildung langsam, aber stetig ab. Mit der Längsschnittbetrachtung von der Gründung des westdeutschen Staates bis zur Wahl der sozialliberalen Koalition ist ein Untersuchungszeitraum gewählt, in dem zentrale intellektuelle Weichenstellungen der Bundesrepublik Deutschland verfolgt werden können.

Wenn Kogon hier als Intellektueller bezeichnet wird, ist zu fragen, was unter diesem Begriff, dessen Bedeutung in der Geschichte einem konstanten Wandel unterlag,[19] zu verstehen ist. Nach Lothar Peter werden im Folgenden Intellektuelle als

---

18 Siehe z. B. Hans-Gerd Ewald: Die gescheiterte Republik. Idee und Programm einer „Zweiten Republik" in den Frankfurter Heften (1946–1950), Frankfurt a. M./New York 1988; Martin Stankowski: Linkskatholizismus nach 1945. Die Presse oppositioneller Katholiken in der Auseinandersetzung für eine demokratische und sozialistische Gesellschaft, Köln 1976; Ingrid Laurien: Politisch-kulturelle Zeitschriften in den Westzonen 1945–1949. Ein Beitrag zur politischen Kultur der Nachkriegszeit, Frankfurt a. M./New York 1991.
19 Zur Begriffsgeschichte vgl. Jutta Schlich: Geschichte(n) des Begriffs ‚Intellektuelle', in: Jutta Schlich (Hrsg.): Intellektuelle im 20. Jahrhundert in Deutschland. Ein Forschungsreferat, Berlin 2000, S. 1–114.

Menschen definiert, „die auf wissenschaftlichem, künstlerischem, literarischen oder journalistischem Gebiet tätig sind, auf diesem Gebiet eine gewisse Kompetenz erworben haben, in die öffentlichen Auseinandersetzungen und Diskurse kritisch intervenieren und Position beziehen. Der Begriff des Intellektuellen ist nicht an einen bestimmten politischen Standort, an eine bestimmte Ideologie oder Moral gebunden."[20] Diese Definition, die auch in anderen Forschungsarbeiten herangezogen wird,[21] umschreibt Kogons Tätigkeit als öffentlicher Intellektueller treffend und bietet ein probates Begriffswerkzeug für die nachfolgende Analyse.

Die Untersuchung fußt auf einer breiten Materialbasis, die verschiedene Quellenarten berücksichtigt. Neben der Auswertung der Forschungsliteratur bilden archivalische Quellen ein entscheidendes Fundament der Arbeit. Der für die Studie wichtigste Bestand ist Kogons Nachlass im Bonner Archiv der sozialen Demokratie. Da die Untersuchung nicht nur sein Denken und Wirken selbst beleuchtet, sondern auch den Einfluss seiner Kooperationspartner sowie die ihn umgebenden gesellschaftlichen Bedingungen und institutionellen Strukturen in den Blick nimmt, umfasst der Quellenkorpus auch die Nachlässe wichtiger Akteure in Kogons Umfeld sowie die Aktenbestände von Vereinen und Verbänden, Forschungseinrichtungen und Hochschulen, Redaktionsarchiven etc.

Die wichtigste Quelle für die Ausleuchtung von Kogons Gedankengebäude ist aber die umfassende und systematische Lektüre sämtlicher von ihm publizierten Schriften seit Ende der 1940er Jahre bis etwa 1970. Diese Texte finden sich vor allem in den *Frankfurter Heften* sowie in den achtbändigen *Gesammelten Schriften*, die Michael Kogon und Gottfried Erb, Kogons ehemaliger Assistent am Darmstädter Lehrstuhl, in den 1990er Jahren herausgegeben haben. Nur in stark eingeschränktem Maße konnten Mitschnitte von Kogons Rundfunkbeiträgen ausgewertet werden, weil die Sendeanstalten oftmals kein Archiv haben. Anders verhält es sich mit dem Fernseharchiv des NDR, das dem Verfasser eine Recherche im Mitschnitt-Archiv ermöglichte. Zudem wird das vom NDR produzierte Politmagazin *Panorama* in sämtlichen Jahrgängen seit der Erstausstrahlung 1961 im Internet zur Verfügung gestellt, so dass auch alle Sendungen, die unter der Leitung Kogons entstanden, berücksichtigt werden konnten.[22] Abgerundet wird die Materialgrundlage durch Zeitzeugenin-

---

20 Lothar Peter: Warum sind die französischen Intellektuellen politisch, die deutschen nicht?, in: Hans-Jürgen Bieling/Klaus Dörre/Jochen Steinhilber/Hans-Jürgen Urban (Hrsg.): Flexibler Kapitalismus. Analyse, Kritik und politische Praxis. Frank Deppe zum 60. Geburtstag, Hamburg 2001, S. 240–251, hier S. 240.
21 So z. B. bei Stephan Moebius: Intellektuellensoziologie – Skizze zu einer Methodologie, in: Sozial.Geschichte Online 2 (2010), S. 37–63, hier S. 42.
22 Das Panorama-Archiv, https://daserste.ndr.de/panorama/archiv/index.html (19.04.2018).

terviews mit Kogons Familienangehörigen sowie mit seinen ehemaligen Assistenten am Lehrstuhl, Studierenden und Nachbarn.[23]

Die Untersuchung gliedert sich in sechs Kapitel, von denen die ersten drei den 1950er und die letzten drei den 1960er Jahren gewidmet sind. In der Grundstruktur orientiert sich die Studie an der Chronologie des Geschehens. Teilweise war es sinnvoll, dem Geschehen vorzugreifen oder einen Rückbezug auf bereits untersuchte Zeitfenster zu unternehmen, insbesondere bei Fragen nach der Transformation und der Kontinuität in Kogons intellektueller Entwicklung. Das Kapitel zu den 1950er Jahren sowie das Kapitel zu den 1960er Jahren gliedert sich in einen Dreischritt, in dem zunächst einzelne Charakterzüge Kogons und sein persönliches Umfeld, dann seine intellektuelle Entwicklung und schließlich das Wirken als Politikwissenschaftler bzw. Wissenschaftsmanager im Mittelpunkt stehen.

Diesen sechs Kapiteln ist ein biographischer Prolog vorangestellt, in dem Kogons Herkunft und sein Werdegang bis zur Gründung der Bundesrepublik skizziert werden, da ohne den Überblick über die frühen Einflüsse sein späteres Wirken nicht nachzuvollziehen ist. In diesem Abschnitt stehen vor allem die Werthaltungen seiner frühen Publizistik im Mittelpunkt, um diese im weiteren Verlauf der Darstellung in Verhältnis zu inhaltlichen Dimensionen späterer Arbeiten setzen zu können.

Nach Einleitung und Prolog beginnt mit dem zweiten Kapitel die eigentliche Untersuchung. In diesem Kapitel wird Kogon in seinem persönlichen Umfeld zur Zeit der Gründung des westdeutschen Staates porträtiert und auf Quellen zurückgegriffen, die eine Annäherung an sein privates Leben und seine Persönlichkeit ermöglichen. Die politisch-intellektuelle Entwicklung der 1950er Jahre steht im Mittelpunkt des dritten Kapitels, das sein Denken und Wirken im Kontext der zentralen Themen bundesdeutscher Innen- und Außenpolitik analysiert. Den untersuchungsperspektivischen Dreischritt zu den 1950er Jahren vollendet das vierte Kapitel, das auf die frühen Jahre als Professor für Politikwissenschaften an der Technischen Hochschule Darmstadt fokussiert. Besondere Berücksichtigung finden in diesem Abschnitt sein Engagement für den Aufbau der Disziplin und ihre Verankerung im akademischen Feld.

Zu den 1960er Jahren führt das fünfte Kapitel, das Kogons unbefangenes Herangehen an die neuen Massenmedien seit Ende der 1950er Jahre thematisiert. Infolge seiner steigenden Präsenz im bundesdeutschen Rundfunkgeschehen stieg auch seine Prominenz sprunghaft an. Der Abschnitt zeigt Kogons enorme Arbeitsbelastung dieser Zeit und spürt der Frage nach, wie er mit dieser Lebenssituation persönlich umging. Im sechsten Kapitel erfolgt die Untersuchung seiner politisch-intellektuellen Interventionen der 1960er Jahre. Das dritte und letzte Kapitel zu den 1960er Jahren widmet sich Kogons Wirken als Wissenschaftsmanager bzw. als Präsident der

---

[23] Eine detaillierte Auflistung aller verwendeten Archivbestände, Zeitzeugeninterviews und Forschungsliteratur findet sich im Anhang.

Deutschen Vereinigung für Politische Wissenschaft. Herausgearbeitet wird, was in seiner Amtszeit die wichtigsten Themen und Herausforderungen waren – einer Zeit gesamtgesellschaftlich angespannten Klimas, in der die Politikwissenschaften von verschiedener Seite öffentliche Kritik erfuhren.

Das letzte Kapitel schließt die Untersuchung ab und liefert eine Gesamtbilanz der Studie vor dem Hintergrund des eingangs formulierten Fragenkatalogs.

I Biographischer Prolog

Es lässt sich heute nicht klären, warum Sophie Kogon sich entschloss, ihren Sohn Eugen Michael wenige Tage nach seiner Geburt am 2. Februar 1903 in München wegzugeben und kurz darauf die Stadt zu verlassen. Sicherlich trug zu ihrer Entscheidung bei, dass sie mit dem Vater des Kindes, dem russischen Diplomaten Alexander Michael Ssemjonoff, nicht verheiratet war.[1] Sie veranlasste noch die Taufe ihres Sohnes, gab ihn in Pflege und verzog kurz darauf nach Genf.[2] Weder sie noch den Vater sollte das Kind jemals kennenlernen.[3] Eugen Kogon wuchs kleinbürgerlich bei seiner Pflegemutter Cäcilie Heuberger in Schwabing auf, die ihn katholisch erzog und in ein Kloster-Internat gab, als sie das Kind nach ihrer Verheiratung nicht mehr bei sich behalten konnte.[4] So kam Kogon 1914 in die zweite Gymnasialklasse eines Benediktiner-Internats im niederbayerischen Schweikelberg und wechselte sechs Jahre später – als nunmehr Siebzehnjähriger – zu den Dominikanern in das oldenburgische Vechta.[5] Über diese Jahre berichtete er später:

> „Ich erinnere mich an den einen Rektor, der dann später unter den Nazis verfolgt worden ist und gestorben ist: Pater Laurentius Siemer [...]. Der hat gefragt: Wer führt die Chronik? Die Chronik, die täglich geführt werden mußte und beim Mittagessen verlesen wurde. Ich habe mich gemeldet. Das schriftstellerische Talent ist systematisch gefördert worden – auch die Redebegabung. [...] Wir mußten von Pulten aus nach scholastischer Methode des Mittelalters gegeneinander Debatten führen. Das hatte später einen ungeheuren Nutzen."[6]

Nachdem Kogon 1922 das Abitur in Vechta mit „sehr gut" absolviert hatte, studierte er in München Nationalökonomie und Soziologie – auch das Examen bestand der fleißige Student mit „sehr gut".[7]

Nach einem einjährigen Auslandsaufenthalt in Florenz ging Kogon 1926 an die Universität Wien, um bei dem konservativen Nationalökonom und Soziologen Othmar Spann und dem Rechtswissenschaftler Hans Kelsen zu promovieren.[8] Rasch begeisterte Spann ihn von der Vorstellung eines christlichen Ständestaates.[9] In Ko-

---

1 Vgl. Kogon: Lieber Vati! Wie ist das Wetter bei Dir?, S. 433.
2 Michael Kogon, E-Mail an Dennis Beismann, 07.12.2017.
3 Vgl. Eugen Kogon: Meine Entwicklung im Glauben, in: Michael Kogon/Gottfried Erb (Hrsg.): Eugen Kogon. Liebe und tu, was du willst. Reflexionen eines Christen. Band 4 der Gesammelten Schriften, Weinheim/Berlin 1996, S. 39–52, hier S. 39.
4 Michael Kogon, E-Mail an Dennis Beismann, 07.12.2017.
5 Vgl. Kogon: Meine Entwicklung im Glauben, S. 41 f.
6 Ebenda, S. 43.
7 Vgl. UA THD, Akten der Fakultät Kultur- und Staatswissenschaften, Sig. UA 103 Nr. 372/1, Eugen Kogon: Curriculum vitae, 12.11.1950.
8 Vgl. ebenda.
9 Kogons Publizistik der Zwischenkriegszeit hat Karl Prümm in seiner Habilitationsschrift eingehend untersucht. Es kann und soll an dieser Stelle nicht die Aufgabe sein, die gesamte Studie zu

gons Dissertation *Faschismus und Korporativstaat*,[10] die von den Prüfern 1927 mit „cum laude" bewertet wurde, äußerte er die Hoffnung, dass der italienische Faschismus den Ständestaat realisieren könnte.[11] Seiner Vorstellung eines christlichen Ständestaates, den er als ein natürliches und organisches Gesellschaftsmodell anpries, standen die Parteien und die Demokratie gegenüber, die er als künstliche und mechanische Organisationsstrukturen ablehnte. Aus diesen Überlegungen ergab sich die Schlussfolgerung, dass im Interesse eines funktionierenden Gesamtsystems der einzelne auf seine Rolle im organischen Zusammenhang zu reduzieren sei und in diesem Sinne Eigeninteressen zurückzustellen habe. An der Spitze dieses autoritär-hierarchischen Sozialgefüges stand eine Exekutive, die über zahlreiche Zwischeninstanzen Befehle an die nach Rangfolge geordneten Stände erteilte.[12] Kogon befürwortete lediglich eine „Selbstverwaltung der Bürger innerhalb ihres Berufs- und Kulturkreises" und „demokratische Abstimmung und politische Autonomie [...] unter relativ Gleichen, also im Stand [...]".[13] Schon im Alter von nur 23 Jahren gelang es ihm, seine Überlegungen in angesehenen katholischen Zeitschriften wie in der *Hochland* zu publizieren.[14]

Von 1927 bis 1932 war er als führender Mitarbeiter der Wiener Wochenzeitschrift *Schönere Zukunft* tätig. Schon der Name der Zeitschrift war eine Positionsmeldung und suggerierte, dass das Blatt seine Gegenwart als weniger schön wahrnahm. Die Zeitschrift „bot ihren Lesern ein schillerndes Amalgam von katholischen Universalismus, monarchistischen Sehnsüchten, organisch-hierarchischem Gesellschaftsdenken, Antimodernismus, nationalistischen Parolen, kulturkämpferischem Pathos und antisemitischen Invektiven. Konservative Revolution in katholischer Verbrämung – so ließe sich ihr ideologischer Standort auf den Begriff bringen".[15]

Zentral in Kogons Beiträgen stand seine Parteinahme gegen den Bolschewismus, die auch die Sozialdemokratie, die kommunistischen Parteien des Westens sowie die Sowjetunion umfasste.[16] Als zweites Prinzip der abendländischen Geschich-

---

referieren. Um allerdings die Untersuchungsergebnisse der vorliegenden Studie in Verhältnis zu Kogons frühen Arbeiten zu setzen, ist es notwendig, seinen Werdegang grob zu skizzieren und besonders wichtige Geschichtspunkte seiner frühen Publizistik herauszuarbeiten. Die folgenden Ausführungen stützen sich daher vor allem auf die Arbeit von Prümm. Vgl. Karl Prümm: Walter Dirks und Eugen Kogon als katholische Publizisten der Weimarer Republik, Heidelberg 1984. Aufschlussreich auch Kogon: Die frühen Schriften Eugen Kogons.
10 Eugen Kogon: Faschismus und Korporativstaat. Dissertation, Wien 1927.
11 Vgl. UA THD, Sig. UA 103 Nr. 372/1, Personalakte Eugen Kogon.
12 Vgl. Prümm: Walter Dirks und Eugen Kogon als katholische Publizisten der Weimarer Republik, S. 57 f.
13 Kogon: Die frühen Schriften Eugen Kogons, S. 14 f.
14 Vgl. ebenda, S. 12.
15 Prümm: Walter Dirks und Eugen Kogon als katholische Publizisten der Weimarer Republik, S. 20.
16 Vgl. ebenda, S. 61.

te, dem der bedingungslose Kampf anzusagen sei, stand in seinem Weltbild der Kapitalismus, welcher den Menschen versklave. Die Verpflichtung, dieses aus seiner Sicht unnatürliche und jeder Moral widersprechende Prinzip zu beseitigen, leitete der antiliberale Vertreter des politischen Katholizismus aus seinem Glauben ab.[17]

Die *Schönere Zukunft* kam in ihrer Nähe zur nationalen Bewegung nicht ohne eine rassistische Komponente und einem Antisemitismus aus, der sich analog zum Siegeszug der Nationalsozialisten sichtbar steigerte. Der bei seinem Eintreten in die Redaktion 24-jährige Kogon konnte sich dieser starken Tendenz in seinem Kollegium offenbar nicht entziehen, so dass er einige Zeit per Fußnote in seinen Beiträgen auf die jüdische Konfessionszugehörigkeit von Personen hinwies und im österreichischen Katholizismus tief verwurzelte antisemitische Stereotype bemühte, wie die Behauptung, dass „das" Judentum konspirativ gegen christliche Kräfte arbeite und hetze. In Anbetracht des aggressiven Antisemitismus der Nationalsozialisten schien er jedoch rasch zu bemerken, in welche Fahrwasser er mit seinen Angriffen geriet, und unterließ, obwohl sich die *Schönere Zukunft* in ihrer Agitation steigerte und trotz allen innerredaktionellen Anpassungsdrucks, nach 1930 jegliche Angriffe dieser Art.[18] Zudem ist es wahrscheinlich, dass Kogon seit seiner Hochzeit 1927 Kenntnis davon hatte, dass im Taufregister der Münchner katholischen Stadtpfarrei St. Ursula festgehalten war, dass seine Mutter selbst dem jüdischen Glauben angehörte. Da die Konfessionszugehörigkeit seines Vaters unbekannt war, galt er in der Terminologie der Nationalsozialisten somit mindestens als „Halbjude".[19]

In seiner Publizistik sondierte Kogon mögliche Bündnispartner zur Umsetzung gemeinsamer politischer Ziele. Rund zwei Jahre hielt er den österreichischen Heimwehren die Stange, in der Hoffnung, auf diesem Wege die sozialistische Demokratie abwehren und den Ständestaat herbeiführen zu können. Als ihm dieser Weg zunehmend aussichtslos erschien, rückte er an die Seite Franz von Papens, dem die *Schönere Zukunft* volle Rückendeckung gegen die gesamte katholische Publizistik bot, die den Sturz seines Vorgängers, Heinrich Brüning, geschlossen verurteilte. Auch Kogon sah Brünings Rücktritt und die Situation im August 1932 durchweg positiv: Nun werde endlich eine nationalkonservative Zusammenarbeit unter Einschluss der NSDAP möglich, die die Demokratie mit diktatorischer Entschlossenheit beseitigen werde. Er ging davon aus, dass in einem solchen Rechtsbündnis die Nationalsozialisten der schwächste Partner und der politische Katholizismus bald richtungsweisend sein würde.[20] 1933 unterschrieb er mit einigen Intellektuellen und Adeligen aus dem Kreis um Papen den Gründungsaufruf des Bundes Kreuz und Adler, der

---

17 Vgl. ebenda, S. 42f.
18 Vgl. ebenda, S. 65–67.
19 Vgl. Kogon: Lieber Vati! Wie ist das Wetter bei Dir?, S. 295.
20 Vgl. hierzu Prümm: Walter Dirks und Eugen Kogon als katholische Publizisten der Weimarer Republik, S. 114–122.

sich zum Ziel gesetzt hatte, am Aufbau des entstehenden Reiches geistig mitzuwirken. Zudem gehörte er der Bundesleitung dieses Zusammenschlusses an.[21]

Ende 1932 verließ Kogon die *Schönere Zukunft* und schloss sich der Redaktion der *Neuen Zeitung* an, in der er rasch zum Chefredakteur, Herausgeber und Geschäftsführer aufstieg. Der Wechsel beruhte nicht auf einem Gesinnungswandel, vielmehr bekräftigte Kogon in seiner neuen Funktion die Positionen, die er zuvor vertreten hatte, und versuchte weiterhin, zwischen dem österreichischen Katholizismus und der NSDAP zu vermitteln. Diese *Neue Zeitung*, wie auch das Nachfolgeblatt, den *Österreichischen Beobachter*, ließ die Wiener Regierung rasch wegen „nationalsozialistischer Umtriebe" verbieten.[22]

Dennoch war Kogon kein Nationalsozialist. Die intellektuelle Grobschlächtigkeit und Geistesferne dieser Bewegung waren ihm stets zuwider, auch ihren Rassismus und Gewaltcharakter lehnte er ab – wenngleich er sich eines Anflugs von Wohlgefühl nicht erwehren konnte, als zu ihm drang, dass die SA in Deutschland Kräfte von der Straße prügelte, die auch er zu seinen Lieblingsfeinden zählte.[23] Er strebte eine Zusammenarbeit mit Hitlers Partei an, weil er sich der Illusion hingab, diese für seine politischen Zielvorstellungen einspannen zu können. Sein Sohn Michael Kogon hat sich aus der Perspektive der 1990er Jahre bemüht, die politischen Motive in der Publizistik seines Vaters jener Jahre nachvollziehbar zu machen:

> „Im Zeichen der Entschlossenheit hat sich [in Eugen Kogons Wahrnehmung] die verabscheute Gewalt breitgemacht. Man muß, um die große Hoffnung nicht zu verlieren, vor ihr die Augen verschließen. Man wird sie als – von den Gegnern propagandistisch übertriebene – Entgleisungen untergeordneter Aktivisten verharmlosen müssen. Man wird nicht umhin können, vieles in Kauf zu nehmen, was überhaupt nicht zum Christentum paßt. Um so wichtiger ist es, mit jener Bewegung Verbindung zu halten, um auf sie christlichen Einfluß zu nehmen."[24]

Spätestens am 30. Juni 1934, angesichts des Röhm-Putsches, erkannte Kogon jedoch unzweifelhaft den verbrecherischen Charakter der Regierung Hitler.[25] Bis zu diesem Zeitpunkt waren seine Vorstellungen ein weitgehend monolithisches Gedankengebäude, an dem er wenig änderte. Nach der Erkenntnis seiner Fehleinschätzung hinsichtlich der NSDAP schrieb er für den antinationalsozialistischen *Christlichen Stän*-

---

21 Vgl. Reinhard Richter: Nationales Denken im Katholizismus der Weimarer Republik, Münster 2000, S. 163.
22 Prümm: Walter Dirks und Eugen Kogon als katholische Publizisten der Weimarer Republik, S. 367 f.
23 Vgl. ebenda, S. 129.
24 Kogon: Die frühen Schriften Eugen Kogons, S. 37.
25 Vgl. Eugen Kogon: Gesprächsbeitrag bei der Tagung „Hitler – eine Erweckungsbewegung?" vom 6.–8.01.78, in: Michael Kogon/Gottfried Erb (Hrsg.): Eugen Kogon. Ideologie und Praxis der Unmenschlichkeit. Erfahrungen mit dem Nationalsozialismus. Band 1 der Gesammelten Schriften, Berlin 1995, S. 80–82, hier S. 80 f.

destaat und bemühte sich, dem Blatt in einer finanziellen Notlage Unterstützung zu vermitteln.[26]

Was genau in den kommenden Monaten geschah, lässt sich im Lichte der Quellen nicht zweifelsfrei nachvollziehen. Viele Darstellungen fußen auf autobiographischen Berichten, die Kogon selbst in Zeiten der Bundesrepublik erstattet hat. Von 1934 an war er als Bevollmächtigter des ungarischen Großgrundbesitzers, Prinz Philipp Josias Kohary aus dem Hause Sachsen-Coburg-Gotha, in der Vermögensverwaltung tätig.[27] Kogons Bericht zufolge war Josias ein Gegner der Nationalsozialisten, der die Hitler-Oppositionswelle und deutsche Emigranten finanziell förderte.[28] Kogon unterstützte nach eigener Auskunft den Widerstand gegen das NS-Regime, indem er deutschen Emigranten in Österreich systematisch Hilfe zukommen ließ, antinationalsozialistische Aktionen in Deutschland mit Mitteln aus dem Vermögen des Prinzen finanzierte und international die Vernetzung der Gegner des Hitler-Regimes förderte.[29] Die Verbindung zwischen Kogon und Josias bestand insgesamt vier Jahre, bis deutsche Truppen im März 1938 in Österreich einmarschierten und Kogon unmittelbar verhafteten.[30] Nach einjähriger Untersuchungshaft und zahlreichen Verhören in Wiener Gestapo-Gefängnissen wurde er schließlich als politischer Häftling in das Konzentrationslager Buchenwald deportiert.[31]

Dort angekommen, gelang es ihm, in weniger zermürbend schweren Arbeitskommandos eingesetzt zu werden, so war er zunächst als Erdarbeiter, später als Schneider, Feldschmied und schließlich als Ärzteschreiber tätig.[32] Da seine Mutter jüdischen Glaubens und die Konfessionszugehörigkeit seines Vater unbekannt war, hatte die Wiener Gestapo das Konzentrationslager Buchenwald angewiesen, Kogon

---

26 Vgl. Peter Eppel: Zwischen Kreuz und Hakenkreuz. Die Haltung der Zeitschrift „Schönere Zukunft" zum Nationalsozialismus in Deutschland 1934–1938, Wien 1980, S. 77.
27 Vgl. Eugen Kogon: Was man in Österreich gegen Hitler unternehmen konnte, in: Michael Kogon/Gottfried Erb (Hrsg.): Eugen Kogon. „Dieses merkwürdige, wichtige Leben". Begegnungen. Band 6 der Gesammelten Schriften, Weinheim 1997, S. 39–43, hier S. 40.
28 Vgl. ebenda. Genau wie bei Kogon muss jedoch auch bei Josaia in diesen Jahren ein Gesinnungswandel stattgefunden haben. Denn in einem internen NS-Dokument aus dem deutschen Außenpolitischen Amt, datiert auf den 10.07.1934, heißt es noch: „Aus unseren früheren Besprechungen ist Ihnen die Materie der Zeitung Österreichischer Beobachter vom Hörensagen bekannt und Sie wissen auch, dass das Blatt wegen seiner prodeutschen Einstellung nach zweimonatigem Druck nicht mehr erscheinen durfte. [...] Es ist Ihnen vielleicht auch bekannt – wie offiziell verlautet wurde – bekannt, dass der Geldgeber der durchaus uneigennützige und von grösstem Idealismus beseelte Prinz Philipp Josias von Sachsen-Coburg und Gotha war." IfZ, NSDAP, Außenpolitisches Amt, Sig. MA 128/3, Schreiben an Dr. Leibbrand, 10.07.1934.
29 Vgl. Kogon: Was man in Österreich gegen Hitler unternehmen konnte, S. 40.
30 Vgl. Kogon: Die frühen Schriften Eugen Kogons, S. 49.
31 Vgl. UA THD, Akten der Fakultät Kultur- und Staatswissenschaften, Sig. UA 103 Nr. 372/1, Eugen Kogon: Curriculum vitae, 12.11.1950.
32 Vgl. HHStAW, Personalakte Eugen Kogon, Sig. 468 Nr. 201, Eugen Kogon: Fragebogen Betreuungsstelle für ehemalige politisch Verfolgte und Hinterbliebene.

in ihren Akten als Juden zu führen.³³ Am 13. Februar 1944 forderte die Lagergestapo die zuständige Stelle im KZ Buchenwald auf, die Häftlingsnummer 9093 – das war Eugen Kogon – am folgenden Tag „um 9.00 Uhr transportfähig der Politischen Abteilung" vorzuführen.³⁴ Nur die Möglichkeit, für den SS-Mediziner Erwin Ding-Schuler als Ärzteschreiber zu arbeiten, rettete Kogon schließlich das Leben: Dieser ließ an das Reichssicherheitshauptamt in Berlin telegraphieren, dass Kogons Arbeit fortan als kriegswichtig einzustufen sei, und so wurde der Deportationsbefehl bis zum Ende des Krieges aufgeschoben.³⁵

Im Zuge seiner Tätigkeit für Ding-Schuler entwickelte sich rasch zwischen beiden Männern ein Verhältnis, das auch von einer Art „Vertrauen" geprägt war. „Es gab damals ja wirklich keine Angelegenheit mehr, welcher Art auch immer, ob privat oder dienstlich, in der er [Ding-Schuler] mich nicht um Rat gefragt hätte."³⁶ In Kogons Darstellungen der Nachkriegszeit hat er mit ihm kritisch über den Nationalsozialismus sowie die Entwicklungen an der Front diskutiert und den SS-Mediziner schließlich darin beraten, wie dieser seine Lage in dem ihm vermutlich bevorstehenden Prozess vor einem alliierten Militärtribunal verbessern könnte. Kogon habe ihm in Unterhaltungen, die sich bis in die Nacht gezogen hätten, dazu geraten, sich ab sofort für die Häftlinge einzusetzen, wo es ihm möglich erscheine.³⁷ In jedem Fall gelang es Ding-Schuler, die Haftbedingungen seines Schreibers zu verbessern, so dass dieser von nun an wöchentlich an seine Frau und seine Kinder schreiben durfte und sich nicht mehr die Haare kurz rasieren musste.³⁸

Als das Kriegsende unmittelbar bevorstand, gelang das Wagnis, Kogon in einer Kiste aus dem Lager zu schmuggeln, damit dieser die herannahenden US-amerikanischen Truppen mit umfassenden und detaillierten Informationen über das Konzentrationslager versorgen konnte.³⁹ Im Auftrag einer amerikanischen Einheit, der Psychological Warfare Division, erarbeitete eine international zusammengesetzte

---

33 Vgl. Eugen Kogon: Abkommandiert zur Liquidation, in: Michael Kogon/Gottfried Erb (Hrsg.): Eugen Kogon. „Dieses merkwürdige, wichtige Leben". Begegnungen. Band 6 der Gesammelten Schriften, Weinheim 1997, S. 55–59, hier S. 55.
34 ITS Archive, Bad Arolsen, Sig. 1.1.5.1/5342873 in Archivnummer 4530, Politische Abteilung an die Abteilung III, 13.02.1944.
35 Vgl. Eugen Kogon: Die Rettung, in: Michael Kogon/Gottfried Erb (Hrsg.): Eugen Kogon. „Dieses merkwürdige, wichtige Leben". Begegnungen. Band 6 der Gesammelten Schriften, Weinheim 1997, S. 59–62, hier S. 62.
36 Eugen Kogon: Ein Sturmbannführer wird umgedreht, in: Michael Kogon/Gottfried Erb (Hrsg.): Eugen Kogon. „Dieses merkwürdige, wichtige Leben". Begegnungen. Band 6 der Gesammelten Schriften, Weinheim 1997, S. 63–70, hier S. 65.
37 Vgl. ebenda, S. 63.
38 Vgl. Kogon: Lieber Vati! Wie ist das Wetter bei Dir?, S. 428.
39 Vgl. Eugen Kogon: Vor der Befreiung (März/April 1945), in: Michael Kogon/Gottfried Erb (Hrsg.): Eugen Kogon. „Dieses merkwürdige, wichtige Leben". Begegnungen. Band 6 der Gesammelten Schriften, Weinheim 1997, S. 71–74, hier S. 71.

Gruppe ehemaliger Haftkameraden unter Kogons Leitung in Weimar einen Bericht über das KZ auf dem Ettersberg, den 400 Seiten starken *Buchenwald-Report*.[40] Im Rahmen der „Reeducation"-Maßnahmen wurde er anschließend beauftragt, dieses Manuskript zu einem Buch auszuarbeiten, das vor allem die deutsche Bevölkerung mit der Existenz und den Gewaltpraktiken der Konzentrationslager konfrontierten sollte. Dieser Titel, *Der SS-Staat. Das System der deutschen Konzentrationslager*, machte ihn in der Nachkriegszeit weitläufig bekannt und verkaufte sich bis heute über 500 000 Mal.[41] Das Buch gilt nach wie vor als eines der Standardwerke über die NS-Verbrechen und ist eines der wichtigen Zeitdokumente zur Geschichte der Konzentrationslager.

In Buchenwald hatte Kogon intensive Gespräche mit Haftkameraden geführt, die den sich seit etwa 1934 anbahnenden Wandel in seinen politisch-gesellschaftlichen Ordnungsvorstellungen beschleunigten: „Die wahren Einsichten in die wirklichen Zusammenhänge sind mir praktisch erst in der Haft in Buchenwald gekommen. Da war ich natürlich mit Marxisten und Kommunisten zusammen, und wir haben alles durchdebattiert."[42] Aus dem Konzentrationslager befreit, hatte er erhebliche Teile seiner Vorstellungswelt eines christlichen Ständestaates abgelegt und war zu der Überzeugung gekommen, dass es „auf die konkreten gesellschaftlichen Kräfte ankommt, die die eine oder die andere Norm realisieren oder verkünden".[43] Während viele Emigranten im Exil einen Demokratisierungsprozess durchliefen, erlebte Kogon diese Entwicklung im Konzentrationslager.

Nachdem die bürgerlich-kapitalistische Lebensordnung den Nationalsozialismus nicht verhindert hatte, schien sich daraus nach dem Ende des Zweiten Weltkrieges nahezu zwangsläufig die Konsequenz zu ergeben, dass es nun an der Zeit sei, „dem Sozialismus" eine Chance einzuräumen. Diese Überzeugung reichte weit in das bürgerliche Lager hinein.[44] Kogon vertrat nunmehr die Vorstellung eines „freiheitlichen Sozialismus", in der eine föderalistisch gegliederte Gesellschaftsstruktur vorgesehen war, nicht nur eine formale, sondern auch eine materielle Demokratie angestrebt und das Zusammengehen der Völker Europas als die wichtigste Aufgabe des 20. Jahrhunderts definiert wurde.[45] In seinem 1947 publizierten programmatischen Aufsatz „Der Weg zu einem Sozialismus der Freiheit" befürwortete er „eine vernünftige Sozialisierung, in der – deutlich abgegrenzt von staatssozialistischen Vorstellungen – die Selbstverwaltung der Arbeiter und die Sicherung der in-

---

40 David A. Hackett (Hrsg.): Der Buchenwald-Report. Bericht über das Konzentrationslager Buchenwald bei Weimar, München 2010.
41 Eugen Kogon: Der SS-Staat. Das System der deutschen Konzentrationslager, München [44]2006.
42 Kogon: Meine Entwicklung im Glauben, S. 50.
43 Ebenda, S. 48.
44 Vgl. Ewald: Die gescheiterte Republik, S. 13 f.
45 Vgl. ebenda, S. 15.

dividuellen Freiheit des Einzelnen im Zentrum stehen sollte".[46] Es war nicht untypisch für seine programmatischen Aufsätze, dass er es bei derartig „wolkige[n] Metaphern" beließ und die mühsame Ausarbeitung konkreter realpolitischer Umsetzungspläne schuldig blieb.[47]

Die Staats- und Gesellschaftsentwicklung der Nachkriegszeit wollte Kogon zunächst aufseiten der Christdemokraten mitgestalten, in deren Reihen in den ersten Nachkriegsjahren die Idee eines „christlichen Sozialismus" als politische Programmatik kursierte. Kogon bildete mit Clemens Münster, Karlheinz Knappstein, Werner Hilpert, Josef Arndgen und Valentin Siebrecht und anderen den Oberurseler Kreis.[48] Dieser formulierte die Frankfurter Leitsätze, welche eine wichtige Grundlage für die Gründung der hessischen CDP/CDU und damit auch für die hessische Landesverfassung wurden. Kogon unterstützte maßgeblich die „freiheitlich-sozialistische Prägung" dieses Programms.[49] Jedoch konnte sich Konrad Adenauer, der bald zum wichtigsten Mann in der CDU der britischen Besatzungszone aufstieg, mit dem liberal-konservativen Flügel zunehmend gegen die christlich-sozialistische Agitation der Gewerkschafter in der Partei durchsetzen.[50] Nicht selten wird kolportiert, dass Kogon sich in Anbetracht dieser Entwicklungen von der Christdemokratie ab- und der Publizistik zuwandte.[51] Gegen diese Lesart spricht jedoch, dass er selbst rückblickend berichtete, dass er sich auch in den Gründungstagen der hessischen CDU in seinem primären Wirkungsfeld stets als Publizist verstand.[52] Zudem sah er sich mit den „freiheitlich-sozialistischen [Frankfurter] Leitsätzen" durchaus noch auf der Linie des Ahlener Programms, das aus seiner Sicht „noch gewaltige Forde-

---

46 Joachim Perels: Eugen Kogon (1903–1987), in: links. Sozialistische Zeitung 20 (1988), H. 215, S. 45f., hier S. 46.
47 Vgl. Jens Flemming: Gegen Preußen – Für Europa. Ordnungspolitische Suchbewegungen von Eugen Kogon und Walter Dirks in den Anfangsjahren der Frankfurter Hefte, in: Benedikt Brunner/ Thomas Großbölting/Klaus Große Kracht/Meik Woyke (Hrsg.): „Sagen, was ist". Walter Dirks in den intellektuellen und politischen Konstellationen Deutschlands und Europas, Berlin 2020, 191–213, hier S. 213.
48 Vgl. Hans-Otto Kleinmann: Eugen Kogon (1903–1987), in: Jürgen Aretz/Rudolf Morsey/Anton Rauscher (Hrsg.): Zeitgeschichte in Lebensbildern. Aus dem deutschen Katholizismus des 19. und 20. Jahrhunderts, Münster op. 1999, S. 223–242, hier S. 232.
49 Vgl. Gottfried Erb: „Unsere Kraft reicht weiter als unser Unglück" (Ingeborg Bachmann). Eugen Kogon in der restaurativen Republik, in: Hans-Rüdiger Schwab (Hrsg.): Eigensinn und Bindung. Katholische deutsche Intellektuelle im 20. Jahrhundert, Kevelaer 2009, S. 363–375, hier S. 365.
50 Vgl. Rudolf Uertz: Christentum und Sozialismus in der frühen CDU. Grundlagen und Wirkungen der christlich-sozialen Ideen in der Union 1945–1949, Stuttgart 1981, S. 207.
51 Vgl. z.B. Gottfried Erb: Vorwort, in: Michael Kogon/Gottfried Erb (Hrsg.): Eugen Kogon. Die restaurative Republik. Zur Geschichte der Bundesrepublik Deutschland. Band 3 der Gesammelten Schriften, Weinheim 1996, S. 7–14, hier S. 8f.
52 Vgl. Eugen Kogon: Der Anfang der Frankfurter Hefte, in: Michael Kogon/Gottfried Erb (Hrsg.): Eugen Kogon. „Dieses merkwürdige, wichtige Leben". Begegnungen. Band 6 der Gesammelten Schriften, Weinheim 1997, S. 89–96, hier S. 89.

rungen" enthielt.⁵³ Das Ahlener Programm wurde am 3. Februar 1947 beschlossen, Kogon stellte sein politisch-aktives Engagement für die CDU jedoch bereits Anfang 1946 ein – ein direkter Zusammenhang ist insofern nicht evident.⁵⁴

Abb. 1: Eugen Kogon, 1947 (Foto: Privatbesitz Michael Kogon)

---

53 Eugen Kogon: Wir Fünfundvierziger, in: Michael Kogon/Gottfried Erb (Hrsg.): Eugen Kogon. „Dieses merkwürdige, wichtige Leben". Begegnungen. Band 6 der Gesammelten Schriften, Weinheim 1997, S. 83–89, hier S. 86.
54 Selbst beim Berliner Treffen der CDU/CSU-Arbeitsgemeinschaft am 28./29.12.1947 zählte er zu den Repräsentanten der amerikanischen Besatzungszone. Vgl. Kleinmann: Eugen Kogon (1903–1987), S. 233.

II Leben in den 1950er Jahren

1 Familie Kogon

Mehrere Tausend Publikationen hat Eugen Kogon im Laufe seines Lebens vorgelegt – Aufsätze, Reden, Rundfunkmanuskripte.[1] Auf dieser Quellenbasis lassen sich seine Positionen und Einschätzungen politischer und gesellschaftlicher Entwicklung plastisch herausarbeiten. Trotz dieser gewaltigen Materialfülle gestaltet sich ein Zugang zu dem Menschen Kogon und seiner Persönlichkeit nicht leicht. Selbst in seinem umfangreichen Nachlass oder im sechsten Band der *Gesammelten Schriften*, der vorwiegend autobiographische Texte enthält, finden sich nicht viele Beiträge, die eine Charakterstudie ermöglichen.[2] Dennoch entsteht in der Summe unterschiedlicher Quellen, verteilt über verschiedene Archive und Publikationen, sowie durch Interviews mit seiner Familie, seinen Kollegen und Nachbarn ein Bild, in dem einzelne Wesenszüge erkennbar werden.[3] Das folgende Kapitel versucht eine Annäherung daran am Ausgangspunkt des Untersuchungszeitraums, Anfang der 1950er Jahre, nicht nur um in die nachfolgenden Untersuchungsschritte einzuführen, sondern um erste Ansätze für ein Grundverständnis des Menschen hinter der öffentlichen Person zu ermöglichen.

Kogon kaufte ein 6000 qm großes Grundstück im hessischen Falkenstein, auf dem er ein Holzhaus errichten ließ, das die Familie im November 1950 bezog.[4] Es gab viel zu tun in einem Garten dieser Größe, und sofern es die Zeit zuließ, erledigte er, der das Gärtnern zu seinen Hobbys zählte, diese Arbeiten selbst.[5] Rasch hatte sich in dem kleinen Ort herumgesprochen, dass der neue Eigentümer des Grundstücks mit fabelhafter Aussicht der Autor des *SS-Staates* sei. Der österreichische Staatsbürger[6] fühlte sich wohl in seiner neuen Wahlheimat, genoss hohes Ansehen

---

[1] Michael Kogon nennt fast 5000, vgl. Michael Kogon: Kurze Geschichte der Erinnerung an meinen Vater, in: Neue Gesellschaft. Frankfurter Hefte 50 (2003), H. 3, S. 59–63, hier S. 60. Ernst-Otto Czempiel nennt über 2500, vgl. Ernst-Otto Czempiel: Demokrat und Europäer. Zum hundertsten Geburtstag von Eugen Kogon, https://www.nzz.ch/article8MW5T-1.207414 (03.04.2017). Eine endgültige Bibliographie, die alle publizierten und nicht publizierten Schriften umfasst, ist bisher nicht existent.
[2] Michael Kogon/Gottfried Erb (Hrsg.): Eugen Kogon. „Dieses merkwürdige, wichtige Leben". Begegnungen. Band 6 der Gesammelten Schriften, Weinheim 1997.
[3] Durchaus hilfreich ist auch Michael Kogons Geschichte seiner Familie im Nationalsozialismus. Siehe Kogon: Lieber Vati! Wie ist das Wetter bei Dir?.
[4] Am 02.02.2000 – zum 97. Geburtstag Kogons – wurde der Teil des Reichenbachwegs, in dem Kogon gelebt hatte, in den Eugen-Kogon-Weg umbenannt. Vgl. Michael Kogon: Preisträger und Laudatoren mit Format zum Staatspräsidenten. Der Königsteiner „Eugen-Kogon-Preis für gelebte Demokratie", in: Hochtaunuskreis (Hrsg.): Jahrbuch Hochtaunuskreis, S. 127–133, hier S. 130.
[5] Vgl. Mühlhausen: Eugen Kogon – Ein Leben für Humanismus, Freiheit und Demokratie, S. 6.
[6] 1927 hatte Kogon die österreichische Staatsbürgerschaft angenommen. Vgl. Kogon: Lieber Vati! Wie ist das Wetter bei Dir?, S. 33.

in Falkenstein und unterhielt, wenn auch etwas förmliche Kontakte zur Nachbarschaft. Mit einer unmittelbar neben ihm lebenden Dame kam es allerdings zu Auseinandersetzungen, die sich an alltäglichen Konflikten menschlichen Zusammenlebens aufhingen. So sah er sich 1956 gezwungen, folgenden Brief zu schreiben:

> „Ich kann mir nicht vorstellen, dass es Ihnen unerfindlich geblieben sein sollte, warum wir das Heu unseres Grundstückes dort unten, vor der Rückwand der Verbindungsmauer Ihres Hauses zu Ihrer Garage angehäuft haben. Die Ursache zu beseitigen, liegt bei Ihnen, sogar ausschliesslich in Ihrer Macht: das wahrhaft unerträgliche, weil halbstundenweise, zuweilen mehrere Stunden anhaltende Bellen Ihres Hundes, sooft Sie ihn in den Zwinger einschliessen und niemand dabei oder in sichtbarer Nähe bleibt. [...] Ich bitte, die Freundlichkeit zu haben, den Dauerlärm, den Ihr Hund in seinem heutigen Erziehungszustand verursacht, wenn Sie ihn in den Zwinger tun, für meine Frau als nicht weniger störend anzusehen als für mich, der ich am Schreibtisch arbeite [...]."[7]

Mit diesem Schreiben reagierte Kogon auf einen Brief seiner Nachbarin, der ihn einige Tage zuvor erreicht hatte. In diesem beschwerte sie sich nicht nur über den Heuhaufen, sondern führte aus: „Er [Kogons Schwiegervater, der den Streitgegenstand am Grundstücksrand aufgeschichtet hatte] sagte uns, dass er das Heu nur deswegen nicht hinten aufschichten würde, weil – wie er sagte ‚Herr Professor es ihm befohlen hätte'! Dass Ihr Befehl (!) – nebenbei bemerkt ein schreckliches Wort, für meinen Geschmack jedenfalls – Herrn Lang mehr gilt als meine Bitte, ist ja vielleicht begreiflich. [...]" Ihre Sorge war nun, dass dem „lieben alten Schwiegervater" aufgrund ihrer Beschwerde zusätzliche Arbeit mit der Umschichtung des Heus erwachse, weshalb sie anbot, ihre Kinder könnten in der Sache behilflich sein.[8] Auf diese übergriffigen Bemerkungen und Vorschläge reagierte Kogon in seinem Antwortschreiben mit dem ernsten Schluss:

> „Innerhalb der meines Erachtens von der Höflichkeit gezogenen Grenzen habe ich mir mehrmals, das heisst bei den verschiedenen Gelegenheiten, wo wir miteinander zu tun hatten, erlaubt, freundlichst anzudeuten, dass wir unsere Gründe haben, unser Leben für uns führen zu wollen. Einer der wichtigsten, ich sage es nun frei heraus, ist die Sklaverei, die ich selbst viele Jahre hindurch in extremer Form ertragen musste, und die grauenhafte Einmischerei, die meiner Frau während meiner erzwungenen Abwesenheit widerfahren ist."[9]

Es kann nicht abschließend geklärt werden, ob Kogon hier in Notwehr handelte, um eine Nachbarin auf Distanz zu halten, die sich in die Privatangelegenheiten der Familie Kogon einmischte. Die vorliegende biographische Arbeit wird zeigen, dass Kogon – anders als z. B. Primo Levi oder Hermann Langbein – seine Verfolgungserfahrungen im Nationalsozialismus keineswegs zu seinem Lebensthema machte. Eines

---

[7] AdsD, Nl Eugen Kogon, Sig. 199, Eugen Kogon an Cecilie Friedrich, 03.08.1956.
[8] AdsD, Nl Eugen Kogon, Sig. 199, Cecilie Friedrich an Eugen Kogon, 30.06.1956.
[9] AdsD, Nl Eugen Kogon, Sig. 199, Eugen Kogon an Cecilie Friedrich, 03.08.1956.

der ersten Porträtfotos nach der Befreiung aus dem Konzentrationslager zeigt ihn, wenn auch stark abgemagert, scheinbar zufrieden mit einer Flasche Wein, Zigarette, am Schachbrett sitzend.[10] In seiner Außendarstellung erschien Kogon als ein lebensfroher, humorvoller und zufriedener Mensch. In Darmstadt bewunderten ihn die Studierenden, abends saß er gerne mit seinen Assistenten bei Schinkenbroten und einer Flasche Wein beisammen.[11] Insgesamt war Kogon passionierter Weintrinker, der einen großen Weinkeller besaß, welchen er regelmäßig auffüllen ließ.[12] Als er eine Zeitlang keine Bestellung aufgab, fragte der Weinhändler nach, warum seine „Firma nicht mehr mit Ihren von mir so geschätzten Aufträgen" rechnen könne.[13] Michael Kogon berichtete, dass sein Vater starker Raucher gewesen sei, bis ein Arzt in den 1970er Jahren ihm scharf ins Gewissen redete und er sich infolgedessen von seiner Sucht befreien musste.[14]

Ganz sicher war Kogon – oder EK, wie ihn seine Freunde nannten[15] – ein „Workaholic". In seinem Nachlass füllen die Schreiben mit Anfragen, ob er bei einer bestimmten Veranstaltung einen Redebeitrag leisten könne oder bereit sei, zu einem Publikationsprojekt einen Beitrag beizusteuern, ganze Regalmeter. Meistens musste er aus Gründen der Arbeitsbelastung absagen, und selbst dazu fand er manchmal keine Zeit. Einer seiner engen Vertrauten – Gottfried Erb – berichtete, Kogon habe Pläne für über 100 Bücher gehabt, die er schreiben wollte.[16] Ohne die gut 100 Seiten starke Dissertation von 1927 sind es letztlich nur zwei geworden.[17] In den frühen 1950er Jahren unterstützte ihn sein jüngerer Sohn, Alexius Kogon, bei seinen verschiedenen Unternehmungen. Auch Kogons Tochter, Cornelia Kogon, erledigte Post

---

10 Siehe Wolfgang Schwiedrzik: Träume der ersten Stunde. Die Gesellschaft Imshausen, Berlin 1991, S. 33.
11 Vgl. Dennis Beismann: Zeitzeugeninterview mit Gottfried Erb, Hungen, 23.08.2012.
12 Anders bei seinen Reisen in die Sowjetunion, die er in den 1960er Jahren unternahm. So berichtete er 1968: „Das Vertrauen war, wie nicht selten im Leben, lediglich eine helfende Illusion, denn wir Männer tranken, uns selber Mut machend, bis zum fröhlichsten Galgenhumor [die Koffer der Reisegruppe waren auf dem Hinflug vorübergehend abhanden gekommen] im Zimmer Dr. Martin Niemöllers immer noch eine Flasche Wodka. (Phantastisch und bewundernswert, wieviel der immerhin fünfundsiebzigjährige ‚Bruder Niemöller' verträgt). Er hatte bei der Ankunft in Moskau für irgendeinen Artikelabdruck, der ihm unbekannt gewesen war, ein Rubelhonorar in die Hand gedrückt bekommen, das stellte er großzügigst bei jeder sich bietenden Wodka-Gelegenheit zur Verfügung." Eugen Kogon: Impressionen aus Sowjet-Asien. Blick in eine fremde, dennoch verwandte Welt, in: FH 23 (1968), H. 1, S. 21–32, hier S. 25.
13 AdsD, Nl Eugen Kogon, Sig. 221, Uwe Carstens an Eugen Kogon, 16.10.1967.
14 Dennis Beismann: Zeitzeugeninterview mit Michael Kogon, 15.05.2017.
15 Ernst-Otto Czempiel: Demokrat und Europäer, https://www.nzz.ch/article8MW5T-1.207414.
16 Dennis Beismann: Zeitzeugeninterview mit Gottfried Erb, Hungen, 23.08.2012.
17 Kogon: Faschismus und Korporativstaat; Eugen Kogon: Der SS-Staat. Das System der deutschen Konzentrationslager, München 1946; Eugen Kogon: Die Stunde der Ingenieure. Technologische Intelligenz und Politik, Düsseldorf 1976.

für ihren Vater.[18] Von seinem Jugendfreund und späteren Mitarbeiter in der Redaktion der *Frankfurter Hefte*, Walter Maria Guggenheimer, stammt der in vielen Lebensbildern Kogons zitierte Ausspruch: „Eugen Kogon ist ein Mann, der alle seine Versprechungen hält, man weiß nur nicht wann."[19]

Und Kogon gab viele Versprechen. Unentwegt reiste er durch Deutschland und Europa, traf seine Gesprächs- und Kooperationspartner, suchte die Öffentlichkeit. Konnte er all diese Versprechen, die er irgendwann halten musste, mit seinem Privatleben in Einklang bringen? 1927 hatte er seine Jugendliebe Margarete Lang, die er bereits seit der Volksschule kannte, geheiratet.[20] In seinen Briefen aus dem Konzentrationslager an seine Frau und an seine Kinder sprach er viel von der Zeit nach seiner Befreiung und versprach, alles nachzuholen, was die Familie während seiner Haftzeit nicht gemeinsam erleben konnte.[21] Michael Kogon merkt dazu an:

> „Alles, was sie [Kogons Frau] auf sich nahm, geschah ja in der Gewissheit, dafür bald durch ein neues gemeinsames Leben mit einem sie innig liebenden Menschen entschädigt zu werden. Sie wusste noch nicht, dass dieser Traum sich für sie so nicht erfüllen würde. Alle seine aus der Isolierung des Gefangenen heraus geschriebenen Liebesbeteuerungen und Beschwörungen einer glücklichen Zukunft sollten sich als Projektion und Kompensation augenblicklicher Bedrängnis erweisen."[22]

Denn nach seiner Befreiung stürzte Kogon sich in so viele Aufgaben, Ämter und Verpflichtungen, dass er kaum zuhause war. Es ist daher fraglich, ob den Versprechungen und Beschwörungen seiner Briefe ausreichende Taten folgten. Ferner erschwerte das Verhältnis zu seiner Frau, dass sie bereits in der Zwischenkriegszeit ein zunehmend kritisches Verhältnis zur Kirche und Religion entwickelt hatte[23] und im Laufe der Haftzeit ihres Mannes eine verbitterte Atheistin geworden war, so jedenfalls nach dem Zeugnis von Gottfried Erb, Kogons Darmstädter Assistenten. Er berichtete, dass Margarethe Kogon während der Haftzeit ihres Mannes in Wien erleben musste, wie die katholische Umwelt sie schlecht behandelte. Als Kogon aus dem Konzentrationslager heimkehrte, wo sein Glaube ihm im täglichen Überlebenskampf eine unentbehrliche Hilfe war, musste er hinnehmen, dass seine Frau nicht nur vom Glauben abgefallen war, sondern den katholischen Glauben und die Kirche entschieden ablehnte. Der äußerst gläubige Katholik Walter Dirks, so berichtete Gottfried Erb, durfte im Haus der Familie Kogon nicht erscheinen.[24] Michael Kogon erinnerte sich, dass der Dorfpfarrer Ferdinand Eckert, mit dem Eugen Kogon gern

---

18 Siehe z. B. AdsD, Nl Eugen Kogon, Sig. 197, Cornelia Kogon an Curt Riess, 30.06.1954.
19 Dennis Beismann: Zeitzeugeninterview mit Reinhold Kreile, München, 04.02.2016.
20 Vgl. HHStAW, Sig. 650 Nr. 10063, Versorgungsakte Margarethe Kogon.
21 Vgl. z. B. Kogon: Lieber Vati! Wie ist das Wetter bei Dir?, S. 90 f.
22 Ebenda, S. 380 f.
23 Vgl. Kogon: Die frühen Schriften Eugen Kogons, S. 19.
24 Dennis Beismann: Zeitzeugeninterview mit Gottfried Erb, Hungen, 23.08.2012.

gemeinsam spazieren ging und theologische Gespräche führte, nur im Eingangsbereich des Hauses empfangen wurde.[25] Dieser Umstand sei aber wohl eher darauf zurückzuführen gewesen, dass Eugen Kogon nicht damit nachkam, seine Materialien im Haus zu ordnen, so dass die Papierstöße zunehmend ein Ausmaß annahmen, das das Haus für Gäste unbegehbar machte. Aus diesem Grund beschäftigte die Familie – paradoxerweise – auch keine Haushaltskraft oder Putzhilfe.[26]

Obwohl Kogon vor dem Zweiten Weltkrieg als Vermögensverwalter tätig war,[27] wird die vorliegende Untersuchung zeigen, dass die Gestaltung seiner eigenen finanziellen Verhältnisse ihm nicht nur Schwierigkeiten bereitete, sondern vielmehr in Schwierigkeiten brachte. Die finanziellen Querelen, die in Briefwechseln mit der Bank und verschiedenen Anwälten ihren Niederschlag gefunden haben, sind in seinem Nachlass belegt.[28] 1954 schrieb Kogons Tochter Cornelia an den Schriftsteller Curt Riess:

> „Mein Vater wird voraussichtlich weder im Juli noch in absehbarer Zeit am Nordpol oder in Südafrika sein: Die Probleme unserer beiden Verlage haben sich so gehäuft, dass wir es nicht mehr geschafft haben; wir mussten das gerichtliche Vergleichsverfahren anmelden. Die Sorgen der letzten Wochen und Monate und nun die aufreibende Abwicklung des Vergleichs, von deren Ausmass wir uns keine Vorstellung machten, haben dazu geführt, dass mein Vater gestern einen Nervenzusammenbruch mit ernsten Herzattacken erlitten hat. Er hat vom Arzt für einige Tage strengste Ruhe – in dieser Situation! – verordnet bekommen und ist zur Zeit nicht im Büro."[29]

Auch andere Schreiben belegen die Ernsthaftigkeit dieser Herzattacke und mehrerer Nervenzusammenbrüche, die Kogon zu einer längeren Schonzeit zwangen.[30] Kogon selbst gab im Alter an, dass er sich zeit seines Lebens eines äußerst guten Gesundheitszustandes erfreut und lediglich mit Zahnschmerzen und Rheuma zu kämpfen gehabt habe.[31] Nach der Befreiung aus dem Konzentrationslager bekam er eine Zahnprothese, weil sich sein Gebiss in einem äußerst schlechten Zustand befand.

---

25 Siehe zum Verhältnis zwischen Eckert und Kogon: Ferdinand Eckert: Einführung: Wie ich Eugen Kogon erlebt habe, in: Michael Kogon/Gottfried Erb (Hrsg.): Eugen Kogon. Liebe und tu, was du willst. Reflexionen eines Christen. Band 4 der Gesammelten Schriften, Weinheim, Berlin 1996, S. 31–38.
26 Vgl. Dennis Beismann: Zeitzeugeninterview mit Michael Kogon, 15.05.2017.
27 Als Bevollmächtigter des Prinzen Coburg verwaltete Kogon einen Teil des sogenannten Fideikommisses des Hauses Sachsen-Coburg-Gotha. Michael Kogon per E-Mail an Dennis Beismann, 07.12.2017.
28 So z. B. AdsD, Nl Eugen Kogon, Sig. 197.
29 AdsD, Nl Eugen Kogon, Sig. 197, Cornelia Kogon an Curt Riess, 30.06.1954.
30 Siehe z. B. AdsD, Nl Eugen Kogon, Sig. 232, Eugen Kogon an Hellmuth Rößler, 05.07.1954.
31 Vgl. Eugen Kogon: Alt werden, in: Michael Kogon/Gottfried Erb (Hrsg.): Eugen Kogon. „Dieses merkwürdige, wichtige Leben". Begegnungen. Band 6 der Gesammelten Schriften, Weinheim 1997, S. 229–236, hier S. 230, erstmals veröffentlicht in: Kurt Lothar Tank (Hrsg.): Last und Lob des Alters, Berlin 1973.

Zudem litt er unter Albträumen, die ihren Ursprung in den Jahren als Gefangener der Nationalsozialisten hatten.[32] Die weitere Untersuchung wird zeigen, dass dieser dramatische biographische Einschnitt eine der zentralen Determinanten in seinem Leben war und blieb, auch wenn er selbst seine Verfolgungserfahrungen nur selten in der Öffentlichkeit thematisierte.

Kogon hatte genaue Vorstellungen von den Lebenswegen, die seine Kinder beschreiten sollten. Aus dem Konzentrationslager empfahl er seiner Frau: „Unsere geliebte Cornelia sähe ich gerne als Gärtnerin, als Botanikerin, als Kennerin der Heilpflanzen. Deine eigene Liebe zu diesem Wunderreich würde ihr sicherlich Hilfe und Förderung bedeuten."[33] Als Kogons Sohn Alexius begann, eigene Ideen für Fernsehformate zu entwickeln und Versuche startete, diese umzusetzen, wandte der Vater sich an den Fernsehintendanten des Nordwestdeutschen Rundfunks, Werner Pleister, mit dem er gut bekannt war, um seinem Sohn die Chance zu vermitteln, die eigenen Vorstellungen einem Fachmann zu präsentieren.[34] Tatsächlich studierte Alexius Kogon dann jedoch Physik und arbeitete in der Erwachsenenbildung.[35] Sein Bruder Michael Kogon hat den Entstehungsprozess der vorliegenden Studie durch das Bereitstellen von verschiedenem Material und anregende Gespräche mit dem Verfasser wohlwollend begleitet. Nach der Vorstellung seines Vaters sollte Michael Kogon internationaler Vertragsjurist werden und zu diesem Zweck, genau wie sein Vater, eine Ausbildung im Ausland erfahren. Eugen Kogon verschaffte ihm deshalb ein Stipendium und die Möglichkeit, in Paris zu studieren. Dass es dem älteren Sohn nicht gelang, sich an der Universität Paris-Sorbonne zu immatrikulieren, war ein große Enttäuschung für seinen Vater, die ihren Ausdruck in schweren Vorwürfen fand.[36] „Er konnte nicht wirklich verstehen, dass ich ein anderer Mensch war als er", reflektierte Michael Kogon später.[37] Nach seinem Studium der Volkswirtschaft promovierte er mit einer Arbeit zu Fragen der Steuermoral und übersetzte später die Schriften des französischen Schriftstellers und Diplomaten Stéphane Hessel. Der Erwartungshorizont, mit dem der Vater an seinen Sohn herantrat, wird im folgenden Brief erkennbar, den Eugen Kogon aus dem Konzentrationslager schickte:

„Lieber Michael! ... Hast Du schon einmal einen Überblick über die großen Gebiete menschlichen Wissens bekommen? (Folgt detaillierter Überblick über Einzelwissenschaften.) Hättest Du nicht Lust, Dich hineinzustürzen, sie in Jahren des Hochschul- und Privatstudiums zu durchmessen – mit irgendeinem Spezialfach als feste Grundlage –, um dann eines Tages, mit mir zusammen, in zwei herrlichen, klaren Bänden allen Wissensdurstigen, besonders den Studenten, zur Allgemeinorientierung und Allgemeinbildung den Extrakt dieser Summe zu vermit-

---

32 Dennis Beismann: Zeitzeugeninterview mit Gottfried Erb, Hungen, 23.08.2012.
33 Zitiert nach Kogon: Lieber Vati! Wie ist das Wetter bei Dir?, S. 197.
34 AdsD, Nl Eugen Kogon, Sig. 199, Eugen Kogon an Werner Pleister, 13.05.1956.
35 Vgl. Kogon: Lieber Vati! Wie ist das Wetter bei Dir?, S. 174.
36 Vgl. Dennis Beismann: Zeitzeugeninterview mit Michael Kogon, 15.05.2017.
37 Ebenda.

teln?! Die moderne Welt erstickt in Spezialwissen ohne Überblick und Zusammenhang (und in einigem anderem mehr!). Überleg's Dir's – Du hast Jahre Zeit!"[38]

Eine Woche später legte er nach: „[...] Im Allgemeinen ist Deine Literaturkenntnis einschließlich Schiller zu schwach und viel zu wenig systematisch [...] Ich werde Dir auch da demnächst eine orientierende allgemeine Übersicht geben. Einverstanden?"[39]

Die Akten des Hessischen Kultusministeriums umfassen eine Personalakte zu Kogon, in der dokumentiert ist, dass er 1955 an einem Verkehrsunfall mit einem Motorradfahrer beteiligt war, der für Letzteren tödlich ausging. Bei der Gerichtsverhandlung sah das Gericht Kogons Schuld als erwiesen an und verurteilte ihn am 25. Mai 1955 zu einer Gefängnisstrafe von drei Monaten auf Bewährung und zur Zahlung von 1500 DM. Kogon ging in Revision. Alle Revisionen wurden zurückgewiesen. Allerdings bestätigte das Gericht auch, dass sich aus diesem Vorgang keine besondere Schuld ergebe, die für das Ansehen eines Professors problematisch sei.[40] Diese Vorgänge wurden von Kogons Kritikern wiederholt gegen ihn verwendet. Zwei Jahre später erklärte er sich gegenüber einem Unbekannten:

„Bei dem Verkehrsunfall, den er [jemand, der behauptet hatte, Kogon hätte in alkoholisiertem Zustand einen Menschen überfahren] Ihnen gegenüber abermals lügnerisch erwähnt hat, handelte es sich im November 1954 um ein sehr kompliziertes Ereignis unter schwierigsten Verhältnissen; sowohl der Bundesgerichtshof wie das Landesgericht Darmstadt in zweiter Instanz erkannten zu Recht, dass vor mir der zu Tode gekommene Motorradfahrer und ein PKW-Fahrer schuldig waren, dass aber auch ich von einer Mitschuld nicht freizusprechen bin, weil ich hätte bemerken müssen, dass die anderen beiden sich je verkehrswidrig verhielten. Von Betrunkenheit meinerseits kann überhaupt keine Rede sein."[41]

Kogon hatte ein starkes Selbstbewusstsein, das er auch daraus zog, dass er ein brillanter Redner war und mit seinem einnehmenden Auftreten die Zuhörerschaft zu überzeugen vermochte. Gottfried Erb erinnert, dass Kogon es gelang, bei einem Katholikentag, bei dem die Zuhörerschaft am Ende einer langen Veranstaltung bereits müde war, die Anwesenden noch einmal aus ihren Sitzen zu reißen und frenetischen Beifall spenden zu lassen.[42] Der Publizist und Dramaturg Wolfgang Schwiedrzik erlebte Kogon als aktiver Student in der 68er-Studierendenbewegung. Schwiedrzik hat eine Geschichte der Gesellschaft Imshausen vorgelegt – jenes Kreises von geistig und politisch Tätigen, der sich um 1947 gründete, um sich darüber auszutauschen, welchen Weg der Erneuerung Deutschland einschlagen sollte. Auch

---

38 Kogon: Lieber Vati! Wie ist das Wetter bei Dir?, S. 456 f.
39 Ebenda, S. 458.
40 Vgl. HHStAW, Bestand Kultusministerium, Sig. 504-11028, Personalakte Eugen Kogon.
41 AdsD, Nl Eugen Kogon, Sig. 199, Eugen Kogon an Karl Müller, 31.07.1956.
42 Vgl. Dennis Beismann: Zeitzeugeninterview mit Gottfried Erb, Hungen, 23.08.2012.

Kogon zählte zu diesem Kreis. Schwiedrzik berichtet über die dritte Tagung der Gesellschaft 1948:

> „Mit dem Auftreten von Niekisch [...] steigerte sich die Spannung sprunghaft. Niekisch war ein scharfsinniger, rhetorisch ungemein versierter Mann, der seine Gegner mit der Emphase eines von Hegelschem Weltgeist erfüllten Propheten leicht an die Wand zu reden wußte. Walter Dirks war diese Eloquenz durchaus bekannt [...]. Nun traf Niekisch allerdings [...] auf einen ebenbürtigen Kontrahenten: Eugen Kogon, der nicht nur eine glänzende Feder führte, sondern auch mit seiner Schlagfertigkeit eine ausgesprochene Begabung für den Auftritt in Podiumsdiskussionen hatte. [...] Leider liegen uns zu dieser Diskussion nur zwei Berichte vor, und zwar beide von einem der Hauptakteure, der sich nicht enthalten konnte, seine Rolle und die Wirkung seiner Worte stark hervorzuheben. [Nämlich von Niekisch]"[43]

Diese Stärke Kogons bot die Grundlage für eine autoritäre Ader, die sich zuweilen Bahn zu brechen wusste. Michael Kogons Tochter Beate, die als Kind regelmäßig ihre Sommerferien bei den Großeltern in Falkenstein verbrachte, erinnert ihren Großvater zwar nicht als autoritär, wohl aber als eine Autoritätsperson, zu der sie ein etwas distanziertes Verhältnis hatte.[44]

Clemens Münster engagierte sich für die *Frankfurter Hefte*, nicht nur als Redakteur – in den ersten Jahrgängen stand auf dem Titelblatt: „Herausgegeben von Eugen Kogon unter Mitwirkung von Walter Dirks und Clemens Münster". 1950 verließ Münster die Redaktion, weil, so Münster an Dirks, Kogon eine „verkehrte Stellung" im Team einnehme. Kogon nähme diktatorische Vollmachten für sich in Anspruch, weil die Amerikaner ihm die Lizenz für die Publikation der Zeitschrift gegeben hätten.[45] Die Konflikte ließen sich nicht lösen, und Kogon kommentierte nur lakonisch gegenüber Walter Dirks: „Das Freundesexperiment ‚Clemens' ist nun zu Ende gegangen".[46] In den *Frankfurter Heften* fand sich die knappe Mitteilung „Statt drei, zwei Herausgeber der FH: Mit diesem Heft scheidet Dr. Clemens Münster auf seinen Wunsch und mit Rücksicht auf seine sonstigen Verpflichtungen als Mitherausgeber unserer Zeitschrift aus."[47]

2 In den Redaktionsräumen der *Frankfurter Hefte*

Nach der Befreiung Deutschlands vom Nationalsozialismus verfolgten die alliierten Besatzungsmächte eine grundlegende Umgestaltung der deutschen Medienlandschaft. Trotz dieses Ziels hat die Forschung auch für diesen Bereich starke personale

---

[43] Schwiedrzik: Träume der ersten Stunde, S. 165.
[44] Dennis Beismann: Zeitzeugeninterview mit Beate Kogon, 19.12.2017.
[45] Flemming: Gegen Preußen – Für Europa, S. 199.
[46] AdsD, Nl Walter Dirks, Sig. 40, Eugen Kogon an Walter Dirks, 23.08.1949.
[47] FH-Redaktion: Mitteilung. Statt drei, zwei Herausgeber der FH, in: FH 5 (1950), H. 3, S. 450.

Kontinuitäten über das Kriegsende hinweg nachgewiesen. Die Psychological Warfare Division vertrat die Position, dass niemand in ihrem Einflussgebiet eine verantwortungsvolle Aufgabe im Pressewesen wahrnehmen dürfe, der nach 1934 für eine Zeitung im nationalsozialistischen Deutschland gearbeitet habe. „Als ihre Idealkandidaten beschrieben die (oft mit erheblichem Entscheidungsspielraum ausgestatteten) Medienkontrolloffiziere Personen wie Eugen Kogon oder Dolf Sternberger, die als ‚deutsche Humanisten' und ‚Anti-Nazis' ‚ideale Intellektuelle für die schwierige Aufgabe der Um-Erziehung der deutschen Jugend' abgeben sollten."[48]

Eugen Kogon und Walter Dirks (1901–1991) gründeten wenige Wochen nach dem Ende des Zweiten Weltkrieges eine gemeinsame Zeitschrift für Kultur und Politik, die seit April 1946 monatlich erschien.[49] Kogon hatte, auf der Durchreise nach Paris, in der hessischen Metropole Halt gemacht, um seinen zukünftigen Geschäftspartner aufzusuchen, mit dem er bereits zu Zeiten der ersten deutschen Republik in Briefkontakt gestanden hatte. Im Gespräch war rasch deutlich geworden, dass beide an die Gründung einer ganz ähnlichen Zeitschrift dachten, so dass sie schon bei diesem ersten Treffen einig waren, ihre Pläne gemeinsam zu verfolgen. Nachdem Kogon aus Frankreich zurückgekehrt war, einigten sie sich auf den Namen *Frankfurter Hefte* und veröffentlichten die erste Ausgabe. Keineswegs sollte der Titel darauf hindeuten, dass die Inhalte lediglich für die südhessische Region Relevanz besäßen. Eher lehnte er sich an die ideengeschichtliche Tradition Frankfurts an, womit wohl die Paulskirchenbewegung und der liberale Geist der nach 1866 dem Preußentum verbundenen Stadt gemeint war.[50] Seit den Gründungstagen der Zeitschrift verband das Herausgeber-Tandem eine enge Freundschaft, die bis zu Kogons Tod Bestand haben sollte. Trotzdem war dieses Bündnis keine Selbstverständlichkeit, hatten Kogon und Dirks doch in der Zwischenkriegszeit mitunter völlig unterschiedliche politische Positionen vertreten. Dirks war in der katholischen Jugendbewegung aktiv gewesen und zählte in den 1920er Jahren zu den exponiertesten Repräsentanten der „roten Katholiken", die die Staatsverfassung der Weimarer Republik begrüßten und ein Zusammengehen von Christentum (Katholizismus) und Sozialismus (Arbeiterbewegung) befürworteten.[51] Er schrieb seit 1924 für die *Rhein-Mainische Volkszeitung*, die für eine republikanische und radikaldemokratische Zentrumslinie stand und eine nach außen gerichtete Friedens- und Versöhnungspolitik forderte.[52] Seit 1932 propagierte Dirks das Programm einer „Zweiten Republik", das sich der politischen

---

48 Christina von Hodenberg: Die Journalisten und der Aufbruch zur kritischen Öffentlichkeit, in: Ulrich Herbert (Hrsg.): Wandlungsprozesse in Westdeutschland. Belastung, Integration, Liberalisierung 1945–1980, Göttingen 2003, S. 278–311, hier S. 282.
49 Vgl. Laurien: Politisch-kulturelle Zeitschriften in den Westzonen 1945–1949, S. 307.
50 Vgl. Stankowski: Linkskatholizismus nach 1945, S. 67–72.
51 Vgl. Ewald: Die gescheiterte Republik, S. 15.
52 Vgl. Prümm: Walter Dirks und Eugen Kogon als katholische Publizisten der Weimarer Republik, S. 26.

Theorie des Sozialismus und Marxismus verpflichtet fühlte, dabei aber als bewusst pluralistisches, offenes System konzipiert und aus den unterschiedlichsten Theoriekomponenten zusammengesetzt war.[53] Auch nach der Machtübernahme der Nationalsozialisten wagte es Dirks, in der *Rhein-Mainischen Volkszeitung* den dumpfen und pöbelhaften Charakter des Nationalsozialismus anzugreifen und in diesem Zusammenhang vor einem Untergang des Rechtsstaates zu warnen.[54]

Es ist daher nicht ganz eindeutig zu sagen, welchem sozialen Erbe sich die *Frankfurter Hefte* verpflichtet fühlen wollten. Dirks' biographischer Hintergrund repräsentierte die sozialistische Werthaltung eines „anderen Deutschlands", Kogon stand für das „andere Deutschland" des Widerstands. Ihre Zeitschrift griff schließlich beide Traditionen auf, doch in ihrer Nähe zur europäischen Arbeiterbewegung sah sich Dirks' Klientel mehr repräsentiert als Kogons, der sich aus christlicher Solidarität hinter die Arbeiter stellte. Sicher trug er die Loyalitätsadressen seiner Zeitschrift an die Arbeiterbewegung mit, doch im Gegensatz zu Dirks bezog er sich nicht positiv auf die Positionen des jungen Marx.[55] Aus den beiden recht unterschiedlichen Lebensläufen ergibt sich, was oft als der „Doppelcharakter der *Frankfurter Hefte*" wahrgenommen wurde. So verlieh Dirks der Zeitschrift eher eine linkskatholische Prägung im Geiste der *Rheinmainischen Volkszeitung*, Kogons politisch-geistesgeschichtlichen Analysen gaben ihr hingegen den Charakter einer kulturpolitischen Zeitschrift.[56]

Doch Kogon und Dirks blickten nicht nur auf eine jeweils eigene politische Vergangenheit zurück, vielmehr zeichnete die beiden Herausgeber der *Frankfurter Hefte* auch eine recht unterschiedliche Wesensart aus. Hier das temperamentvolle Redetalent, rastlos, impulsiv und extrovertiert,[57] dort der stille und besonnene Netzwerker, der in seiner Kindheit gestottert hatte und es auch im Erwachsenenalter vermied, im ersten Satz einer Radioansprache die Laute A und K zu verwenden.[58] Die Nachlässe der beiden Herausgeber illustrieren diese Unterschiede deutlich: Dirks' Nachlass könnte in keinem besseren Zustand sein, jedes ein- und ausgehende Schreiben ist im Original oder als Durchschlag in tadellosem Zustand und chronologisch abgeheftet. Kogon bereitete es stets Schwierigkeiten, eine Ordnung in seine

---

53 Ewald: Die gescheiterte Republik, S. 15.
54 Vgl. Prümm: Walter Dirks und Eugen Kogon als katholische Publizisten der Weimarer Republik, S. 28.
55 Ewald: Die gescheiterte Republik, S. 27.
56 Ebenda, S. 25.
57 Hans-Otto Kleinmann weiß zu berichten: „Seiner Beredsamkeit, die er gern und oft demonstrierte, auf dem Katheder wie im Rundfunk, auf Kirchentagen und vor der Gewerkschaftsjugend, kamen seine lebhafte Sprechweise und volle Stimme sowie sein bayerischer Tonfall zugute. Gelegentliche Austriazismen fügten Charme hinzu. Man hörte ihm gern zu, mochte man auch mit dem Inhalt nicht einverstanden sein." Kleinmann: Eugen Kogon (1903–1987), S. 240.
58 Vgl. Walter Dirks: Der singende Stotterer. Autobiographische Texte, München, 1983, S. 37.

Unterlagen zu bringen, so dass er das Material stapelweise und ohne eine besondere Ordnung in seinem Privathaus aufschichtete. Wann immer diese Papierberge zu groß wurden, verlagerte er sie in den Keller.[59] Als es in diesen Räumen zu einer Überschwemmung kam, wurden die Unterlagen stark in Mitleidenschaft gezogen und von Schimmel befallen.[60] Das Archiv der sozialen Demokratie (AdsD) benötigte insgesamt acht Jahre, um das Material Benutzern zugänglich machen zu können. Bis heute ist der 120 Regalmeter umfassende Nachlass nur äußerst grob sortiert.[61]

Schließlich unterschieden sich Dirks und Kogon auch in ihrem Schreibstil erheblich. Diesen hatte die frühe journalistische Schule geprägt, in der er lernte, stets prägnant und verständlich zu schreiben. Jener hatte seine Schulbildung in der Abtei Schweikelberg und in Kloster Vechta absolviert und sich hier einen kunstvollen, zuweilen sperrigen Stil angeeignet, der insbesondere seine Schriften der späten 1940er und der 1950er Jahre kennzeichnete.

Die Geschäftspartner und Freunde Kogons und Dirks' schätzten einander sehr. Elisabeth Batke, Dirks' Tochter, berichtete, dass ihr Vater in seinem Erziehungsstil niemals streng gewesen sei. Mit einer Ausnahme: Wenn Walter Dirks Klavier spielte, wollte er dabei nicht gestört werden, „es sei denn der Papst oder Eugen Kogon riefen an".[62] Beide hatten insbesondere in den frühen Jahren der *Frankfurter Hefte* intensive politische und theologische Gespräche miteinander geführt, auch um das inhaltliche Programm der gemeinsamen Zeitschrift zu konturieren. Als die Arbeitsbelastung stetig zu- und infolgedessen der intellektuelle Austausch abnahm, schrieb Kogon an den Freund, dass er sich danach sehne, schon bald öfter mal wieder „im Schein der Lampe beisammen zu sitzen".[63]

Die ersten Jahrgänge der *Frankfurter Hefte* gaben Kogon und Dirks in Zusammenarbeit mit Clemens Münster heraus, der seit der gemeinsamen Zeit in der Münsteraner Quickborngruppe in Kontakt mit Dirks gestanden hatte. Dirks reiste in Zeiten des Nationalsozialismus aus beruflichen Gründen häufig zwischen Berlin und Freiburg und machte regelmäßig Halt bei seinem in Jena lebenden Jugendfreund, um mit ihm u. a. über die politische und gesellschaftliche Ordnung der Nachkriegszeit zu sprechen. Bereits bei diesen konspirativen Gesprächen planten sie, gemein-

---

59 Dennis Beismann: Zeitzeugeninterview mit Gottfried Erb, Hungen, 23.08.2012.
60 Vgl. Christoph Stamm: Aufklärung über den Nationalsozialismus und „Sozialismus aus christlicher Verantwortung" – Der Nachlass Eugen Kogon im AdsD, https://www.fes.de/archiv/adsd_-neu/inhalt/newsletter/newsletter/NL_01_2009/html012009/stamm.html (19.02.2018).
61 Im Sommer 1985 hatte Dirks an Kogon appelliert, es ihm gleichzutun und seinen Nachlass dem AdsD zu übergeben. Im Falle eines Umzugs oder Unfalls sei dieser Schritt von Vorteil. Kogon nahm den Rat seines Freundes jedoch nicht an und erst Michael Kogon übergab das Material – nachdem er gemeinsam mit Gottfried Erb 1998 den letzten Band der Gesammelten Schriften publiziert hatte – dem AdsD. Vgl. AdsD, Nl Walter Dirks, Sig. 166, Walter Dirks an Eugen Kogon, 10.05.1985.
62 E-Mail, Elisabeth Batke an Friedhelm Boll, 18.05.2015.
63 AdsD, Nl Walter Dirks, Sig. 40, Eugen Kogon an Walter Dirks, 23.08.1949.

sam nach der Befreiung eine Zeitschrift antifaschistischen Zuschnitts aufzubauen. Der Naturwissenschaftler Münster war zunächst in den Jenaer Zeiss-Werken beschäftigt. Als die amerikanischen Besatzungstruppen Thüringen räumten, um im Gegenzug den Westteil der Stadt Berlins zu erhalten, nahmen sie die wichtigen Forscher aus den Zeiss-Werken mit in die westliche Besatzungszone. Hier traf Münster auf Kogon und Dirks, der seinen Jugendfreund bereits bei der ersten Besprechung mit Kogon zum geplanten Aufbau einer Zeitschrift als dritten Herausgeber ins Gespräch gebracht hatte.[64]

Clemens Münster hat in seinen Erinnerungen geschildert, wie spartanisch und beengt die Verhältnisse im ersten Redaktionsbüro der *Frankfurter Hefte* waren. Es bestand aus dem einzigen geheizten Raum in der Frankfurter Privatwohnung von Walter Dirks. Neben der Redaktion inklusive ihrer Sekretärin lebte hier auch Dirks' Ehefrau, die beiden Kinder der Familie sowie ein Kindermädchen.[65] Da Kogon gute Kontakte zu den US-amerikanischen Besatzungsbehörden unterhielt, in deren Auftrag er den *SS-Staat* geschrieben hatte, fiel es ihm leicht, eine Lizenz für die *Frankfurter Hefte* zu bekommen. Die guten Kontakte blieben beständig, und im Herbst 1948 folgte er mit 15 weiteren deutschen Publizisten einer Einladung des US-amerikanischen State Department, um im Rahmen eines transatlantischen Austauschprogramms zwei Monate lang die Presseverhältnisse jenseits des Nordatlantiks zu studieren.[66] Die Lizenzbehörde verlangte, dass die von ihm mitherausgegebene Zeitschrift wirtschaftlich eigenständig sein müsse – auch deshalb erschien sie im frisch gegründeten Verlag der Frankfurter Hefte. Bereits bei der Gründung des Verlages war klar, dass die Inhaber nicht nur ihre Zeitschrift, sondern auch Bücher verlegen würden; das Debüt war Kogons *SS-Staat*. Innerhalb der ersten vier Jahre veröffentlichte das Unternehmen etwa zwölf Bücher, die sich vorwiegend soziologischen, historischen oder politischen Themen widmeten. So etwa Ruth Fischer: *Stalin und der deutsche Kommunismus*, Lucius D. Clay: *Entscheidung in Deutschland*, Walter Görlitz: *Der Deutsche Generalstab* und Elton Mayo: *Probleme industrieller Arbeitsbedingungen*. Hinzu kam 1951 *Baukunst und Werkform* – eine Zeitschrift, die sich mit Architektur beschäftigte. Durch die Übernahme des Stockholmer Emigrantenverlages Neuer Verlag, der in Frankfurter Verlagsanstalt umbenannt wurde und überwiegend Epik publizierte, erweiterte sich das Programm um Titel von Heinrich Mann, Maxim Gorki, Lion Feuchtwanger und Alfred Neumann.[67] 1952 schrieb Kogon an

---

64 Vgl. Stankowski: Linkskatholizismus nach 1945, S. 70.
65 Vgl. ebenda, S. 71.
66 Vgl. Sean A. Forner: „Das Sprachrohr keiner Besatzungsmacht oder Partei". Deutsche Publizisten, die Vereinigten Staaten und die demokratische Erneuerung in Westdeutschland 1945–1949, in: Arnd Bauerkämper/Konrad H. Jarausch/Marcus M. Payk (Hrsg.): Demokratiewunder. Transatlantische Mittler und die kulturelle Öffnung Westdeutschlands 1945–1970, Göttingen 2011, S. 159–189, hier S. 182.
67 Vgl. hierzu Stankowski: Linkskatholizismus nach 1945, S. 80.

Max Horkheimer, um einen Kandidaten im Besetzungsverfahren für einen Lehrstuhl zu empfehlen, und legte dem Brief vier Bücher aus der Produktion seiner Verlage bei. Es handelte sich um Lotte Paepcke: *Unter einem fremden Stern*, Inge Scholl: *Die weiße Rose*, Alfred Andersch: *Die Kirschen der Freiheit*, Lion Feuchtwanger: *Josephus*-Trilogie.[68]

Als die Bundesrepublik Deutschland am 23. Mai 1949 gegründet wurde, hatten die *Frankfurter Hefte* große Teile ihrer Reichweite bereits eingebüßt. Nachdem die Auflage in den ersten Jahrgängen nur durch die Papierknappheit gedeckt wurde und die Nachfrage riesig war, sank sie in der Folgezeit rasch ab. Für die frühen Jahre ist im Impressum eine Auflage von 50 000 Exemplaren im November 1946 belegt. Diese Zahl stieg bis zum Juni 1948 auf 75 000 und begann nach der Währungsreform am 20. Juli 1948 wieder auf 25 000 Exemplare im Januar 1950 zu sinken. Im Herbst 1956 lag die Auflage bei 9000 Heften, im Frühjahr 1960 bei 6000. Trotz dieses dramatischen Einbruchs waren die *Frankfurter Hefte* bis Anfang der 1950er Jahre die auflagenstärkste kulturpolitische Monatszeitschrift in Deutschland.[69]

Anfang der 1950er Jahre erhielt die Redaktion einen bedeutenden Neuzugang, den Journalisten und Literaturkritiker Walter Maria Guggenheimer, über den Arno Schmidt in *Seelandschaft mit Pocahontas* schrieb: „Dann ‚Kommentar der Woche', Doktor Walter Maria Guggenheimer, und ich nickte beifällig: klarer Kopf! Und eine rechte Erfrischung auf all die anderen Jesuitenschüler."[70] Guggenheimer – Guggs wie man ihn in der Redaktion nannte – war mit Kogon zusammen im Kloster Schweikelberg zur Schule gegangen. Neben Dirks und ehemaligen Buchenwalder Haftkameraden war er einer der wenigen Personen in Kogons Umfeld, mit denen der Österreicher sich duzte.[71] Rasch nahm Guggenheimer den Posten eines Chefredakteurs ein und sorgte dafür, dass Beiträge aus dem Bereich Kunst und Kultur, insbesondere Theaterkritiken, in der Zeitschrift eine qualitative und quantitative Aufwertung erfuhren. Seit 1956 arbeitete er auch für den Suhrkamp-Verlag.[72]

Kogon trug die Hauptverantwortung für die Finanzen der Zeitschrift – eine Wahl, die wohl nicht die beste war.[73] Seine wirtschaftlichen und organisatorischen Fähigkeiten hielten sich in Grenzen. Nicht selten gerieten seine geschäftlichen Unternehmungen in finanzielle Schieflage. Ihn beschäftigte das politische Zeitgeschehen und die Einordnung der damit verbundenen Entwicklungslinien in ihre geistesgeschichtlichen Bedeutungszusammenhänge. Das Feingefühl für einen sensiblen und unnachgiebigen Bereich wie das Finanzmanagement im Verlagswesen ging ihm zuweilen völlig ab. So verlor er den Vorsitz der Europa-Union im Dezember

---

68 UB FFM, Nl Max Horkheimer, Sig. V.103.172, Eugen Kogon an Max Horkheimer, 23.12.1952.
69 Vgl. hierzu Stankowski: Linkskatholizismus nach 1945, S. 81.
70 Arno Schmidt: Seelandschaft mit Pocahontas, Stuttgart 1988, S. 52.
71 Dennis Beismann: Zeitzeugeninterview mit Reinhold Kreile, München, 04.02.2016.
72 Vgl. Kießling: Die undeutschen Deutschen, S. 246.
73 Vgl. AdsD, Nl Walter Dirks, Sig. 86, Schreiben vom 18.05.1953.

1953, weil der Verband nicht ohne sein Zutun in massive finanzielle Schwierigkeiten geraten war.[74]

Kogon und Dirks bemühten sich, den finanziellen Engpass ihres Verlages zu verlassen, indem sie Kompensationsgeschäfte betrieben, wie etwa 1949 das Verlegen von Schulbibeln, die sie an das Generalvikariat verkaufen wollten. Oder sie gründeten die Internationale Verlagsauslieferung, mit der sie Schriften in englischer Sprache vertrieben, von denen sie sich eine hohe Absatzzahl versprachen.[75] Weitere Finanzspritzen konnte Kogon den *Frankfurter Heften* über seine außerordentlich guten Kontakte verschaffen: So spendete die IG-Metall für die Zeitschrift, und auch der Hamburger Unternehmer Kurt Körber, den eine enge Freundschaft mit Kogon verband, unterstützte die Publikation, wie auch andere Unternehmungen Kogons, mit erheblichen Geldzuwendungen.[76] Im Gegenzug beriet Kogon seinen Mäzen und trat bei nahezu allen von der Körber-Stiftung ausgerichteten Bergedorfer Gesprächskreisen von 1961 bis 1972 als Moderator in Erscheinung.[77] Seit 1961 kamen bei diesen Treffen einflussreiche Politiker und Fachleute verschiedener Disziplinen zusammen, um sich über zentrale innen- und außenpolitische Fragen auszutauschen. Doch trotz derartiger Zuwendungen war der finanzielle Abstieg von Kogons Unternehmungen nicht aufzuhalten, so Martin Stankowski:

> „Aber diese ganze rege geschäftliche und politische Tätigkeit, die ausschließlich von Kogon geleistet und verantwortet wurde, hatte doch über die damit verbundenen publizistischen Experimente hinaus, wenn man sie unter kalkulatorischen und kapitalistischen Rendite-Gesichtspunkten sieht, eine zu starke caritative Note. Bestimmte Unternehmungen wurden installiert, um bestimmte Arbeitsplätze zu schaffen. So expandierte zwar das Gesamtunternehmen, aber nach kaufmännischen Kriterien war es unterkapitalisiert. Als 1954 die Kredite einer Bank auf 440 000 DM gestiegen waren, obschon der Verlag gleichzeitig rund 900 000 Mark Außenstände hatte, mußte alles auf Verlangen dieser Bank liquidiert werden."[78]

Die Verhandlungen sowie die damit verbundenen finanziellen Nöte beschäftigten Kogon über viele Jahre, und die Korrespondenz zu diesem Thema in seinem Nachlass zeigt, dass sie ihn Zeit und Kraft kostete.[79] Hinzu kam, dass die Personaldecke der Redaktion in Frankfurt zumeist äußerst dünn war, neben einer Sekretärin arbeitete hier oft nur ein Redakteur. Formal gaben Kogon und Dirks die Zeitschrift zwar zusammen heraus, tatsächlich arbeitete Dirks jedoch, der bald nach Köln und spä-

---

74 Vgl. Jürgen Mittag: Vom Honoratiorenkreis zum Europanetzwerk. Sechs Jahrzehnte Europäische Bewegung in Deutschland, http://www.netzwerk-ebd.de/wp-content/uploads/2014/08/Festschrift_07_EBD-Geschichte.pdf (01.07.2016), S. 18.
75 Vgl. Stankowski: Linkskatholizismus nach 1945, S. 82.
76 Vgl. Dennis Beismann: Zeitzeugeninterview mit Gottfried Erb, Hungen, 23.08.2012.
77 Vgl. Körber-Stiftung: Alle Protokolle des Bergedorfer Gesprächskreises, https://www.koerber-stiftung.de/bergedorfer-gespraechskreis/protokolle.html (28.01.2018).
78 Stankowski: Linkskatholizismus nach 1945, S. 83.
79 AdsD, Nl Eugen Kogon, Sig. 197, Korrespondenz 1953–1955.

ter nach Wittnach bei Freiburg verzogen war, überwiegend von Zuhause aus, so dass unter Termindruck stets vieles an Kogon hängen blieb. Zudem machte er es sich selbst schwer: Das Redaktionsarchiv der *Frankfurter Hefte*, das zahlreiche Manuskripte enthält, dokumentiert eindrucksvoll, welch enorme Arbeit er sich mit dem Redigieren nahezu jedes Textes machte. „Später war er als Herausgeber der Frankfurter Hefte gefürchtet [und nicht immer beliebt], weil er jeden zur Veröffentlichung eingereichten Beitrag gründlich überarbeitete (,einrichtete')", so berichtet Kogons Sohn Michael.[80] Einen Durchschlag des folgenden Schreibens ließ Kogon im November 1949 jedem Redaktionsmitglied zukommen:

> „Es ist wahrhaft traurig, dass ich die ganze Nummer auf Druckfehler hin durchlesen muss! Ich habe das schon das vorletzte und das letztemal getan, ohne dass daraus irgendwelche Konsequenzen gezogen worden wären. Es ist vor allem auszusetzen: [… nennt vier Fehlerkategorien]. Ich weiss selbstverständlich, dass wir bei den letzten drei Nummern unter grossem Zeitdruck standen. Dadurch könnte wohl ein Teil der Fehler halbwegs erklärt werden, nicht aber diese Menge (weit mehr als hundert!). Ich bitte alle Beteiligten, nun endlich einmal und mit vollem Ernst auf jene rigorose Genauigkeit zu sehen, die von der Redaktion einer Zeitschrift, wie es die der *Frankfurter Hefte* ist, verlangt werden muss."[81]

In dieser Situation nahm der Druck, der auf ihm lastete – die hohe Arbeitsbelastung und die finanziellen Sorgen – ein enormes Ausmaß an. Die *Frankfurter Hefte* waren sein Lebenswerk, und die Situation setzte ihn psychisch unter Druck. Er war ihm außerordentlich wichtig, den Zusammenbruch seines Lebenswerkes zu verhindern.[82] Seine flammende Leidenschaft und das hohe Engagement konnten zuweilen in eine Unnachgiebigkeit münden, die Kogon auf Konfrontationskurs mit seinem Team in der Redaktion, seinem Kompagnon Walter Dirks und nicht zuletzt den Autoren der Zeitschrift brachte. Walter Maria Guggenheimer hielt 1952 in einer Aktennotiz für Dirks fest:

> „Wir sind kein sehr fröhlicher Betrieb. Genau gesagt, ich habe in meinen Leben keinen unfreundlicheren, trüberen, humorloseren, gelegentlich gereizteren (in den oberen Regionen) Betrieb miterlebt […]. Wir sind kein sehr unabhängiger Betrieb. Es stellt sich bei mancherlei Gelegenheiten heraus, dass wir doch von amerikanischen Hilfen sehr viel abhängiger sind, als ich es harmlos vermutet hatte. Für eine solche Situation aber fehlt uns der ausgleichende Zynismus à la Wahrhaftig, der allein sie erträglich machen kann. Wir sind kein ungewöhnlich interessanter Betrieb. […] Mein Verhältnis zu EK ist kühl bis gespannt. Wir haben uns politisch nichts zu sagen. Im Geschäftsgang habe ich mich zur Vermeidung von Zusammenstössen auf eine Art von salvaviamiman-meam-Standpunkt zurückgezogen, der imgrund nicht sehr nützlich ist, wenn er auch relative Ruhe sichert. Worauf die Entwicklung der letzten Zeit speziell zurückgeht, weiss ich nicht. Ich bin ein schlechter Psychologe. EK übrigens auch. Es ist er-

---

80 Kogon: Lieber Vati! Wie ist das Wetter bei Dir?, S. 250.
81 PA Michael Kogon, Eugen Kogon: Notiz für Klaus von Bismarck und die Redaktion, 07.11.1949.
82 Vgl. Dennis Beismann: Zeitzeugeninterview mit Peter Graf von Kielmansegg, Heidelberg, 05.03.2013.

schreckend, wie sehr er sich bei so grosser Sensibilität nächstliegenden Beobachtungen um selbstsicherer Vorurteile willen verschliesst. [...] Wir sind kein gut organisierter Betrieb. EK, der ein Geistesriese und ein grosser geschäftlicher und finanzieller Kombinator und ein phänomenaler Arbeiter ist, hat wenig Verständnis für das Manageriale, und für die unerhörten Erleichterungen, die man sich durch Vorwegnahme organisatorischer Massnahmen verschaffen kann. Es genügt ja, den grotesken Zustand in seinem eigenen Sekretariat und dessen gelegentliche Nicht-Existenz anzusehen. Es ist vieles bei uns komplizierter als es sein brauchte, und aus Routine-Dingen werden Staats-Aktionen. Ich bin nicht, wie EK glaubt, ein Ministerial-Beamter, aber ich komme aus der Industrie und aus der Armee, und bei beiden galt es als nützlich, sich die Dinge nicht unnötig unbequem zu machen."[83]

Auch zwischen Dirks und Kogon gab es Spannungen, die nicht nur auf Konflikten aus der gemeinsamen Herausgeberschaft beruhten, sondern sich auch aus ihren unterschiedlichen Biographien, insbesondere dem Erleben des Nationalsozialismus, ergeben konnten, so erinnert sich Ferdinand Menne:

„In einer Redaktionssitzung der ‚alten' Frankfurter Hefte gerieten Walter Dirks und Eugen Kogon – wie häufig – in eine erregte Debatte über die Zeit des Nationalsozialismus. [...] Kogon sprach von den Schrecken seiner Vergangenheit, aber auch von den Folgen für die Gegenwart. Wenn jemand von Glück rede, könne er nur lachen. Walter Dirks suchte mit hoch erregter Stimme Verständnis und Trost mitzuteilen. Als er jedoch hinzufügte: ‚Muss man denn im Konzentrationslager gewesen sein, damit man noch eine Existenzberechtigung hat' verließ Eugen Kogon wutentbrannt den Raum. Walter Dirks wurde blass und ging in den Nebenraum. Unvermittelt sprangen ihm Tränen in die Augen. Mit heiserer Stimme hauchte er ‚Habe ich mich denn schuldig gemacht, weil ich ein durchwegs glückliches Leben gehabt habe?' [...] Nach einer Weile des stillen Verharrens kehrten wir zurück zu den anderen Redaktionsmitgliedern. Eugen Kogon, aus dem Fenster schauend, erwartete uns schon: ‚Ach ja, lassen sie uns weitermachen!'"[84]

Konflikte dieser Art kamen immer wieder vor und sind bis in die letzten Jahre der *Frankfurter Hefte* belegt. So entschuldigte sich Dirks 1980 bei Kogon für seinen gereizten Ton in einer Debatte, in der es u. a. um den pessimistischen Ton ging, den Kogon gegenüber jüngeren Redaktionsmitgliedern angeschlagen hatte.[85] An anderer Stelle wurde Kogon von einem seiner Redakteure kritisiert:

„Ich weiss, dass Eure Tätigkeit draussen viel, sehr viel Wert ist für unsere Arbeit. Aber der unmittelbare Vorteil für den Verlag ist nicht so gross, als wenn Euer Geist hier, am Arbeitsort, ständig wehen würde. Alle diese Dinge, die Ihr draussen tut, sind gut, aber Ihr müsst für die geistige Verantwortung, die Ihr mit Zeitschrift und Buchverlag freiwillig übernommen habt, Zeit haben."[86]

---

83 AdsD, Nl Martin Stankowski, Sig. 44, Walter Maria Guggenheimers Aktennotiz, 15.05.1952.
84 Ferdinand Menne: Dirks & Kogon. Eine Momentaufnahme, in: Neue Gesellschaft. Frankfurter Hefte, 2003, 1+2, S. 76, hier S. 76.
85 Vgl. AdsD, Nl Walter Dirks, Sig. 155A, Walter Dirks an Eugen Kogon, 22.04.1980.
86 PA Michael Kogon, Kuntz an Eugen Kogon, 16.08.1949.

Auch mit manchen Autoren geriet Kogon in Konflikte, deren Gegenstand nicht selten die Gestaltung eines eingereichten Manuskripts war. Einen Text von Theodor W. Adorno lehnte er ab, weil er zu dicht und zu lang sei. In einem anderen Fall kam es zum Konflikt mit Adorno, weil Kogon seinen Text stark redaktionell überarbeitet hatte. Adorno ließ jede einzelne Abweichung von seinem Ursprungstext durch einen Mitarbeiter zurücksetzen. In einem Brief an Kogon führte er aus, dass er keine Änderungen und Kürzungen an seinen Texten akzeptiere. Anhand derartiger Fragen entspannte sich zwischen beiden ein Briefwechsel, in dem beide die sprachlichen Nuancen und Schattierungen des Manuskripts diskutierten.[87]

Debatten dieser Art führte Kogon nicht selten mit Autoren aus dem ständig wachsenden Netzwerk der *Frankfurter Hefte*, das sich für die 1950er und 1960er Jahre wie das *Who's Who* der politisch und geistig Tätigen in der Bundesrepublik liest.[88] Zu regelmäßigen Kooperationen kam es schon aufgrund der räumlichen Nähe mit weiteren Vertretern der Frankfurter Schule, so z. B. dem Direktor des Instituts für Sozialforschung Max Horkheimer. Bereits in der unmittelbaren Nachkriegszeit, noch im US-amerikanischen Exil, hatte er mit Kogon korrespondiert, der im Zuge eines Austauschprogramms, über das die Amerikaner die Akzeptanz westlicher Werte unter westdeutschen Journalisten fördern wollten, in die USA gereist war.[89] Horkheimer half ihm zunächst in lebenspraktischen Angelegenheiten vor Ort aus und vermittelte eine Möglichkeit, den *SS-Staat* in englischer Sprache zu publizieren.[90] Als beide wieder in Frankfurt waren, nutzten sie ihren guten Kontakt, um wiederholt zu philosophischen Radiodebatten zusammenzukommen. So diskutier-

---

87 Vgl. AdK, Berlin, Adorno-Archiv, Theodor W. Adorno Briefwechsel mit Kogon.
88 Nur eine Auswahl der Autoren, die in den FH publizierten: 1950: Erich Kuby, Alfred Andersch, Rüdiger Proske, Hans Werner Richter, Alfons Erb, Hildegard Brücher, Heinrich Böll, Richard Löwenthal. 1951: Werner Hilpert, Georg Picht, Altiero Spinelli. 1953: Reinhold Kreile, Ingeborg Bachmann, Alfred Mozer, Otto Stammer. 1955: Theodor W. Adorno. 1956: Walter von Cube, Nicolaus Sombart, Romano Guardani. 1957: Jürgen Habermas, Joseph Rovan, Karl Schlechta. 1959: Ossip K. Flechtheim, Hartmut von Hentig, Michael Kogon, Berthold Brecht, Karl Otmar Freiherr von Aretin. 1960: Carl Amery, Jürgen Seifert. 1961: Alexander Kluge, Walter Weymann-Weyhe. 1962: Ernst-Otto Czempiel, Alfred Döblin, Hans Mayer. 1963: Fritz Bauer, Axel Eggebrecht, Kurt Lenk, Helmut Ridder. 1965: Robert H. Schmidt, Karl Dietrich Bracher. 1966: Ingrid El-Sayed, Ulrike Meinhof. 1967: Gert von Paczensky, Otto Brenner, Hermann Langbein, Klaus Harpprecht. 1968: Jean Améry, Heinz Mosell, Alexander Schwan. 1969: Robert Kempner.
89 Hodenberg: Die Journalisten und der Aufbruch zur kritischen Öffentlichkeit, S. 302.
90 Vgl. UB FFM, Nl Max Horkheimer, Sig. II.10.15-23, Eugen Kogon an Max Horkheimer, 14.08.1948.

ten sie mit Adorno 1950 über das Thema „Die verwaltete Welt"[91] und 1953 über „Der Terror und die Menschen".[92]

Weitere Möglichkeiten der Zusammenarbeit ergaben sich mit den Mitgliedern der Gruppe 47 bzw. den früheren Autoren der kulturpolitischen Zeitschrift *Der Ruf. Unabhängige Blätter der jungen Generation*.[93] Insbesondere mit dem Gründer der Schriftstellergruppe und dem Herausgeber der Zeitschrift Hans Werner Richter korrespondierte Kogon über die Frage, ob sich eine Zusammenarbeit zwischen Schriftstellern und Rundfunkanstalten aufbauen ließe. Er bat Richter darum, die Literaten in seinem Umfeld anzusprechen und auszuloten, wer an einer Kooperation interessiert sei.[94] Mitte der 1960er trafen Kogon und Richter noch einmal in einer prominent besetzten Gesprächsrunde aufeinander, die anlässlich der Bemerkung von Bundeskanzler Erhard, dass für ihn Intellektuelle „ganz kleine Pinscher" seien, zusammengekommen war.[95] Kogon moderierte diese Runde, die darüber debattierte, wie kompetent Schriftsteller in konkreten politischen Sachfragen überhaupt sein können.[96]

---

91 Max Horkheimer/Theodor W. Adorno/Eugen Kogon: Die verwaltete Welt oder: Die Krise des Individuums. Gespräch im Hessischen Rundfunk am 04.09.1950, in: Alfred Schmidt/Gunzelin Schmid Noerr (Hrsg.): Max Horkheimer. Gesammelte Schriften. Nachgelassene Schriften 1949–1972, Bd. 13, Frankfurt a. M. 1989, S. 121–142.
92 Theodor W. Adorno/Max Horkheimer/Eugen Kogon: Die Menschen und der Terror, in: Alfred Schmidt/Gunzelin Schmid Noerr (Hrsg.): Max Horkheimer. Gesammelte Schriften. Nachgelassene Schriften 1949–1972, Bd. 13, Frankfurt a. M. 1989, S. 143–152.
93 Kießling: Die undeutschen Deutschen, S. 239.
94 Vgl. AdK, Nl Hans Werner Richter, Sig. 2325, Eugen Kogon an Hans Werner Richter.
95 Zitiert nach Hodenberg: Konsens und Krise, S. 371.
96 Vgl. AdK, Berlin, Nl Hans Werner Richter, Sig. 83, AdK, Berlin Gesprächsprotokoll einer Diskussionsrunde u. a. mit Hans Werner Richter und Eugen Kogon.

III Intellektueller in den 1950er Jahren

Ein „Mann des anderen Deutschlands",[1] „Anwalt gesellschaftlicher Humanität",[2] ja sogar das „Gewissen der Nation",[3] so ist Kogon, meist nach seinem Tod, an verschiedener Stelle genannt worden. Diese Beiträge, oftmals Festschriften oder würdigende Lebensbilder, müssen schon aufgrund ihrer Kürze eine dezidierte Analyse der Entwicklungslinien in Kogons intellektuellen Stellungnahmen schuldig bleiben. Deshalb soll im Folgenden insbesondere auf Grundlage seiner Publikationen der 1950er Jahre nachgezeichnet werden, was die wichtigsten Themen für ihn in diesen Jahren waren, wie sich die Schwerpunktsetzungen in seinem Wirken entwickelten und welche Position er zur Bonner Politik einnahm.

Nach der Befreiung vom Nationalsozialismus herrschte in Deutschland zunächst ein Klima des Neuanfangs und des Aufbruchs, in dem viele geistig Tätige das Aufschlagen eines neuen Kapitels der deutschen Geschichte mitgestalten wollten.[4] Nicht alle Intellektuellen in den Trümmern des Nazi-Reiches hielten es direkt nach Kriegsende für sinnvoll, sich öffentlich zu gesellschaftlichen oder politischen Fragen zu äußern. Hans Werner Richter sprach sich 1946 im *Ruf* dafür aus, zu schweigen, weil „man" die junge Generation nicht verstehen wolle.[5] Kogon (1903–1987), der zur gleichen Generation zählte wie Richter (1908–1993), sah das ganz anders: Schon die erste Ausgabe der *Frankfurter Hefte* enthielt seinen Aufsatz „Gericht und Gewissen", in dem er darüber reflektierte, was die deutsche Bevölkerung über die NS-Verbrechen gewusst haben konnte oder musste.[6]

Die politischen und gesellschaftlichen Entwicklungen in Westdeutschland, wie die Währungsreform 1948, die aus Kogons Perspektive die überkommenen Besitzverhältnisse aus der Vorkriegszeit „restaurierte", ernüchterten den Österreicher. Den flammenden Optimismus und die ungehaltene Aufbruchstimmung, die seine frühen Beiträge nach der Befreiung aus dem Konzentrationslager kennzeichnen, hatte er 1950 auf dem Boden der bundesrepublikanischen Tatsachen bereits verloren. Dennoch schlug er in seinen Beiträgen dieser Jahre einen zuweilen moderaten Ton an – wohl auch in der Hoffnung, dass sich die Verhältnisse noch in seinem Sinne entwickeln könnten. Zudem lassen sich Kogons intellektuelle Einwürfe der frü-

---

[1] Erb: Ein Mann des anderen Deutschlands.
[2] Perels: Eugen Kogon – Zeuge des Leidens im SS-Staat und Anwalt gesellschaftlicher Humanität.
[3] Vgl. Kogon: Lieber Vati! Wie ist das Wetter bei Dir?, S. 34.
[4] Daniela Münkel: Intellektuelle für die SPD: Die Sozialdemokratische Wählerinitiative, in: Gangolf Hübinger/Thomas Hertfelder (Hrsg.): Kritik und Mandat. Intellektuelle in der deutschen Politik, Stuttgart 2000, S. 222–238, hier S. 224.
[5] Helmut Möhrchen: Sozialdemokratie und Intellektuelle seit 1945. Eine komplizierte Beziehung. Ein Überblick, in: Ulrich von Alemann/Gertrude Cepl-Kaufmann/Hans Hecker/Bernd Witte (Hrsg.): Intellektuelle und Sozialdemokratie, Wiesbaden 2000, S. 137–146, hier S. 138.
[6] Eugen Kogon: Gericht und Gewissen, in: FH 1 (1946), H. 1, S. 25–39.

hen 1950er nur aus dem Zeitkolorit dieser Jahre heraus verstehen. In der westdeutschen Gesellschaft dieser Zeit war der politische und kulturelle Meinungspluralismus keineswegs etabliert, auch weil die Menschen in einer Gesellschaft aufgewachsen waren, die von totaler Gleichförmigkeit und Formierung in allen Lebensbereichen geprägt war.[7] Den „Konsensjournalismus" der 1950er Jahre kennzeichnete, „die grobe Linie der Regierungspolitik zu befürworten, politische Berichterstattung am Publikum der Gebildeten auszurichten, nationalistische und antikommunistische Töne zu tolerieren und das heikle Thema der NS-Verbrechen wenn irgend möglich zu umgehen".[8] Es war nicht üblich, dass Intellektuelle mit Regierungsvertretern öffentlich und scharf ins Gericht gingen. Damit verbunden ist die Tatsache, dass lange Zeit nach 1945 der Begriff des Intellektuellen in Westdeutschland negativ konnotiert war. Erst Anfang der 1960er Jahre – im Zusammenhang mit der Spiegel-Affäre – etablierte sich zunehmend ein Intellektuellen-Begriff, der auch mit positiven Assoziationen verbunden war.[9]

1 Reminiszenzen an das Denken der Zwischenkriegszeit

Kogon lässt sich nicht ohne Weiteres in die bestehenden politischen Lager der 1950er Jahre einordnen. Die Geschichtswissenschaft rechnet sein Wirken nach 1945 heute gemeinhin zum Linkskatholizismus.[10] Der Begriff „Linkskatholik" war Anfang der 1950er Jahre durchaus geläufig – Kogon hat ihn jedoch zunächst nicht auf sich verwendet.[11] Aus dem Linkskatholizismus ergab sich eine politische Praxis, die sich zwischen „linksliberaler Kulturkritik" und „Bündnissen mit sozialistischen bzw. kommunistischen Parteien oder Gewerkschaften" bewegte.[12] Daraus ergab sich die

---

7 Vgl. Arnold Sywottek: Wege in die 50er Jahre, in: Axel Schildt/Arnold Sywottek (Hrsg.): Modernisierung im Wiederaufbau. Die deutsche Gesellschaft der 50er Jahre, Berlin 1993, S. 13–46, hier S. 16.
8 Hodenberg: Die Journalisten und der Aufbruch zur kritischen Öffentlichkeit, S. 293.
9 Vgl. Georg Jäger: Der Schriftsteller als Intellektueller. Ein Problemaufriß, in: Sven Hanuschek/Therese Hoernigk/Christine Malende (Hrsg.): Schriftsteller als Intellektuelle. Politik und Literatur im Kalten Krieg; [DFG-Tagung vom 1. bis 3. Oktober 1996 in Berlin], Tübingen 2000, S. 1–28, hier S. 3.
10 Vgl. z. B. Frederike Neißkenwirth: „Die Europa-Union wird Avantgarde bleiben". Transnationale Zusammenarbeit in der niederländischen und deutschen Europabewegung (1945–1958), Münster 2016, S. 239.
11 Vgl. Friedrich Herr: Der Linkskatholizismus, in: Zeitschrift für Politik 5 (1958), S. 134–161, hier S. 134.
12 Josef P. Mautner: Dekonstruktion des Christentums. Linkskatholizismus und Gegenwart, in: Richard Faber (Hrsg.): Katholizismus in Geschichte und Gegenwart, Würzburg 2005, S. 227–256, hier S. 228.

Einforderung „*post*-kapitalistischer Produktionsverhältnisse" und „nichthierarchischer Lebenszusammenhänge".[13]

Mit Blick auf Kogons Beiträge in den *Frankfurter Heften* der Jahre 1946 und 1947 konstatiert Jens Flemming, dass Kogons Positionen „im Gewand des radikal Neuen daher[kamen], tatsächlich aber hafteten ihnen die Eierschalen eines mit Versatzstücken christlich katholischer, zudem österreichischer Provenienz bestückten Kulturpessimismus an, waren ein Indiz für ein gewisses Maß an ideologischer, in die Epoche vor 1938 hineinragender Persistenz".[14] Flemming sieht eine Kontinuitätslinie zwischen den publizistischen Beiträgen Kogons aus der Weimarer und der Nachkriegszeit. In jedem Fall trifft diese Beobachtung auf das traditionelle Element in Kogons Denken zu.

Gottfried Erb, der für Kogon als Assistent am Darmstädter Lehrstuhl tätig war und sich selbst im politisch linken Spektrum verortet, äußerte im Zeitzeugeninterview, dass er Probleme mit Kogons „Elite- und Kadervorstellungen" gehabt habe. Man müsse eine Akademie für den politischen Nachwuchs aufbauen, habe Kogon wiederholt gefordert.[15] Peter Graf Kielmansegg ist ebenfalls als Assistent für Kogon tätig gewesen und auch er, wenngleich eher konservativer Provenienz, erinnert, dass Kogon die Vorstellung hatte, dass Berufspolitiker ausgebildet werden müssten. Es könne nicht sein, so habe Kogon wiederholt erklärt, dass dieser Beruf, in dessen Händen das Schicksal der Gesellschaft liege, ohne eine professionelle Vorbereitung auszuüben sei. In einer Art von Akademie sollten Politiker zwei Jahre auf ihren Beruf vorbereitet werden.[16] Diese Zeugenberichte decken sich mit Kogons Publizistik. Bereits 1948 monierte er: „Das europäische Bürgertum der letzten einhundertfünfzig Jahre hat kein zureichendes Ausleseprinzip für die Sicherung des gesellschaftlichen Wachstumsprozesses gefunden."[17] Deshalb schrieb er am 12. September 1950 an den sozialdemokratischen Reichstagspräsidenten Paul Löbe, dass er plane, eine Schule für junge Redner zu gründen und Unterstützer für diese Idee suche. Löbe könne ihn in diesem Vorhaben unterstützen, indem er sein Wohlwollen zusage und nach Möglichkeit zu gegebener Zeit die Schule besuche, um mit den Lernenden ins Gespräch zu kommen und diese an seinen persönlichen Erfahrungswerten teilhaben zu las-

---

13 Gerd-Rainer Horn: Die Quellen der Transnationalität des westeuropäischen Linkskatholizismus (1924–1954). Querdenker, Kommunikationsnetzwerke und soziale Bewegungen, in: Claus Arnold/Johannes Wischmeyer (Hrsg.): Transnationale Dimensionen wissenschaftlicher Theologie, Mainz 2013, S. 107–124, hier S. 108.
14 Flemming: Gegen Preußen – Für Europa, S. 203.
15 Dennis Beismann: Zeitzeugeninterview mit Gottfried Erb, Hungen, 23.08.2012.
16 Dennis Beismann: Zeitzeugeninterview mit Peter Graf von Kielmansegg, Heidelberg, 05.03.2013.
17 Eugen Kogon: Die Aussichten Europas, in: Michael Kogon/Gottfried Erb (Hrsg.): Eugen Kogon. Europäische Visionen. Band 2 der Gesammelten Schriften, Berlin 1995, S. 26–42, hier S. 30, erstmals veröffentlicht in: Alfred Andersch: Europäische Avantgarde, Frankfurt a. M. 1948.

sen.¹⁸ Dieses Schreiben richtete Kogon an 25 weitere einflussreiche und prominente Persönlichkeiten der Bundesrepublik.¹⁹ Zwar kam das Vorhaben über diese erste Planungsphase nicht hinaus, dennoch zeigt die Idee deutliche Berührungspunkte mit Debatten auf, die Ende der 1940er, Anfang der 1950er Jahre in einer intellektuellen Öffentlichkeit verhandelt wurden und in denen die Vorstellungen einer geistigen Elite, die sich von der Massengesellschaft abheben sollte, im Mittelpunkt standen.²⁰

Ein weiteres Licht auf traditionelle Elemente in Kogons Ideen- und Wertgebäude wirft zudem seine Positionierung in der Modernedebatte, in der Ende der 1940er, Anfang der 1950er Jahre nicht nur konservative, sondern auch liberale und sozialistische Schriftsteller den „Defiziten" der „Moderne" nachspürten. Auch die Tatsache, dass der Nationalsozialismus nach dem Ende des Zweiten Weltkrieges als Phänomen der Moderne interpretiert wurde, führte dazu, dass in diesen Jahren viele kulturkritische Moderneanalysen vorgelegt wurden.²¹ Auch „[...] Kogon [blieb] in der herkömmlichen Modernedebatte verhaftet. In praktisch jedem seiner zeitkritischen Aufsätze und Vorträge der 50er, 60er und auch der frühen 70er Jahre fand sich eine ausführliche Aufzählung dessen, was als Kernvorstellungen der Modernedebatte gekennzeichnet werden kann."²² Insbesondere der rasante Fortschritt in den Naturwissenschaften schien ihm Angst zu machen. So äußerte er 1952:

> „Den Bereich der kausalen Verkettungen immer gründlicher durchforschend, immer großartiger ihn beherrschend, geraten wir tiefer und tiefer in ihren Bann, sind in Wahrheit bereits naturwissenschaftlich versklavt. Die ‚Natur' kann alles, alles könnten wir also mit ihr, und selbst ‚Freiheit' haben wir neuerdings in ihr entdeckt, die freilich mit Hilfe der statistischen Wahrscheinlichkeitsrechnung ‚festgehalten' werden kann. Ob wir dann morgen aus künstlich präpariertem Ei und Sperma Menschen züchten werden, entscheidet ‚sich' als ‚Notwendigkeit' in der Ursachenkette von Blickbannung und technischem Pioniergeist."²³

Ferner beklagte er, dass im Gegensatz zu den Naturwissenschaften die Geisteswissenschaften zurückgedrängt würden. Kritisch merkte er an,

---

18 Vgl. AdsD, Nl Paul Löbe, Sig. 41, Eugen Kogon an Paul Löbe, 12.09.1950.
19 Weitere Schreiben gingen u. a. an: Karl Arnold, Franz Blücher, Max Brauer, Hermann Brill, Walter Dirks, Karl Erhard, Franz Josef Furtwängler, Eugen Gerstenmaier, Werner Hilpert, Hermann Katzenberger, Karlheinz Knappstein, Waldemar von Knoeringen, Heinz Küppers, Peter Lütsches, Curt Oppler, Carlo Schmid, Erwin Schöttle, Carl Spiecker, Erwin Stein, Otto Suhr, Christine Teusch, Ernst Tillich, Hans Wellhausen.
20 Vgl. Axel Schildt: Zwischen Abendland und Amerika. Studien zur westdeutschen Ideenlandschaft der 50er Jahre, München 1999, S. 99.
21 Vgl. Kießling: Die undeutschen Deutschen, S. 313.
22 Ebenda, S. 353.
23 Eugen Kogon: Die Aussichten der Welt. Zu den geistigen Grundlagen der Gegenwart, in: Hubert Habicht (Hrsg.): Die unvollendete Erneuerung. Deutschland im Kräftefeld 1945–1963, Frankfurt a. M. 1963, S. 155–167, hier S. 156 f., erstmals veröffentlicht in: FH 7 (1952).

"daß nur die Naturwissenschaften und die Disziplinen, die sie anwenden, wirklich Einfluß haben, – nicht eine freie, sondern eine längst abhängige Geistesmacht; daß von den Geisteswissenschaften nur jene wirksam sind, die unmittelbaren Zwecken der Gesellschaft nützen, wie angewandte Psychologie, Meinungsforschung und Meinungslenkung, experimentelle Soziologie [...]."[24]

Auch 1959 kommentierte er, dass sich der Mensch überwiegend auf die „Zauberstäbe der Wissenschaft" verlasse.[25] In dieser Welt der „Organisation",[26] der „verwalteten Welt"[27] und „Vergesellschaftung",[28] der „kulturtötende[n] Überspezialisierung"[29] ginge schließlich der Geist verloren.[30] 1954 legte er den Aufsatz „Der archimedische Punkt ist der Geist selbst" vor:

„Was tun wir denn Eigenes, aus uns Stammendes, um eine Antwort auf die Probleme zu geben, die unsere moderne, den Menschen entwertende gesellschaftliche Organisation überall aufwirft? [...] Der Geist geht nicht voran, sondern schiebt bloß nach, und so verirren sich alle in eine barbarisch werdende Zivilisation. Jedermann, mit Ausnahme der Fanatiker purer Technik und Organisation, weiß das, befürchtet das, bejammert es – in hellen Minuten."[31]

Hier zeigt sich, dass Kogons skeptische Beurteilung der politischen und gesellschaftlichen Entwicklungen in Europa und Deutschland auf eben diese kulturkritisch eingefärbte Zivilisationskritik zurückzuführen ist. Dieser Befund gilt auch für Kogons wohl bekanntesten Aufsatz, in dem er seine „Restaurations"-These formuliert, die Gegenstand des folgenden Kapitels ist.

---

24 Ebenda, S. 163.
25 Eugen Kogon: Die Rolle der Intelligenz. Ideologien und Ideologiekritik, in: FH 14 (1959), H. 12, S. 861–870, hier S. 865.
26 Eugen Kogon: Die Aussichten der Restauration. Über die gesellschaftlichen Grundlagen der Zeit, in: Michael Kogon/Gottfried Erb (Hrsg.): Eugen Kogon. Die reformierte Gesellschaft. Band 5 der Gesammelten Schriften, Weinheim 1997, S. 42–60, hier S. 50, erstmals veröffentlicht in: FH 7 (1952).
27 Horkheimer/Adorno/Kogon: Die verwaltete Welt oder: Die Krise des Individuums.
28 Eugen Kogon: Der archimedische Punkt ist der Geist selbst, in: FH 9 (1954), H. 1, S. 4–8, hier S. 6–8.
29 Ebenda.
30 In Abgrenzung einer anonymen und entfremdeten „Massengesellschaft" rückte Kogon die „Persönlichkeit", die Begegnung und das „Gespräch" in den Mittelpunkt seiner Demokratie- und Pluralismusbegründungen. Vgl. Friedrich Kießling: „Gesprächsdemokraten" – Walter Dirks' und Eugen Kogons Demokratie- und Pluralismusbegründungen in der frühen Bundesrepublik, in: Alexander Gallus/Axel Schildt (Hrsg.): Rückblickend in die Zukunft. Politische Öffentlichkeit und intellektuelle Position in Deutschland um 1950 und um 1930, Göttingen 2011, S. 385–412.
31 Kogon: Der archimedische Punkt ist der Geist selbst, S. 4–6.

2 Die „Restauration"

Anfang der 1950er Jahre lösten die Herausgeber der *Frankfurter Hefte* eine breite Debatte mit der These aus, dass sich die Bundesrepublik in einer Phase der „Restauration" befände. Im Mai 1950 machte Dirks den ersten Aufschlag mit dem Artikel „Der restaurative Charakter der Epoche",[32] zwei Jahre später folgte Kogon mit „Die Aussichten der Restauration. Über die gesellschaftlichen Grundlagen der Zeit".[33] Der Vergleich dieser beiden unterschiedlich nuancierten Hauptaufsätze gibt Aufschluss über die Gemeinsamkeiten und Unterschiede in der Perspektive der beiden Herausgeber.

Auf inhaltlicher Ebene wird rasch deutlich, dass Kogon und Dirks zwar den Zustand der bundesrepublikanischen Demokratie gleichermaßen kritisch einschätzten, jedoch für ihre Thesen anders gelagerte Begründungen heranzogen. Dirks konstatiert, dass in der Bundesrepublik nach der Befreiung 1945 alte Strukturen wiederaufgebaut worden seien, anstatt die Chance eines Neubeginns zu nutzen:

> „[W]ie sollte man in den vielen tausend Gemeinden, in denen nicht zufällig einer von den Menschen mit neuen Ideen saß, anders beginnen als nach dem alten Rezept? [...] Man verführte die Deutschen, zum Jahre 1932 zurückzukehren, – unter Abzug der Nationalsozialisten und Militaristen. Die Deutschen freilich ließen es sich gefallen. [...] [Weit verbreitet ist der Traum] eines christlich restaurierten Europa[s], das den Liberalismus durch eine Sozialordnung überwinden möchte, die den bürgerlichen Schichten und Werten ihren Bestand und ihren Vorrang, den Arbeitern einen ‚angemessenen Platz' und der Kirche so viel Einfluß und weltliche Festigung sichert, wie nur eben dem Zeitgeist abzuzwingen ist."[34]

Keine Partei habe sich, so Dirks, diesen Tendenzen entgegengestellt: Die Kommunisten seien das „erste Element der Restauration" gewesen, und die Sozialdemokratie habe sich selbst „in der alten Form [...] wiederhergestellt".[35] Auch die Bilanz der Christdemokraten fiel in seiner Wahrnehmung ernüchternd aus:

> „Außer den Kommunisten und den Sozialdemokraten gab es anfangs nur noch die Katholiken und die Protestanten. Hätte es nur schon sofort die Nationalliberalen gegeben, die einige Jahre später die aktivsten Träger der Restauration wurden! Damals hatten sie den Mut weder zu ihrem Liberalismus noch zu ihrem Nationalismus, und vielleicht haben einige von ihnen, heimatlose Bürger, in der jungen CDU dazu beigetragen, daß aus der Union der Christen nicht das geworden ist, als was sie angelegt war: eine Kraft, hierzulande das Antlitz der Erde zu erneuern. Die ‚Frankfurter Leitsätze' und das ‚Ahlener Programm' sind heute eine bittere Lektüre."[36]

---

32 Walter Dirks: Der restaurative Charakter der Epoche, in: FH 5 (1950), H. 9, S. 942–954.
33 Kogon: Die Aussichten der Restauration.
34 Dirks: Der restaurative Charakter der Epoche, S. 947, 953.
35 Ebenda, S. 947.
36 Ebenda, S. 948.

Jedoch, so Dirks, ließen sich restaurative Bedürfnisse und Tendenzen nicht nur im politischen Geschehen, sondern auch in verschiedenen gesellschaftlichen Alltagsbereichen beobachten. Anstatt Wohnungen und Bildungsstätten zu bauen, seien Cafés, Luxusgeschäfte und Restaurants entstanden. Auch die Titelblätter der Illustrierten trügen zutage, an welchen Bildern das Interesse und die Herzen der Leserschaft hingen: Das Leben von Prinzen und Prinzessinnen, selbst aus der Hohenzollernzeit. Diese Beobachtung beweise, dass weite Teile der westdeutschen Bevölkerung in der Vergangenheit lebten.[37] Den entscheidenden Schritt in die Restauration sah er 1948:

> „Der große Sprung in die Restauration geschah im Augenblick der Währungsreform. *Diese Währungsreform war ein Akt der Restauration*; da entgegen den deutschen Vorschlägen der umwälzende Akt des Lastenausgleichs nicht mit ihr verbunden wurde, fixierte sie das Privileg des Sachwertbesitzes und enthielt den Flüchtlingen den Start auf gleicher Ebene vor. Da man ferner auf den Anreiz der gehorteten Waren nicht verzichten wollte, ja diese gesetzeswidrigen Vorräte mit in die Rechnung einbezog, privilegierte man eine Händlerschicht, innerhalb derer sich dann bald ein stürmischer Kreislauf der neuen DM vollzog. So waren auf doppelte Weise die Besitzenden die Gewinner. Dieser Vorgang war das Signal: von diesem Augenblick an witterte alles Alte und Gewesene Morgenluft."[38]

Kogons Kritik an der „Restauration" ist anders gelagert, wenngleich auch er sorgenvoll die Situation der Demokratie umschrieb, die tödlich geschwächt am Boden läge:[39]

> „Die Restauration in der derzeitigen kontinentaleuropäischen Politik entspricht genau unserem gesellschaftlichen Zustand und durchaus nicht seinen Notwendigkeiten. Sie ist eine Politik der überlieferten ‚Werte', Mittel und Denkformen, der scheinbaren Sicherheiten, der Wiederherstellung bekannter Interessen, soweit es nur möglich ist, eine Politik des Mangels an Vorstellungskraft, – die einzige Politik im Bereich der Freiheit, die eine Gesellschaft ohne Erneuerungskraft von Klassen, Nationen oder Kirchen hervorbringen kann, obgleich doch die Notwendigkeit zutageliegt, alle Bereiche der Wirklichkeit auf eine ihnen gemäße Ordnung hin zu erneuern und nicht sie in alter Weise wiederherzustellen."[40]

Um die Ursachen dieses Zustandes zu erforschen, ging Kogon weit in die deutsche Geschichte zurück. Im 18. und 19. Jahrhundert habe die bürgerliche Führungsklasse die Idee der Souveränität vom Fürsten auf den Einzelnen und auf den Nationalstaat übertragen. Diesem Zuwachs an Freiheiten sei jedoch keine „Ordnung des jeweiligen Ganzen nachgekommen".[41] Kogon bleibt hier den Hinweis schuldig, welche Ordnungsform ihm konkret vorschwebe. Weil jedoch diese Ordnung fehle, hätten

---

37 Vgl. ebenda, S. 950.
38 Ebenda, S. 951 (Hervorhebung im Original).
39 Kogon: Die Aussichten der Restauration, S. 50.
40 Ebenda, S. 53.
41 Ebenda, S. 48.

sich in der „Massengesellschaft" Interessengruppen organisiert, die nun für sich versuchten, das Gemeinwesen zu regulieren, um ihre Ziele zu verwirklichen. Diesen Zusammenschlüssen stünden die demokratischen Autoritäten zumeist hilflos gegenüber. So werde versucht, mittels Organisationen und Bürokratie die „Massengesellschaft" zu verwalten.[42] Die Forderungen nach einer „Regulierung der Massengesellschaft" und des „Wildwuchses der Freiheit" erscheinen wie Versatzstücke aus seinen Überlegungen der Zwischenkriegszeit zu einem christlichen Ständestaat und hätten sich auch in einem Artikel für die *Schönere Zukunft* finden können.[43]

Dirks setzt in seiner Ursachenforschung deutlich später ein und sieht den Kern der „Restauration" in der Zulassung der Parteien 1945 – man habe schlicht den Gegensatz zwischen Säkularisierten und Christen nicht überwinden können. Zwar gäbe es in der CDU den christlichen Geist und in der SPD den sozialistischen Geist, die sich beide gegen die Restauration wendeten, nur seien sie für sich nicht stark genug. Weil ein Zusammengehen zwischen beiden Kräften nicht stattgefunden habe, seien „die eigentlichen Schuldigen die matten Christen und die matten Sozialisten".[44] In diesem Punkt stimmt Kogon mit Dirks überein und moniert, dass keine Partei den restaurativen Tendenzen Einhalt geboten habe, auch nicht die Sozialdemokratie. Von der Arbeiterpartei sei gegenwärtig nichts zu erwarten, sie verfüge über keine Erneuerungskraft, keinen politischen Internationalismus und keinen gesellschaftlichen Ordnungsplan. Anstatt den Föderalismus zum „sozialen Lebensgesetz" in der Demokratie zu entwickeln und offen für gesellschaftliche Bündnisse zu sein, klebe sie an der überholten Idee nationalstaatlicher Souveränität.[45]

Auch in den zu ergreifenden Gegenmaßnahmen bewegen sich Dirks und Kogon bald auf einer Linie. Dirks betont, dass es vorerst keinen Sinn mache, eine antirestaurative Partei zu gründen. Wohl aber sollten die restaurationskritischen Kräfte einander kennen und gemeinsam am Bewusstsein der Zeit arbeiten sowie an der öffentlichen Meinung. Tatsächlichen Anlass zur Hoffnung biete nur ein Mitbestimmungsrecht, das die Durchdringung der wirtschaftlichen Macht in der Bundesrepublik mit dem Willen der Arbeiterbewegung ermögliche. So würde aus diesem restaurativen Faktor – also der Arbeiterbewegung – eine Kraft der Erneuerung.[46] Kogon bringt diese beiden Punkte zwar nicht, allerdings hätte er sie ohne zu Zögern unterschrieben. In ihren Schlussgedanken einigen sich beide Autoren ausdrücklich und in ähnlichem Wortlaut auf eine Kernforderung der *Frankfurter Hefte*: Alle Hoffnung könne in der gegebenen Situation nur auf der Europäischen Bewegung ruhen, der einzigen Kraft, die der Restauration Einhalt zu gebieten vermöge.[47]

---

42 Ebenda, S. 51.
43 Ebenda, S. 48.
44 Dirks: Der restaurative Charakter der Epoche, S. 946.
45 Kogon: Die Aussichten der Restauration, S. 54 f.
46 Vgl. Dirks: Der restaurative Charakter der Epoche, S. 954.
47 Vgl. ebenda; Kogon: Die Aussichten der Restauration, S. 60.

Hans-Gerd Ewald hat die *Frankfurter Hefte* gegen die vielfache Kritik verteidigt, die sich vonseiten der Forschung[48] gegen Kogons und Dirks' These erhob: Diese hätten

> „mit dem Restaurationsvorwurf nie eine schematische Wiederholung von Vorkriegsverhältnissen beschworen. Sie wußten um die Zerstörung sozialer Strukturen, um die Entmachtung der alten feudal-großagrarischen, großindustriellen und militärischen Eliten und haben lediglich beängstigende Parallelen ausgemacht, ohne die Veränderung des sozialen Nährbodens für rechtsradikale, demokratiegefährdende Bewegungen zu ignorieren".[49]

Dennoch fällt das Urteil der Geschichtswissenschaft überwiegend negativ aus. Hans-Peter Schwarz stellt der „Restaurations"-These vielmehr deutliche Modernisierungstendenzen in den 1950er Jahren gegenüber.[50] In der Entstehungszeit der Thesen 1950/52 war nicht abzusehen, in welche Richtung sich die Bundesrepublik entwickeln würde. Auch die Beiträge der Tagung „Modernisierung im Wiederaufbau" und der daraus hervorgegangene Tagungsband aus dem Jahr 1998 belegen an zahlreichen Beispielen, dass der Begriff „Restauration" für die westdeutsche Nachkriegszeit unzutreffend ist.[51] Axel Schildt hat gezeigt, dass die 1950er Jahre ein „doppeltes Gesicht von Kontinuität und Umbruch" kennzeichnen.[52] Dennoch hat die „Restaurations"-These der intellektuellen Debatte der Bundesrepublik wichtige Impulse verliehen – insbesondere der Aufsatz von Dirks, der ein weitaus breiteres Echo hervorrief als Kogons. Dietz Bering zählt ihn sogar zu einem der drei wichtigsten Aufsätze aus den kulturpolitischen Zeitschriften der Nachkriegszeit.[53]

3 Auseinandersetzung mit dem Nationalsozialismus

Kogon verlor sieben Jahre seines Lebens im Konzentrationslager Buchenwald und in Wiener Gestapo-Haft, sah seine Kinder nicht aufwachsen und musste miterleben, wie die Familie auseinanderfiel und seine Frau in existenzielle Nöte und Verzweiflungszustände stürzte. Seit die Gestapo herausgefunden hatte, dass die Mutter des politischen Häftlings Kogon jüdischen Glaubens war, ordnete sie umgehend seine

---

48 Siehe z. B. Hans-Peter Schwarz: Die Ära Adenauer. Gründerjahre der Republik 1949–1957, Stuttgart 1981, S. 382.
49 Ewald: Die gescheiterte Republik, S. 161.
50 Vgl. Schwarz: Die Ära Adenauer, S. 375.
51 Axel Schildt/Arnold Sywottek (Hrsg.): Modernisierung im Wiederaufbau. Die deutsche Gesellschaft der 50er Jahre, Berlin 1993.
52 Schildt: Zwischen Abendland und Amerika, S. 197.
53 Vgl. Dietz Bering: Die Epoche der Intellektuellen – 1898–2001. Geburt, Begriff, Grabmal, Darmstadt 2010, S. 304.

Überstellung nach Auschwitz an – ein eindeutiges Todesurteil.[54] Nur die Funktion als Ärzteschreiber des ersten Lagerarztes Erwin Ding-Schuler machte ihn unabkömmlich und bewahrte ihn so vor der Deportation.[55] Auch nach der Befreiung wirkten die Verfolgungserfahrungen nach, prägten das Familienleben und sollten ihn bis an seinen Lebensabend in Albträumen heimsuchen.[56] Wie beeinflusste diese biographische Schlüsselsituation Kogons gesellschaftliches Engagement und seine publizistischen Stellungnahmen in der Bundesrepublik? Um mögliche Antworten zu geben, soll im folgenden Kapitel in zwei Schritten vorgegangen werden: Einem Überblick über seine Arbeit in Gremien, Verfolgtenvereinigungen und in der Zeugenarbeit zur Aufklärung von NS-Verbrechen schließt sich eine inhaltliche Analyse seiner publizistischen Stellungnahmen zur Auseinandersetzung mit dem Nationalsozialismus an.

Da Kogon sich in den ersten Nachkriegsjahren einen Namen als Kenner des Nationalsozialismus gemacht hatte, wurde er angefragt, seine Kompetenzen in den Dienst der Einrichtung zu stellen, die heute unter dem Namen Institut für Zeitgeschichte (IfZ) firmiert.[57] Am 1. Juli 1947 schrieb der Staatssekretär für die schönen Künste in München an Kogon, um mitzuteilen, dass die Gründung eines „Instituts zur Erforschung der Geschichte des 3. Reiches" beabsichtigt werde, dem ein Vorstand mit Persönlichkeiten aus Wissenschaft und Politik vorstehen solle. Dafür sei der Anglist und Amerikanist Eduard Brenner, der Historiker Franz Schnabel sowie der spätere Bundespräsident Theodor Heuss vorgesehen, die alle ihre Mitarbeit zugesagt hätten. Im Gespräch sei ferner der Name Kogon gewesen, so dass Sattler anfragte, ob er, Kogon, sich vorstellen könne, im Beirat der geplanten Einrichtung mitzuarbeiten.[58] Dem Namen des Instituts entsprechend sollte es der „geschichtswissenschaftliche[n] Erforschung [des Nationalsozialismus] als Grundlage politischer Aufklärung und Wandlung" sowie der „Sicherung der Quellen für künftige Studien" nachgehen.[59] Kogons Aufgabe bestünde darin, bei der Auswahl von Historikern mit-

---

54 Vgl. ITS Archive, Bad Arolsen, Sig. 1.1.5.1/5342873 in Archivnummer 4530, Politische Abteilung an die Abteilung III, 13.02.1944.
55 Auf der Deportationsliste vom 18.04.1943 ist Kogons Name aufgeführt, allerdings nachträglich mit einer roten Linie durchgestrichen worden. Siehe ITS Archive, Bad Arolsen, Transportbefehl KZ-Buchenwald, Sig. 1.1.5.1/5342715, Politische Abteilung an Abteilung III, 18.04.1943.
56 Dennis Beismann: Zeitzeugeninterview mit Gottfried Erb, Hungen, 23.08.2012.
57 Die schwierige, drei Jahre währende Gründungsgeschichte des Instituts, in der vor allem um Fragen nach der Rechtsform, Finanzierung und Ausrichtung gerungen wurde, ist nachzulesen bei Hellmuth Auerbach: Die Gründung des Instituts für Zeitgeschichte, in: VfZ 18 (1970), H. 4, S. 529–554.
58 Vgl. IfZ, Nl Dieter Sattler, Sig. ED 145-22, Dieter Sattler an Eugen Kogon, 01.07.1947.
59 So Horst Möller in der Festschrift zum 50-jährigen Bestehen des IfZ. Nicolas Berg sieht die „makellose Bilanz" des ehemaligen Institutsdirektors kritisch und konstatiert, dass in den Anfangsjahren des Instituts zwar wichtige Grundlagenforschung zur NS-Geschichte geleistet wurde, ein entscheidender Aspekt – nämlich der Mord an den europäischen Juden – jedoch keine Berücksichti-

zuwirken, die wiederum einzelne Themen zur Geschichte des Nationalsozialismus in Form von „populären, aber wissenschaftlich einwandfreien Broschüren zur Aufklärung der Deutschen" erarbeiten sollten. Ferner käme es ihm zu, Publikationen vor dem Erscheinen gegenzuprüfen. Kurzentschlossen sagte er zu.[60]

Wenige Wochen nachdem der Brief mit seiner Bereitschaftserklärung in München eingetroffen war, tagte bereits das Kuratorium des Instituts, um die Zusammensetzung des „Wissenschaftlichen Rates" endgültig zu beschließen. Der Leiter der Hessischen Staatskanzlei, Hermann Brill, stimmte dem Sonderminister für Entnazifizierung in Bayern, Anton Pfeiffer, zu, als jener die Sitzung mit den Worten einleitete: „Ich halte es für notwendig, dass wir uns [in Personalfragen] ein prüfendes selektives Prinzip zu eigen machen. Es soll niemand berufen werden, über den man nicht ganz klare Erhebungen vorgenommen hat nach seiner wissenschaftlichen Leistung und nach seiner politischen Vergangenheit. Wir wollen senkrechte Menschen."[61] Im Ergebnis dieser Besprechungen bildeten den Beirat Philip Auerbach, Ludwig Bergsträsser, Hermann Brill, Ludwig Dehio, Constantin von Dietze, Fritz Hartung, Ernst von Hippel, Erich Kaufmann, Eugen Kogon, Theodor Litt, Gerhard Ritter, Franz Schnabel, Hans Speidel, Bernhard Vollmer und Wilhelm Winkler. Theodor Heuss und Friedrich Meinecke wählte das Kuratorium als Ehrenmitglieder.[62] Während manch eine der vorgeschlagenen Personalien durchaus kontrovers diskutiert wurde, herrschte über Kogons Berufung von Anfang an unter den Anwesenden Einigkeit.[63] Die personelle Zusammensetzung dieses Gremiums bestand, entsprechend Pfeiffers Forderung, aus Opfern und Gegnern des Nationalsozialismus. Mit Brill und Bergsträsser – beide waren seit den ersten Tagen für das Institut tätig, Bergsträsser zudem von 1950 bis 1959 Vorsitzender des Beirats – traf Kogon auf Kollegen, die langjährige Weggefährten werden sollten.[64]

Kogon erhielt nun den Ruf in den Beirat nicht vordergründig als Kenner des Nationalsozialismus oder gar als Politikwissenschaftler – in den Akten des Instituts ist sein Fachgebiet vielmehr als „Allgemeine Publizistik" ausgewiesen.[65] Und so ver-

---

gung in der Münchner Forschungsagenda fand. Vgl. Horst Möller: Das Institut für Zeitgeschichte und die Entwicklung der Zeitgeschichtsforschung in Deutschland, in: Horst Möller/Udo Wengst (Hrsg.): 50 Jahre Institut für Zeitgeschichte. Eine Bilanz, München 1999, S. 1–68, hier S. 7. Nicolas Berg: Der Holocaust und die westdeutschen Historiker. Erforschung und Erinnerung, Göttingen 2003, S. 319.
60 Vgl. IfZ, Nl Dieter Sattler, Sig. ED 145-22, Dieter Sattler an Eugen Kogon, 01.07.1947.
61 IfZ, Wissenschaftlicher Beirat, Sig. ID 3/1, Sitzungsprotokoll des Kuratoriums vom 16.–17.10.1947.
62 Vgl. Möller: Das Institut für Zeitgeschichte und die Entwicklung der Zeitgeschichtsforschung in Deutschland, S. 21.
63 IfZ, Wissenschaftlicher Beirat, Sig. ID 4-1-31, Sitzungsprotokoll Institut, 25.11.1947.
64 Mit seinem Haftkameraden Brill hatte Kogon bereits in Buchenwald über den politischen und gesellschaftlichen Wiederaufbau Nachkriegsdeutschlands beraten.
65 IfZ, Wissenschaftlicher Beirat, Sig. ID 4-2-32, Übersicht Beiratsmitglieder des Instituts.

wundert es nicht, dass vor allem er es war, der die Gründung der *Vierteljahrshefte für Zeitgeschichte* anregte, die die Münchner Forschungseinrichtung seit 1953 publizierte.[66] Zudem warb er für diese und weitere Publikationen des Hauses in den *Frankfurter Heften* und rezensierte selbst in seiner Zeitschrift die erste Publikation der Münchner – eine Quellenedition von Hitlers Tischgesprächen.[67]

Ein zentrales Anliegen des „Instituts zur Erforschung der nationalsozialistischen Politik" bestand darin, möglichst viel Material über die Geschichte des Nationalsozialismus zusammenzutragen und als *das* zentrale Archiv für diese Zeit in Erscheinung zu treten. Doch die Suche nach geeigneten Dokumenten gestaltete sich vielfach schwierig, unterschiedliche Stellen konkurrierten um die Nutzungsrechte zentraler Bestände aus der NS-Zeit, und manches Mal blieb den Archivaren nichts anderes übrig, als sich auf die Sammlung von Privatmaterial zu konzentrieren.[68] Vermutlich erwies Kogon dem Institut den größten Verdienst seiner Mitarbeit im Beirat, als er sich aktiv für die Materialbeschaffung einsetzte. Zwar konnte er nichts für Generalsekretär Hermann Mau tun, der sich mit der Bitte an Kogon wandte, seine Kontakte in Hessen zu nutzen, um die Bad Arolsener Dokumentensammlung über die deutschen Konzentrationslager für das Münchner Archiv zu beschaffen.[69] Anders gestaltete sich die Lage jedoch hinsichtlich staatlicher Akten, die die Amerikaner nach ihrem Einmarsch konfisziert hatten. Schon während seiner ersten Sitzung diskutierte das Kuratorium, auf welchem Weg sich dieses Material beschaffen ließe. Friedrich Glum berichtete aus seinen Gesprächen mit „amerikanischen Stellen", dass die Akten des Auswärtigen Amts, der Reichskanzlei und der Ministerien erst dann zur Einsicht freigegeben werden würden, wenn man sie selbst ausgewertet und publiziert habe.[70] Kogon nahm daher in der Sache Kontakt mit einflussreichen Amerikanern auf, zu denen er gute Beziehungen unterhielt – so etwa zu dem Journalisten Shepard Stone, der als Beobachter dabei war, als das KZ Buchenwald befreit wurde. Seit jenem Tag stand Kogon zu Stone in engem Kontakt, und so ließ sich eruieren, wie die Chancen stünden, das Material im Besitz des High Commissioners for Germany (HICOG) in das Münchner Archiv zu überführen. Und während Kogon zunächst noch auf Widerstand stieß und 1951 berichten musste, dass man auf amerikanischer Seite gewichtige Vorbehalte hege,[71] konnte das Institut ein Jahr später bereits freudig verkünden, dass die Verhandlungen schließlich doch zum Erfolg

---

66 Vgl. IfZ, Wissenschaftlicher Beirat, Sig. ID 103-21-128, Eugen Kogon an Hermann Mau, 22.10.1951.
67 Herny Picker/Gerhard Ritter (Hrsg.): Hitlers Tischgespräche im Führerhauptquartier 1941–1942, Bonn 1951.
68 Vgl. Auerbach: Die Gründung des Instituts für Zeitgeschichte, in: VfZ 18 (1970), H. 4, S. 529–554, hier S. 535.
69 Vgl. IfZ, Wissenschaftlicher Beirat, Sig. ID 103-202-14, Aktennotiz vom 20.12.1951.
70 IfZ, Wissenschaftlicher Beirat, Sig. ID 3-1-12, Protokoll der Kuratoriums-Sitzung, 25.11.1947.
71 Vgl. IfZ, Wissenschaftlicher Beirat, Sig. ID 103-202-40, Aktennotiz vom 08.10.1951.

geführt hätten und Stone die zeitnahe Übergabe des Materials endgültig zugesagt habe.[72]

Über diese Vermittlungsarbeit hinaus brachte Kogon sich selten in die Arbeit des Beirats ein, zu umfassend waren seine anderweitigen Verpflichtungen, die eine regelmäßige Sitzungsteilnahme unmöglich machten. Bereits seit Mai 1949 diskutierte das Kuratorium, ob der Name „Institut zur Erforschung der nationalsozialistischen Politik" nicht unnötigerweise dem Regime ein Denkmal setze und durch eine Alternativformulierung zu ersetzen sei.[73] Diese Anregung blieb ein wichtiges Thema in verschiedenen Gremiensitzungen des Instituts, doch als Kogon schließlich, über zwei Jahre später, im Dezember 1951, ein Schreiben mit neuem Briefkopf erhielt, wandte er sich verwundert an Generalsekretär Mau mit der Frage: „Handelt es sich da um unser Institut? Ich wusste nicht, dass wir den Titel verändert haben."[74] Diese Episode zeigt, wie wenig er an der Arbeit des Beirats teilhatte, und da vermutlich 1953 Historiker auftraten, deren fachwissenschaftliche Expertise über Kogons Augenzeugenschaft hinausreichte, fühlte Theodor Eschenburg vorsichtig bei Kogon vor, inwieweit dieser bereit sei, seinen Platz zur Verfügung zu stellen. Mit diesem Vorstoß kam er Kogon sehr entgegen, der unter fortwährend hoher Arbeitsbelastung litt und umgehend und dankbar zusagte.[75]

Zudem agierte Kogon kurzzeitig als Mitglied im Gesamtrat der 1947 gegründeten Vereinigung der Verfolgten des Naziregimes (VVN) und als Vorsitzender des entsprechenden hessischen Landesverbandes.[76] Dieser Zusammenschluss aus Widerstandskämpfern und NS-Verfolgten sah sein Ziel im „politische[n] Neuaufbau Deutschlands aus dem Geist des Antifaschismus".[77] Da das Bündnis jedoch kommunistisch dominiert war und sich gegen die antikommunistische und US-finanzierte Europabewegung wandte,[78] legte Kogon bereits 1949 sämtliche Ämter in der Vereinigung nieder.[79] In Abgrenzung zur VVN gründete sich 1950 in Frankfurt der Verband für Freiheit und Menschenwürde, mit dabei Margarete Buber-Neumann, Werner Hilpert, Eugen Kogon, Walter Kolb, Else Leuschner, Cuno Raabe, Erwin Stein, Christian Stock, Heinrich Zinnkann. Als Ehrenpräsidenten standen an der Spitze der

---

[72] Vgl. IfZ, Wissenschaftlicher Beirat, Sig. ID 103-21-115, Hermann Mau an Eugen Kogon, 02.07.1952.
[73] Vgl. IfZ, Wissenschaftlicher Beirat, Sig. ID 4-1-90, Protokoll vom 30.05.1949, S. 10.
[74] IfZ, Wissenschaftlicher Beirat, Sig. ID 103-21-121, Eugen Kogon an Hermann Mau, 11.12.1951.
[75] Vgl. AdsD, Nl Eugen Kogon, Sig. 232, Eugen Kogon an Theodor Eschenburg, 24.09.1953.
[76] Vgl. Philip Neumann: Das Internationale Komitee Buchenwald-Dora und Kommandos (1952–2005), Jena 2012, S. 107.
[77] Klaus Körner: Gegen Krieg und Faschismus. Der Frankfurter Röderberg-Verlag und Reclam Leipzig, in: Ingrid Sonntag (Hrsg.): An den Grenzen des Möglichen, Berlin 2016, S. 142–156, hier S. 142.
[78] Ebenda.
[79] Vgl. Eugen Kogon: An die Vereinigung der Verfolgten des Naziregimes, in: Michael Kogon/Gottfried Erb (Hrsg.): Eugen Kogon. „Dieses merkwürdige, wichtige Leben". Begegnungen. Band 6 der Gesammelten Schriften, Weinheim 1997, S. 127.

Vereinigung Eugen Kogon und Hermann Brill. Wie die VVN stellte sich auch diese Vereinigung die Aufgabe, Verfolgte des NS-Staates in Fragen des Bundesentschädigungsgesetzes zu beraten und zu vertreten.[80] Jedoch hatte Kogon für diesen Zusammenschluss lediglich repräsentative Funktion, meist sollte er seine Kontakte und sein Ansehen nutzen, um den Verein nach außen zu vertreten. So richtete der zweite Vorsitzende des Verbandes, Alex Matschek, 1950 ein Schreiben an ihn, dass er sich bitte dringend an den Repräsentanten der amerikanischen Besatzungsmacht wenden möge, um die weitere Finanzierung des Verbandes zu erörtern. Kogon bekleidete das Amt bis 1952, da sein Engagement für die Europäische Bewegung in diesen Jahren seine gesamte Zeit in Anspruch nahm.[81]

Seit Mitte der 1950er Jahre bemühte er sich auch in eigener Sache um Entschädigungszahlungen für die gesundheitlichen Folgen, die seine Inhaftierung nach sich gezogen hatte. In Zusammenhang mit seinem Antrag auf Haftentschädigung 1954 bestätigte ihm Werner Hilpert, dass beide von 1939 bis 1945 gemeinsam als politische Häftlinge in Buchenwald gewesen seien. Dem Antrag wurde stattgegeben.[82] Drei Jahre später beantragte Kogon, den Wirtschaftsschaden, der ihm durch Verdienstausfall während seiner Internierung entstanden war, zu ersetzen,[83] und 1965 stellte er einen Antrag auf Entschädigung von Schäden an Körper und Gesundheit. Während seinem ersten Antrag stattgegeben wurde, musste er zur Anerkennung weiterer Ansprüche verschiedene Gutachten vorlegen und Rechtsanwälte einschalten. Der Ausgang dieser Angelegenheiten, die sich bis in die 1970er Jahre zogen, geht aus den Quellen nicht zweifelsfrei hervor.[84]

Viele Korrespondenzen belegen eindrücklich die Solidarität von Mitgliedern der ehemaligen Häftlingsgemeinschaft – selbst wenn sie sich nie persönlich begegnet waren. So wie Hilpert Kogon in seiner Entschädigungsangelegenheit unterstützte, fand Letzterer selbst in Phasen extremer Arbeitsbelastung die Zeit, sich den Fragen und Nöten NS-Verfolgter zu widmen. Er verfasste Gutachten, gab Auskünfte, stellte Kontakte her, intervenierte bei Behörden und bemühte sich gar, für den ehemaligen Buchenwalder „Funktionshäftling" Arthur Dietzsch eine Beschäftigung zu finden.[85] Nachdem er sich für einen inhaftierten Kommunisten eingesetzt hatte, schrieb dessen Frau an Kogon: „Seit dem 22. Februar 1967 ist mein Mann wieder zu Hause, 12 Monate vor Verbüßung seiner Strafe. Das ist ein großer Erfolg, zu dem Sie durch

---

80 Vgl. Institut für Stadtgeschichte Frankfurt (Hrsg.): Findbuch zum Bestand Verband für Freiheit und Menschenwürde. Verbandsgeschichte, Frankfurt a. M. 2000, S. 2.
81 Vgl. AdsD, Nl Eugen Kogon, Sig. 199, Eugen Kogon an Alfred Meier, 24.07.1956.
82 Kogon erhielt 12 750 DM. Vgl. HHStAW, Entschädigungsakte Eugen Kogon, Sig. 518 Nr. 6799.
83 Vgl. PA Michael Kogon, Eugen Kogon an den Regierungspräsidenten der Wiesbadener Entschädigungsstelle, 23.10.1957.
84 Vgl. HHStAW, Entschädigungsakte Eugen Kogon, Sig. 518 Nr. 6799.
85 Vgl. IfZ, Nl Arthur Dietzsch, Sig. ED 112-9-94, Eugen Kogon an Arthur Dietzsch, 11.12.1951.

Ihre Intervention beigetragen haben."[86] Die Tatsache, dass Kogon mit fast allen seinen Partnern und Kollegen per Sie war, sich jedoch mit jedem Häftling aus der gemeinsamen Zeit im Buchenwald duzte, stützt den Befund. Nicht ohne Pathos schrieb der einstige Vorsitzende des Internationalen Lagerkomitees in Buchenwald Walter Bartel 1968 an Kogon: „Heute vor 23 Jahren – um diese Stunde – öffneten wir uns selbst das Tor, das zum Leben zurückführte. Ich weiß nicht, wie es Dir ergeht an diesem Tage. Mir kommen viele Erinnerungen, schlimme, aber auch gute."[87] Es zeigt sich also deutlich, dass Kogon für konkrete Belange von überlebenden NS-Opfern eintrat und als aktives Mitglied der Verfolgtenverbände agierte. Inwieweit sich dieses Engagement in seiner Publizistik wiederfindet, ist Gegenstand der weiteren Darstellung.

Präsident Harry S. Truman und der britische Premierminister Winston Churchill beteiligten sich an der Entscheidung, Buchenwald – das erste intakte deutsche Konzentrationslager, das den Alliierten in die Hände fiel – in den Mittelpunkt einer Pressekampagne zur Dokumentation deutscher Greueltaten zu stellen.[88] Unmittelbar nach der Befreiung des Konzentrationslagers Buchenwald traf am Ettersberg eine amerikanische Inspektionsgruppe – bestehend aus fünf deutschen Emigranten – ein, die für die Psychological Warfare Division des Obersten Hauptquartiers der Alliierten Streitkräfte in Europa über die Verhältnisse vor Ort berichten sollte.[89] „Die Aufgabe dieser Gruppe war es, einen detaillierten Bericht zu erarbeiten, der den Bedürfnissen des Nachrichtendienstes entsprach und das System genauestens analysieren sollte, mit dem die Gefangenen in Buchenwald und darüber hinaus in allen nationalsozialistischen Konzentrationslagern behandelt wurden."[90] Dem Leiter der Untersuchungskommission, Albert G. Rosenberg, wurde rasch klar, dass sich die vielfältigen und komplexen Strukturen eines derart großen Lagers unmöglich aus der Außenbetrachterperspektive einfangen ließen und das Team daher auf die Mithilfe ehemals Inhaftierter angewiesen sei. So stellte er einen entsprechenden Kreis zusammen, der innerhalb kurzer Zeit einen Bericht über das Lager schreiben sollte. An der Spitze dieser Autorengruppe stand Kogon.[91] Als David P. Hackett 1995 den viele Jahrzehnte als verschollen geltenden *Buchenwald-Report* editierte und der Öffentlichkeit zugänglich machte, urteilte er im Vorwort:

---

86 AdsD, Nl Eugen Kogon, Sig. 219, Hannelore Nowak an Eugen Kogon, 10.03.1967.
87 AdsD, Nl Eugen Kogon, Sig. 220, Walter Bartel an Eugen Kogon, 11.04.1968.
88 Vgl. Hackett (Hrsg.): Der Buchenwald-Report, S. 30.
89 Vgl. Michael Kogon: Eugen Kogons „Der SS-Staat" ist ein halbes Jahrhundert alt, in: Aus dem Antiquariat 12 (1996), S. A497-A507, hier S. A498.
90 Hackett (Hrsg.): Der Buchenwald-Report, S. 36.
91 Vgl. Hendrik Bühl: Eugen Kogon: Der SS-Staat, in: Torben Fischer/Matthias N. Lorenz (Hrsg.): Lexikon der „Vergangenheitsbewältigung" in Deutschland. Debatten- und Diskursgeschichte des Nationalsozialismus nach 1945, Bielefeld 2007, S. 31–33, hier S. 32.

„Es war ein besonderer Glücksfall, daß Kogon mit der Leitung des Gefangenenteams betraut wurde. Seine scharfe Intelligenz, seine gründliche akademische Ausbildung, seine tiefgründigen intuitiven Einsichten und die zahlreichen Kontakte zu anderen Insassen des Lagers machten ihn zu dem für die Aufgabe am besten geeigneten Mann. Zudem war er nicht durch so starke ideologische und nationalistische Vorurteile belastet wie viele andere führende Persönlichkeiten im Lager."[92]

Vier Wochen nachdem Kogon den Auftrag entgegengenommen hatte, lag der *Buchenwald-Report* vor.[93] Die amerikanischen Militärbehörden fühlten sich in der Einschätzung von Kogons Sachverstand bestätigt, und so beauftragten sie ihn nach der Fertigstellung des *Buchenwald-Reports*, der vor allem zu Dokumentarzwecken angefertigt worden war, mit der Ausarbeitung eines Buches, das sich vornehmlich an die deutsche Öffentlichkeit richten sollte. Diese Schrift, *Der SS-Staat. Das System der deutschen Konzentrationslager*, sollte Kogons erfolgreichstes Werk werden und ist bis heute untrennbar mit seinem Namen verknüpft. Anders als im *Buchenwald-Report*, nahm er nicht nur die Haftanstalt auf dem Etterberg in den Blick, sondern das gesamte „System der Konzentrationslager". Das Buch erschien im Frühjahr 1946 zeitgleich in drei Ausgaben: für die amerikanische Besatzungszone im Münchner Alber Verlag, für Großhessen im Verlag der *Frankfurter Hefte* und für die britische Zone im Schwann-Verlag.[94] Bis heute erfuhr der *SS-Staat* über vierzig Neuauflagen, wurde mehr als 500 000 Mal verkauft und in neun Sprachen übersetzt.[95] Stil und Inhalt dieses Werkes, das wiederum in nur elf Wochen entstand,[96] charakterisiert der Germanist Franz H. Schrage treffend:

„Der *SS-Staat* [...], ein zeitgeschichtliches Sachbuch in einer nicht immer ganz knappen Sprache geschrieben, erforscht die Ursachen von entwürdigenden Lebensbedingungen, Schikanen, willkürlicher Gewalt in den KZs und das darin offenbar werdende Böse, das einschüchtert, bedroht, krank macht und tötet; das Buch soll helfen, in Zukunft Gleiches oder Ähnliches zu verhindern. Manchmal tauchen aus der gebändigten Sachlichkeit des Berichts als Folge des Erlittenen Emotionen in Wortwahl und Sprachduktus auf."[97]

Wie auch andere Schriftsteller engagierte Kogon sich nach dem Ende des Zweiten Weltkrieges in der von den alliierten Besatzungsmächten betriebenen „Reeducation" und als „Sinnvermittler in einer Situation [...], in der es um ‚Vergangenheitsbewältigung', eine neue Standortbestimmung und Identitätsfindung ging".[98] In die-

---

92 Hackett (Hrsg.): Der Buchenwald-Report, S. 38.
93 Vgl. Michael Kogon: Eugen Kogons „Der SS-Staat", S. A498.
94 Vgl. ebenda, S. A500.
95 Vgl. Bühl: Eugen Kogon: Der SS-Staat, S. 31.
96 Vgl. Michael Kogon: Eugen Kogons „Der SS-Staat", S. A497.
97 Franz H. Schrage: Weimar – Buchenwald. Spuren nationalsozialistischer Vernichtungsgewalt in Werken von Ernst Wiechert, Eugen Kogon, Jorge Semprun, Düsseldorf 1999, S. 54.
98 Jäger: Der Schriftsteller als Intellektueller, S. 17.

sem Sinnzusammenhang ist der *SS-Staat* entstanden, und Kogon hat seiner Motivation, die ihn beim Abfassen leitete, explizit Ausdruck verliehen: „Ich habe die Absicht gehabt [...] mit dieser Systematisierung von Tatsachenmaterial eine pädagogische Wirkung auszuüben. Das Werk ist also in diesem Sinne nicht ein rein wissenschaftliches Werk, sondern mit Hilfe der Wissenschaft wird ein nationalpädagogischer und humanitärpädagogischer Zweck verfolgt."[99]

Einige Kritiker haben am *Buchenwald-Report*, der zahlreiche Berichte kommunistischer „Funktionshäftlinge" enthält, kritisiert, dass er das Handeln der Kommunisten innerhalb des Lagers beschönige. Im *SS-Staat* bemühte sich Kogon sehr um eine differenzierte und ausgewogene Darstellung der Rolle dieser Personengruppe in Buchenwald. Dennoch führten seine Einlassungen, die auch problematische Aspekte in Hinblick auf die Aktivitäten der internen Lagerleitung nicht ausklammerten, dazu, dass das Buch in der DDR nicht erscheinen durfte.[100] Mit seinem Bericht hatte Kogon am Nerv des DDR-Gründungsmythos, der im kommunistischen Widerstand der Buchenwalder wurzelte, gerührt. Diese Kritik kondensiert in einer Rezension des Kommunisten Karl Feuerer:

> „Es [Kogons Buch] ist der Versuch einer Auseinandersetzung mit dem Marxismus und dessen Trägern auf einer vom deutschen Faschismus geschaffenen und daher unqualifizierten Ebene, dem KZ. Es ist ein Beitrag zu der mit allen möglichen Mitteln seit Kriegsende von den Reaktionären der ganzen Welt gestarteten und geführten Kommunistenhetze. Es ist eine geschmacklose Herabwürdigung des Opferganges tausender deutscher Kommunisten für die Freiheit des deutschen Volkes."[101]

In der Bundesrepublik hingegen machte das Buch seinen Autoren schlagartig bekannt, wurde Schullektüre an manch höherer Schule und von ganzen Studierendengenerationen begierig aufgesogen.[102] Es stellte für Widerständler und NS-Verfolgte ein Werk mit hohem Identifikationswert dar und erfreute sich reißenden Absatzes. So musste 1947 der Sozialdemokrat Ernst Thape, ein ehemaliger Buchenwald-Häftling, über seinen einstigen Haftkameraden Brill bei Kogon anfragen, ob es möglich sei, ein Exemplar des derweil vergriffenen Werkes zu bekommen. Selbst in diesem Fall war der Autor gezwungen abzusagen.[103] Auch das Justizwesen bezog Kogons Publikation in seine Arbeit ein, und so erbat der Generalinspekteur des Zentral-Jus-

---

99 PA Michael Kogon, Manuskript zu einer Sendung im Deutschlandfunk, gesendet am 27.08.1999; Manfred Franke: Das Feature: Die Buche der Jugend. Der Goethe-Baum im KZ Buchenwald. Ein O-Ton von Kogon zum SS-Staat.
100 Vgl. Bühl: Eugen Kogon: Der SS-Staat, S. 33.
101 Karl Feuerer: Kogonsche KZ-Betrachtungen, BArch Lichterfelde, KPD Politbüro, Sig. RY 1/I 2/ 3/ 166, Blatt 84 f.
102 Vgl. Iring Fetscher: In keiner Weise überholt: „Der SS-Staat", in: Neue Gesellschaft. Frankfurter Hefte 50 (2003), H. 1–2, S. 73–76, hier S. 73.
103 Vgl. BArch Koblenz, Nl Hermann Brill, Sig. 1086/28a.

tizamtes für die Britische Zone von der Redaktion der *Frankfurter Hefte* wiederholt die Lieferung des *SS-Staates*, da dieser für die Ermittlungsarbeit der Behörde außerordentlich wichtig sei. Als ein Mitarbeiter Kogons antwortete, dass derzeit nicht geliefert werden könne, da das Buch vergriffen wäre, eine Wiederauflage jedoch bald erfolge, bat die Dienststelle, bei der Neuauflage 150 bis 200 Exemplare für sie zu reservieren.[104] Auch in den 1960er Jahren erfreute sich Kogons Werk weiter Verbreitung an bundesdeutschen Gerichten, so dass den Autor das Hilfegesuch eines Konrad Müllers erreichte, gegen den ermittelt wurde, weil Kogon im *SS-Staat* einen SS-Hauptscharführer Dr. Müller erwähnt hatte. Der Bezichtigte schilderte, dass er sich seit 1945 aufgrund seines weit verbreiteten Familiennamens wiederholt mit Schuldvorwürfen konfrontiert gesehen habe, beteuerte seine Unschuld und bat Kogon, bei der Aufklärung dieser Verwechslung mitzuwirken. Dieser versprach, sich um die Angelegenheit zu kümmern.[105] Der *SS-Staat* blieb lange Zeit ein entscheidendes Referenzwerk, und noch Ende der 1970er Jahre führten Protagonisten der Auseinandersetzung um die NS-Vergangenheit Kogons Studie als zentrale Belegstelle an.[106]

Diese Rezeption führte dazu, dass Kogon als Experte für das KZ Buchenwald wahrgenommen wurde und ihn Anfragen zu verschiedenen das Lager betreffenden Themen erreichten, die der Adressat meist geduldig beantwortete. So bejahte er, dass wirklich Schrumpfköpfe von Häftlingen im Lager angefertigt worden seien,[107] schilderte einem Staatsanwalt die Rolle inhaftierter Gestapo-Angehöriger in Buchenwald[108] und erklärte einem Leser, dass das Lager nicht von Kommunisten, sondern von US-amerikanischen Truppen befreit worden sei.[109] Selbst 1980 bezeichnete Peter Eppel Kogon noch als einen „international anerkannte[n] Faschismusforscher" – eine Einschätzung, die bei aller Würdigung als NS-Opfer und Zeitzeuge des Konzentrationslagers Buchenwald doch hochgegriffen erscheint.[110]

Die jüngere Zeitgeschichtsforschung hat zu Recht darauf hingewiesen, dass Kogon es nicht vermochte, aus seiner Zeit herauszutreten und stattdessen NS-Termini bzw. SS-Häftlingskategorien in seiner Darstellung verwendete.[111] Abgesehen von solchen Begrifflichkeiten, die aus der zeitlichen Distanz befremdlich wirken, hebt

---

104 Vgl. BArch Koblenz, Z42-I/16 Generalinspekteur für die Spruchgerichte der britischen Zone.
105 Vgl. AdsD, Nl Eugen Kogon, Sig. 206, Eugen Kogon an Konrad Müller, 30.05.1963.
106 Vgl. bspw. Debatten über die Rolle der Waffen-SS im Nationalsozialismus: Andreas Eichmüller: Die SS in der Bundesrepublik. Debatten und Diskurse über ehemalige SS-Angehörige 1949–1985, Berlin/Boston 2018, S. 185.
107 Vgl. AdsD, Nl Eugen Kogon, Sig. 200, Eugen Kogon an Theodoro Dobkowsky, 23.10.1958.
108 Vgl. AdsD, Nl Eugen Kogon, Sig. 208, Eugen Kogon an Staatsanwalt Hinrichsen, Zentrale Stelle der Landesjustizverwaltungen Ludwigsburg.
109 Vgl. AdsD, Nl Eugen Kogon, Sig. 204, Eugen Kogon an Manfred Frenger, 23.11.1964.
110 Eppel: Zwischen Kreuz und Hakenkreuz, S. 77.
111 Vgl. Neumann: Das Internationale Komitee Buchenwald-Dora und Kommandos (1952–2005), S. 20.

sich der *SS-Staat* stilistisch vom *Buchenwald-Report* ab.[112] Den enormen Erfolg ermöglichte auch, dass Kogon dem deutschen Publikum keine Thesen zumutete, die es in seinem Selbstreflexionswillen und -vermögen überforderten. So verquickten sich im Text detailreiche Darstellungen der KZ-Realität mit empathischer Sensibilität für deutsche Abwehrhaltungen.[113] Schon der Buchtitel suggeriert das Bild eines Staates, der ganz und gar von der SS durchdrungen ist und für dessen Taten und Untaten Hitlers Schutzstaffel allein verantwortlich zeichnet. Dazu Thomas Keller:

> „Die von Kogon angebotene Nahsicht auf die KZs und seine partiell enthistorisierende Darstellung des SS-Staates erlaubte es den Deutschen der Nachkriegszeit, im Namen der ‚Vergangenheitsbewältigung' Entscheidendes erst gar nicht in den Blick zu nehmen: die weltanschaulichen Schnittmengen zwischen Regime und Bevölkerung, die Verzahnung von Alltag, Rassismus und Verbrechen, Eigeninitiative und den Nutzen vordergründig harmlosen Handelns für die Umsetzung von Regimezielen, Genozid inbegriffen."[114]

Indem Kogon im *SS-Staat* eine „quasi allmächtige SS als Staat im Staate" zeichnete, die die Bevölkerung terrorisiert habe und der man sich kaum habe widersetzen können, kam dem Buch auch eine entlastende Funktion zu.[115] Es nimmt kaum Wunder, dass Passagen wie die folgende auf großen Zuspruch in der deutschen Nachkriegsgesellschaft stießen:

> „Noch während es halbbetäubt [nach dem Ende des Krieges] um die erste Besinnung rang, stürzte ein Chor von anklagenden Stimmen des Abscheus und der Erbitterung über das deutsche Volk her. Es bekam nichts anderes zu hören als den tausendfachen Schrei: Ihr, ihr allein seid schuld! Ihr Deutsche alle seid schuldig! Da verwirrte sich das Herz des Volkes, in vielen verhärtete es sich. Wegen des argen Geschreis um sie und wegen der eigenen Blindheit wollten sie vom Insichgehen nichts mehr hören."[116]

Zeitgleich, wenn auch an anderer Stellte, nämlich in den *Frankfurter Heften* und damit ebenfalls prominent platziert, malte Kogon seinem Leserkreis die gesellschaftliche Rolle aus, die den NS-Verfolgten im Nachkriegsdeutschland aus seiner Sicht zukommen sollte:

> „Die meisten befreiten KL-Deutschen taten noch ein übriges, um die letzten Flämmchen vorhandener Sympathie [in der deutschen Mehrheitsbevölkerung] zum Erlöschen zu bringen. Eine tüchtige Minderheit ging still den neuen Weg, – enttäuscht von dieser Art ‚besserer Welt', die

---

112 Vgl. Thomas Keller: Eugen Kogon und David Rousset: Geteiltes Gedächtnis, in: Thomas Keller/Freddy Raphel (Hrsg.): Lebensgeschichten, Exil, Migration, Berlin 2006, S. 31–64, hier S. 37.
113 Volkhard Knigge: „Die organisierte Hölle". Eugen Kogons ambivalente Zeugenschaft, in: Jürgen Danyel/Jan-Holger Kirsch/Martin Sabrow (Hrsg.): 50 Klassiker der Zeitgeschichte, Göttingen 2007, S. 25.
114 Keller: Eugen Kogon und David Rousset, S. 27.
115 Eichmüller: Die SS in der Bundesrepublik, S. 2 f.
116 Kogon: Der SS-Staat, S. 406.

im Entstehen begriffen sein sollte und für die sie gekämpft und gelitten hatten. Sie schweigen, arbeiten und warten. Die Mehrheit hingegen hatte für das deutsche Volk nichts übrig als Klagen, Beschimpfungen und Ansprüche – am lautesten, wie immer, die, denen die Leiden nicht gerade ins Gesicht geschrieben standen."[117]

„Den neuen Weg" gehen, das hieß, sich bescheiden, diskret und zurückhaltend geben – eine Haltung, die Kogon sich abverlangte und die er auch von anderen NS-Opfern forderte. Schließlich sei, wenn auch abgestuft, „das ganze deutsche Volk in einer ähnlichen Lage" gewesen.[118] Seine Empfehlung deckte sich mit der Interpretation zeitgeschichtlicher Forschung, die eine „sozialräumliche Diskretion" zwischen Menschen mit unterschiedlichen Erfahrungen im Nationalsozialismus, die von der jeweiligen Vergangenheit des Gegenübers wussten, konstatiert hat.[119]

In den Jahren nach der Befreiung arbeitete Kogon nicht nur zum System der Konzentrationslager, sondern spürte auch den Wurzeln des Nationalsozialismus nach. Dieses Erkenntnisinteresse beschäftigte nicht nur ihn, vielmehr entsprach es dem Geist der ersten Nachkriegsjahre, die gesellschaftlichen Ursachen und den geistigen Nährboden des Nationalsozialismus in den Blick zu nehmen.[120] Insbesondere in den vielen neugegründeten politisch-kulturellen Zeitschriften, aber auch in zahlreichen anderen Medien, wurden derartige Deutungsmuster und Erklärungsansätze präsentiert.[121] Auch Kogon und Dirks räumten dieser Fragestellung eine wichtige Position in einem ersten Konzept ein, das sie zur inhaltlichen Ausrichtung der *Frankfurter Hefte* entworfen hatten.[122] Im Redaktionsteam der Zeitschrift fiel diese Aufgabe schließlich in erster Linie Kogon zu.[123]

Die entscheidende Wurzel des Nationalsozialismus war für ihn rasch ausgemacht – Preußen: Gleich im ersten Jahrgang seiner Zeitschrift konstatierte er: „Macht zur Herstellung von Ordnung – nach innen und nach außen – wurde als die eigentliche Aufgabe der deutschen Nation [im Kaiserreich] angesehen. Die Verbin-

---

117 Eugen Kogon: Gericht und Gewissen. Teil 1, in: Michael Kogon/Gottfried Erb (Hrsg.): Eugen Kogon. Ideologie und Praxis der Unmenschlichkeit. Erfahrungen mit dem Nationalsozialismus. Band 1 der Gesammelten Schriften, Berlin 1995, S. 219–227, hier S. 226, erstmals veröffentlicht in: FH 1 (1946).
118 Eugen Kogon: Frankfurter Rede. Gehalten auf der ersten Kundgebung der CDU am 11.11.1945, in: Michael Kogon/Gottfried Erb (Hrsg.): Eugen Kogon. Die restaurative Republik. Zur Geschichte der Bundesrepublik Deutschland. Band 3 der Gesammelten Schriften, Weinheim 1996, S. 15–22, hier S. 18.
119 Vgl. Axel Schildt: Der Umgang mit der NS-Vergangenheit in der Öffentlichkeit der Nachkriegszeit, in: Wilfried Loth/Bernd A. Rusinek (Hrsg.): Verwandlungspolitik. NS-Eliten in der westdeutschen Nachkriegsgesellschaft, Frankfurt a. M. u. a. 1998, S. 19–54, hier S. 22.
120 Vgl. Stankowski: Linkskatholizismus nach 1945, S. 71.
121 Vgl. Schildt: Der Umgang mit der NS-Vergangenheit in der Öffentlichkeit der Nachkriegszeit, S. 31.
122 Vgl. Stankowski: Linkskatholizismus nach 1945, S. 71.
123 Vgl. Ewald: Die gescheiterte Republik, S. 40.

dung dieser beiden Ideen auf dem Boden des deutschen Charakters, der deutschen Überlieferungen und der äußeren Gegebenheiten des Landes schuf auch den Nationalsozialismus".[124] Kogons hier „[e]in wenig grobschlächtig" gezogene Kontinuitätslinien kamen nicht ohne „österreichisch eingefärbtes antipreußisches Ressentiment" aus.[125] Doch nicht nur Kogon argumentierte in diese Richtung: Die katholische Kirche war im Gegensatz zur evangelischen kaum in den Nationalsozialismus verstrickt gewesen und besaß daher nach Kriegsende eine herausgehobene moralische Qualität. Katholische Publizisten sahen einen direkten Entwicklungsbogen vom Anfang der Reformation und Martin Luther über Friedrich II., Bismarck, Wilhelm II. bis hin zu Hitler.[126] „Der katholische Konservatismus konnte sich in dieser Weise als konsequente antinazistische, antipreußische [...] Kraft profilieren", so Axel Schildt.[127] Zwar widersprachen dieser These viele etablierte Historiker der 1950er Jahre, die sich stark um eine Rehabilitierung des Preußentums bemühten und die Unterscheidungsmerkmale und Diskontinuitäten zum Nationalsozialismus betonten,[128] doch mit seiner Kritik am protestantischen Preußen stand der Katholik Kogon keineswegs allein dar.

Weitere konservative Überlegungen schlossen sich an. Das Kapitel „Der Terror als Herrschaftssystem", welches Kogon dem *SS-Staat* 1948 vorschaltete, ist ein Referat, das er im gleichen Jahr auf dem Deutschen Soziologentag gehalten hatte. Hier präsentierte er das Konzentrationslager als eine Erscheinung der Modernität und den nationalsozialistischen Staat als Ergebnis des Versuchs, sich die Natur untertan zu machen:[129]

> „Das Zeitalter der ‚Aufklärung', das heißt des optimistischen Glaubens an unbeschränkten Fortschritt durch Vernunft, ist außerhalb der Wissenschaft in Europa so gut wie total gescheitert. Entfesselte Willenskräfte, von Mythen und Interessen getrieben, haben es liquidiert. Unterhöhlt wurde es von Anfang an durch eine beständige, mehr und mehr zunehmende Aufspaltung des modernen Menschen in ‚Arbeitskraft', ‚Konsument', ‚Parteimitglied', ‚Wähler' und ‚Privatperson' [...]. So ist der europäische Mensch, unter dem von ihm selbst verkündeten Anspruch auf Diktatur der Vernunft, zum Objekt verhängnisvoller, teilweise glanzvoll überdeckter Abhängigkeiten geworden. Mit Wissen und Technik beladen, ist er in einen der Sklaverei ähnlichen Zustand zurückgekehrt. Feudalherren oder Fürsten des Absolutismus beherrschen ihn nicht mehr; statt dessen ist er jetzt der Gefangene zahlreicher Bedürfnisse, die wachgerufen aber nicht befriedigt wurden, ein desorientiertes, tief unzufriedenes und oft verzweifeltes

---

124 Eugen Kogon: Das Dritte Reich und die preußisch-deutsche Geschichte, in: FH 1 (1946), H. 3, S. 44–57, hier S. 45.
125 Flemming: Gegen Preußen – Für Europa, S. 193.
126 Vgl. Axel Schildt: Konservatismus in Deutschland. Von den Anfängen im 18. Jahrhundert bis zur Gegenwart, München 1998, S. 216.
127 Ebenda.
128 Vgl. Doering-Manteuffel: Westernisierung, S. 335.
129 Vgl. Keller: Eugen Kogon und David Rousset, S. 43.

Opfer bürokratisch verwalteter Termitenstaaten. [...] Was liegt näher, als daß machtgierige einzelne oder Minderheiten von dieser Situation Gebrauch machen?"[130]

In dieser Interpretation findet sich Kogons Skepsis gegenüber der Moderne und eine Kulturkritik wieder, die in vielen seiner Arbeiten der 1950er, aber auch der 1960er Jahre auftaucht. Es gelang ihm dagegen in seiner Analyse nicht, „den Mangel an einer tiefgehenden, systematischen theoretischen Aufarbeitung der verschiedenen Teile des NS-Systems [zu] kompensieren".[131] Das Niveau seiner Untersuchung blieb daher hinter den Erklärungsansätzen zurück, die Autoren im Exil aus dem Kreis des Instituts für Sozialforschung – wie Max Horkheimer und Herbert Marcuse – vorgelegt hatten.[132]

In seiner Rückführung des Nationalsozialismus auf den preußischen Geist hatte Kogon gemeinsam mit dem katholischen Konservatismus eine gemeinsame Argumentationslinie bemüht. Verwandte Motive finden sich in seiner Darstellung eines „SS-Staates", an dessen Spitze ein Terrorregime gestanden habe, das erst durch die „Abwendung von der Natur", dem „Fortschrittsglauben" und der „Massengesellschaft" möglich geworden sei. Die These, dass Kogon nicht wenige seiner Ideenbestände aus der Zwischenkriegszeit mit in die Bundesrepublik nahm und sein Ausspruch – „Ich bin im Lager ein anderer geworden."[133] – mindestens zu differenzieren ist, findet hier eine weitere Bestätigung.

Kogons Interpretationen griffen westdeutsche Rezensenten nicht selten dankend auf. Es überrascht kaum, dass eine Rezension des *SS-Staates* in *Der Zeit* weite Kreise zog, die aus der Feder eines der bedeutendsten evangelischen Theologen jener Jahre stammte – Hans Joachim Iwand. An prominenter Stelle seiner Besprechung führt er aus:

„Hier [im Konzentrationslager] ist es so, als ob ein Stück der Hölle mitten in unser Dasein hineinragte, mitten in die Zeit der Eisenbahnen, des Rundfunks, der fortgeschrittensten Technik, der feinsten Zivilisation, obschon doch der Himmel seit Voltaire endgültig abgeschafft ist – und darum: wenn es keinen Himmel mehr gibt, keinen Gott, keine ewige Seligkeit, es eigentlich auch keine Hölle geben kann, keinen Teufel und keinen Ort der Qual geben kann."[134]

Konsequent hielt sich Iwand in seiner gesamten Besprechung an philosophisch-theologische Reflexionen über das „Unbegreifliche" und umging Fragen nach der Trägerschaft nationalsozialistischer Ideologie.[135]

---

130 Kogon: Der SS-Staat, S. 25.
131 Ewald: Die gescheiterte Republik, S. 186.
132 Vgl. ebenda.
133 Stankowski: Linkskatholizismus nach 1945, S. 67.
134 Hans Joachim Iwand: Ecce homo, in: Die Zeit, 14.08.1947.
135 Ebenda.

Stellten Wurzeln und Wesen des Nationalsozialismus unmittelbar nach dem Ende des Zweiten Weltkrieges einen Schwerpunkt in Kogons Themenportfolio dar, zeigte sich in den Folgejahren, dass er sich zunehmend anderen Fragestellungen zuwandte. Und auch sein Darmstädter Assistent Gottfried Erb berichtete, dass Kogon ihm gegenüber in den 1960er Jahren geäußert habe, er wolle nicht in Reminiszenzen leben, sondern nach vorne schauen.[136] In diese Aussage fügen sich auch frühe Schriften Kogons, so z. B. der 1946 erschienene Aufsatz „Das Recht auf den politischen Irrtum", in dem er argumentierte:

> „Wir wollen es ohne Umschweife aussprechen: Es ist nicht Schuld, sich politisch geirrt zu haben. Verbrechen zu verüben oder an ihnen teilzunehmen, wäre es auch nur durch Duldung, ist Schuld. Und Fahrlässigkeit ist ebenfalls Schuld, wenn auch eine von anderer und von geringerer Art als Verbrechen und Verbrechensteilnahme. Aber politischer Irrtum – in allen Schattierungen – samt dem echten Fehlentschluß gehört weder vor Gerichte noch vor Spruchkammern. Irren ist menschlich."[137]

Aus der Existenz eines „Rechts auf den politischen Irrtum", das Kogon stillschweigend auch für sich in Anspruch nahm, schlussfolgerte er, dass die Rückkehr der sogenannten Mitläufer in die Gesellschaft nicht nur notwendig, sondern alternativlos sei.[138] Der Historiker Norbert Frei hat diesen Text als das „vergangenheitspolitische Grundgesetz der Bundesrepublik" bezeichnet, mit dem sich die umfassende Integration politisch Belasteter rechtfertigen ließ. Wer einen „politischen Irrtum" für sich reklamierte und sich zur Bundesrepublik bekannte, durfte demnach auf Milde hoffen.[139]

Wie ist Kogons verblüffende Milde und Gelassenheit[140] zu erklären? Mit Blick auf das Beispiel Kurt Schumachers hat Friedhelm Boll gezeigt, dass der SPD-Parteivorsitzende nicht öffentlich über seine Verfolgungserfahrungen sprach, weil er sich keinen politischen Vorteil davon versprach.[141] Kristina Meyer hat auf Bolls These aufbauend den Umgang der SPD mit der NS-Vergangenheit untersucht und zu Recht daran erinnert, dass Verfolgte, Widerstandskämpfer und Rückkehrer aus dem Exil eine absolute Minderheit in der deutschen Nachkriegsgesellschaft bildeten. Ihr stand eine große Mehrheit gegenüber, von der nicht wenige Mitglied in der NSDAP

---

136 Dennis Beismann: Zeitzeugeninterview mit Gottfried Erb, Hungen, 23.08.2012.
137 Eugen Kogon: Das Recht auf den politischen Irrtum, in: Hubert Habicht (Hrsg.): Die unvollendete Erneuerung. Deutschland im Kräftefeld 1945–1963, Frankfurt a. M. 1963, S. 23–40, hier S. 33, erstmals veröffentlicht in: FH 2 (1947).
138 Norbert Frei: Vergangenheitspolitik. Die Anfänge der Bundesrepublik und die NS-Vergangenheit, München 1999, S. 15.
139 Vgl. ebenda, S. 405.
140 Vgl. Fetscher: In keiner Weise überholt, S. 73.
141 Vgl. Friedhelm Boll: Sprechen als Last und Befreiung. Holocaust-Überlebende und politisch Verfolgte zweier Diktaturen: ein Beitrag zur deutsch-deutschen Erinnerungskultur, Bonn 2003, S. 159.

oder einer ihrer Neben- und Unterorganisationen gewesen waren. Sowohl die Union als auch die SPD konkurrierte daher auch um die Stimmen dieser Wähler, deren Erwartungshaltung bei der Gestaltung von Wahlprogrammen erhebliche Berücksichtigung fand.[142] Meyer bilanziert: „Das Verhältnis der sozialdemokratischen Widerstandskämpfer, Verfolgten und Emigranten zu jener Mehrheitsgesellschaft blieb auf Dauer asymmetrisch: Die Minderheit musste sich um das Wohlwollen und die Wählerstimmen der einstigen ‚Volksgenossen' bemühen, nicht umgekehrt."[143] Dieser Befund bietet Erklärungskraft für Kogons Agieren in Fragen der Auseinandersetzung mit dem Nationalsozialismus, das nicht frei von Interessenkonflikten und Widersprüchen war. Hinzu kam, dass Kogon selbst auf das von ihm postulierte „Recht auf den politischen Irrtum" angewiesen war, da er sich selbst in der Zwischenkriegszeit für eine Koalition mit dem Nationalsozialismus ausgesprochen hatte. Als Unterzeichner des Aufrufs „Kreuz und Adler"[144] erschien es ihm, dessen Verfolgungserfahrung ohnehin bekannt war, als ein Gebot guter Diplomatie, den Blick nach vorn zu richten und kein politisches Kapital aus seiner Lagerhaft zu schlagen.

Während die Forschung Erklärungsansätze für das geräuschlose Leben NS-Verfolgter in der einstigen „Volksgemeinschaft" vorgelegt hat, ist bisher nur in Ansätzen geklärt, aus welchem Grund die Forderung breiter Bevölkerungsschichten nach einer Integration der „Mitläufer" rasch auf Kriegsverbrecher und NS-Täter ausgeweitet wurde.[145] Norbert Frei mutmaßt, dass

> „[d]as Nachwirken der ‚volksgemeinschaftlichen' Bindung zu Anfang der fünfziger Jahre, das noch weithin Unverarbeitete und Unaufgeklärte der ‚jüngsten Vergangenheit' und die an vielen Beispielen erkennbare Wahrnehmungsverweigerung [... es] den zum Teil äußerst professionell auftretenden vergangenheitspolitischen Pressure groups [erleichterte], [...] Positionen [durchzusetzen], die in ihrer Skrupellosigkeit eindeutig nicht im Interesse der Allgemeinheit lagen und von einer genauer informierten Bevölkerung mehrheitlich wohl doch abgelehnt worden wären."[146]

Zu diesem Zweck erließ die erste Regierung der Bundesrepublik ein Maßnahmenbündel, das Frei unter dem Begriff "Vergangenheitspolitik" subsumiert. Im Zuge eines fünf Jahre währenden Prozesses wurden Gesetze erlassen, die Parteimitgliedern der NSDAP die Rückkehr in die Gesellschaft ermöglichten und sie in den sozialen, beruflichen und staatsbürgerlichen Status zurückversetzten, den sie durch Maßnahmen der alliierten Besatzungsbehörden verloren hatten.[147] So ermöglichte etwa das

---

142 Vgl. Kristina Meyer: Die SPD und die NS-Vergangenheit 1945–1990, Göttingen 2015, S. 9.
143 Ebenda, S. 518.
144 Vgl. Elke Seefried: Reich und Stände. Ideen und Wirken des deutschen politischen Exils in Österreich 1933–1938, Düsseldorf 2006, S. 205.
145 Vgl. Frei: Vergangenheitspolitik, S. 16.
146 Ebenda.
147 Vgl. ebenda, S. 13.

„131er-Gesetz" aus dem Jahr 1951 die Wiederbeschäftigung von Angestellten des öffentlichen Dienstes, die nach der deutschen Kriegsniederlage entlassen worden waren. Auf diesem Wege konnten auch zahlreiche ehemalige Funktionäre der NSDAP ihre beruflichen Karrieren fortsetzen.[148]

Als Kogon im gleichen Jahr die niedersächsische Landtagswahl kommentierte, bei der die aus alten und neuen Nazis bestehende Sozialistische Reichspartei als viertstärkste Kraft in das Parlament einzog, gab er sich wenig beunruhigt: „Aus sich selbst und rein im innerdeutschen Bereich hat der wiedergekehrte Nationalsozialismus wenig Aussichten, zu einer ernsthaften Gefahr zu erstarken."[149] Es läge lediglich an den demokratischen Parteien, die ihren „falschnationalen Hang" entsagen müssten und nicht dem Irrglauben verfallen dürften, der „neonazistische [...] Stier" ließe sich durch Entgegenkommen bändigen.[150] Mit keinem Wort thematisierte Kogon eine personelle „Restauration", d. h. die berufliche und soziale Rehabilitierung von Kriegsverbrechern und NS-Tätern, die die Bonner Regierung zu dieser Zeit bereits sukzessive ins Werk setzte. Vielmehr konstatierte er einen grundlegenden Unterschied zwischen der Situation der Bundesrepublik und der Weimarer Republik, die nur eine schwache personelle Kontinuität verbinde.[151] Doch bereits drei Jahre später – die Vergangenheitspolitik zeigte mittlerweile bundesweit unübersehbare Wirkungen – fiel sein Urteil anders aus. In dem Aufsatz „Beinahe mit dem Rücken an der Wand" beklagte Kogon, dass ehemalige Nationalsozialisten wieder einflussreiche Positionen in der Bundesrepublik eingenommen hätten. Dies sei insbesondere in der Verwaltung, der Justiz und in den Verbänden der Fall. Nach der Entscheidung für die Wiederbewaffnung des westdeutschen Staates treffe diese Beobachtung sicher auch bald auf die Bundeswehr zu.[152] Apodiktisch prophezeite er:

„Die Gestrigen, zu denen einfallslose, rechthaberische Routiniers der Demokratie freilich ebenso gehören können wie im Verstand einigermaßen angepaßte, in ihren Gefühlen völlig unverändert gebliebene Nationalsozialisten, Nationalisten und die große Zahl derer, die hochmütig alte Vorrechte beanspruchen, sie alle werden bald ganz zufrieden sein, sofern die wenigen Verbliebenen verschwinden, die gemeint haben, so hätte es nicht kommen dürfen, und die meinen, vielleicht doch noch daran arbeiten zu müssen, daß nicht alle Typen und Figuren wiederkehren, die seinerzeit, ehe es vollends finster wurde, schrecklich geschäftig und schrecklich

---

[148] Vgl. Axel Schildt/Detlef Siegfried: Deutsche Kulturgeschichte. Die Bundesrepublik – 1945 bis zur Gegenwart, München 2009, S. 136.
[149] Eugen Kogon: Die Wiederkehr des Nationalsozialismus, in: FH 6 (1951), H. 6, S. 377–382, hier S. 382.
[150] Ebenda, S. 379 f.
[151] Ebenda, S. 380.
[152] Eugen Kogon: Beinahe mit dem Rücken an der Wand, in: Michael Kogon/Gottfried Erb (Hrsg.): Eugen Kogon. Die restaurative Republik. Zur Geschichte der Bundesrepublik Deutschland. Band 3 der Gesammelten Schriften, Weinheim 1996, S. 116–125, hier S. 116, erstmals veröffentlicht in: FH 9 (1954).

wirksam, an der totalen Verdunkelung arbeiteten, in der sich die Barbaren dann die Hemdsärmel aufkrempeln konnten, um an ihr blutiges Handwerk zu gehen."[153]

Diese Kritik fand ihren publizistischen Niederschlag in Kogons weiterem Schaffen, ebbte nicht mehr ab, sondern verstetigte sich in den Folgejahren. Den Prozess begünstigte, dass die öffentliche Meinung Ende der 1950er Jahre zunehmend das Drängen von „ehemaligen" Nationalsozialisten in hohe Positionen kritisierte und so die Auseinandersetzung mit der „jüngsten Vergangenheit" in Westdeutschland förderte.[154] Dies ermöglichte „Fortschritte in der empirischen Rekonstruktion von Geschehnissen, das Durchstoßen des Nebels geistesgeschichtlicher Deutungen und legitimatorischer Memoirenliteratur".[155] Die Regierung sah sich zunehmend öffentlichem Druck ausgesetzt, weil in ihren Reihen Personen standen, die wichtige Funktionen in der NSDAP innegehabt hatten, insbesondere Hans Globke, Theodor Oberländer und Hans-Christoph Seebohm.[156] In den *Frankfurter Heften* kommentierte Kogon den Fall Globke:

> „Was in den Personalakten außer der fachlichen Qualifikation sonst noch stand, war zwar nicht ohne jede Bedeutung, aber keineswegs ausschlaggebend. [...] Adenauer selbst hat besonders in einem Fall, dem seines Staatssekretärs Dr. Globke, das markante Beispiel solcher praktischer Versöhnung ohne Rücksicht auf die politisch-moralische Seite des Vorgangs gegeben. In anderen Bereichen, an erster Stelle gegenüber Richtern, Staatsanwälten und höheren Polizeibeamten, erwies man sich im sachlichen Dilemma der Besetzungsnotwendigkeiten überdies als ‚gruppeneinsichtig'. Dabei fanden den Weg in Führungspositionen der neuen Demokratie auch Leute, die ihre aktive Mitwirkung am Nationalsozialismus bewußt verdeckt hielten."[157]

Kogons Einschätzung aus dem Jahr 1965 hinsichtlich der politischen Belastung des Personals an deutschen Gerichten deckt sich mit dem Kenntnisstand der Zeitgeschichtsforschung, die die personellen Kontinuitäten in diesem Bereich herausgearbeitet hat. Es sei daher kaum verwunderlich, so Axel Schildt, dass viele Richter und Staatsanwälte wenig Motivation in Fragen der Ahndung von NS-Verbrechen verspürten.[158] Bereits vor der Gründung der Bundesrepublik wurde Kogon als Zeuge der Anklage zu Verfahren vorgeladen, die sich gegen NS-Täter richteten. So hörte das Gericht seine Aussage 1947 im Nürnberger Ärzteprozess[159] und im Verfahren gegen den Leiter des SS-Wirtschafts-Verwaltungshauptamtes Oswald Pohl sowie wei-

---

153 Ebenda.
154 Vgl. Schildt: Der Umgang mit der NS-Vergangenheit in der Öffentlichkeit der Nachkriegszeit, S. 45–48.
155 Ebenda, S. 47.
156 Vgl. ebenda, S. 50 f.
157 Eugen Kogon: Die Verjährung, in: FH 20 (1965), H. 3, S. 149–153, hier S. 149 f.
158 Vgl. Schildt/Siegfried: Deutsche Kulturgeschichte, S. 134.
159 Vgl. Jürgen Peter: Der Nürnberger Ärzteprozess. Im Spiegel seiner Aufarbeitung anhand der drei Dokumentensammlungen von Alexander Mitscherlich und Fred Mielke, Berlin u. a. 2013, S. 70.

tere Angehörige dieser Behörde.[160] 1951 gab Kogon im Verfahren gegen die Frau des ehemaligen Lagerkommandanten des Konzentrationslagers Buchenwald Ilse Koch eine dreieinhalbstündige Aussage zu Protokoll.[161] Schließlich trat er 1964 als Zeuge in einem Disziplinarverfahren gegen den ehemaligen Professor am Robert Koch-Institut Gerhard Rose auf.[162] Als Prozessbeobachter nahm Kogon an den Frankfurter Auschwitzprozessen von 1963 bis 1965 teil und, obwohl kein Jurist, kommentierte das Verfahren in einer der führenden juristischen Fachzeitschriften.[163]

Er begrüßte, dass der Bundestag 1965 die Verjährungsfrist für Mord verlängerte und somit sicherstellte, dass die in Zeiten des Nationalsozialismus begangenen Kapitalverbrechen auch länger als 20 Jahre nach dem Ende des Zweiten Weltkrieges verfolgt werden konnten. In den *Frankfurter Heften* argumentierte er:

> „Mord war immer Mord, auch vor dem 8. Mai 1945, und die Verbrecher wußten es. Vielleicht hielten sie sich für gedeckt, durch Befehle gedeckt, oder für gerechtfertigt, durch die nationalsozialistische ‚Weltanschauung' für gerechtfertigt, aber daß die entsetzlichen Gewalttaten, die sie beginnen, außerhalb des Nationalsozialismus in der ganzen zivilisierten Welt als Mord galten und unter den gesetzlichen Strafandrohungen für Mord standen, das wußten sie samt und sonders."[164]

Kogon befürwortete also die gesellschaftliche Integration der „Mitläufer" und entsprach so der Erwartungshaltung einer bundesdeutschen Mehrheit. Seine Forderung nach einem Fernhalten von NS-Tätern und Kriegsverbrechern aus gesellschaftlichen Schaltstellen, die er bereits 1954, zum Ende der „Vergangenheitspolitik" aufstellte, hebt sich deutlich vom Zeitkolorit ab. Er blieb bei dieser progressiven Position, die er bis in die 1960er Jahre und darüber hinaus vertrat. Dennoch fällt auf, dass seine publizistische Auseinandersetzung mit dem Nationalsozialismus in dieser Zeit stark abflachte und er sich nur noch zu besonderen Anlässen öffentlich äußerte. Kristina Meyer beobachtet ebenfalls, dass in Anbetracht der protestierenden Studierendenbewegung und dem Widerstand gegen die Notstandsgesetzgebung die Debatten um das Erbe des Nationalsozialismus „auf seltsam unbemerkte Weise" in den Hintergrund traten.[165] Zwar war Kogon auch in diesen Jahren ein gern gesehe-

---

160 Jan Erik Schulte: Im Zentrum der Verbrechen: Das Verfahren gegen Oswald Pohl und weitere Angehörige des SS-Wirtschafts-Verwaltungshauptamtes, in: Kim Christian Priemel/Alexa Stiller (Hrsg.): NMT. Die Nürnberger Militärtribunale zwischen Geschichte, Gerechtigkeit und Rechtschöpfung, Hamburg 2013, S. 67–100.
161 Vgl. Frankfurter Neue Presse, 15.01.1951.
162 Vgl. IfZ, Gerichtsakten, Sig. Gx 20/3, Bundesdisziplinarkammer Düsseldorf: Urteil im Disziplinarverfahren gegen den früheren Vizepräsidenten und Professor beim Robert-Koch-Institut Dr. Gerhard Rose, 07.01.1964.
163 Vgl. Devin O. Pendas: The Frankfurt Auschwitz Trial, 1963–1965. Genocide, History, and the Limits of the Law, München 2013, S. 270.
164 Kogon: Die Verjährung, S. 150f.
165 Meyer: Die SPD und die NS-Vergangenheit 1945–1990, S. 512.

ner Gast und Redner zum Thema Nationalsozialismus – z. B. eröffnete er mit einem Vortrag am Buß- und Bettag 1964 in der Frankfurter Paulskirche eine Auschwitz-Ausstellung[166] –, doch im Fokus seiner Arbeit standen mittlerweile andere Themen, etwa die Frage, wie die Bundesrepublik sich außenpolitisch positionieren sollte. Dieser Themenkomplex wird im folgenden Kapitel in den Fokus der Untersuchung gerückt.

4 Zwischen Ost und West

Kogon widmete sich in seiner Publizistik seit der Gründung der Bundesrepublik insbesondere den außenpolitischen Fragen des westdeutschen Teilstaates. Die *Frankfurter Hefte* standen, hätten sie sich entscheiden müssen, eher den USA, dem „kleineren Übel", als der Sowjetunion nahe.[167] Den Marshallplan begrüßte Kogon, weil er eine „gewisse bleibende Organisation Europas voraus[setze]", die, so schien ihm, den Rahmen für die Schaffung eines föderalistischen Staatenbundes auf dem europäischen Kontinent stecken könnte.[168] Die Machthaber im Kreml sah er hingegen, insbesondere nach 1945 und in den 1950er Jahren, äußerst kritisch. Sie seien „Gefangene einer mörderischen Befreiungsideologie", denen daran gelegen sei, „im Namen des Proletariats über die Welt und über Europa zu siegen" – wenn nötig auch „kriegerisch".[169] Gleichwohl versuchte er seine Leser mit dem Hinweis darauf zu beruhigen, dass auch die Sowjetunion nicht unberechenbar sei, sondern Entscheidungen auf dem Boden realpolitischer Tatsachen treffe: „Die sowjetrussische Führung denkt und rechnet zuerst ökonomisch, sozial und politisch. Ihre militärischen Absichten sind nicht absolut und irrational, sondern abhängig von jenem Gesamtkonzept."[170]

Die *Frankfurter Hefte* positionierten sich in der inhaltlichen Stoßrichtung ihrer Beiträge weitgehend einstimmig. Anders als etwa der von Hans Paeschke und Joachim Moras herausgegebene *Merkur. Deutsche Zeitschrift für europäisches Denken*, dessen Beiträger durchaus unterschiedliche Perspektiven auf bestimmte Themen einnehmen konnten, blieben die *Frankfurter Hefte* weitgehend auf einer Linie.[171] Diese lautete:

---

166 Eugen Kogon: Auschwitz und eine menschliche Zukunft, in: FH 19 (1964), H. 12, S. 830–838, hier S. 830.
167 Ewald: Die gescheiterte Republik, S. 163.
168 Eugen Kogon: Der Kampf um Europa, in: Michael Kogon/Gottfried Erb (Hrsg.): Eugen Kogon. Europäische Visionen. Band 2 der Gesammelten Schriften, Berlin 1995, S. 51–55, hier S. 54, erstmals veröffentlicht in: FH 2 (1947).
169 Ebenda, S. 52.
170 Eugen Kogon/Walter Dirks: Europa und die Amerikaner, in: FH 6 (1951), H. 2, S. 73–80, hier S. 77.
171 Kießling: Die undeutschen Deutschen, S. 248.

> „[Ein Europa ...] als föderalistischen und sozialistischen Bund [zu errichten], ein kleinräumig strukturiertes Gebilde, für das ein entsprechend organisiertes Deutschland den gleichsam modellhaften Grundriß liefern sollte. [...] Kogon konzentrierte sich auf die Umrisse eines zweckdienlichen Föderalismus, Dirks auf die eines nonkonformistischen, nichtbolschewistischen Sozialismus."[172]

Es gehe den *Frankfurter Heften* darum, das

> „,dynamische Gleichgewicht' [zwischen Freiheit und Sicherheit] herzustellen oder es aufrechtzuerhalten. Bedarf es, je nach Umständen, mehr des einen, so sind wir ‚Liberale', wenn mehr des andern, dann ‚Sozialisten'. Daher nennen *wir* uns gelegentlich freiheitliche Sozialisten, weil ein Höchstmaß persönlicher Freiheit und Selbstbestimmung unser Ziel ist, die Sicherheit ihrer Grundlagen für alle, nicht bloß für Einzelne oder Gruppen, gegenwärtig aber vordringlich."[173]

Trotz langjähriger Konzentrationslagerhaft war es Kogon wichtig, nicht in Reminiszenzen zu leben, sondern die „Lehren aus der Vergangenheit" konstruktiv für die Kritik der Gegenwart und die Gestaltung der Zukunft zu nutzen. Wie vielen Intellektuellen seiner Zeit erschien ihm die einzig richtige Konsequenz aus den Kriegen des 20. Jahrhunderts in einer Abkehr vom klassischen Nationalstaat und der Hinwendung zu einem geeinten und föderalistischen Europa zu liegen.[174] Er befürwortete weder den östlichen Kollektivismus noch den westlichen Individualismus, sondern sprach sich für ein geeintes Europa als „Dritte Kraft" zwischen den beiden weltpolitischen Machtblöcken aus.[175] Bereits 1946 erklärte Kogon daher:

> „Aber glaubt man im Ernst, daß die Vereinigten Staaten von Europa, die doch eines Tages gebildet werden müssen, wenn unser Kontinent nicht vollends zerfallen soll [...] Bestand haben werden, wenn sie nichts anderes wären als ein Zweckverband von Nationalstaaten, deren jeder, zentralistisch, unitarisiert, mit Macht ausgestattet, Potentiale des Kollektiv-Egoismus, hier von dieser, dort von jener Klasse beherrscht, um den Vorrang kämpfen wollte?"[176]

In den folgenden Jahren kreisten seine Beiträge um diese Idee, und Kogon brachte weitere Argumente, um seine Forderung zu begründen: „[D]ie europäische Einigung hic et nunc, in einem wirksamen Bund, ist eine konkrete Möglichkeit. Eine wahrscheinlich nur in rasch vorübergehender Zeit zu realisierende Möglichkeit. Aber die einzige, die außerhalb der Schuttfelder des Nationalismus, der Gefängnisse und Lager des Totalitarismus und der Wüsten des Krieges sichtbar ist."[177] Zudem könne

---

[172] Flemming: Gegen Preußen – Für Europa, S. 194.
[173] Eugen Kogon: Gegen die ideologischen Spiegelfechter, in: FH 5 (1950), H. 3, S. 239 f., S. 240.
[174] Vgl. Laurien: Politisch-kulturelle Zeitschriften in den Westzonen 1945–1949, S. 250 f.
[175] Vgl. Sean A. Forner: German Intellectuals and the Challenge of Democratic Renewal. Culture and Politics after 1945, Cambridge 2017, S. 78.
[176] Eugen Kogon: Demokratie und Föderalismus, in: FH 1 (1946), H. 6, S. 66–78, hier S. 78.
[177] Kogon: Die Aussichten Europas, S. 40.

nur auf diesem Wege sichergestellt werden, dass sich in Westdeutschland Traditionen aus der Zeit Bismarcks und Preußens wie der Zentralismus, Militarismus und Nationalismus nicht wiederbelebten.[178]

Aus den Beiträgen Kogons spricht ein Krisenbewusstsein, die als ganz unmittelbar empfundene Bedrohung einer Eskalation des Ost-West-Konflikts, der die logische Konsequenz eines „Automatismus" aus Angst und Berechnung sei.[179] Kontinentaleuropa sollte daher gemeinsam mit Großbritannien und den skandinavischen Ländern in der bipolaren Welt des Kalten Krieges eine Pufferfunktion einnehmen und zwischen „dem Osten" und „dem Westen" vermitteln. Dieser Ausgleich und diese Integrationsfunktion könne nur wahrgenommen werden, wenn Europa mit einer Stimme spreche. Durch den Anstieg der Anzahl von Akteuren im friedenspolitischen Feld erhöhe sich die Chance, so Kogon, einen dritten Weltkrieg zu vermeiden.[180] In den *Frankfurter Heften* formulierte er 1951:

> „Eine dritte Kraft auf diesem Feld würde den Krieg verhindern; sie würde Rußland retten für seine unbekannte Zukunft, und sie würde Amerika retten für die seine. Der Krieg würde den Erdball zerstören. Er würde den Bankrott unserer Generation bedeuten. Jene Dritte Kraft würde bloß durch ihre Existenz erreichen, daß die Geschichte dieser Menschheit weitergeht, daß wir unsere Aufgabe der kommenden Generation weitergeben."[181]

Zudem sei der Nationalstaat bei Weitem nicht mehr in der Lage, die „internationalen Verflechtungen unseres arbeitsteiligen Daseins" zu regulieren, so dass Regierungen mit einem weiter gespannten Einflussbereich erforderlich seien.[182] Das föderalistische und sozialistische Deutschland, das Kogon sich für Deutschland vorstellte, sollte den Grundriss für das zu schaffende Europa bilden. Zwischen beiden sah er einen unmittelbaren Zusammenhang, sie sollten auf Grundlage desselben Wertesystems entstehen.[183]

In Fragen der europäischen Einigung lag Kogon durchaus mit Adenauer auf einer Linie – zumindest in den ersten Jahren seiner Kanzlerschaft. Der Regierungschef befürwortete zwar nicht das Konzept einer „dritten Kraft", erkannte aber an, dass eine europäische Integration schon deshalb notwendig sei, um dem Sicherheitsbedürfnis westdeutscher Nachbarländer, insbesondere Frankreich, zu entsprechen.

---

178 Alessandra Feretti: Ein politischer Plan für das Europa der Nachkriegszeit, in: Technische Universität Darmstadt (Hrsg.): Das Maß aller Dinge. Zu Eugen Kogons Begriff der Humanität, Darmstadt 2001, S. 97–123, hier S. 100.
179 Kogon: Die Aussichten Europas, S. 35.
180 Vgl. Ewald: Die gescheiterte Republik, S. 174.
181 Kogon/Dirks: Europa und die Amerikaner, S. 78.
182 Vgl. Eugen Kogon: Europa und die Nationalstaaten, in: Michael Kogon/Gottfried Erb (Hrsg.): Eugen Kogon. Europäische Visionen. Band 2 der Gesammelten Schriften, Berlin 1995, S. 42–51, hier S. 46, erstmals veröffentlicht: Vortrag im Stuttgarter Rundfunk am 07.04.1953.
183 Vgl. Flemming: Gegen Preußen – Für Europa, S. 194.

Zudem lehnte er eine nationalistische Perspektive ab und ging davon aus, dass die Bundesrepublik, integriert in ein geeintes Europa, gegenüber den Siegermächten eine bessere Position in der Nachkriegsordnung einnehmen würde.[184] So konstatierte Kogon 1953: „[Es] begann die Außenpolitik, – eine richtige Außenpolitik des Bundeskanzlers: die Souveränität nicht absolut anzustreben (mit Aufrüstung innerhalb des Nordatlantik-Paktes), sondern jener Europa-Initiative Frankreichs zu folgen, die es aus halber Einsicht und voller Angst vor Deutschland entwickelte."[185]

Während die *Frankfurter Hefte* in den ersten Jahrgängen mit Verve an die Sache gingen und zahlreiche programmatische Schriften zur aktiven Gestaltung des neu aufzubauenden Staates vorlegten, griffen in den Redaktionsräumen bald Ernüchterungserscheinungen um sich. 1950 zog sich das Blatt überwiegend auf die Perspektive eines kritischen Betrachters und Kommentators zurück. „Die Kluft war groß geworden zwischen dem pazifistischen Elan von 1945 und dem pazifistischen Bekenntnis christlicher Realisten, die 1950 gegen Neutralismus und radikalen protestantischen Pazifismus die Remilitarisierung Europas befürworteten", so Hans-Gerd Ewald.[186] Bereits 1948 legte Kogon dar, dass zwar die Beziehungen mit „dem Osten" zu intensivieren seien, es jedoch gleichzeitig gelte, jene Militärmacht aufzubauen, die es vermöge, im „Kreml Eindruck zu machen".[187] 1951 sprach seines Erachtens bereits „alles dafür", den europäischen Kontinent unter Einbeziehung der Bundesrepublik aufzurüsten.[188] Friedhelm Boll hat die gleiche Entwicklung in den Wortmeldungen Dirks' nachgewiesen, welche nach dem Zweiten Weltkrieg zunächst von einer pazifistischen Haltung beseelt waren, jedoch zunehmend einem realpolitischen Pragmatismus weichen mussten. Dass Dirks im Rahmen der Gründung einer Europäischen Armee einen Wehrbeitrag der Bundesrepublik befürwortete, wertete er selbst rückblickend als Einknicken in inhaltlichen Fragen. Dieser Aufweichungsprozess seiner Position habe sich über die Debatte um die Wehrpflicht und die „innere Führung" fortgesetzt, so Dirks.[189]

---

184 Wilfried Loth: Konrad Adenauer und die europäische Einigung, in: Mareike König/Matthias Schulz (Hrsg.): Die Bundesrepublik Deutschland und die europäische Einigung 1949–2000. Politische Akteure, gesellschaftliche Kräfte und internationale Erfahrungen. Festschrift für Wolf D. Gruner zum 60. Geburtstag, Wiesbaden 2004, S. 39–60, hier S. 41 f.
185 Eugen Kogon: „Der Würfel, der entscheidet, liegt ...", in: FH 8 (1953), H. 10, S. 741–744, hier S. 742.
186 Ewald: Die gescheiterte Republik, S. 192.
187 Kogon: Die Aussichten Europas, S. 35.
188 Kogon/Dirks: Europa und die Amerikaner, S. 76.
189 Vgl. Friedhelm Boll: Walter Dirks' Pazifismus und die Aussöhnung mit Polen, in: Benedikt Brunner/Thomas Großbölting/Klaus Große Kracht/Meik Woyke (Hrsg.): „Sagen, was ist". Walter Dirks in den intellektuellen und politischen Konstellationen Deutschlands und Europas, Berlin 2020, S. 235–274.

5 Europa-Bewegung

Kogons publizistisches Engagement für eine föderalistische Einigung Europas fand ihren Ausdruck in mehreren Ämtern in der Europabewegung, aus denen heraus er versuchte, unmittelbaren Einfluss auf die politischen Entwicklungen zu nehmen. Als Präsident der Europa-Union (1949–1953) und des Exekutivkomitees des Deutschen Rates der Europäischen Bewegung (1948–1953), als Mitglied des Internationalen Exekutivkomitees sowie des Zentralkomitees der Union Européenne des Fédéralistes (1951–1953) war er ein wichtiger Exponent der Europäischen Bewegung in Deutschland. Es markiert eine deutliche Abgrenzung von seinen Positionen der Zwischenkriegszeit, dass er sich nach 1945 nicht in die Reihen der Europaorganisation Abendländische Bewegung eingliederte, die antimodern geprägt war und eine „autoritär-hierarchische Staats- und Gesellschaftsordnung [anstrebte], als deren Vorbild sie ein idealisiertes Bild vom Mittelalter beschwor".[190]

Die im Dezember 1946 gegründete Europa-Union erhielt zunächst finanzielle Unterstützung vonseiten der CIA, die im Rahmen der „Reeducation" auf diesem Wege versuchte, liberale Traditionen und demokratische Werte zu stärken sowie die Zusammenarbeit der europäischen Staaten zu fördern.[191] Beim ersten Kongress der Europa-Union wählten die Sitzungsteilnehmer Kogon zum Präsidenten, den Christdemokraten Carl Spiecker und den Sozialdemokraten Carlo Schmid zu seinem Stellvertreter. In der Europa-Union existierten jedoch durchaus verschiedene Auffassungen darüber, wie die politische Einheit zu erreichen sei. Während andere Mitglieder eine Politik der kleinen Schritte in Zusammenarbeit mit den gewählten Regierungen befürworteten, trat Kogon für einen revolutionären Weg ein, auf dem die europäischen Völker sich erheben und an den Parlamenten vorbei die „Vereinigten Staaten von Europa" schaffen sollten. Zu diesem Zweck lancierte er Abstimmungen oder eine Unterschriftenaktion, bei der zwischen Sommer 1952 und Mai 1953 1,6 Millionen Unterzeichner sich hinter seine Pläne stellten.[192]

Die Europäische Bewegung als Dachverband der Europabewegungen aller Staaten bildete sich nach dem Haager Kongress 1948. In den einzelnen Ländern sollten nationale Räte mit Mitgliedern aller Parteien gebildet werden, um in Zusammenarbeit mit den lokalen Europaverbänden den Einigungsgedanken zu stärken.[193] Kogon übernahm die Organisation des Deutschen Rates der Europäischen Bewegung und

---

190 Vanessa Conze: Das Europa der Deutschen. Ideen von Europa in Deutschland zwischen Reichstradition und Westorientierung (1920–1970), München 2005, S. 386.
191 Vgl. ebenda, S. 301.
192 Vgl. hierzu ebenda, S. 302, 309, 313.
193 Vgl. ebenda, S. 306.

schrieb am 14. Januar 1949 an 90 Persönlichkeiten, deren Zusammenstellung sich wie das *Who's Who* aller geistig und politisch Tätigen in der Bundesrepublik liest.[194] Der ehemalige Generalsekretär des Deutschen Rates der Europäischen Bewegung, Karlheinz Koppe, erinnert sich, dass Anfang des Jahres 1949 in Schönberg im Taunus auf Aufforderung der Europäischen Bewegung ein vorbereitendes Komitee zur Gründung des Deutschen Rates zusammenkam. Zu dieser Zusammenkunft sei auch Duncan Sandys, der Präsident des Internationalen Komitees, eigens aus Großbritannien angereist. Am 13. Juni 1949 tagte der Deutsche Rat zum ersten Mal offiziell und hob den früheren Reichstagspräsidenten Paul Löbe in das Amt des Präsidenten und wählte Kogon zum Vorsitzenden des Exekutivkomitees.[195]

Weil die Bonner Sozialdemokratie die Sorge umtrieb, die europäische Einigung könne die Wiedervereinigung Deutschlands verhindern, stand sie einem Engagement ihrer Mitglieder in der Europabewegung skeptisch gegenüber.[196] Kogon bemühte sich daher um ein Gespräch mit Kurt Schumacher. An seinem Lebensabend berichtete er über die Begegnung mit dem Sozialdemokraten:

> „Hermann Brill, zu jener Zeit Leiter der Hessischen Staatskanzlei, der mit mir in Buchenwald gewesen war, Fritz Erler und Carlo Schmid, alle drei an den europäischen Einigungsbestrebungen von Anfang an beteiligt, vermittelten eine Zusammenkunft [mit Schumacher] im Frankfurter Hotel ‚Monopol'. Nur mit Mühe gelang es mir, zum einen zu begründen, daß es möglich sein werde, den ‚Deutschen Rat' parteiparitätisch und gesellschaftlich pluralistisch zusammenzusetzen, zum anderen es zumindest nicht als unmöglich erscheinen zu lassen, eine europäische Integrationspolitik der ‚Offenen Tür' zu betreiben mit der Maxime ‚Handeln, damit man verhandeln kann'. Schumacher stimmte schließlich sehr verhalten zu [...]."[197]

Die Spannungen konnten jedoch auch bei diesem Treffen nicht beigelegt werden, so dass der Sozialdemokrat Carlo Schmid, der zuvor Vizepräsident der Europa-Union gewesen war, 1952 sein Engagement für die Einigungsbewegung vollständig einstellte.[198]

---

194 So z. B. an Hans Böckler. Vgl. AdsD, Nl Hans Böckler, Sig. 1/HBAH 000050, Eugen Kogon an Hans Böckler, 14.01.1949.
195 Vgl. Karlheinz Koppe: Das grüne E setzt sich durch, Köln 1967, S. 30.
196 Vgl. Wilfried Loth: Die Europa-Bewegung in den Anfangsjahren der Bundesrepublik, in: Ludolf Herbst/Werner Bührer/Hanno Sowade (Hrsg.): Vom Marshallplan zur EWG. Die Eingliederung der Bundesrepublik Deutschland in die westliche Welt, München 1990, S. 63–80, hier S. 73.
197 Eugen Kogon: Dreißig Jahre – wohin?, in: Michael Kogon/Gottfried Erb (Hrsg.): Eugen Kogon. Die restaurative Republik. Zur Geschichte der Bundesrepublik Deutschland. Band 3 der Gesammelten Schriften, Weinheim 1996, S. 279–305, hier S. 290, erstmals veröffentlicht in: Axel Eggebrecht (Hrsg.): Die zornigen alten Männer, Reinbek 1982.
198 Vgl. Petra Weber: Guter Patriot und guter Europäer – das Europa Carlo Schmids, in: Volker Depkat/Piero Graglia (Hrsg.): Entscheidung für Europa – Decidere l'Europa. Erfahrung, Zeitgeist und politische Herausforderungen am Beginn der europäischen Integration – Esc, mentalità e sfide politiche agli albori dell'integrazione europea, Berlin 2011, S. 243–262, hier S. 251.

Die Berichterstattung über die Europa-Union in der westdeutschen Tagespresse der 1950er Jahre zeigt, dass Kogon insbesondere als Präsident des Verbandes über die Grenzen der Bundesrepublik hinweg hohes Ansehen genoss. Im Rahmen der Ankündigung einer Konferenz der Europäischen Bewegung 1951 brachte die *Hamburger Freie Presse* auf Seite eins eine Fotografie von Kogon neben prominenten Europäern wie dem Leiter des Internationalen Rates der Europäischen Bewegung Paul Henri Spaak und Duncan Sandys. Die *Westfälischen Nachrichten* publizierten Kogons Richtigstellung zu einem Interview mit Adenauer, obwohl dieses der Journalist Ernst Friedländer geführt hatte. Kogons Einlassungen zu verschiedenen Fragen der Europäischen Einigung hatten für die Tagespresse stets herausgehobene Bedeutung, so dass sie zumeist in den ersten Zeilen entsprechender Berichte wiedergegeben wurden.[199] Kogon nutzte seine exponierte Position und seine persönlichen Kontakte für die Ziele der Europabewegung. Karlheinz Koppe berichtet, wie Kogon am 25. August 1952 mit Henri Frenay und Altiero Spinelli zu General Eisenhower in dessen Hauptquatier bei Paris fuhr,

> „um sich über die militärischen Aspekte, aber auch über die Meinung der verantwortlichen Führer Amerikas über das Europa-Problem und die deutsche Frage unterrichten zu lassen. Sie finden in Eisenhower, der Ende des Jahres zum amerikanischen Präsidenten gewählt wird, die alte Tatsache bestätigt: die Amerikaner sind bessere Europäer als die Europäer selbst. Eisenhower tritt uneingeschränkt für die europäische Föderation ein, ist aber von der Notwendigkeit des deutschen Wehrbeitrags so überzeugt, daß er die Lösung dieses Problems nicht allein vom Zustandekommen einer europäischen Föderation abhängig machen will. Der Weg, der in den kommenden Jahren der Bundesrepublik den direkten Weg in die NATO öffnet, zeichnet sich bereits ab."[200]

Kogon stand den politischen und wirtschaftlichen Aspekten des „westlichen Systems" äußerst skeptisch gegenüber. Wie oben dargestellt, hatte er Vorbehalte gegenüber der „Massendemokratie", die den komplexen Herausforderungen der modernen Gesellschaft nicht gewachsen sei, und dem Kapitalismus, der den Nationalsozialismus nicht habe verhindern können. Als die Nationalstaaten an ihren Souveränitätsrechten zu Ungunsten der politischen Einigung Europas festhalten wollten, beklagte Kogon auch hier den „restaurativen" Charakter der Epoche. Der Rückhalt für seinen kompromisslosen Kurs und das Eintreten für eine im Revolutionsgang zu schaffende europäische Föderation schwand, als dieser Weg kaum noch Aussicht auf Erfolg zu haben schien. Die Bundesrepublik machte sich unübersehbar auf den Weg Richtung „Westen" und hatte wesentliche Teile seines Wirtschafts- und Regierungssystems übernommen. In diesem Zuge erhoben sich in der Europa-

---

[199] Vgl. Johan Grußendorf: Die Europa-Union in der westdeutschen Tagespresse in den 1950er Jahren. Kontinuitäten und Wandel in der Berichterstattung über einen Europaverband, Berlin 2007, S. 52f.
[200] Koppe: Das grüne E setzt sich durch, S. 58f.

Union Gegenkräfte, die Kogons Kurs ablehnten und vielmehr einen „funktionalen" Weg einschlagen wollten. Insbesondere ein Kreis um den Kölner Bankier Friedrich Carl von Oppenheim befürwortete die Westintegration und die Schaffung Europas im Dialog und in Zusammenarbeit mit der Politik.[201] Neben strategischen Fragen der politischen Marschroute wurde Kogon 1952/53 ein „zumindest unkonventioneller[r] Umgang mit Finanzen" vorgeworfen.[202] Dazu Jürgen Mittag:

> „Eugen Kogon, der als Präsident und Vorsitzender des Exekutiv-Komitees bis dahin fast alle Aktivitäten federführend geleitet hatte, sah sich angesichts seiner zahlreichen Funktionen und finanzieller Schwierigkeiten, die sich vor allem in der Europa-Union, aber auch im Deutschen Rat abzeichneten, mit einer Fülle von Problemen konfrontiert. Kogon hatte zur Verschärfung der Problemlage ein Stück weit selbst beigetragen, da die Organisation und Finanzstruktur von zahlreichen europäischen Projekten unter seiner Führung wenig planvoll und undurchsichtig war. Diese Entwicklung führte zu einem kaum noch zu überschauenden Chaos mit der Konsequenz, dass sich Kogon schließlich von den Verbandsaktivitäten zunehmend zurückzog [...]."[203]

Und Karlheinz Koppe erinnert sich: „Fahrlässigkeit, organisatorische Fehler und vor allem zweckentfremdete Verwendung der Mittel für den ‚Feldzug der Völker' werden festgestellt, von Mitteln, die die UEF Kogon zur Verfügung gestellt hatte und die dadurch ebenfalls in das finanzielle Verbandsfiasko hineingezogen wird."[204] Es sei von finanziellen „Überlappungen" zwischen offiziellen Aktionen der Europabewegung und den Initiativen von Kogons Privatunternehmungen die Rede gewesen.[205] Als einen weiteren Grund für die Krise nennt Vanessa Conze die Tatsache, dass sich das vom US-amerikanischen Geheimdienst CIA finanzierte American Committe for European Integration aus der Förderung der Europa-Union zurückzog. 1947/48 unterstützten die Amerikaner ein Europa der „dritten Kraft" durchaus noch, doch im Zuge der Verschärfung des Ost-West-Konflikts sahen sie Europa zunehmend in den Reihen der atlantischen Gemeinschaft. Keine Organisation sollte Unterstützung erhalten, deren Präsident von einem „freiheitlichen Sozialismus" träumte.[206] Als die Europa-Union sich nicht mehr in der Lage sah, Journalisten zugesagte Reisekostenzuschüsse auszuzahlen, ging das hässliche Wort vom „Speseneuropäer" durch die Zeitungen.[207] Infolgedessen stieg der interne und externe Druck auf Kogon weiter, bis der Bundesverband ihn dazu zwang, bei einem Kongress des

---

201 Vgl. hierzu Conze: Das Europa der Deutschen, S. 317–321.
202 Grußendorf: Die Europa-Union in der westdeutschen Tagespresse in den 1950er Jahren, S. 54.
203 Jürgen Mittag: Vom Honoratiorenkreis zum Europanetzwerk, http://www.netzwerk-ebd.de/wp-content/uploads/2014/08/Festschrift_07_EBD-Geschichte.pdf, S. 18.
204 Koppe: Das grüne E setzt sich durch, S. 70.
205 Vgl. Kleinmann: Eugen Kogon (1903–1987), S. 234.
206 Vgl. Conze: Das Europa der Deutschen, S. 323.
207 Zitiert nach Koppe: Das grüne E setzt sich durch, S. 67.

Verbandes am 5. Dezember 1953 auf seine Wiederwahl zu verzichten.[208] Der *Rheinische Merkur* reagierte auf seinen Rücktritt mit der Schlagzeile „Speseneuropäer a. D.".[209] Nach einigen Schwierigkeiten in der Neubesetzung von Kogons Posten wählte die Europa-Union den Publizisten Ernst Friedländer zum Präsidenten, welcher seinerseits für drei Jahre im Amt blieb.[210] Auf Stimmen, die an Kogons Kampfgeist appellierten, antwortet dieser:

> „Ich bin zu müde, um zu kämpfen. Der Sinn meines lange genug angekündigten und ernstgemeinten Rücktritts (den freilich manche nicht geglaubt haben, sodass sie ihm auf ihre Weise ‚nachzuhelfen' versuchten) war es nicht, jetzt kraftvoll um mich zu schlagen, Gegenbeschuldigungen zu lancieren, lange und komplizierte Prozesse zu führen und so den Rest meiner sonst garnicht geringen Arbeitskraft rein negativ zu vergeuden, – mein Leben und das meiner Familie dazu. [...] Was hälfe mir eine siegreiche Wahrheit, wenn ich mittlerweile darüber zugrundegegangen wäre?"[211]

Parallel zu Kogons Karriere in der Europäischen Bewegung konnte sich auch die von ihm geforderte föderalistische Einigung des europäischen Kontinents nicht durchsetzen. Mit der Ratifizierung der Pariser Verträge 1954, die unter anderem die Eingliederung der Bundesrepublik in die NATO vorsahen, waren seine Europapläne gescheitert. An seinen Freund in Italien, den europäischen Föderalisten Altiero Spinelli, schrieb er:

> „Und Dir alles Gute, mein Lieber: blase jetzt tüchtig, vielleicht kannst du das Europa-Feuer unter der Asche wieder zum Aufflackern bringen; Adenauer möchte für die Bundestagswahlen neuen Aufwind bekommen, und die Sozialisten – in Frankreich und hier – wollen ein Alibi; selbstverständlich möchte keiner das ‚Europa der Anderen' – aber was schert uns das (da es schon nicht besser ist), man sollte die Brüder beim Wort nehmen. (Komisch, nicht wahr: nichts und niemand hindert sie, jetzt den Verfassungsentwurf zu unterschreiben, aber sie reden sich selber gegenseitig ein, dass es nicht gehe; wieso eigentlich nicht? Und dieser komische Friedländer warnt! Feiger Opportunismus löcherig genug als Klugheit getarnt.)"[212]

In dieser Phase trug ihn noch die Hoffnung, dass der politische Zusammenschluss Europas noch nicht völlig gescheitert sei. Es wäre noch denkbar, so erklärte er, dass ein geeintes Europa ein Paktsystem mit Großbritannien schließen könne, dem Amerika und die UdSSR schließlich beiträten.[213] Dennoch notierte er enttäuscht, dass die Amerikaner einen großen Fehler begangen hätten, als sie die Wirtschaftshilfe

---

208 Vgl. Grußendorf: Die Europa-Union in der westdeutschen Tagespresse in den 1950er Jahren, S. 67.
209 Zitiert nach ebenda, S. 55.
210 Vgl. http://www.europa-union.de/ueber-uns/geschichte/ (30.06.2017).
211 AdsD, Nl Eugen Kogon, Sig. 353-3, Eugen Kogon an Curt Bley, 29.04.1954.
212 AdsD, Nl Eugen Kogon, Sig. 199, Eugen Kogon an Altiero Spinelli, 01.10.1956.
213 Kogon: Beinahe mit dem Rücken an der Wand, S. 124.

für Europa, den Marshallplan, nicht verbindlich an eine politische Einigung des Kontinentes geknüpft hatten.[214]

6 Gegen die (nationale) Wiederbewaffnung der Bundesrepublik

Neben den oben geschilderten Aktivitäten in der Europabewegung engagierte Kogon sich in den 1950er Jahren stark in Fragen der deutschen Wiederbewaffnung. Wenngleich beide Themenkomplexe in unmittelbarem Zusammenhang stehen, bietet es sich aus Gründen der Übersichtlichkeit an, Kogons Teilhabe am Protest gegen die Aufstellung bewaffneter Truppen in einem westdeutschen Teilstaat mit nationaler Souveränität gesondert zu untersuchen und darzustellen.

In den Reihen der Friedensbewegung engagierte Kogon sich energisch gegen jede Form der „Remilitarisierung" im nationalstaatlichen Rahmen und trat als einer der Wortführer des Protestes in Erscheinung. Obwohl die Diskussion erst einige Jahre nach der Gründung des westdeutschen Staates an Schärfe gewann, brachte er das Thema bereits vor der Gründung der Bundesrepublik auf die politische Agenda. Während einer Reise im Herbst 1948 in die USA, wo er auf Einladung der Rockefeller Foundation und der Columbia-Universität die Presseverhältnisse vor Ort studierte, erfuhr Kogon erstmals im US-Verteidigungsministerium von dem stellvertretenden Generalstabschef der Vereinigten Staaten, dass die USA eine Wiederbewaffnung der Bundesrepublik in Erwägung zöge.[215] Seinen Einwänden gegenüber diesen Plänen, so führte er später in den *Frankfurter Heften* aus, sei jedoch kein Gehör geschenkt worden.[216]

In einer biographischen Notiz zu Kogon notiert der Internationale Biographische Pressedienst 1949: „Kogen erregte November-Dezember 1948 durch seine Behauptung über im Gange befindliche alliierte Remilitarisierungsbestrebungen in Westdeutschland Aufsehen, erklärte später, keine ‚Enthüllungen' angekündigt zu

---

214 Ebenda, S. 122 f.
215 Wie bereits oben dargestellt, förderten die US-amerikanischen Besatzungsbehörden im Rahmen von Austauschprogrammen die Akzeptanz liberaler Tradition und demokratischer Werte unter westdeutschen Journalisten und Publizisten. Axel Schildt hat jedoch darauf hingewiesen, dass trotz „aller Amerika-Häuser und Austauschprogramme [...] demoskopische Erhebungen die seit langem verwurzelten stereotypen Vorstellungen in der Bevölkerung [zeigten], denen zufolge die amerikanische Gesellschaft zwar zivilisatorische Vorsprünge aufweise, aber kulturell der deutschen qualitativ unterlegen sei". Axel Schildt: Auf neuem und doch scheinbar vertrautem Feld. Intellektuelle Positionen am Ende der Weimarer und am Anfang der Bonner Republik, in: Alexander Gallus/Axel Schildt (Hrsg.): Rückblickend in die Zukunft. Politische Öffentlichkeit und intellektuelle Position in Deutschland um 1950 und um 1930, Göttingen 2011, S. 13–32.
216 Kogon: Dreißig Jahre – wohin?, S. 298.

haben."²¹⁷ An der Wahrhaftigkeit dieser „Richtigstellung" meldeten viele Zeitgenossen Zweifel an. Unter ihnen befand sich der erste Landesvorsitzende der Vereinigung der Verfolgten des Nationalsozialismus (VVN) Hessen und marxistische Literaturwissenschaftler Hans Mayer.²¹⁸ In einem offenen Brief appellierte er an Kogon, er solle sein Dementi, er habe keine Informationen über eine geplante Wiederbewaffnung, zurückziehen:

> „Sie [...] erklärten vor der Presse, daß man in Amerika wie in Rom ganz offen die Einbeziehung eines westdeutschen Heeres- und Rüstungs-Potentials in eine westeuropäische Blockpolitik als vollzogene Tatsache behandelt habe und daß die vollkommene Tatsache nicht bloß eine Sache der politischen Ziele alliierter Politiker sei, sondern bereits eine vollzogene Tatsache in Deutschland selber. Seit neun Monaten, so erklärten Sie damals, habe man in der britischen Zone Deutschlands mit der deutschen Aufrüstung begonnen; seit drei Monaten sei die amerikanische Besatzungszone diesem Beispiel gefolgt. Ich brauche Ihnen nicht zu wiederholen, welche Polemik, welche Fülle hämischer Glossierungen, welche Flut offizieller und inoffizieller Dementis Ihren Worten gefolgt ist. [...] Vollzieht sich heute in Westdeutschland ein Prozess der Remilitarisierung, ja oder nein [? ...] Ihre ersten Erklärungen haben in der Weltöffentlichkeit berechtigtes Aufsehen erregt. Sie haben daraufhin Dementis abgegeben, die allseitig als unbefriedigt [sic!] empfunden wurden. Ich halte es nach angedeuteten Beispielen für unstreitig, dass man einen starken Druck von interessierter Seite auf Sie ausgeübt hat. Ich wende mich jetzt an Sie als einen der besten deutschen Publizisten, als den Verfasser des ‚SS-Staates', an den ehemaligen Häftling von Buchenwald, an unseren Kameraden aus der VVN und bitte Sie im Namen unserer Kameraden, im Namen zahlloser Deutscher, die keinen Krieg wollen und keine Kriegshetze: lassen Sie sich nicht unter Druck setzen, Eugen Kogon, sagen Sie dem deutschen Volk, was man Ihnen im Ausland und im Inland über die Rolle anvertraut hat, die Westdeutschland in einer geplanten Kriegskoalition als Rüstungspotential spielen sollte! [...]"²¹⁹

In der Forschung besteht heute kein Zweifel daran, dass in US-amerikanischen und britischen Hinterzimmern die als unerlässlich erachtete Wiederbewaffnung der Bundesrepublik bereits im Winter 1949 diskutiert wurde.²²⁰ Neue Untersuchungen beleuchten vielmehr, auf welch vielfache Weise die USA dieses Ziel verfolgten, so auch die verdeckten Operationen der CIA, die eine Beeinflussung der öffentlichen Meinung insbesondere in Westdeutschland zum Ziel hatten.²²¹ Kogons Äußerungen brachten ihn zudem ins Fadenkreuz der Organisation Gehlen, der Vorläuferin des

---

217 Interpress. Internationaler Biographischer Pressedienst 25/1949, http://webopac0.hwwa.de/DigiJPG/P/10062/P100620004000000H.jpg (27.02.2017).
218 Mayer und Kogon kannten sich, weil sie in der VVN zusammengearbeitet und gemeinsam Radiosendungen entworfen hatten. Nicht zuletzt wurden in den *Frankfurter Heften* Essays von Mayer publiziert. Vgl. Forner: German Intellectuals and the Challenge of Democratic Renewal, S. 37.
219 PA Michael Kogon, Hans Mayer: Offener Brief an Eugen Kogon, 21.12.1948.
220 Vgl. Edgar Wolfrum: Die geglückte Demokratie. Geschichte der Bundesrepublik Deutschland von ihren Anfängen bis zur Gegenwart, Bonn 2007, S. 108.
221 Vgl. die Studie von Tobias Schmitt zum verdeckten US-Engagement für eine westdeutsche Wiederbewaffnung (1948–55), vorgestellt am 17.02.2017 im Zentrum für Zeithistorische Forschung Potsdam (im Erscheinen).

Bundesnachrichtendienstes, in der Mutmaßungen angestellt wurden, Kogon sei ein sowjetischer Spion. Der Leiter der Organisation – Reinhard Gehlen, ein ehemaliger Offizier der Wehrmacht – wies seine amerikanischen Vorgesetzten auf seinen Verdacht hin.[222] Aufgrund der Akten des Bundesnachrichtendienstes ist von einer Hausdurchsuchung und Beschlagnahmung in Falkenstein auszugehen.[223]

Auch Adenauer hat nie bezweifelt, dass zur Westbindung die Wiederbewaffnung Westdeutschlands zählen würde. In dieser Wahrnehmung unterstützten ihn viele politische Entscheidungsträger in den USA. Diese wollten mit der Wiederbewaffnung der Bundesrepublik ein Gegengewicht zu der erdrückenden Präsenz von sowjetischen Truppen auf dem europäischen Kontinent schaffen. Adenauer ging daher 1950 auf die Hohe Kommission zu und machte den Vorschlag, seiner Regierung zu gestatten, eine Armee bestehend aus 150 000 Soldaten aufstellen zu dürfen. Er erklärte sich gegenüber dem amerikanischen Hohen Kommissar John McCloy auch mit dem Vorschlag des britischen Oppositionsführers Winston Churchill einverstanden, dass die aufzustellende Streitmacht Teil einer europäischen Armee sein sollte, deren Gründung Churchill vor dem Europarat in Straßburg empfohlen hatte. Adenauer sprach sein Vorgehen nicht mit der Bundesregierung ab, sondern ließ erst im Nachhinein die von ihm unternommenen Schritte legitimieren.[224]

Diese Pläne stießen in vielen gesellschaftlichen Kreisen auf scharfe Kritik. In den Nachwirkungen des Nationalsozialismus lehnten viele Deutsche alles Militärische ab. Hinzu kam, dass eine Wiederbewaffnung in der Wahrnehmung vieler Bundesbürger den Ost-West-Konflikt eskalieren lassen könnte und eine mögliche Wiedervereinigung in noch weitere Ferne schieben würde. Insbesondere Teile der SPD und der Gewerkschaften proklamierten ein „Ohne mich!"[225]

Auch in höchsten Regierungskreisen standen scharfe Kritiker einer möglichen Wiederbewaffnung und der Tatsache, dass Adenauer das Parlament in dieser entscheidenden Frage nicht zu Rate gezogen hatte. Ihr prominentester Vertreter war der christdemokratische Innenminister Gustav Heinemann. Als er von dem Vorgehen des Bundeskanzlers erfuhr, bot er seinen Rücktritt an, den Adenauer am 9. Oktober 1950 annahm.[226] Zwei Jahre später trat Heinemann aus der CDU aus. Als die von ihm gegründete Gesamtdeutsche Volkspartei schlechte Wahlergebnisse einfuhr, trat er 1957 der SPD bei. Kogon und Heinemann standen in einem guten Kontakt

---

222 Gerhard Sälter: Phantome des Kalten Krieges. Die Organisation Gehlen und die Wiederbelebung des Gestapo-Feindbildes „Rote Kapelle", Berlin 2016.
223 Gerhard Sälter verweist auf einen Aktenfund, der eine derartige Ermittlungsmaßnahme belegt. Vgl. ebenda, S. 99. Michael Kogon kann sich nach persönlicher Auskunft vom 20.10.2017 nicht daran erinnern, dass es in seinem Elternhaus jemals eine Hausdurchsuchung gegeben habe.
224 Vgl. hierzu Heinrich August Winkler: Der lange Weg nach Westen. Deutsche Geschichte vom „Dritten Reich" bis zur Wiedervereinigung, München 2001, S. 144.
225 Vgl. ebenda, S. 145 f.
226 Vgl. Schwarz: Die Ära Adenauer, S. 123–126.

zueinander, der bis in die 1970er Jahre halten sollte. Im September 1964 reisten beide, gemeinsam mit dem Politikwissenschaftler Ossip Kurt Flechtheim und anderen in die Sowjetunion, um Vermittlungsversuche im Ost-West-Konflikt zu lancieren.[227] Nicht nur zu Kogon, auch zu der Redaktion der *Frankfurter Hefte* insgesamt hatte Heinemann einen positiven Bezug, so dass er 1965 der Redaktion einen Text anbot und 1976 die Zeitung finanziell unterstützte, indem er einen „Liquiditätsfonds" bereitstellte, der 5000 DM umfasste.[228]

Eine direkte Antwort von Kogon auf den offenen Brief von Hans Mayer ist nicht übermittelt. Jedoch äußerte Kogon sich in seinem vielbeachteten Aufsatz: „Man braucht Deutschland, auch deutsche Soldaten?", der im Januar 1949 in den *Frankfurter Heften* erschien. Seine Ausführungen in einer Fußnote, wie es dazu kommen konnte, dass er im Jahr zuvor von einer Wiederbewaffnung gesprochen hatte, lassen erkennen, dass er mit seiner Argumentation in die Defensive geraten war:[229]

> „[...] Ich habe in Rom nicht gesagt, eine deutsche Remilitarisierung habe ‚in der britischen Zone seit neun Monaten, in der amerikanischen seit drei Monaten bereits begonnen', sondern, und zwar in einem bestimmten Zusammenhang von Fragen, es gebe dort wie hier gewisse Tatsachen, die bei entsprechender Entwicklung, wie sie von mir in der Debatte kurz dargestellt worden war, eine außerordentliche Bedeutung annehmen können. [...] Kaum hatte ich diese Richtigstellung [...] gemacht, erhob sich eine Flut von Fragen, die sich mit einer einzigen Ausnahme, ausschließlich auf die ‚Tatsachen in der britischen und der amerikanischen Zone' bezogen. Dadurch gerieten diese isoliert sozusagen unter eine geradezu mikroskopische Vergrößerung. Ich weigerte mich, sie unter solchen Umständen zu nennen."[230]

Die Reaktion auf seine Ausführungen sei eine „Sensationsfontäne" gewesen.[231] Fast 20 Jahre später urteilte Kogon: „Es handelte sich bei der amerikanischen Anregung um einen gezielten Versuchsballon, die Stimmung der Deutschen selbst und die internationale Reaktion festzustellen."[232] Doch als Kogons Aufsatz „Man braucht Deutschland, auch deutsche Soldaten?" erschien, waren die Überlegungen der Amerikaner bereits auf anderen Wegen an die Öffentlichkeit gelangt. Kogon erläuterte daher im gleichen Aufsatz, dass alle Siegermächte von der Vorstellung eines

---

227 Vgl. Eugen Kogon: Besuch in Moskau und Leningrad. Eindrücke und Überlegungen, in: Michael Kogon/Gottfried Erb (Hrsg.): Eugen Kogon. „Dieses merkwürdige, wichtige Leben". Begegnungen. Band 6 der Gesammelten Schriften, Weinheim 1997, S. 171–181, erstmals veröffentlicht in: FH 19 (1964).
228 Vgl. AdsD, Nl Gustav Heinemann, Sig. 069-070.
229 Vgl. Eugen Kogon: Man braucht Deutschland, auch deutsche Soldaten?, in: Michael Kogon/Gottfried Erb (Hrsg.): Eugen Kogon. Die restaurative Republik. Zur Geschichte der Bundesrepublik Deutschland. Band 3 der Gesammelten Schriften, Weinheim 1996, S. 148–170, hier S. 158–159, erstmals veröffentlicht in: FH 4 (1949).
230 Ebenda.
231 Ebenda.
232 Eugen Kogon: Und wieder: Deutsche Soldaten!, in: FH 21 (1966), H. 3, S. 147 f., hier S. 147.

entmilitarisierten Deutschlands früh abgerückt seien[233] und 1949 nun das Jahr sein könnte, in dem eine deutsche „Remilitarisierung" langsam beginne.[234] Er stellte klar, dass er die Aufstellung von Streitkräften in Westdeutschland kategorisch ablehne, wenn sie sich auf den nationalstaatlichen Gedanken stütze oder „die alten militaristischen Kreise".[235] So verglich er die anstehende Wiederbewaffnung mit dem Aufziehen des Nationalsozialmus, welchem man keinen Einhalt geboten habe. Zwar sah er, dass Westeuropa militärisch schwach aufgestellt sei und seinem Selbstschutz nicht nachkommen könnte,[236] eine Wiederbewaffnung der Bundesrepublik sei jedoch kein gutes Signal an die besetzten Staaten in Osteuropa, da es ihnen zeige, dass auf eine „Befreiung" zunächst nicht zu hoffen sei. Und: „Eine Einbeziehung Deutschlands in das westliche Verteidigungssystem [...] würde nicht nur die demokratische Innenpolitik dieser noch jungen, ganz und gar unkonsolidierten Republik zugrunde richten, sondern die Gefahr eines sowjetischen Angriffs, der man begegnen will, schleunigst herbeizwingen."[237] Ferner gäbe es in Westdeutschland viele Verzweifelte, die die Demokratie bisher nicht habe mitnehmen können. Sie würden nur darauf warten, dass man sie eines Tages, wenn Soldaten gebraucht werden, nicht danach frage, wie es um ihre politische Gesinnung, sondern vielmehr um ihre Kriegserfahrung stehe.[238] Schließlich würde sich die nichtkommunistische Arbeiterschaft in die Enge gedrängt fühlen und sich nicht für die Reaktion entscheiden.[239] „Was auch immer unternommen wird, es muss zusammen mit der Arbeiterschaft unternommen werden. Alles andere – Versuche halbfaschistischen Charakters – sind bloß mehr Brackwasser der Geschichte."[240] Selbst den Aufbau einer Polizei verband Kogon mit der Befürchtung, dass diese sich verselbständigen könnte und irgendwann nicht mehr demokratischer Kontrolle unterläge.[241]

Heinrich August Winkler beschreibt das insgesamte Stimmungsbild in der öffentlichen Meinung zur Frage der Wiederbewaffnung in den frühen 1950er Jahren so:

> „Nur fünf Jahre nach dem Zweiten Weltkrieg waren dessen materielle und moralische Spuren noch nirgends verblaßt, und vor allem in Frankreich und den kleineren Ländern Westeuropas stieß der Gedanke einer neuen deutschen Nationalarmee auf einhellige, empörte Ablehnung

---

233 Kogon: Man braucht Deutschland, auch deutsche Soldaten?, S. 158 f.
234 Vgl. ebenda, S. 160.
235 Ebenda, S. 169.
236 Vgl. ebenda, S. 160.
237 Eugen Kogon: Zwischen Atlantik-Pakt und Schumann-Plan, in: Michael Kogon/Gottfried Erb (Hrsg.): Eugen Kogon. Europäische Visionen. Band 2 der Gesammelten Schriften, Berlin 1995, S. 79–85, hier S. 81 f., erstmals veröffentlicht in: FH 5 (1950).
238 Vgl. Kogon: Man braucht Deutschland, auch deutsche Soldaten?, S. 165.
239 Vgl. ebenda, S. 168.
240 Ebenda.
241 Vgl. ebenda, S. 157.

quer durch alle politischen Lager; selbst in den USA und in Großbritannien fehlte es den angestoßenen Planungen an einer breiten politischen Basis."[242]

Als jedoch am 25. Juni 1950 nordkoreanische Truppen in Südkorea einmarschierten, verschärfte sich der Ost-West-Konflikt rapide. Nordkorea stand unter kommunistischer Kontrolle, Südkorea zählte zum US-amerikanischen Einflussgebiet. Nicht nur in der Bundesrepublik Deutschland kam die Befürchtung auf, dass aus diesem Stellvertreterkrieg bald ein dritter Weltkrieg entstehen könne.[243] Da im Kalten Krieg die Demarkationslinie direkt durch Deutschland verlief, ging die Sorge um, dass auch über die DDR Militärverbände in die Bundesrepublik einmarschieren könnten. Diese angespannte Lage brachte Bewegung in die Frage der westdeutschen Wiederbewaffnung.

Am 9. Mai 1950 trug der französische Außenminister Robert Schuman eine Regierungserklärung vor, in der er das Vorhaben vorstellte, die deutsche und die französische Kohle- und Stahlproduktion zusammenzulegen. Die USA stand hinter diesem Vorhaben, und auch Adenauer war begeistert, weil dieser Plan die Westbindung forcierte und der Bundesrepublik sowohl eine Produktionssteigerung als auch neue Absatzmärkte in Aussicht stellte.[244]

Die Überlegungen der französischen Regierung waren ähnlich gelagert: Am 24. Oktober 1950 präsentierte der französische Ministerpräsident, René Pleven, einen Vorschlag – den sogenannten Pleven-Plan –, welcher vorsah, dass die sechs Staaten der Montanunion gemeinsam eine Streitmacht in Europa aufstellen sollten. Diese Europäische Verteidigungsgemeinschaft (EVG), zu der Westdeutschland als bewaffneter Bündnispartner zählten sollte, wurde als Fortsetzung des Schuman-Plans verstanden.[245] Die USA und Adenauer wünschten sich eine starke militärische Präsenz auf westdeutschem Boden. Im Zuge des langanhaltenden Tauziehens um die Gestaltung der Verträge zur EVG nahm die innerfranzösische Kritik sukzessive zu. Neben den Kommunisten, die das Vorhaben naturgemäß kritisch sahen, standen auch die Sozialisten den Plänen zunehmend skeptisch gegenüber. Insbesondere jene, die im Widerstand gegen den Nationalsozialismus aktiv gewesen waren und sich nach dem Ende des Zweiten Weltkrieges für ein Europa der „dritten Kraft" eingesetzt hatten, das die Spannungen zwischen den beiden Machtblöcken abfedern könnte, nahmen das Drängen der USA auf eine Verstärkung militärischer Präsenz in Westeuropa als Affront wahr und interpretierten es als einen aggressiven Akt amerikanischer Hegemonialpolitik.[246]

---

242 Wolfrum: Die geglückte Demokratie, S. 108.
243 Vgl. Schwarz: Die Ära Adenauer, S. 104.
244 Wolfrum: Die geglückte Demokratie, S. 106 f.
245 Vgl. Koppe: Das grüne E setzt sich durch, S. 42.
246 Vgl. Wolfrum: Die geglückte Demokratie, S. 109 f.

Kogon hingegen war 1950 zu jeder Konzession bereit, wenn sie nur der föderalistischen Einigung Europas dienen würde. Selbst den „Schuman-Plan" – für Kogon ein Aushängeschild der „Restauration" – sowie die Gründung der EVG wollte er akzeptieren, wenn sich zwischen ihnen die politische Einheit Europas erhebe. Sollte dies nicht geschehen, würden beide Verträge in den „Abgrund der großen sozialrevolutionären und militärischen Abenteuer führen, und zwar sehr schnell, innerhalb von zwei oder drei Jahren".[247]

Am 26. Mai 1952 ratifizierten die Außenminister der USA, des Vereinigten Königreichs und Frankreichs den Deutschlandvertrag, mit dem das Besatzungsstatut endete. Einen Tag später kamen die Außenminister Frankreichs, der Bundesrepublik Deutschland, Italiens, der Niederlande, Belgiens und Luxemburgs zusammen, um mit ihrer Unterschrift die Europäische Verteidigungsgemeinschaft auf den Weg zu bringen. Jedoch mussten die Parlamente der beteiligten Staaten dem Vertragswerk noch zustimmen. Am 19. März verabschiedeten die Abgeordneten in Bonn nach hitzigen Debatten beide Verträge.[248] Die gewaltsame Niederschlagung des Aufstandes in der DDR am 17. Juni 1953 durch sowjetische Truppen bestätigte Adenauer in seiner Wahrnehmung, dass von der Sowjetunion ein enormes Gefahrenpotenzial ausgehe. Zudem sah die westdeutsche Öffentlichkeit den Aufbau einer bundesdeutschen Armee Mitte 1953 ohnehin nicht mehr so kritisch, wie noch einige Jahre zuvor.[249]

Da Stalin die europäische Integration jedoch strikt ablehnte, versuchte er das Zustandekommen der Europäischen Verteidigungsgemeinschaft mittels einer Offerte – der Stalin-Note – zu verhindern, die er am 10. März 1952 den Westmächten zukommen ließ.[250] Der Europäer Kogon konnte das in diesem Angebot geforderte neutrale Deutschland nur ablehnen. Er gestand dem sowjetischem Angebot lediglich zu, dass es „gelungen [sei], große Teile des deutschen Volkes zu der Meinung zu bringen, die beiden Aufgaben: Europa als Partner der westlichen Welt zu einigen und Deutschland wiederzuvereinigen, seien ausschließliche Gegensätze."[251]

Während Kogon die Wiederbewaffnung Westdeutschlands im nationalen Alleingang scharf kritisierte, erhoffte er sich, dass die Schaffung einer europäischen Armee ein entscheidender Schritt in Richtung einer europäischen Föderation sein wür-

---

247 Kogon: Zwischen Atlantik-Pakt und Schumann-Plan, S. 80.
248 Vgl. Winkler: Der lange Weg nach Westen, S. 151f.
249 Vgl. ebenda, S. 160.
250 Vgl. Pfeil, Ulrich: Die DDR und die europäische Integration (1949–1957): Eine andere Variante der SED-Deutschlandpolitik, in: Mareike König/Matthias Schulz (Hrsg.): Die Bundesrepublik Deutschland und die europäische Einigung 1949–2000. Politische Akteure, gesellschaftliche Kräfte und internationale Erfahrungen. Festschrift für Wolf D. Gruner zum 60. Geburtstag, Wiesbaden 2004, S. 471–494.
251 Eugen Kogon: Fünfter Akt im europäischen Schauspiel. Darin Deutschland, in: FH 7 (1952), H. 7, S. 481–506.

de. Auf dem 2. Ordentlichen Kongress der Europa-Union am 9. und am 10. Dezember 1950 in Köln diskutieren die Anwesenden, wie die Vereinigung sich zur Europäischen Verteidigungsgemeinschaft verhalten sollte. Eugen Kogon, Präsident der Vereinigung, der französische Sozialist und Widerstandskämpfer Henri Frenay und der aus Italien stammende Gründer der UEF und persönliche Freund von Kogon, Altiero Spinelli, traten bei dieser Veranstaltung als Wortführer in Erscheinung. Bei der Zusammenkunft sprach sich eine Mehrheit für die Europäische Verteidigungsgemeinschaft aus.[252] Der Generalsekretär des Deutschen Rates der Europäischen Bewegung, Karlheinz Koppe, erinnert: „Unvergeßlich bleibt, wie Eugen Kogon sich zu diesem Entschluß durchringt: Ich selbst sage contre coeur und schweren Herzens ‚ja'!"[253]

Kurz darauf verabschiedete der Bundestag, dass das Grundgesetz um einen Passus, der die Bewaffnung der Bundesrepublik vorsah, zu ergänzen sei. Die Aufstellung von Streitkräften in Westdeutschland konnte jedoch erst dann beginnen, wenn die französische Nationalversammlung den Vertrag über die Europäische Verteidigungsgemeinschaft ratifiziert hatte. Doch die Chancen, dass diese Unterzeichnung zustande käme, standen Anfang 1954 schlecht, weil sich in Frankreich Kräfte durchgesetzt hatten, die die nationale Souveränität in Militärfragen nicht zugunsten einer supranationalen EVG preisgeben wollten. Als am 30. August 1954 die Assemblée nationale sich mit knapper Mehrheit (319 zu 294 Stimmen) gegen die Unterzeichnung entschied, bedeutete dies das Scheitern der Idee einer europäischen Armee.[254]

Kogons Sorgen waren berechtigt gewesen. In der nächsten Ausgabe der *Frankfurter Hefte* reagierte er auf dieses Ereignis, das in der Gesamtbetrachtung seines Lebens eine der größten Enttäuschungen sein sollte:

„Wieder wird die Gefahr nun die Kurzschlüssigkeit sein: Wenn endgültig klar ist, daß das EVG-Werk nicht zustandekommen kann, wird man die Bundesrepublik stracks mit Vollsouveränität, Nationalarmee und allem Zubehör in die NATO aufnehmen wollen. Alle Gestrigen werden zustimmen, ja es verlangen, und der Preis, den sich die Ehemaligen vorstellen, wird es in sich haben."[255]

Tatsächlich konnte ein Jahr später an der Richtigkeit dieser Prophezeiung, die Kogon nun als „weltpolitischen Wendepunkt" bezeichnete, kein Zweifel mehr bestehen.[256] Dies war ein wichtiger, negativer Wendepunkt in Kogons Einschätzung der Politik Adenauers.[257] Hatte der Österreicher unter dem Primat der unter allen Umständen zu erreichenden europäischen Einigung über nahezu jeden Dissens,

---

252 Vgl. Koppe: Das grüne E setzt sich durch, S. 44.
253 Ebenda.
254 Winkler: Der lange Weg nach Westen, S. 163.
255 Kogon: Beinahe mit dem Rücken an der Wand, S. 123.
256 Eugen Kogon: Einige Thesen zum „weltpolitischen Wendepunkt", in: FH 10 (1955), H. 8, S. 529–534.
257 Vgl. Feretti: Ein politischer Plan für das Europa der Nachkriegszeit, S. 117.

den er in innenpolitischen Fragen mit dem Bundeskanzler hatte, hinweggesehen, verschärfte sich nun sein Ton.

Denn Adenauer, für den das Scheitern der Europäischen Verteidigungsgemeinschaft ebenfalls ein politisches Debakel darstellte, schaltete rasch um und strebte nun ein anderes Bündnissystem an: die Wiederbewaffnung der Bundesrepublik unter Einbindung in die NATO.[258] Kogon erfüllte mit großer Sorge, dass die Ausbilder in einer westdeutschen Streitmacht sich vermutlich aus den Reihen früherer Nationalisten und Nationalsozialisten rekrutieren würden.[259] Ähnlich äußerte er sich wenige Monate später in den *Frankfurter Heften*: „Darüber hinaus wird dieses Militär trotz dem neu bestellten Personalausschuß zur Auswahl der höheren Offiziere, dessen Einfluß man schon deshalb nicht überschätzen sollte, weil es reichliche Möglichkeiten zur Wahl nicht geben wird, mit großer Sicherheit das ‚Klima der Innenpolitik' vollends zum Hochsommer der Restauration ausreifen lassen."[260] Aus dieser Sorge heraus verstärkte Kogon abermals sein Engagement in der Friedensbewegung. Am 29. Januar 1955 kam die Paulskirchenbewegung in der Frankfurter Paulskirche zusammen, um das „Deutsche Manifest" zu verabschieden, welches sich gegen die Wiederbewaffnung der Bundesrepublik richtete. Anwesend waren Mitglieder der SPD und des DGB, Protestanten und Intellektuelle. Redner bei dieser Veranstaltung war neben Gustav Heinemann auch Eugen Kogon. Die Initiative konnte jedoch nicht die Resonanz vorheriger Aktionen gegen eine „Remilitarisierung" hervorrufen, so dass die Pariser Verträge, zu denen der NATO-Beitritt der Bundesrepublik und damit die Wiederbewaffnung zählten, zustande kamen und am 5. Mai 1955 Gültigkeit erlangten.[261] Damit hatte die Friedensbewegung diese Auseinandersetzung endgültig verloren. Doch sollten Adenauer und die Gegner seiner „Politik der Stärke" bereits in weniger als zwei Jahren in eine neue Auseinandersetzung geraten, die im Zentrum des folgenden Kapitels steht.

7 „Kampf dem Atomtod"

Seit Frühjahr 1957 trat die Sozialdemokratie als Gegnerin eines Vorhabens in Erscheinung, das besonders leidenschaftlich von dem frisch ins Amt gehobenen Verteidigungsminister Franz Josef Strauß vorangetrieben wurde: Die Ausrüstung der

---

[258] Vgl. Schwarz: Die Ära Adenauer, S. 246.
[259] Kogon, Eugen: Der entscheidende Schritt ist getan. Die Bundesrepublik ist auf dem Weg zur Macht, in: Michael Kogon/Gottfried Erb (Hrsg.): Eugen Kogon. Die restaurative Republik. Zur Geschichte der Bundesrepublik Deutschland. Band 3 der Gesammelten Schriften, Weinheim 1996, S. 131–134, hier S. 133, erstmals veröffentlicht in: Frankfurter Neue Presse, 12.05.1955.
[260] Kogon: Einige Thesen zum „weltpolitischen Wendepunkt", S. 533.
[261] Vgl. Rudolf Morsey: Die Bundesrepublik Deutschland. Entstehung und Entwicklung bis 1969, Berlin 2007, S. 40.

Bundeswehr mit atomaren Trägersystemen – auf die Sprengköpfe selbst sollten nur die amerikanischen Streitkräfte Zugriff haben.[262] Im sogenannten Radford-Plan kam dieses Vorhaben der Amerikaner zum Ausdruck, welches sie verfolgten, um ihr Kontingent an herkömmlichen Truppen auf dem europäischen Kontinent reduzieren zu können. Am 15. März 1957 erfuhr die westdeutsche Öffentlichkeit von der Bundesregierung, dass man in Bonn über dieses Vorhaben informiert sei.[263] Rasch bildete sich eine Protestbewegung, zu der sich die Göttinger Achtzehn gesellten – 18 namhafte Atomphysiker, die in einer gemeinsamen Erklärung im April 1957 die Öffentlichkeit mahnend darauf hinwiesen, dass dieses Vorhaben aus ihrer Sicht zwangsläufig die Gefahr eines nuklearen Krieges erhöhen müsste.[264] Die Initiative der Göttinger Achtzehn stieß nicht nur in akademischen und in manchen kirchlichen Kreisen auf negative Resonanz.[265] In einer Bundestagsdebatte am späten Abend des 23. Januar 1958 attackierten der ehemalige Bundesinnenminister Thomas Dehler von der FDP und der nunmehrige Sozialdemokrat Gustav Heinemann die CDU/CSU mit der These, dass durch die Aufrüstungspläne faktisch die Zerreißung Deutschland betrieben werde. Diesem Angriff, der die Union sichtlich unerwartet traf, hatten die Regierungsparteien nichts entgegenzusetzen, so dass die Opposition die Redeschlacht als Sieg für sich verbuchen konnte. Im Nachgang der Debatte kündigte Erich Ollenhauer an, dass die Opposition eine „Aufklärungskampagne" lancieren werde, der eine breite Protestwelle gegen die Pläne der Bundesregierung folgen werde.[266]

Auch Kogon engagierte sich gegen die geplante Atombewaffnung und reiste am 22. Februar 1958 auf Einladung der SPD nach Bad Godesberg, um den Aufruf „Kampf dem Atomtod" zu unterzeichnen. Gekommen waren auch Thomas Dehler, Bundestagsvizepräsident Carlo Schmid, der ehemalige Reichstagspräsident Paul Löbe, der Kirchenpräsident Hans Stempel, die Publizisten Axel Eggebrecht und Walter Dirks, der Soziologe Alfred Weber und die Literaten Stefan Andres, Heinrich Böll, Hans Henny Jahn und Erich Kästner. Fast alle Anwesenden unterzeichneten den Aufruf – insgesamt 40 Prominente aus Politik, Kirche, Wissenschaft, Kunst, Literatur und Gewerkschaft.[267] In einer Bundesvorstandssitzung beschloss der DGB, sich mit der Initiative des Arbeitsausschusses „Kampf dem Atomtod" zu solidarisie-

---

262 Vgl. Winkler: Der lange Weg nach Westen, S. 182.
263 Vgl. Wolfrum: Die geglückte Demokratie, S. 139.
264 Vgl. Daniel Gerster: Friedensdialoge im Kalten Krieg: Eine Geschichte der Katholiken in der Bundesrepublik 1957–1983, Frankfurt a. M. 2012, S. 56.
265 Vgl. Wolfrum: Die geglückte Demokratie, S. 140.
266 Vgl. Hans Karl Rupp: Außerparlamentarische Opposition in der Ära Adenauer: Der Kampf gegen die Atombewaffnung in den fünfziger Jahren. Eine Studie zur innenpolitischen Entwicklung der BRD, Köln 1980, S. 122–127.
267 Vgl. Wolfgang Kraushaar: Die Protest-Chronik 1949–1959, Hamburg 1996, S. 1814.

ren und sich an den Protestdemonstrationen zu beteiligen.[268] Gleichwohl kam es im Vorfeld des Beschlusses zu scharfen Protesten aus den eigenen Reihen – so z. B. von der Katholischen Arbeiterbewegung, die infrage stellte, dass die Einheitsgewerkschaft ein politisches Mandat besitze.[269] Auch Kogon und Dirks entschlossen sich, den Aufruf zu unterschreiben.[270] Bei der Auftaktveranstaltung der Kampagne, die die Bonner Sozialdemokratie am 23. März in Frankfurt a. M. ausrichtete, trat Kogon, neben dem SPD-Vorsitzenden Erich Ollenhauer, als Redner in Erscheinung.[271] In seiner Rede sprach er sich für den generellen Verzicht auf Atomwaffen in Nord- und Mitteleuropa aus und steigerte sich in der Dramatik seiner Ausführungen, bis er die gegebene Situation mit den Januartagen 1933 verglich.[272]

Der Bundestag führte spannungsgeladene Debatten über das Thema, in denen auf der einen Seite Sozialdemokraten und Liberale, auf der anderen die Bundesregierung stand. Im Ergebnis erlaubte eine Mehrheit im Parlament am 25. März 1958 endgültig die Stationierung von Atomwaffen auf deutschem Boden. Zu diesem Zeitpunkt erreichte der zivilgesellschaftliche Protest den Höhepunkt seiner Strahlkraft: In allen westdeutschen Bundesländern fanden Veranstaltungen gegen das Vorhaben der Bundesregierung statt. Mitte April kamen 150 000 Protestierende in Hamburg zusammen, um für ihr Anliegen gemeinsam auf die Straße zu gehen.[273]

Auch in Darmstadt fanden Demonstrationen statt. Am 14. Mai 1958 protestierten 800 Demonstranten, die durch die Stadt bis zum Mahnmal für die Opfer des Zweiten Weltkrieges zogen. Auf der Abschlusskundgebung sprachen neben dem sozialdemokratischen Oberbürgermeister Ludwig Engel die Bundestagsabgeordnete Helene Wessel von der SPD und der Darmstädter Ordinarius Kogon. Er führte in seinem Redebeitrag aus, dass es ein völlig falsches Signal sei, Atomwaffen in Westdeutschland zu stationieren. Durch einen derartigen Entschluss stünde zu befürchten, dass man auch kleinere Staaten auf den Plan rufe, sich entsprechend zu bewaffnen, und so eine globale Abrüstung immer schwerer zu erreichen sei.[274] Im Sommersemester 1958 brachte die *Darmstädter Studentenzeitung* jeweils einen Pro- und einen Contra-Artikel zur Frage der atomaren Bewaffnung der Bundeswehr. Kogon sprach sich in seinem Beitrag gegen, der Christdemokrat Ernst Holtzmann, Mitglied des hessi-

---

268 Vgl. Rupp: Außerparlamentarische Opposition in der Ära Adenauer: Der Kampf gegen die Atombewaffnung in den fünfziger Jahren, S. 169.
269 Vgl. Schroeder, Wolfgang: Katholizismus und Einheitsgewerkschaft. Der Streit um den DGB und der Niedergang des Sozialkatholizismus in der Bundesrepublik bis 1960, Bonn 1992, S. 234.
270 Vgl. AdsD, Nl Eugen Kogon, Sig. 211, Arbeitsausschuss Kampf dem Atomtod an Eugen Kogon, 16.02.1965.
271 Vgl. Kraushaar: Die Protest-Chronik 1949–1959, S. 1822.
272 Vgl. Rupp: Außerparlamentarische Opposition in der Ära Adenauer: Der Kampf gegen die Atombewaffnung in den fünfziger Jahren, S. 155.
273 Vgl. Forner: German Intellectuals and the Challenge of Democratic Renewal, S. 306 f.
274 Vgl. Kraushaar: Die Protest-Chronik 1949–1959, S. 1892.

schen Landtages und ehemaliges NSDAP-Mitglied, für eine solche Maßnahme aus. Kogon argumentierte:

> „Die Sowjet-Union hat uns bis heute nicht angegriffen. Warum? Nehmen wir an, aus dem alleinigen Grunde, weil der Westen eine Politik der Stärke betrieb. Kann irgendjemand behaupten, daß deutsche Divisionen darin eine reale Rolle gespielt haben? Nein. Was also war ausschlaggebend? Die amerikanische Überlegenheit in Superwaffen. Was ist, immer in der Linie dieser Theorie, heute ausschlaggebend? Das ‚Gleichgewicht des Schreckens'. Es besteht global nach wie vor und braucht nicht durch eine atomare Ausrüstung der Bundeswehr verändert zu werden. [...]"[275]

Weiter bemühte Kogon sich in diesem Beitrag darum, den Sputnik-Schock, ausgelöst durch den Start des ersten künstlichen Erdsatelliten durch die Sowjetunion am 4. Oktober 1957, aufzufangen, indem er ausführte, dass die Amerikaner fest damit rechneten, bis 1960/61 in technischer Hinsicht gleichgezogen zu haben. Zudem würde die Bundesrepublik, sollte es zur bewaffneten Auseinandersetzung zwischen beiden Machtblöcken kommen, durch atomare Bewaffnung zum ersten Ziel der UdSSR werden. Schließlich rücke die Ausrüstung der Bundeswehr mit Atomwaffen die Lösung der deutsch-deutschen Frage in noch weitere Ferne. Es sei von entscheidender Bedeutung, dass dieser Teufelskreislauf durchbrochen und zu einer Politik der Entspannung übergegangen werde. Da die BRD nur für ihr eigenes Einflussgebiet Entscheidungen treffen könne, sei der einzig sinnvolle Schritt, selbst die Initiative zu ergreifen und sich für Westdeutschland als eine atomwaffenfreie Zone einzusetzen.[276]

Schließlich reiste Kogon zu diesem Zweck als Teilnehmer einer Studiengruppe, bestehend aus Wissenschaftlern, Theologen und Journalisten, nach Japan, um sich über das Ausmaß und die Wirkung der Atombombenexplosionen in Hiroshima und Nagasaki zu informieren. Im Anschluss der Reise berichtete er der Frankfurter Stadtverordnetenversammlung über seine Eindrücke:[277]

> „Wer es [das Museum in Hiroshima] besichtigt hat, weiß, daß es für keine Stadt der Welt und für kein Land einen Sinn hat, sich gegen diese apokalyptischen Zerstörungen anders schützen zu wollen als durch die Politik der Überwindung der Atomwaffen [...]. Ich muß gestehen, daß der lebendige Eindruck noch 13 Jahre nach jenem schrecklichen Ereignis unauslöschlich in mir haftet und daß ich mir wünschen würde, jedermann sollte ihn haben, damit er vollends und

---

[275] Eugen Kogon: Warum ich dagegen bin, in: AStA TH Darmstadt (Hrsg.): Darmstädter Studentenzeitung, 34, Sommersemester 1958, S. 4f., http://docplayer.org/5621321-Die-darmstaedter-studentenzeitung.html (27.02.2917).
[276] Vgl. ebenda.
[277] Vgl. Eugen Kogon: Kampf dem Atomtod, in: Michael Kogon/Gottfried Erb (Hrsg.): Eugen Kogon. „Dieses merkwürdige, wichtige Leben". Begegnungen. Band 6 der Gesammelten Schriften, Weinheim 1997, S. 156–160, hier S. 156.

gründlich weiß, was er tut, wenn er sich für oder gegen die atomare Aufrüstung hier in der Bundesrepublik entscheidet."[278]

Der Protest gegen die Aufrüstungspläne versandete dennoch, auch weil der Beschluss des Bundestages nicht rückgängig zu machen war und weil die Regierung es verstand, den Antikommunismus in der Bevölkerung gegen die Protestbewegung in Stellung zu bringen.[279] Zudem visierten die reformorientierten Kräfte der SPD bereits in diesen Jahren einen Reformkurs an, der später im Godesberger Programm münden sollte, das u. a. ein praktisches Verteidigungskonzept vorsah und mit der bisherigen Fundamentalopposition gegen die Atombewaffnung nicht in Einklang zu bringen war.[280] Heinrich August Winkler mutmaßt zudem, dass, obwohl die Pläne der Bundesregierung von der Mehrheitsgesellschaft keinesfalls begrüßt wurden, große Skepsis gegenüber einer Bewegung bestand, die sich vorwiegend aus grundsätzlichen Pazifisten zusammensetzte.[281]

Der Arbeitsausschuss „Kampf dem Atomtod" löste sich zwar nach der offensichtlichen Niederlage nicht auf, es war jedoch unübersehbar, dass in der zweiten Jahreshälfte 1958 keine größere öffentliche Kundgebung organisiert werden konnte.[282] Daher glich es einem Schlussakkord der Volksbewegung, als im November 1959 noch einmal alle Reserven mobilisiert und eine Petitionskampagne ins Werk gesetzt wurde, die der Öffentlichkeit im Rahmen einer Pressekonferenz von Kogon, dem Sozialdemokraten Walter Menzel und dem Nobelpreisträger Max Born vorgestellt wurde. Das Ergebnis der Aktion war jedoch niederschlagend und besiegelte das vorübergehende Ende des Arbeitsausschusses.[283] Erst im Februar 1965, nunmehr unter dem Vorsitz von Hamburgs ehemaligem Bürgermeister und Sozialdemokraten Max Brauer, trat er erneut an Kogon heran, um sich seiner Unterstützung zu vergewissern und zu erfragen, ob das Interesse zur Teilnahme an weiteren gemeinsamen Aktionen bestünde. Man sei nach wie vor der Ansicht, dass die gegenwärtigen Schwierigkeiten die gleichen seien wie vor sieben Jahren und ein Aktivwerden erforderten.[284] Eine Reaktion von Kogon ist nicht überliefert. Es steht zu vermuten,

---

278 Eugen Kogon: Bericht am 19.06.1958 an die Frankfurter Stadtverordnetenversammlung, in: Michael Kogon/Gottfried Erb (Hrsg.): Eugen Kogon. „Dieses merkwürdige, wichtige Leben". Begegnungen. Band 6 der Gesammelten Schriften, Weinheim 1997, S. 157–158, hier S. 158, erstmals veröffentlicht in: Mitteilungen der Stadtverwaltung Frankfurt a. M. 12.07.1958.
279 Vgl. Wolfrum: Die geglückte Demokratie, S. 141–143.
280 Vgl. Rupp: Außerparlamentarische Opposition in der Ära Adenauer: Der Kampf gegen die Atombewaffnung in den fünfziger Jahren, S. 214 f.
281 Vgl. Winkler: Der lange Weg nach Westen, S. 182 f.
282 Vgl. Rupp: Außerparlamentarische Opposition in der Ära Adenauer: Der Kampf gegen die Atombewaffnung in den fünfziger Jahren, S. 220.
283 Vgl. ebenda, S. 232.
284 Vgl. AdsD, Nl Eugen Kogon, Sig. 211, Arbeitsausschuss Kampf dem Atomtod an Eugen Kogon, 16.02.1965.

dass Kogon diese Problematik 1965 nicht mehr als vorrangig ansah und deshalb auf eine aktive Teilnahme verzichtete.

8 Beziehungen zu Adenauer

Es konnte bereits gezeigt werden, dass Ambivalenz das Verhältnis von Kogon zu Adenauer prägte. Im Folgenden sollen noch einmal gesondert die Beziehungslinien zwischen beiden untersucht werden. Wichtig für die Analyse ist, dass das Pressewesen der 1950er Jahre von einem „Konsensjournalismus" geprägt war, der auf einem westdeutschen Burgfrieden beruhte. Mit dem Hinweis auf die Bedrohung durch den Kommunismus und eine erforderliche einheitliche Linie gegenüber den Westmächten rechtfertigten es Regierungen unter Adenauer, die Bewegungsspielräume von Akteuren im Mediengeschehen einzuschränken. Dazu gehörte auch eine schwache Informationspolitik seitens staatlicher Stellen sowie obrigkeitliche Versuche, Medien zu kontrollieren. Adenauer war in den Massenmedien der 1950er Jahre sehr präsent, auch weil er ausgewählte Journalisten umwarb und es ihm gelang, eine Beziehung zu ihnen aufzubauen. Im Rahmen von „Teegesprächen" mit handverlesener Gästeliste gab er den Anwesenden einen Einblick in das Regierungsgeschehen und vermied auf diese Weise Pressekonferenzen und die mit ihnen verbundenen unkalkulierbaren Fragen.[285]

„Besonders Konrad Adenauer zeigte sich überaus geschickt darin, die Presse mehrheitlich auf einen regierungsloyalen Kurs zu verpflichten und zur medialen Absicherung seine Politik heranzuziehen", so Marcus M. Payk.[286] Adenauers Rundfunkpolitik charakterisiert Otfried Jarren:

> „Massive staatliche und parteipolitische Durchgriffsversuche auf das Mediensystem zeigten sich insbesondere bei den Plänen von Bundeskanzler Adenauer, ein regierungsnahes Fernsehen in der Republik zu etablieren – ein Ansinnen, das erst 1961 vom Bundesverfassungsgesetz gestoppt wurde. [...] Die Ängste vor politischen Einflußnahmeversuchen in Journalistenkreisen waren begründet, denn die Bundesregierung unter Konrad Adenauer nahm wiederholt direkt und indirekt Einfluß auf Nachrichtenagenturen (z. B. dpa), den Rundfunk (z. B. Projekt ‚Regie-

---

[285] Vgl. hierzu Hodenberg: Die Journalisten und der Aufbruch zur kritischen Öffentlichkeit, S. 295–296.
[286] Marcus M. Payk: „... die Herren fügen sich nicht; sie sind schwierig.". Gemeinschaftsdenken, Generationenkonflikte und die Dynamisierung des Politischen in der konservativen Presse der 1950er und 1960er Jahre, in: Franz-Werner Kersting/Jürgen Reulecke/Hans-Ulrich Thamer (Hrsg.): Die zweite Gründung der Bundesrepublik. Generationswechsel und intellektuelle Wortergreifungen 1955–1975, Stuttgart 2010, S. 43–68, hier S. 45.

rungsfernsehen') oder auf die Presse (z. B. über das Presse- und Informationsamt der Bundesregierung)."[287]

Zur Bundestagswahl 1953 hatte Adenauer eine ausgesprochen starke Position und fand die öffentliche Meinung zu weiten Teilen hinter sich.[288] Wie bereits gezeigt, hat Kogon die Europapolitik Adenauers bis zum Scheitern der Europäischen Verteidigungsgemeinschaft im Wesentlichen unterstützt. Nach dieser Wahl, die ein Erfolg für die CDU/CSU war, notierte Kogon zufrieden:

> „Niemand in Deutschland und in der Welt hat erwartet, daß von den 33 Millionen Wahlberechtigten der Bundesrepublik 28 Millionen [...] so eingreifen und eine Antwort geben würden, wie sie erfolgt ist. ‚Der Würfel, der entscheidet, liegt, er liegt', und bekennen, daß sie verloren haben, müssen alle Gegner der Europa-Politik des Bundeskanzlers. Er hat einen Auftrag und eine Vollmacht erhalten, wie sie klarer kaum gegeben werden konnten, auf dem eingeschlagenen Wege unberührt fortzufahren, und das heißt: Politik des Wohlstandes mit den bisherigen Methoden [sic!], Europäische Gemeinschaft, Verhandlungen mit der Sowjet-Union, um Deutschland friedlich wiederzuvereinen [...]."[289]

Diese starke Parteinahme kann nur erstaunen, wenn berücksichtigt wird, dass es wenige Jahre vor dieser Bundestagswahl eine scharfe Auseinandersetzung zwischen Adenauer und Kogon gegeben hatte. 1950 erschien in den *Frankfurter Heften* Kogons Aufsatz „Das Ende der Flitterwochen in Bonn" – gemeint war die im September des vorherigen Jahres gebildete Koalition aus CDU, FDP und DP. In diesem Beitrag schrieb Kogon:

> „Er [Adenauer] ist ein großer Taktiker, wenngleich die Hälfte seiner Schlauheit aus den Unklugheiten seiner Gegner stammt und den Fehlern, Schwächen, Mündigkeiten, Unterlassungen, Rücksichtnahmen und der Arbeitsüberlastung seiner Nicht-Freunde ... Er wird daher an der Macht bleiben. [...] Wohin wird sich die junge westdeutsche Republik unter seiner – wie schwer fällt mir hier das Wort – christlichen, autoritären Restaurationsregierung entwickeln?"[290]

Als sich Kogon in dieser Weise zu Adenauer äußerte, verloren die *Frankfurter Hefte* mehr als tausend Abonnenten, die mit einer derart kritischen Perspektive nicht einverstanden waren.[291] Zudem holte der Angegriffene zum Gegenschlag aus und veranlasste, dass der stellvertretende Ressortchef für die Außenpolitik des *Rheinischen Merkurs*, Rudolf Woller, einen wenig schmeichelhaften Lebenslauf von Kogon veröf-

---

287 Otfried Jarren: Medien und Kommunikation in den 50er Jahren, in: Axel Schildt/Arnold Sywottek (Hrsg.): Modernisierung im Wiederaufbau. Die deutsche Gesellschaft der 50er Jahre, Berlin 1993, S. 433–438, hier S. 436.
288 Vgl. Winkler: Der lange Weg nach Westen, S. 161.
289 Kogon: „Der Würfel, der entscheidet, liegt ...", S. 742.
290 Eugen Kogon: Das Ende der Flitterwochen in Bonn, in: FH 5 (1950), H. 3, S. 225–228.
291 Vgl. Kogon: „Der Würfel, der entscheidet, liegt ...", S. 741.

fentlichte. In den Akten des Bundeskanzleramts findet sich eine Aktennotiz unbekannten Verfassers an Ministerialdirektor Brand. In dieser heißt es:

„Es wird Ihnen bekannt sein, dass vor geraumer Zeit Herr Dr. Kogon in seinen *Frankfurter Heften* einen hässlichen Angriff gegen die Bundesregierung und den Herrn Bundeskanzler gestartet hatte. Der Artikel nannte sich ‚Bonner Flitterwochen‘, soviel ich mich erinnere. Der Herr Bundeskanzler hatte sich mit mir über diesen Artikel unterhalten und dabei geäußert, es sei zu begrüssen, wenn man gegen Herrn Kogon etwas unternehmen könnte. Es war mir möglich, durch einen Informationsdienst Dr. Kogon angreifen zu lassen, dass sein etwas zweifelhafter politischer Lebenslauf veröffentlicht wurde, der keineswegs immer gegen die Nazis gerichtet war."[292]

Da dieser Lebenslauf mit dem Titel „Die blinde Eifersucht" einen Teil aller Vorurteile und Ressentiments, die Teile der bundesdeutschen Öffentlichkeit gegen Kogon hegten, kondensiert, lohnt sich eine ausführliche Zitation des Textes:

„Die deutschen Situation der letzten Monate birgt für den Kritiker – gleichviel welcher Parteirichtung er angehört – eine Unmenge Ansatzpunkte. Man braucht beispielsweise als ‚Neutraler‘ nur die Regierungspolitik aus dem Gesichtswinkel der Opposition zu betrachten, seinem Wortschwall einen brillierenden Stil zu verleihen, um des Publikumserfolges gewiß zu sein. So Dr. Eugen Kogon in seinem Artikel ‚Das Ende der Flitterwochen in Bonn‘, einem [sic!] seiner Temperamentsäußerungen in den *Frankfurter Heften*. Er untersucht sogenannte ‚Zusammenhänge‘, spannt die unmöglichsten Ereignisse in der deutschen Politik vor den Wagen seiner Kritik, [sic!] und entwirft ein traurig-düsteres Bild des Bundeskanzlers, den er mit ‚prophetischem Blick‘ und ‚bestechender Beweisführung‘ als den geborenen Verschwörer gegen die deutsche Demokratie entlarvt. [...]
Der Name Kogon ist nichts anderes als die russische Fassung von Cohn. Eugen Kogon ist nach Äußerungen Walter Ferbers ein Findelkind (seine Mutter war eine russische Studentin der Münchener Universität). So wächst Kogon in der Familie des Münchener Bankdirektors Lang auf und absolviert, bevor er sich dem Studium der Nationalökonomie widmet, zwei Klosterschulen in Niederbayern und Oldenburg. Italien ist seine erste Auslandsstation, wo er in Florenz den Faschismus studiert. Demgemäß auch sein publizistisches Debüt: eine positive Würdigung des faschistischen Korporativismus in der Zeitschrift *Hochland*. Der Erfolg: Eberle beruft ihn als Wirtschaftsredakteur an die *Schönere Zukunft*. Inzwischen hatte Kogon bei Othmar Spann promoviert und wird zum bedeutendsten publizistischen Vorkämpfer dessen Ständestaats-Idee faschistischer Prägung. Ende 1932 wechselt er als Chefredakteur zur christlich-gewerkschaftlichen *Neuen Zeitung* in Wien über, wo er aber bei seinen Bemühungen, die christlichen Gewerkschafter für seinen Kurs zu begeistern, wenig Gegenliebe findet. Als er sich auch noch zum Propagandisten Papens macht – er wird ein enger Mitarbeiter Emil Ritters und dessen ‚Kreuz und Adler‘-Kreises – verlassen die christlichen Gewerkschafter seine Zeitung, die daraufhin die Rolle eines Vermittlers zwischen den Nationalsozialisten und den Heimwehren zu übernehmen sucht. Im Januar 1934 gründet Kogon den *Österreichischen Beobachter*, eine ‚christliche‘ Zeitung, der er trotz seines jüdischen Namens – eine stark antisemitische und pro-

---

[292] BArch Koblenz, Akten des Bundeskanzleramts, Sig. B 136/20693, Schreiben an Herrn Ministerialdirektor Dr. Brand, 17.06.1950.

nationalsozialistische Tendenz gibt. Seine Leitartikel plädieren für die Idee eines ‚Weltfaschismus'. [...]
Er wird Direktor eines Wiener Bankhauses und Vermögensverwalter des ungarischen Magnaten Dr. Philipp Josias Erbprinz von Koburg-Gotha-Kohary. Auf einer Deutschlandreise wird Bankdirektor Kogon wegen einer Devisenangelegenheit verhaftet und dabei mißhandelt. Dies scheinbar bewirkte seine Abkehr vom Faschismus, und nach seiner Rückkehr nach Wien finden wir ihn im Lager der Legitimisten [sic!]. Als solcher wird er 1938 beim deutschen Einmarsch nach mißglückter Flucht an der tschechischen Grenze verhaftet und später in das Konzentrationslager Buchenwald verbracht. Und hier – so scheint es – vollzieht sich in ihm wieder einmal eine Wandlung: diesmal vom österreichischen Konservativen zum deutschen Linkskatholiken. Jedenfalls finden wir ihn nach seiner Befreiung durch die Amerikaner überraschenderweise im Kreis um Walter Dirks und [den deutschen Verleger] Josef Knecht.
Es ist wohl kaum anzunehmen, daß Kogon den amerikanischen Presse-Offizieren gegenüber, denen er die Lizenz für seine Zeitschrift verdankt, in puncto Vergangenheit – insbesondere soweit sie antisemitisch und pronationalsozialistisch war – als Offenheitsfanatiker aufgetreten ist. Und seinen neuen politischen Freunden mag er sich wohl nach dem Grundsatz vorgestellt haben: Laß die Linke nie wissen, was du mit der Rechten einmal tatest! Indes: Kogon erkämpfte sich seinen Platz an der Sonne.
Es dürfte schwer sein, in einem solche kurvenreichen politischen Lebenslauf, den kein ‚Recht auf politischen Irrtum' (Kogon in den *Frankfurter Heften*!) wieder geradebiegen kann, noch eine Konstante zu finden, – es sei denn: der Ehrgeiz. Die *Frankfurter Hefte* waren ihm nie etwas anderes,[sic!] als ein Instrument seines intellektuellen Geltungsdranges. Und so überrascht uns nicht, daß sie bisher noch keine konstruktive Idee vorgetragen haben; ihr ‚Sozialismus aus christlicher Verantwortung' ist nichts weiter als ein sozialbegrifflicher – und dazu noch synthetischer – Kautschuk. Vielleicht will sich Kogon nicht zu stark binden, – bei weiteren ‚Wandlungen' könnte dies hinderlich wirken. Man kann ihn vielleicht am besten klassifizieren, wenn man ihn jenen zurechnet, die sich vor Fanatismus – gleichviel ob pro oder contra – Schaum vor den Mund reden, – in Wirklichkeit aber weder irgendeine Idee noch sich selbst als Politiker ernst nehmen. Kogon geht es nicht um eine Idee, ihm geht es nicht einmal um die Macht, als typischem intellektuellen Spieler geht es ihm nur um den Reiz des Publizistisch-Außergewöhnlichen.
Daß Kogon jederzeit bereit ist, die Grenzen des politischen Anstandes zu überschreiten, das hat sein völlig unsachlicher Artikel gegen Adenauer bewiesen. Er scheint aber auch den menschlichen Anstand nicht sehr hoch zu schätzen. So lesen wir in der gleichen Nummer der *Frankfurter Hefte* folgenden Nachruf auf den verstorbenen Herausgeber der katholischen Wochenzeitung *Rheinischer Merkur*:
‚Dr. Franz Kramer ist am 12. Februar, 50 Jahre alt, an einem Schlaganfall gestorben. Er war ein kranker Mann, voll von Mißtrauen und schnell aufgeregt. Seine beständigen Angriffe auf die *Frankfurter Hefte* nicht mit voller Wucht beantwortet zu haben, ist uns heute doppelt recht. Nun weiß er besser, wie fragwürdig es ist, in allen christlichen und weltlichen Dingen sich gegen andere immer und absolut im Recht zu wissen. Und wir sind ärmer daran als er, weil uns nach wie vor die Schleier menschlichen Irrtums die Sicht verhüllen, vielleicht gerade da, wo wir die Zusammengänge besonders klar zu durchschauen meinen. (Was gewiß nicht heißt, daß der Mensch Ansichten, die er vernünftig begründen kann, schwächlich vertreten soll, sondern: Man soll denn Kopf nicht höher halten, als der Überblick es erfordert.)'
Für diese blamable Entgleisung eines deutschen Schriftstellers, der schon mit vielen geistreichen Veröffentlichungen über das Ethos des christlichen Publizisten hervorgetreten ist, gibt es wohl keinen anderen psychologischen Grund,[sic!] als den einer maßlosen Eifersucht. Ist doch der von Kramer gegründete *Rheinische Merkur* die nach Inhalt und Form mit Abstand bedeu-

tendste christliche Wochenzeitung Deutschlands. Und eines steht fest: wer als angeblich christlicher Publizist einen jäh verschiedenen bedeutenden christlichen Kollegen in einem Nachruf noch geistig ‚umlegen' will, hat sich selbst aus der Reihe der anständigen Publizisten ausgeschlossen."[293]

Dieser pamphletische Beitrag im christlich-konservativen *Rheinischen Merkur* enthielt Wahres und Falsches. Von eher geringerem Gewicht sind Fehlinformationen und Unterstellungen, wie dass Kogon jemals als Bankdirektor tätig gewesen sei – er arbeitete lediglich als Prokurist des Bankhauses Hübner und Co. Auch war er kein Findelkind, sondern wurde unehelich in München geboren und von seiner Mutter in Pflege gegeben, die noch einige Monate bei ihm blieb, bevor sie nach Genf verzog. Ferner wuchs Kogon nicht in der Familie des Münchner Bankdirektors Lang auf, sondern bei seiner Pflegemutter Cäcilie Heuberger, die ihn nach ihrer Verheiratung ins Internat geben musste. Die Ausführungen zu Franz Kramer erschienen in den *Frankfurter Heften* nicht als Nachruf, sondern als eine Mitteilung, die Kogon nicht namentlich gezeichnet hat.[294]

Schwerwiegender und nicht von der Hand zu weisen sind die teilweise zutreffenden Hinweise auf Kogons Publizistik in der Zwischenkriegszeit. So hat er als Redakteur der *Schöneren Zukunft* in der Tat Beiträge vorgelegt, in denen er die NSDAP verharmloste und einer Öffnung des politischen Katholizismus zum Nationalsozialismus das Wort redete. Ende 1932 wechselte er zur *Neuen Zeitung*, in der er rasch zum Chefredakteur, Herausgeber und Geschäftsführer aufstieg.[295] Als die Zeitung ein knappes Jahr später in Österreich verboten wurde, protestierte Kogon in einem Brief an das Bundeskanzleramt mit der Erklärung, es handele sich bei dem Blatt um ein „katholisch-faschistisch-antisemitische[s]", das sich zu einem unabhängigen österreichischen Staat bekenne. Das gleiche Schicksal ereilte die Zeitschrift, die Kogon danach herausgab, den *Österreichischen Beobachter*, der bald wegen „nationalsozialistischer Umtriebe" verboten wurde.[296] Dennoch – und das unterschlägt Wollers Lebenslauf – war Kogon selbst zu keinem Zeitpunkt Nationalsozialist. Jedoch unterlag er wie Franz von Papen der fatalen Fehleinschätzung, dass Teile aus Hitlers Partei sich in einem rechtskonservativen Bündnis bändigen ließen und der politische Katholizismus in einer derartigen Koalition richtungsweisend sein könnte.[297] Nach dem Röhm-Putsch, der ihm den verbrecherischen Charakter des NS-Regimes klar-

---

293 BArch Koblenz, Akten des Bundeskanzleramts, Sig. B 136/20693, Rudolf Woller: Die blinde Eifersucht.
294 Diese Richtigstellungen stammen von Michael Kogon, E-Mail vom 07.12.2017.
295 Vgl. Prümm: Walter Dirks und Eugen Kogon als katholische Publizisten der Weimarer Republik, S. 127, 367.
296 Alle Zitate nach ebenda, S. 367 f.
297 Vgl. ebenda, S. 122.

machte, unterstützte er den konspirativen Widerstand gegen den Nationalsozialismus.[298]

Davon unabhängig zeigte der Beitrag im *Rheinischen Merkur* anscheinend Wirkung. 1950 heißt es in einer Aktennotiz des Bundeskanzleramts, dass Kogon in seinen Stellungnahmen zur Bundesregierung eine „hörbare Schwenkung" vollzogen habe, der einige juristische Drohgebärden vorausgegangen seien:[299]

> „Nach der Versendung des Kogon angreifenden Informationsdienstes hatte Kogon dem verantwortlichen Herrn dieses Dienstes Beleidigungsklage angedroht. Da sie finanziell nicht in der Lage gewesen wären, ein längeres Gerichtsverfahren durchzustehen, während Kogon ohne Schwierigkeiten alle finanziellen Möglichkeiten gehabt hätte, seinen Gegenangriff zu starten, habe ich nach Rücksprache mit dem Herrn Bundeskanzler den betreffenden Herren erklärt, dass sie insoweit mit einer finanziellen Unterstützung rechnen könnten. Der Erfolg war, dass sie Kogon gegenüber fest blieben und Kogon tatsächlich sich zurückziehen musste."[300]

Weder in der zweiten Hälfte der 1950er und noch seltener den frühen 1960er Jahren schlug Kogon einen milderen Ton gegenüber Adenauer an, dessen Stil er nun als eine „Mischung aus Tüchtigkeit, Pfiffigkeit, biedermännischer Provinzialität mit Weltläufigkeitsanstrich und kulturchristlichen Abendlandprinzipien [charakterisierte]. Verpönt Ideen und Experimente in einer Zeit, die nichts dringender nötig gehabt hätte."[301] Nach Adenauers Rücktritt konstatierte Kogon, dass der „patriarchalische Herrschaftsstil" des ehemaligen Bundeskanzlers weltweit von den einen mit „wohlwollendem Schmunzeln", von anderen „mit ohnmächtigem Ärger" – hingenommen wurde.[302] Auch Adenauers Nachfolger Ludwig Erhard und insbesondere sein Konzept einer „Formierten Gesellschaft" sah Kogon kritisch. In seinem Aufsatz mit dem bezeichnenden Titel „Der Ausbau des autoritären Leistungsstaates" aus dem Jahr 1966 führt er aus, dass sich Erhards Konzept mitnichten selbst erkläre, da es eine formlose Gesellschaft nicht gebe. Die Bedeutung dieser Vorstellung erschließe sich erst nach der Lektüre der Schriften, auf denen es fuße – vor allem auf den Vorstellungen des Publizisten und christdemokratischen Kanzlerberaters Rüdiger Altmann. Ziel der Überlegungen sei es, die gesellschaftlichen Realitäten in der Bun-

---

298 Vgl. ITS Archive, Bad Arolsen, Sig. 1.2.3.1/12218359 in Archivnummer 4530, Gestapo Frankfurt Personalakte Kogon, 18.03.1938.
299 BArch Koblenz, Akten des Bundeskanzleramts, Sig. B 136/20693, Schreiben an Herrn Ministerialdirektor Dr. Brand, 17.06.1950.
300 Ebenda.
301 Kogon, Eugen: Verteidigung unserer Möglichkeiten, in: Erich Kuby (Hrsg.): Franz Josef Strauß. Ein Typus unserer Zeit, Wien 1963, S. 315–380, hier S. 347.
302 Kogon, Eugen: Der Ausbau des autoritären Leistungsstaates in der Bundesrepublik, in: Michael Kogon/Gottfried Erb (Hrsg.): Eugen Kogon. Die restaurative Republik. Zur Geschichte der Bundesrepublik Deutschland. Band 3 der Gesammelten Schriften, Weinheim 1996, S. 135–148, hier S. 136, erstmals veröffentlicht in: FH 24 (1969).

desrepublik Deutschland den Zielvorstellungen der Unternehmerschaft anzugleichen.[303]

Insgesamt unterhielt Kogon in den 1960er Jahren ein kritisches Verhältnis zur CDU/CSU, die über die Kombination von „Kapital und Waffen" hinaus keine „existenzbedeutende Vorstellung" entwickelt habe.[304] Ludwig Pesch konstatierte bereits 1964 in der für die Konrad-Adenauer-Stiftung herausgegebenen Zeitschrift *Die politische Meinung*, dass das Verhältnis zwischen „den" Intellektuellen der Bundesrepublik und der Union miserabel sei.[305]

Doch insbesondere in den Jahren, in denen Schumacher SPD-Fraktionsvorsitzender war, zeigen Kogons Publikationen, dass ihm eine Koalition aus bürgerlichen Parteien schließlich doch lieber war als die Sozialdemokratie in alleiniger Regierungsverantwortung.[306] Kurt Schumacher vertrat die Position, dass Deutschland erst als eine staatliche, nationale und wirtschaftliche Einheit Teil der europäischen Gemeinschaft werden sollte.[307] Kogon kommentierte diese Politik 1953:

> „So gut wie jedermann in Deutschland, der überhaupt für eine Politik der europäischen Einigung ist, hätte es seit langem lieber gesehen, wenn das Nein der SPD den Sinn gehabt hätte, Korrekturen zum Besseren herbeizuführen, statt auf das Ganze abzuzielen, bis in ihrem Programm allmählich nur mehr ein vager, illusionistischer und daher unglaubwürdiger Deklarationswert übrigblieb. Sich jetzt aber hinzustellen und unter keinen Umständen mehr mittun zu wollen, weil doch erwiesen sei, daß ein ‚vatikanisch-reaktionäres' Europa zustandekomme, hieße nicht bloß, die klar erwiesene aktive Teilnahme weiter evangelischer und liberaler Kreise nicht sehen zu wollen, sondern in der politischen Sünde zu verharren, die Solidarität des freien sozialistischen Internationalismus und einen sozial zu sichernden Wohlstand Europas fernerhin einer Alternative zu opfern, die so nationalistisch wie selbstmörderisch ist."[308]

Die Sozialdemokratie unter dem Partei- und Fraktionsvorsitzenden Erich Ollenhauer konnte Intellektuelle und Künstler kaum dazu motivieren, sich für die Arbeiterpartei stark zu machen. Dennoch wuchs die Überzeugung aufseiten der geistig Tätigen, dass ein Regierungswechsel notwendig wurde, je länger Adenauer die Regierungsgewalt innehatte. Infolgedessen erschien anlässlich der Wahlkämpfe auf Bundesebene 1961 *Die Alternative oder Brauchen wir eine neue Regierung?*, das die Sozialdemokraten als das „geringere Übel" empfahl und zum Bestseller wurde, oder *Plädo-*

---

303 Vgl. ebenda, S. 143.
304 Ebenda, S. 142.
305 Vgl. Pesch, Ludwig: Die CDU und die Intellektuellen. Für eine konstruktive Kulturpolitik, in: Die politische Meinung, 1964, S. 61–66, hier S. 63.
306 Vgl. Ewald: Die gescheiterte Republik, S. 192.
307 Detlef Rogosch: Sozialdemokratie zwischen nationaler Orientierung und Westintegration 1945–1957, in: Mareike König/Matthias Schulz (Hrsg.): Die Bundesrepublik Deutschland und die europäische Einigung 1949–2000. Politische Akteure, gesellschaftliche Kräfte und internationale Erfahrungen. Festschrift für Wolf D. Gruner zum 60. Geburtstag, Wiesbaden 2004, S. 287–310, hier S. 290.
308 Kogon: „Der Würfel, der entscheidet, liegt ...", S. 743 f.

yer für einen neue Regierung oder Keine Alternative, das sich 1965 weniger für die Inhalte sozialdemokratischer Politik aussprach als vielmehr für einen Wechsel an der bundespolitischen Führungsspitze.[309] Wenngleich Kogon keinen eigenen Beitrag zu diesen Sammelbänden beisteuerte, prägte sein Verhältnis zur Bonner Sozialdemokratie in den 1960er Jahren ein Annäherungsprozess, der im Kapitel VI.1 in den Fokus gerückt wird.

---

309 Vgl. Möhrchen: Sozialdemokratie und Intellektuelle seit 1945: eine komplizierte Beziehung, S. 139.

IV Hochschullehrer in den 1950er Jahren

1 Aufbau der Politikwissenschaften

„Ich bin kein Fußnotenkämpfer, ich möchte mich nicht in dem erschöpfen, was heute vielfach an den Universitäten betrieben wird, und ich kann mir das nicht mehr leisten bei den vielen Tätigkeiten, die ich sonst ausübe, besonders auch für die Zeitschrift."[1]

Keines von Kogons Lebensbildern kommt umhin, deutlich zu machen, dass er Professor für Politikwissenschaften war, – einer der „Gründungsväter der Disziplin".[2] Gern zitiert wird auch der ehemalige Präsident der TU Darmstadt, Johann-Dietrich Wörner, welcher über Kogon sagte: „Er hat das moralische Gewissen der Universität bis heute geprägt." Die Hochschule sei sein Arkadien gewesen, führte Kogons Darmstädter Assistent Ernst-Otto Czempiel in einem Artikel aus, in dem er Kogon zu seinem 100. Geburtstag würdigte.[3] Hinter diesen vielen würdigenden und selten kritisch fragenden Lebensbildern werden Kogons Meriten als Politikwissenschaftler und Hochschullehrer nicht erkennbar. Was hat Kogon konkret gelehrt, gründete er eine eigene Schule, welche Position nimmt er unter anderen Politikwissenschaftlern ein und wo liegen seine tatsächlichen Verdienste für die Disziplin? Diese Leitfragen stehen im Vordergrund des folgenden Kapitels, um ein schärferes, valides und auf Quellen basierendes Bild des Politikwissenschaftlers Kogon zu zeigen.

Die Politikwissenschaften als solche blicken in der Bundesrepublik auf eine vergleichsweise kurze Geschichte zurück. Ihre Gründungsväter hoben sie nach dem Zweiten Weltkrieg aus der Taufe, um die Demokratie in den westdeutschen Besatzungszonen zu festigen und radikalen Tendenzen jedweder Couleur zu begegnen. Dieser Aufgabe schienen die Geschichts- oder Rechtswissenschaften kaum gewachsen zu sein, da sie schon in der ersten deutschen Republik nicht gegen die politischen Radikalisierungstendenzen Position bezogen, sondern sich eher durch eine demokratiekritische Interpretation des Zeitgeschehens hervorgetan hatten. Gleichwohl griff die neugegründete „Wissenschaft von der Politik" auf die Erkenntnisse und Traditionen dieser benachbarten Disziplinen zurück. Der Startschuss für die Politologie fiel auf der Konferenz „Einführung der Politischen Wissenschaften an den deutschen Universitäten und Hochschulen", die am 10. und 11. September 1949 im südhessischen Waldleiningen stattfand. Anwesend waren 99 Männer (Frauen waren

---

[1] Eugen Kogon zu Erwin Stein, als dieser ihm in Aussicht stellte, als Professor nach Frankfurt berufen zu werden. Eugen Kogon: Die Professur, in: Michael Kogon/Gottfried Erb (Hrsg.): Eugen Kogon. „Dieses merkwürdige, wichtige Leben". Begegnungen. Band 6 der Gesammelten Schriften, Weinheim 1997, S. 136–138.
[2] Ansgar Lange: Eugen Kogon als christlicher Publizist, in: Die neue Ordnung 58 (2004), H. 3, S. 225–238, hier S. 225.
[3] Vgl. Ernst-Otto Czempiel: Demokrat und Europäer, https://www.nzz.ch/article8MW5T-1.207414.

keine zugegen), vor allem Repräsentanten der amerikanischen Besatzungsmacht, der Präsident der International Political Science Association (IPSA), Vertreter deutscher Kultusbehörden und der Universitäten.[4] Auch Kogon war dabei und traf bei dieser Veranstaltung auf Persönlichkeiten, mit denen er für den Rest seines Berufslebens in Kontakt stehen sollte. So kamen aus Hessen, dem Bundesland, dessen Repräsentanten auf dieser Tagung quantitativ am stärksten vertreten waren, Erwin Stein, Georg-August Zinn, Helene von Bila und Hermann Brill. Aus anderen Bundesländern waren anwesend: Dolf Sternberger (Heidelberg), Theodor Eschenburg (Tübingen), Wolfgang Abendroth (Wilhelmshaven) und Otto Suhr (Berlin).

Eugen Kogon stellte bei dieser Zusammenkunft seine Positionen deutlich heraus und nahm durchweg die Zielsetzung der Veranstaltung, eine neue Wissenschaft zu begründen, gegen die Vorbehalte zahlreicher Kritiker in Schutz.[5] Sein Redebeitrag auf dieser Konferenz hat programmatischen Charakter für seine spätere Lehre, so dass es gerechtfertigt scheint, die zentralen Passagen der Wortmeldung in voller Länge zu zitieren:

> „Wir wurden gefragt, welches die besonderen Methoden dieser Wissenschaft seien. Generell möchte ich sagen, ‚Political Science' beschreibt, sie analysiert und sie hat eine vergleichende, normative Kritik. Ich meine, daß sich dabei einige Gemeinsamkeiten zeigen können, und das ist ein nützlicher Beitrag zu zeigen, daß selbst in den extremsten Erscheinungen noch gemeinsame Dinge sind. Ich bin der Überzeugung, daß sich das herausstellt. Lassen Sie, bitte, dieser jungen, in Deutschland noch nicht geborenen, in anderen Ländern mächtig entwickelten Wissenschaft unseren Methodenstreit. Warum sollten wir nicht berechtigt sein, über unsere Methoden zu streiten, wie andere Wissenschaften es seit zweitausend Jahren und noch immer tun? Das wird bleiben. Generell scheint mir die Methode der ‚Political Science' induktiv zu sein. Sie wird ergänzt, wie mir scheint, durch eine gewisse, ich möchte sagen, sozial-experimentielle Methode. Nun zu dem Erkenntnisziel. Das Erkenntnisziel ist klar, nämlich das allgemeine Wohl. Die politische Wissenschaft ist mehr als nur eine Erkenntniswissenschaft. Sie mündet, meines Erachtens, in einer Art Klugheitslehre."[6]

Dieser Beitrag war entscheidend, weil Kogon ein zentrales Argument der Kritiker entkräftete: Dass die verschiedenen Vertreter der Politikwissenschaften in unterschiedliche Richtungen strebten und sich kaum auf eine gemeinsame Methode einigen konnten. Es blieben jedoch Zweifler, die den Aufbau der neuen Forschungsrichtung zwar nicht verhindern konnten, die jedoch dafür sorgten, dass sich die Politikwissenschaften in den 1950er Jahren nur langsam und zögerlich etablieren konnten. Reaktionäre Kräfte, vor allem die Rektoren der Universitäten, hatten Vorbehalte und fürchteten, dass ihnen eine Wissenschaft aufgezwungen werde, deren

---

4 Vgl. Bleek: Geschichte der Politikwissenschaft in Deutschland, S. 266.
5 Vgl. Institut zur Förderung Öffentlicher Angelegenheiten e. V. (Hrsg.): Politische Erziehung und Bildung in Deutschland. Ein Bericht über die Konferenz von Waldleiningen 1949, Frankfurt a. M. 1950.
6 Ebenda, S. 93 f.

Ausrichtung sie nicht näher kannten.[7] Eine gewisse Skepsis beruhte auch auf dem amerikanischen Ursprung dieser Forschungsrichtung, so dass ihr Aufbau in manchen akademischen Kreisen als eine weitere aufoktroyierte Erziehungsmaßnahme wahrgenommen wurde.[8] Zudem fürchteten verwandte Disziplinen wie die Geschichtswissenschaften um ihre Pfründe.

Richtig ist, dass die amerikanische Besatzungsmacht in den späten 1940er und in den 1950er Jahren den Aufbau der Politikwissenschaften in der Bundesrepublik nachhaltig gefördert hat, weil sie sich davon erhoffte, die demokratische Idee auf deutschem Boden stärken zu können.[9] So waren alle Gründungsväter auch Persönlichkeiten, an deren Gegnerschaft zum Nationalsozialismus kein Zweifel bestehen konnte. Kogons lange Konzentrationslagerhaft belegt diese Beobachtung nachdrücklich. Seine Mitstreiter waren u. a. Ernst Fraenkel, Franz Neumann, Ossip Flechtheim, Richard Löwenthal, Arnold Bergstraesser und Eric Voegelin, die den Nationalsozialismus im Exil überlebt hatten.[10] Wolfgang Abendroth war im Widerstand aktiv. Diese Politikwissenschaftler der ersten Stunde einte das Bestreben, die Demokratie auf deutschem Boden zu stärken.

Nach der Befreiung aus dem Konzentrationslager Buchenwald hatte die amerikanische Besatzungsmacht Kogon beauftragt, einen Bericht über das System der deutschen Konzentrationslager zu schreiben und so einen Beitrag zum „Reeducation"-Programm zu leisten.[11] Kogons Engagement für den Aufbau der Politikwissenschaften ging in die gleiche Stoßrichtung. Die Amerikaner trieben den Demokratisierungsprozess nicht alleine voran, sondern arbeiteten vielmehr mit Deutschstämmigen zusammen, deren „politische Zuverlässigkeit" für sie außer Frage stand. Dazu gehörten neben Kogon auch andere aktive Gegner des Nationalsozialismus, wie der hessische Staatssekretär Hermann Brill, der Bundestagsabgeordnete Ludwig Bergsträsser und der Hessische Minister für Erziehung und Volksbildung – so die damalige Amtsbezeichnung des Kultusministers – Erwin Stein. Diese Persönlichkeiten sollten bedeutende Protagonisten der westdeutschen Politikwissenschaften und langjährige politische Weggefährten Kogons werden.

Nachdem die Expansion der Politikwissenschaften in der 1950er Jahren nur langsam voranschritt, erlebte sie seit den frühen 1960er Jahren einen wahren Boom. Zahlreiche Universitäten wurden gegründet und infolgedessen neue Lehrstühle geschaffen. Von diesen neuen Ressourcen hat die Politikwissenschaft in besonderem

---

7 Vgl. Bleek: Geschichte der Politikwissenschaft in Deutschland, S. 271.
8 Arno Mohr: Politikwissenschaft als Universitätsdisziplin in Deutschland, in: Arno Mohr (Hrsg.): Grundzüge der Politikwissenschaft, Berlin 1997, S. 1–64, hier S. 15.
9 Vgl. Bleek: Geschichte der Politikwissenschaft in Deutschland, S. 275.
10 Vgl. Alfons Söllner: Deutsche Politikwissenschaftler in der Emigration. Studien zu ihrer Akkulturation und Wirkungsgeschichte. Mit einer Bibliographie, Heidelberg 1996, S. 289.
11 Hackett (Hrsg.): Der Buchenwald-Report.

Maße profitiert.[12] Anfang der 1960er Jahre verfügte ein erheblicher Teil der Hochschulen in Westdeutschland nicht über wenigstens einen Lehrstuhl für Politikwissenschaften. Zwar existierten zu dieser Zeit bereits 24 Lehrstühle, jedoch befanden sich zehn davon am Otto-Suhr-Institut in Westberlin. Bis 1965 stieg die bundesweite Zahl auf insgesamt 51 Lehrstühle und nach der Wahl Willy Brandts zum Bundeskanzler und im Zuge des von seiner Regierung forcierten stärkeren bildungspolitischen Engagements auf 133 Professorenstellen bis 1975.[13]

Im Gegensatz zu fast allen anderen wissenschaftlichen Disziplinen hatte die Politikwissenschaft nach Kriegsende kaum Schwierigkeiten mit Personal, das in den Nationalsozialismus verstrickt war. Ihre Protagonisten hatten die Diktatur als Exilanten aus dem Ausland verfolgt oder überlebten diese Jahre in Deutschland, indem sie in die „innere Emigration" gingen.

Da die Politikwissenschaften mit der Gründung der Bundesrepublik einen neuen Anfang nahmen, widmeten sich viele frühe Arbeiten der Negativblaupause des neuentstandenen Staates. Wie keine andere Disziplin in den 1950er Jahren thematisierten die Untersuchungen die Auseinandersetzung mit dem nationalsozialistischen Erbe, den Niedergang der Weimarer Republik sowie den kommunistischen Staatenbereich.[14] Diese Beobachtung deckt sich weitgehend mit den Arbeits- und Themenfeldern, denen sich Kogon in seinen frühen Jahren als Forscher widmete.

Die Protagonisten der jungen Politikwissenschaften hatten ein durchaus unterschiedliches Verständnis ihres Faches. Dabei standen sich vor allem zwei Auffassungen gegenüber: Ein rein empirischer Ansatz, der seine Aufgabe darin sah, lediglich bestehende Verhältnisse und stattfindende Entwicklungen zu untersuchen. Andere Politikwissenschaftler vertraten demgegenüber ein Fachverständnis, das weit darüber hinausging: Neben der reinen Analysearbeit sahen sie ihre Aufgabe auch darin, zu bewerten und der Frage nachzugehen, wie eine „gute Politik" aussehen müsse. Kogon stand in der ersten Reihe der Forscher, die ein weit gefasstes Verständnis ihrer Disziplin vertraten und die sich auch als Politikwissenschaftler jederzeit dazu äußerten, wie aus ihrer Sicht ein sinnvoll gestaltetes Gemeinwesen aussehen solle. Dabei fügten sich seine intellektuellen Interventionen als politischer Publizist und seine didaktischen Bemühungen als Hochschullehrer nahtlos ineinander. Dass es die Aufgabe der Politikwissenschaften sei, den „richtigen" Weg zu weisen und gesellschaftlichen Funktionseliten die Richtlinien eines sinnvoll geordneten Staatswesens nahezubringen, legte Kogon bereits 1949 dar:

---

12 Vgl. Bleek: Geschichte der Politikwissenschaft in Deutschland, S. 309.
13 Vgl. ebenda, S. 313.
14 Vgl. ebenda, S. 289 f.

„Und vor allem kann der Staatsbürger [durch die Politikwissenschaften] lernen, durch Erweiterung seines politischen Wissens besseren Sinn für seine Rechte und Pflichten zu gewinnen. Die geistig führenden Schichten eines Volkes können systematisch ihr Verständnis für die Bedeutung der Politik und die Rolle des Staates entwickeln. Es wird einem Beamten nicht schaden, über die Funktion der Parteien in einer Demokratie Bescheid zu erhalten, damit er nicht länger ‚überparteilich' mit ‚unpolitisch' verwechselt. [...] Der Techniker mag den Zusammenhang zwischen Staatsbankrott, Steuerkraft und wirtschaftlichen Fehlinvestitionen erfahren, damit er den keineswegs isoliert-privatwirtschaftlichen Wert von Erfindungen kritisch beurteilen lernt."[15]

Es sollte sich als ein glücklicher Umstand erweisen, dass Kogon seinen Wohnsitz nach seiner Befreiung aus Buchenwald in Hessen wählte, weil das Kabinett in Wiesbaden in Hinblick auf den Aufbau der Politikwissenschaften früh eine Vorreiterrolle einnahm. Als erstes Bundesland beschloss Hessen 1949, dass drei Lehrstühle für Politikwissenschaften eingerichtet werden sollten. Der Sozialdemokrat Hermann Brill leitete die Arbeit des Ausschusses, welcher diese Aufgabe übernehmen sollte. Brill hatte bereits im Konzentrationslager Buchenwald, wo er in engem Austausch mit Kogon stand, an der Ausarbeitung des *Buchenwalder Manifests für Frieden, Freiheit, Sozialismus* mitgewirkt und bereits in diesem Text die Einführung der Politikwissenschaften befürwortet.[16] Als ein einflussreicher, aber erfolgloser Gegner dieser Pläne trat ein weiterer „Buchenwalder" in Erscheinung: der christdemokratische Finanzminister Werner Hilpert – auch er hatte auf dem Ettersberg viele Gespräche mit Kogon geführt. Ihm erschien der Aufbau von drei Lehrstühlen zu teuer zu sein, die vorhandenen Ressourcen seien uneingeschränkt für die notleidende Bevölkerung einzusetzen.[17]

2 Ruf nach Darmstadt

In der Frage nach der Besetzung des neu eingerichteten Lehrstuhls an der TH Darmstadt kam es zu einem drei Jahre währenden Machtkampf zwischen dem Kultusministerium und der Hochschule, in dessen Mittelpunkt der Einfluss beider Seiten auf die Kandidatenwahl stand. Die sozialdemokratischen Regierungsmitglieder in Wiesbaden hatten dem SPD-Mitglied Ludwig Bergsträsser bereits in der ersten Jahres-

---

15 Eugen Kogon: Politik als Wissenschaft, in: Institut zur Förderung Öffentlicher Angelegenheiten e. V. (Hrsg.): Politische Erziehung und Bildung in Deutschland: ein Bericht über die Konferenz von Waldleiningen 1949, Frankfurt a. M. 1950, S. 125–128, hier S. 125, erstmals veröffentlicht in: FH 4 (1949).
16 Vgl. Arno Mohr: Entstehung und Entwicklung der Politikwissenschaft in Hessen, in: Falter, Jürgen W./Felix W. Wurm (Hrsg.): Politikwissenschaft in der Bundesrepublik Deutschland. 50 Jahre DVPW, Wiesbaden 2003, S. 211–231, hier S. 216.
17 Vgl. ebenda, S. 217.

hälfte 1949 große Hoffnungen gemacht, dass er nach Darmstadt berufen werde. Dieses Vorgehen empfanden die Entscheidungsträger aufseiten der südhessischen Hochschule als Anmaßung und unzulässigen Eingriff in ihre Entscheidungshoheit.[18] Bergsträsser hatte bereits seit 1946 einen politikwissenschaftlichen Lehrauftrag, in dessen Rahmen er regelmäßig über das Thema „Gegenwartsfragen der Politik" las.[19]

Im Darmstädter Berufungsausschuss zirkulierten zwar sehr bald einige erste Namen – Wilhelm Meyer, Eugen Kogon und Ludwig Bergsträsser wurden genannt. Da sich die Kommission jedoch auf keine Vorschlagsliste einigen konnte, das Ministerium aber Druck machte und die Verantwortlichen in Darmstadt die Sorge umtrieb, die Entscheidung könnte ihnen von politischer Seite abgenommen werden, schlugen sie vor, zunächst nur einen Lehrauftrag zu vergeben, um Zeit zu gewinnen. Diese Entscheidung wurde auch vor dem Hintergrund der allgemeinen Vorbehalte getroffen, die der jungen Disziplin in der westdeutschen Forschungslandschaft entgegengebracht wurde.[20]

> „Da die Politikwissenschaft als Fach in Deutschland erst im Entstehen war, bestand in Darmstadt wie überall Uneinigkeit darüber, aus welchen der angrenzenden Fachbereiche mögliche Kandidaten rekrutiert werden könnten. Die TH Darmstadt stand der ‚reinen Politik' zunächst ablehnend gegenüber und plante die Besetzung des Lehrstuhls mit einem Vertreter der Neueren Geschichte. Auf diese Weise wollte sie den Lehrauftrag für Geschichte einsparen, der in der Fakultät für Kultur- und Staatswissenschaften vorgesehen war."[21]

Diese Pläne teilte die Berufungskommission dem Kultusministerium jedoch nicht mit, stattdessen bemühte man sich um zeitliche Handlungsspielräume, indem über bereits erfolgte Maßnahmen berichtet wurde. Ferner schlug die Kommission vor, die Politikwissenschaften durch einen Lehrauftrag vertreten zu lassen. Da das Ministerium dennoch darauf beharrte, zum 1. April 1949 eine Berufungsliste vorgelegt zu bekommen, begann man aufseiten der TH Darmstadt ernsthaft, Kandidatenvorschläge zu sammeln. Von den erwogenen Persönlichkeiten schieden einige aus, da sie aufgrund ihrer politischen Vergangenheit für die Berufung auf diesen Lehrstuhl keine Chance hatten.[22] Arno Mohr konstatiert in Hinblick auf die hessische Berufungspolitik bei der Besetzung der ersten Lehrstühle für politische Wissenschaften: „Dem sozialdemokratischen Teil der hessischen Landesregierung war es darum zu

---

18 Vgl. ebenda, S. 222.
19 Robert H. Schmidt: Politikwissenschaft an der Technischen Hochschule Darmstadt im Rahmen der Entwicklung der Hochschule von den Anfängen bis zur Gegenwart. Ein Beitrag zur Geschichte der Disziplin und zur Geschichte der TH Darmstadt, Darmstadt 1963, S. 137.
20 Vgl. zu diesem Absatz Schmidt, Isabel: Nach dem Nationalsozialismus. Die TH Darmstadt zwischen Vergangenheitspolitik und Zukunftsmanagement (1945–1960), Darmstadt 2015, S. 362 f.
21 Ebenda, S. 363.
22 Vgl. mit ebenda, S. 363 f.

tun, möglichst zwei der drei Ordinariate mit Parteigenossen oder zumindest mit der Partei nahestehenden Wissenschaftlern zu besetzen."²³

Erwin Stein hatte Ende 1948 den Auftrag bekommen, zu eruieren, welche Persönlichkeiten für die Berufung zum Professor für Politikwissenschaften infrage kämen. Er brachte Kogons Namen ins Spiel, weil die hessische Landesregierung in ihrer Personalpolitik eine konsensfähige Entscheidung anstrebte und Persönlichkeiten suchte, von denen zumindest einer SPD- und einer CDU-Vertrauensmann sei. Kogon konnte den Ansprüchen gerecht werden, da er gute Beziehungen zur hessischen Sozialdemokratie unterhielt und in diesem Bundesland die CDU mitgegründet hatte. Er selbst erläuterte später die Gründe, die dazu führten, dass er für die Lehrstuhlbesetzung in Betracht gezogen wurde, in einem Brief an die stellvertretende Staatssekretärin und Ministerialdirigentin im Hessischen Kultusministerium Helene von Bila: „Meine Person scheine dem Kabinett dafür besonders geeignet zu sein, nicht zuletzt wegen der von mir im öffentlichen Leben ausgeübten Tätigkeit und wegen der Ideen, die ich verträte."²⁴ Doch von verschiedener Seite wurden die Namen weiterer prominenter Persönlichkeiten vorgeschlagen: Ludwig Bergsträsser, Klaus Mehnert, Theodor Eschenburg, Ernst Fraenkel, Martin Drath, Gerhard Leibholz, Arcadius Gurland, Wolfgang Abendroth, Carlo Schmid, Otto Kirchheimer, Adolf Grabowsky, Max Horkheimer, Ernst Wilhelm Meyer, Benedikt Kautsky, Karl Korsch, Leo Kofler, Herbert Marcuse, Hans Gerth, Karl-Dietrich Erdmann, Viktor Agartz, Fritz Eberhard.²⁵

Am 29. Juli 1949 schrieb nun Brill an Zinn und empfahl, den Darmstädter Lehrstuhl mit Benedikt Kautsky zu besetzen, dem jüngsten Sohn des Sozialdemokraten Karl Kautsky. Ihn halte er für den geeignetsten Kandidaten.²⁶ Brill hielt auch Kogon für eine Lehrtätigkeit auf dem Gebiet der Politikwissenschaften für qualifiziert. Jedoch gab er zu bedenken:

„Es fragt sich nur, ob er in der Stein'schen Zusammenstellung ohne weiteres von den sozialdemokratischen Ministern akzeptiert werden kann. [Neben Kogon sollten Ludwig Meyer, ehemaliger Geschäftsführer des Reichsbundes jüdischer Frontsoldaten, und der Jurist und Sozialdemokrat Ernst Wilhelm Meyer einen Lehrstuhl erhalten.] Kogon ist nicht Mitglied der CDU. Er bezeichnet sich selbst als christlicher Sozialist und gehört zum sogenannten Ellwanger Freundeskreis [ein Gesprächskreis von Politikern vorwiegend christdemokratischer Provenienz]. Früher war er aktiver Vertreter des Ständestaates. Als solcher hat er in den christlichen Gewerkschaften Österreichs und nach dem Februar-Aufstand 1934 in den von Dollfuß gleichgeschalteten Gewerkschaften Wiens gewirkt. Aus diesem Lager stammt seine Gegnerschaft gegen den

---

23 Mohr: Entstehung und Entwicklung der Politikwissenschaft in Hessen, S. 219.
24 UA THD, Personalakte Eugen Kogon, Sig. UA 103 Nr. 372/1, Eugen Kogon an Helene von Bila, 13.09.1954.
25 Vgl. Mohr: Entstehung und Entwicklung der Politikwissenschaft in Hessen, S. 218.
26 BArch Koblenz, Nl Hermann Brill, Sig. N 1086 Nr. 28, Hermann Brill an Georg-August Zinn, 29.07.1949.

Nationalsozialismus. Wenn man bei diesen Tatsachen den Mut hat, ihm Vertrauen zu schenken – und nach meiner Meinung sollte man das tun –, so könnte der Ernennung von Kogon mit der Forderung zugestimmt werden, daß ein absoluter Ausgleich der Chancen erfolgen muß. Ich denke dabei weniger an parteipolitische Kuhhandel, als daran, daß neben einer solchen Persönlichkeit auch einer genauer zu bestimmenden Persönlichkeit Gelegenheit gegeben werden muß, wissenschaftliche Politik vorzutragen".[27]

Brill äußerte gegenüber Zinn starke Bedenken, ob Steins Kandidatenliste sinnvoll und durchsetzbar sei, weil er bezweifelte, ob die beiden Meyers bodenständige Demokraten seien. Ludwig Meyer sei Geschäftsführer des Reichsbundes jüdischer Frontsoldaten gewesen, der, so Brill, nicht müde wurde, in den Jahren 1935 bis 1936 Gratulationsschreiben an Hitler zu senden, weil dieser sich gegen den Völkerbund oder für die Wiederaufrüstung des Deutschen Reiches entschieden hatte. Ernst Wilhelm Meyer, CDU, habe einen Aufsatz in der *Wandlung* publiziert, in dem eine starke Aversion gegen die politischen Parteien zum Ausdruck gekommen sei.[28]

In Reaktion auf die Verzögerungstaktiken der TH Darmstadt schlug das Kultusministerium am 1. Juli 1949 Ludwig Freund vor, der zu dieser Zeit Politikwissenschaften an der Universität in Chicago lehrte. In Darmstadt reagierte man empört darauf, dass die Politik sich in die Berufungsverhandlungen einbrachte und wies jede Einmischung zurück. Zudem, so führte der Senat aus, würde es zu Problemen führen, wenn ein Vertreter der Politikwissenschaften, der in der Emigration gewesen und jüdischen Glaubens sei, dieses Fach an einer Technischen Hochschule vertrete.[29] Diese Abneigung gegenüber einem jüdischen Professor zeigt, dass es unter den Lehrkräften an der TH Darmstadt auch nach dem Ende des Krieges Antisemitismus gab und dass ein Opfer des Nationalsozialismus an dieser Hochschule, die sich gewinnträchtig an der NS-Kriegsforschung beteiligt hatte, nicht unbedingt willkommen war.

Nach diesem Vorschlag des Ministeriums bemühte sich die Berufungskommission, in der Sache voranzukommen. Da der Senat jedoch nach wie vor starke Vorbehalte gegen die Politikwissenschaften hegte, wurde beschlossen, dem Ministerium einen Zwischenbescheid vorzulegen, die notwendigen Unterlagen nachzureichen und zunächst Ludwig Freund nur für eine Gastprofessur zu gewinnen. Die Entscheidungsträger in Wiesbaden schienen jedoch mit ihrer Geduld am Ende zu sein und gingen auf dieses Angebot nicht mehr ein. Weil der Vorgang in Darmstadt viel zu langsam voranschreite, wolle man nun Ludwig Bergsträsser berufen, so das Ministerium. Der Rektor der TH Darmstadt protestierte gegen dieses Ansinnen und wies darauf hin, dass die Hochschule bei der Auswahl eines geeigneten Kandidaten hinzugezogen werden müsse. In einer Besprechung zwischen Vertretern der Hochschu-

---

27 Ebenda.
28 Vgl. ebenda.
29 Vgl. Schmidt: Nach dem Nationalsozialismus, S. 365.

le mit Ministerpräsident Christian Stock und Kultusminister Erwin Stein gelang es, den Vorschlag Bergsträsser mit dem Hinweis auf sein hohes Alter abzuwehren. Zudem fielen auch Bedenken ins Gewicht, dass Bergsträsser als Bundestagsabgeordneter womöglich zu wenig Zeit für den Lehrstuhl in Darmstadt erübrigen können würde. Also musste weiter nach einer geeigneten Person gesucht werden.[30]

Da die Darmstädter lange keine Vorschlagsliste vorlegten, schlug Stein nun vor, Kogon ins Amt zu heben. Dieser Vorschlag stieß auf positive Resonanz im Kleinen Senat, weil mit dieser Person jemand berufen werden sollte, der aus Sicht dieses Gremiums parteipolitisch neutral sei. Ferner würdigten die Hochschulvertreter Kogons lebhafte Vortragsweise und bemerkten zudem wohlwollend, dass er ein wichtiger Repräsentant der Hochschule gegenüber der Öffentlichkeit sein könnte. Zwar hatte der Kleine Senat Sorge, dass Kogon schlicht die Zeit fehlen würde, um den Beruf des Hochschullehrers voll auszufüllen, dennoch befürwortete er die Berufung einstimmig. Da es vonseiten der Regierung keine Einwände gab, erhielt Kogon am 2. Mai 1951 den Ruf an die TH Darmstadt.[31]

Aus einer Kabinettsvorlage vom 29. August 1952 geht hervor, dass aus Sicht der politischen Entscheidungsträger an der Berufung des Genannten ein erhebliches dienstliches Interesse im Sinne des Hessischen Beamtengesetzes bestand.[32] Die Kandidatenwahl fand nur in geringem Maße auf Grundlage der tatsächlichen wissenschaftlichen Leistungen eines Aspiranten statt, sondern vielmehr vor dem Hintergrund der Frage, wen die Entscheidungsträger, insbesondere aus den Reihen der Sozialdemokratie, persönlich gerne ins Amt heben wollten.[33] In der feierlichen Rektoratsübergabe stellte der Prorektor der TH Darmstadt, Alfred Mehmel, Kogon dem anwesenden Kollegium offiziell als neu berufenen Ordinarius für politische Wissenschaften vor.[34]

Während des Streits um die Vergabe des Darmstädter Lehrstuhls hatte Wolfgang Abendroth im Oktober 1950 einen Ruf nach Marburg erhalten. Im April 1953 erhielt Carlo Schmid den Lehrstuhl an der Universität Frankfurt. Sowohl Abendroth als auch Schmid waren bekannte Sozialdemokraten. Kogon hatte sowohl gute Kontakte zur hessischen SPD als auch zur CDU, er war jünger als Bergsträsser, aber nicht jüdischen Glaubens. Als prominentes Opfer des Nationalsozialismus war er ein geeigneter Repräsentant der Hochschule, von dem nicht zu befürchten war, dass er mit zu kritischen Fragen Unruhe in ein Kollegium brachte, das keineswegs politisch unbelastet war. Insofern war Kogon ein konsensfähiger Kompromisskandidat. Dass der Lehrstuhl in Darmstadt drei Jahre lang nicht besetzt wurde, wirft ein

---

30 Vgl. diesen Absatz mit ebenda, S. 365–367.
31 Vgl. diesen Absatz mit ebenda, S. 367.
32 Vgl. HHStAW, Akten des Kultusministeriums, Sig. 504-11028, Personalakte Kogon.
33 Vgl. Mohr: Entstehung und Entwicklung der Politikwissenschaft in Hessen, S. 218.
34 Vgl. UA THD, Rektoratsübergaben, Rede von Alfred Mehmel am 30.11.1951

helles Licht auf das Kompetenzgerangel zwischen Landesregierung und Hochschule in Fragen der Besetzungspraxis.[35]

3 Die ersten Jahre als Hochschullehrer

Einheiten der Royal Air Force Bomber Command zerstörten Darmstadt 1944 fast vollständig und auch 80 Prozent der TH.[36] Mitte der 1950er Jahre standen der Hochschule jedoch bereits wieder 60 000 qm zur Verfügung, womit die Raumkapazitäten aus der Zeit der Weimarer Republik wiederhergestellt waren.[37] Kultur- und geisteswissenschaftliche Lehrinhalte hatten in der Zwischenkriegszeit keinen festen Bestandteil im Lehrangebot der TH gebildet, obwohl die Fakultät für Staats- und Kulturwissenschaften bereits 1923/24 eingerichtet worden war. Dazu kam es erst in Anbetracht der fatalen Folgen des massiven Einsatzes von Technik im Zweiten Weltkrieg. Nicht nur in Darmstadt, sondern an allen Technischen Hochschulen wurde fortan den Ingenieuren ein Lehrplan empfohlen, der auch staatsbürgerliche Lehrinhalte umfasste. Gleichwohl waren die Lehrveranstaltungen für die Techniker nicht prüfungsrelevant.[38]

Die Politologie bildete keine eigenen Fakultäten an den Universitäten und Hochschulen, sondern gliederte sich in die vorhandenen Philosophischen und Rechts- und Staatswissenschaftlichen Fakultäten ein. Kogons Lehrstuhl an der TH Darmstadt gehörte zum Fachbereich der Kultur- und Staatswissenschaften.[39] Anfang der 1960er Jahre verfügte diese Fakultät insgesamt über folgende Institute und Lehrstühle: das Institut für Betriebswirtschaftslehre umfasste zwei Lehrstühle, das Institut für Volkswirtschaftslehre besaß einen Lehrstuhl, ein geografisches Institut beschäftigte einen Dozenten, jeweils ein Lehrstuhl für ein philosophisches, ein pädagogisches und ein psychologisches Institut und schließlich ein Lehrstuhl im Institut für Rechtswissenschaften und einer in der Neueren Geschichte.[40] Kogon selbst berichtet 1983, er habe am stetig wachsenden Aufbau der Fakultät mitgewirkt und allein elf der 21 Lehrstühle angeregt, die die Fakultät bei seiner Emeritierung um-

---

35 Vgl. Schmidt: Nach dem Nationalsozialismus, S. 367.
36 Vgl. Sabine Gerbaulet: Vom Wiederaufbau zur Massenuniversität. Die Entwicklung der Technischen Hochschule, Darmstadt 2000, S. 10.
37 Vgl. ebenda, S. 28.
38 Vgl. Schmidt: Nach dem Nationalsozialismus, S. 42 f.
39 Vgl. Arno Mohr: Die Durchsetzung der Politikwissenschaft an deutschen Hochschulen und die Entwicklung der Deutschen Vereinigung für Politische Wissenschaft, in: Klaus von Beyme (Hrsg.): Politikwissenschaft in der Bundesrepublik Deutschland. Entwicklungsprobleme einer Disziplin, Wiesbaden 1986, S. 62–77, hier S. 65.
40 Vgl. Schmidt: Nach dem Nationalsozialismus, S. 44 f.

fasste.⁴¹ So richtete er z. B. 1958 an Helene von Bila die Anregung, ein Extraordinariat für Literaturwissenschaften einzurichten.⁴² Initiativen dieser Art wurden notwendig, nachdem sich die TH Darmstadt entschlossen hatte, die Ausbildung der Gewerbelehrer für die gewerblich-technischen Fachrichtungen in das eigene Lehrprogramm zu integrieren.⁴³

Die ersten Arbeitstage an der Technischen Hochschule waren mit einigen Ernüchterungen für den neuen Lehrstuhlinhaber verbunden: „Ich darf nicht an die Verhältnisse nach 1951/52/53 zurückdenken, wie sie etwa in meinem eigenen Bereich an der Technischen Hochschule Darmstadt bestanden, ich hatte lediglich einen Schreibtischplatz, den mir ein Kollege von der Betriebswirtschaftslehre in einem seiner Räume freundlicherweise zugestanden hatte."⁴⁴ Sein erster Assistent Robert H. Schmidt berichtete 1963: „Die Anfänge [des Lehrstuhls für die „Wissenschaft von der Politik"] waren bescheiden. Als ich im Spätfrühjahr 1952 als Wissenschaftlicher Assistent zu Herrn Professor Dr. Kogon kam, fanden die Sprechstunden noch im Mittelgang (tatsächlich im Flur) des Hauptgebäudes statt, wo Schreibtische, Sessel und ein Schrank aufgestellt waren."⁴⁵ Am 24. Juli 1952 schrieb Kogon an den Regierungsrat Heinz Lindner im Kultusministerium, dass er nun dringend eine Schreibkraft benötige und darüber hinaus die Hoffnung habe, dass ihm eine Assistentenstelle bewilligt werde. Kogons ersten Assistenten, Robert Heinz Schmidt, beschäftigte der Lehrstuhlinhaber zunächst im privaten Dienstverhältnis, so dass er Schmidts Gehalt selbst aufbringen musste.⁴⁶

Doch all diese Sachmängel verhinderten nicht, dass Kogon sich in Darmstadt wohlfühlte und rasch zu einem integralen Teil des Kollegiums wurde. Als der Dekan der Fakultät für Staats- und Kulturwissenschaften, Nietzsche-Forscher und ehemaliges NSDAP-Mitglied Karl Schlechta die Leitung des Fachbereiches vorzeitig aufgab,⁴⁷ bot Kogon an, dieses Amt zu übernehmen. Der Professor für Betriebswirt-

---

41 Kogon: Die Professur, S. 138.
42 Vgl. UA THD, Akten der Fakultät Kultur- und Staatswissenschaften, Sig. UA 200-376, Eugen Kogon an Helena von Bila, 17.05.1958.
43 Vgl. Franz Schapfel: Die Eingliederung der Gewerbelehramtausbildung in die Technische Hochschule Darmstadt im historischen Kontext, in: Josef Rützel (Hrsg.): Gesellschaftlicher Wandel und Gewerbelehrerausbildung. Analysen und Beiträge für eine Studienreform, Alsbach 1994, S. 19–32, hier S. 26.
44 Eugen Kogon: Die Lage der Politischen Wissenschaften in der Bundesrepublik Deutschland, in: Jürgen W. Falter/Felix W. Wurm (Hrsg.): Politikwissenschaft in der Bundesrepublik Deutschland. 50 Jahre DVPW, Wiesbaden 2003, S. 147–162, hier S. 150.
45 Schmidt: Politikwissenschaft an der Technischen Hochschule Darmstadt, S. 143.
46 Vgl. AdsD, Nl Eugen Kogon, Sig. 232, Eugen Kogon an Regierungsrat Lindner, 24.07.1952.
47 Schlechta legte sein Amt als Dekan vorzeitig nieder, weil ihm Unzuverlässigkeit bei der Verleihung einer Ehrenpromotion für Walther Bern zur Last gelegt wurde. Diese Vorwürfe könne er, Schlechta, nicht länger hinnehmen. Er ging 14 Tage vor dem Ablauf seiner Amtszeit. Vgl. AdsD, Nl Eugen Kogon, Sig. 232.

schaftslehre in Darmstadt, Karl Hax, ehemaliges NSDAP-Mitglied, dankte ihm dafür. Er freue sich über Kogons Entschluss, weil er darin „den Ausdruck einer engen und dauerhaften Verbindung zwischen Ihnen [Kogon] und der Technischen Hochschule Darmstadt" erblicke. „Sie wissen, daß ich seinerzeit gewisse Bedenken hegte, ob es gelingen würde, Sie so an die Hochschule zu fesseln, wie das im Interesse Ihres Faches und der Studentenschaft erwünscht schien. Die Übernahme des Dekanats ist ein Beweis dafür, daß der Prozeß der Akklimatisierung abgeschlossenen ist."[48]

Dennoch verlief Kogons Dienstverhältnis nicht immer konfliktfrei. Regelmäßig geriet er in Auseinandersetzungen mit Helene von Bila. In einem Jubiläumsband zum 400-jährigen Bestehen der Universität Gießen heißt es über von Bila: „Ihr Einfühlungsvermögen und Verhandlungsgeschick prädestinierten sie dazu, den schwierigen Umgang mit eigenwilligen Menschen, wie es viele Professoren sind, zu meistern."[49] In Bezug auf Kogon scheint diese Fähigkeit nicht nutzlos gewesen zu sein. Dieser war in den 1950er und 1960er Jahren eine bekannte öffentliche Person, und verschiedene Medien berichteten regelmäßig über seine vielfältigen Aktivitäten. 1954 war der Presse zu entnehmen, dass die folgenden Kogon'schen Unternehmungen in finanzielle Schieflage geraten seien: die Internationale Verlagsauslieferung, der Verlag der Frankfurter Hefte, die Frankfurter Verlagsanstalt.[50] Auch von Bila nahm diese Meldungen zur Kenntnis und stellte fest, dass Kogon keine der Unternehmungen dem Ministerium gemeldet hatte. Infolgedessen schrieb sie ihn an und mahnte, dass er für seine Nebentätigkeiten eine Genehmigung vonseiten des Ministeriums erbitten müsse.[51] In seinem Antwortschreiben führte Kogon aus, dass ihn 1949 der seinerzeit amtierende Hessische Minister für Erziehung und Unterricht, Erwin Stein, mitgeteilt habe, dass die Hessische Landesregierung drei Lehrstühle für Politikwissenschaften einzurichten gedenke und ob er, Kogon, bereit sei, einen dieser Lehrstühle als Professor zu übernehmen:

> „Meine Person scheine dem Kabinett dafür besonders geeignet zu sein, nicht zuletzt wegen der von mir im öffentlichen Leben ausgeübten Tätigkeit und wegen der Ideen, die ich verträte. [...] Dass ich das, was seitdem ‚nebenberufliche Tätigkeit' heißen mag, in ungehinderter Weise und nach freiem Ermessen, wie es meinem Lehrerberuf nützen könne, fortsetzte, verstand sich allseits so sehr von selbst, dass niemand auch nur auf die Idee kam, mich etwa aufzufordern, nun nicht mehr die *Frankfurter Hefte* herauszugeben, die beiden mit der Zeitschrift verbunde-

---

48 AdsD, Nl Eugen Kogon, Sig. 232, Karl Hax an Eugen Kogon, 02.07.1953.
49 Notker Hammerstein: Helene von Bila. Wissenschaftspolitikerin in der Nachkriegszeit, in: Carl Horst/Eva M. Felschow/Jürgen Reulecke/Volker Roelcke/Corina Sargk (Hrsg.): Panorama, 400 Jahre Universität Gießen. Akteure – Schauplätze – Erinnerungskultur, Frankfurt a.M. 2007, S. 142–145, hier S. 145.
50 Vgl. HHStAW, Akten des Kultusministeriums, Sig. 504-11028, Personalakte Kogon, Abschrift aus dem Generalanzeiger Nr. 27 vom 03.07.1954.
51 Vgl. HHStAW, Kultusministerium, Personalakte Eugen Kogon, Sig. 540-11028, Helene von Bila an Eugen Kogon, 20.07.1954.

nen Buchverlage zu leiten und mehrfaches Führungsmitglied der Europäischen Bewegung mit allen damals damit zusammenhängenden organisatorischen Aufgaben zu sein. Ganz im Gegenteil erwartete man von mir, dass ich die vielfältigen politischen Erfahrungen auf diesen Gebieten in meine Lehrtätigkeit einbrachte, was geschah."[52]

Diese Erklärung entsprach den Tatsachen, jedoch enthielt sie nicht die Höhe der Nebeneinkünfte, welche von Bila erbeten hatte. Ihrer Forderung, diese Zahlen vorzulegen, kam Kogon nicht nach, bis sich von Bilas Ton zunehmend verschärfte. Erst als sich Kultusminister Arno Hennig und Staatssekretär Hans-Georg Kluge einschalteten, reagierte Kogon. Nicht ohne Empörung führt er in einem Schreiben an Kluge aus, dass man im Ministerium offenbar nicht wisse, wie aufopferungsvoll er sich der Arbeit an der THD widme.[53] Obwohl dieses Procedere sich wiederholte – zuletzt 1964, im Zusammenhang mit der Moderation des Politmagazins *Panorama* –, hatte Kogon trotz seines Verhaltens offensichtlich keine weiteren Konsequenzen zu vergegenwärtigen. Die Auseinandersetzung mit dem Hessischen Kultusministerium lässt erkennen, welche herausgehobene Position Kogon sich bereits in den frühen 1950er Jahren erarbeitet hatte.[54]

Kogons vielfältige Aktivitäten führten dazu, dass er seine Vorlesungen und Seminare am Stück abhielt, donnerstags und freitags in Darmstadt weilte und im Hotel übernachtete. In der Rückschau hat sein ehemaliger Assistent, Peter Graf Kielmansegg, Kogon als „Teilzeitprofessor" erinnert.[55] Bei einem Empfang für den Bundeskanzler in Frankfurt sprach der Sozialdemokrat, frühere Bürgermeister Darmstadts und nunmehr Hessischer Minister für Erziehung und Volksbildung, Ludwig Metzger, Kogon darauf an, ihm sei zu Ohren gekommen, Kogon lese an der TH nur eine Wochenstunde und selbst zu dieser erscheine er selten. In einem Schreiben an Metzger erklärte Kogon sich ausführlich:

„Ich bin völlig perplex, sehr verehrter Herr Minister, und kann mir nicht vorstellen, wer Sie in so völlig unzutreffender, ja entstellender Weise informiert haben soll. Das Vorlesungsverzeichnis der Darmstädter Hochschule zeigt seit dem Sommersemester 1951, dass ich fünf bis sechs Vorlesungs- und Kolloquiumstunden abhalte: in diesem Wintersemester werden es sieben sein, im kommenden Sommersemester acht. Von diesen Vorlesungen ist bisher ein einziger Tag im ganzen Zeitablauf – von staatlichen Feiertagen, die auf Wochentage fielen, abgesehen –

---

52 UA THD, Personalakte Eugen Kogon, Sig. UA 103 Nr. 372/1, Eugen Kogons Schreiben an Helene von Bila, 13.09.1954.
53 Vgl. HHStAW, Kultusministerium, Personalakte Eugen Kogon, Sig. 504-11028, Eugen Kogon an Hans-Georg Kluge.
54 Siehe Dennis Beismann: Eugen Kogons Netzwerke in der Bundesrepublik Deutschland, in: Lothar Beyer-Stiftung (Hrsg.): Passagen in den Sozialwissenschaften. Beiträge der Stipendiaten, Kassel 2014, S. 218–235, hier S. 229.
55 Vgl. Dennis Beismann: Zeitzeugeninterview mit Peter Graf von Kielmansegg, Heidelberg, 05.03.2013.

durch den Umstand ausgefallen, dass ich als Sachverständiger zu einer Schwurgerichtsverhandlung beordert wurde."[56]

Metzger reagierte ruhig in seinem Antwortschreiben und beteuerte, dass er nur fragen wollte und dass ihm Kogons mündliche Erklärung seinerzeit bereits völlig ausgereicht habe. Das unterschiedliche Verhalten gegenüber Helene von Bila und Arno Hennig bzw. Ludwig Metzger zeigt, dass Kogon seinem Selbstbewusstsein durchaus auch Grenzen setzen konnte und musste.

4 Politikwissenschaftlicher Ansatz

Nach der Niederlage des nationalsozialistischen Deutschlands forderten die amerikanischen Besatzungsbehörden von den Universitäten und Hochschulen in ihrem Einflussgebiet die Einführung allgemeinbildender Vorträge. Diese sollten Männer und Frauen halten, deren Anti-Nazi-Haltung außer Frage stand, um so den demokratischen Geist unter der Hörerschaft zu begründen oder zu fördern. Die Hochschulleitung der TH kam dieser Forderung nach und bot bereits im ersten Nachkriegssemester Einzelvorträge mit geisteswissenschaftlichen Inhalten an. Die Forderung der hessischen Landesregierung, die Staatsbürgerkunde als einen eigenen Bereich im Fächerkanon der Hochschule einzuführen und diesen mit einer Prüfungspflicht zu belegen, wehrte die Hochschule jedoch zunächst erfolgreich ab; auch verschiedenen Vorstößen auf juristischer Ebene, ein Studium generale verpflichtend einzuführen, konnten sich die Darmstädter entziehen. Von dem Ansinnen des sozialdemokratischen Kabinetts in Wiesbaden blieb schließlich nur die Gründung der Lehrstühle für „Wissenschaftliche Politik" übrig – so die damalige Bezeichnung – in Marburg, Darmstadt und Frankfurt. Der Charakter des Studium generale änderte sich an der Technischen Hochschule, als 1951 der Philosoph und Nietzsche-Forscher Karl Schlechta und Eugen Kogon berufen wurden. Denn von nun an zeichneten weniger der Rektor und der Kleine Senat für die Lehrinhalte zuständig, vielmehr übernahm die 1923/24 gegründete Abteilung der Kultur- und Staatswissenschaften zunehmend diesen Aufgabenbereich. Von dem eigentlichen Gedanken eines Studium generale war jedoch Mitte der 1950er Jahre kaum noch etwas übrig geblieben, weil sich die Geistes- und Gesellschaftswissenschaften bis zu diesem Zeitpunkt an der Hochschule weiterentwickelt und ausdifferenziert hatten und das Interesse an diesen Lehrinhalten bedienten.[57]

Kogon war nicht nur aufgrund seiner Biographie ein geeigneter Anwärter für einen der neu geschaffenen Lehrstühle in Hessen, auch sein politikwissenschaftliches

---

[56] AdsD, Nl Eugen Kogon, Sig. 232, Eugen Kogon an Ludwig Metzger.
[57] Vgl. zu diesem Absatz: Schmidt: Nach dem Nationalsozialismus, S. 428 f., 434 f.

Verständnis entsprach in besonderem Maße der Intention, mit der der Lehrstuhl geschaffen wurde. In der Frühphase der westdeutschen Politikwissenschaften standen drei Ausrichtungen der Disziplin miteinander im Wettstreit, deren Vertreter bei der Besetzung von Lehrstühlen mitunter konkurrierten: ein normativ-ontologischer, ein empirisch-analytischer und ein marxistischer Ansatz.

Einen empirisch-analytischen Ansatz vertraten insbesondere Forscher an der Universität Köln, wo seit 1959 der deutsch-amerikanische Nationalökonom Ferdinand A. Hermens den Lehrstuhl für Politische Wissenschaft hatte.[58] Die Vertreter dieser sogenannten Köln-Mannheimer Schule sahen die Hauptaufgabe ihrer von den Naturwissenschaften beeinflussten Forschungen darin, das politische Geschehen „wertfrei" zu analysieren.[59]

Nach seiner Rückkehr aus dem US-amerikanischen Exil folgte Arnold Bergstraesser 1954 einem Ruf an die Universität Freiburg, wo sich ein Kreis aus Schülern um ihn bildete, der eine der einflussreichsten politikwissenschaftlichen Schulen etablieren sollte: die Freiburger Schule. Ähnlich wie Kogon vertrat auch Bergstraesser das gesamte thematische Spektrum des Faches. Erst seine Schüler legten Vertiefungsstudien vor, – so z. B. Manfred Hättich, Hans Maier, Dieter Oberndörfer, Hans-Peter Schwarz, Kurt Sontheimer. Doch beide Generationen von Wissenschaftlern einte ein gemeinsamer Erfahrungshorizont – der Zweite Weltkrieg –, was auch in einem gemeinsamen Forschungsprogramm seinen Ausdruck fand. Dessen Kern bildete die postulierte Polarität von „freiheitlicher Demokratie" und „Totalitarismus". Das Ziel einer zukunftsweisenden und ausgewogenen Politikwissenschaft müsse sein, die Grundlagen zur Einübung einer demokratischen Gesinnung und zur Stärkung der freiheitlichen Ordnung zu erarbeiten.[60]

Ein bedeutender Repräsentant des marxistischen Ansatzes war der Staatsrechtler Wolfgang Abendroth, der in Marburg lehrte und dort in den späteren Jahren die Marburger Schule begründete. Er stand abstrakten Theoriediskussionen distanziert gegenüber und griff eher auf bewährte Methoden der Geschichtswissenschaften und der empirischen Sozialforschung zurück.[61] Charakteristisch waren eher die Arbeitsfelder, denen sich der Kreis um Wolfgang Abendroth widmete, wie der Geschichte des Nationalsozialismus bzw. des Widerstandes gegen Hitler, der Geschich-

---

58 Zu Hermens siehe Joachim Detjen: Ferdinand A. Hermes (1996–1998), in: Eckhard Jesse/Sebastian Liebold (Hrsg.): Deutsche Politikwissenschaftler – Werk und Wirkung. Von Abendroth bis Zellentin, Baden-Baden 2014, S. 347–361.
59 Bleek: Geschichte der Politikwissenschaft in Deutschland, S. 360.
60 Vgl. zu diesem Absatz Horst Schmitt: Die Freiburger Schule 1954–1970. Politikwissenschaft in „Sorge um den deutschen Staat", in: Wilhelm Bleek/Hans J. Lietzmann (Hrsg.): Schulen der deutschen Politikwissenschaft, Opladen 1999, S. 213–237, hier S. 223–231.
61 Vgl. Christoph Hüttig/Raphael Lutz: Die „Marburger Schule(n)" im Umfeld der westdeutschen Politikwissenschaft 1951–1975, in: Wilhelm Bleek/Hans J. Lietzmann (Hrsg.): Schulen der deutschen Politikwissenschaft, Opladen 1999, S. 293–315, hier S. 297.

te der zweiten deutschen Republik sowie der Arbeiterbewegung.[62] Eine eigene Schule in diesem Sinne hat Kogon nicht ausgebildet, er war nur am Rande in die politikwissenschaftlichen Debatten seiner Zeit eingebunden, sein politikwissenschaftliches Œuvre in der Forschung nicht einschlägig.[63]

Die Forschung zur Geschichte der Politikwissenschaften hat gezeigt, dass viele der frühen Akteure, die dieser jungen Disziplin ihre Form verliehen haben, einen normativ ausgerichteten Ansatz verfolgten.

> „[...] Gründungsväter wie Ernst Fraenkel, Otto Heinrich von der Gablentz, Eugen Kogon, Otto Suhr und Dolf Sternberger ließen keinen Zweifel daran, daß die Wissenschaft von der Politik sich nicht auf die wertfreie Analyse von Machtverhältnissen beschränken dürfe, sondern auch die bewertende Frage nach dem ‚bonum commune', dem Gemeinwohl, umfasse."[64]

Diese Ausrichtung der Disziplin entsprach insbesondere dem Selbstverständnis von Kogons hochschuldidaktischem Ansatz, welchen er auf dem Wissenschaftlichen Kongress der Deutschen Vereinigung für Politische Wissenschaft 1969 entsprechend formulierte:

> „Fest steht indes, daß unsere Disziplin, wohlbegründet und voll ausgebaut, imstande wäre, die Theorie der realdialektischen Entscheidungsprozesse, die jede gesellschaftliche Entwicklung kennzeichnen – oder, wenn man will, ein Kontinuum zutreffender theoretischer Aussagen – zu bieten. Diese Prozesse lassen sich alle durchsichtig und einsehbar machen, wodurch die Wissenschaft von der Politik ipso facto, also unvermeidlicherweise und ganz besonders in Demokratien, die gesellschaftliche Wirklichkeit mitbeeinflussen und mitverändern kann."[65]

Aus dieser Perspektive heraus gab Kogon der Berufung an eine Technische Hochschule gegenüber einer Universität ganz bewusst den Vorzug, weil er sich nicht in politikwissenschaftlichen Spezialthemen verlieren, sondern mit seinem Lehrangebot das staatsbürgerliche Bewusstsein einer breiteren Studierendenschaft fördern wollte. „Das Fach Politikwissenschaft wurde von Eugen Kogon noch in seiner vollen Breite vertreten. Die Ausdifferenzierung in die Kernbereiche des Faches deutete sich in Umrissen in den Arbeitsschwerpunkten der wissenschaftlichen Assistenten an,

---

62 Zu Abendroth siehe Uli Schöler: Wolfgang Abendroth – Fragen an einen politischen Lebensweg, in: Friedrich-Martin Balzer/Hans Manfred Bock/Uli Schöler (Hrsg.): Wolfgang Abendroth, wissenschaftlicher Politiker. Bio-bibliographische Beiträge, Opladen 2001, S. 11–46.
63 In dem umfänglichen Handbuch „Deutsche Politikwissenschaftler – Werk und Wirkung. Von Abendroth bis Zellentin" ist Kogon kein Beitrag gewidmet, wohl aber seinen Schülern Ernst-Otto Czempiel und Peter Graf Kielmansegg. Vgl. Eckhard Jesse/Sebastian Liebold (Hrsg.): Deutsche Politikwissenschaftler – Werk und Wirkung. Von Abendroth bis Zellentin, Baden-Baden 2014.
64 Bleek: Geschichte der Politikwissenschaft in Deutschland, S. 303.
65 Kogon: Die Lage der Politischen Wissenschaften in der Bundesrepublik Deutschland, S. 150.

die in der Folge auf Professuren berufen wurden".[66] Schulbildend hat er mit seinem politikwissenschaftlichen Ansatz nicht gewirkt.[67]

Die passende Hörerschaft für sein Lehrangebot fand Kogon an der Technischen Hochschule Darmstadt, wo die meisten Besucher der Lehrveranstaltungen Ingenieurs- und Naturwissenschaften studierten. Die kleinere Gruppe bildeten Lehrer für Sozialkunde und für das Lehramt an Gymnasien und an beruflichen Schulen.[68] Gegenüber dem Tübinger Politikwissenschaftler und Staatsrechtler Theodor Eschenburg erklärte Kogon:

> „Während der nun schon mehr als vierzehn Jahre meiner Lehrtätigkeit hier an der Technischen Hochschule Darmstadt habe ich jeweils im Turnus der Vorlesungen, Übungen und Seminare für die Lehramtskandidaten des Höheren Unterrichts, die Wirtschaftsingenieure, die Hörer aller Fakultäten und schließlich die Technologischen Pädagogen (wie die künftigen Gewerbelehrer bei uns heißen) die gesamte Theorie der Politik behandelt, von den Grundvorgängen und Grundbegriffen angefangen bis zu den Herrschaftssystemen."[69]

In den Vorlesungen – diese Veranstaltungsart bot Kogon überwiegend an, selten finden sich Seminare im Vorlesungsverzeichnis – saßen, typisch für die 1950er und 1960er Jahre, ca. 30 Zuhörer.[70]

Klaus Knothe, Student bei Kogon, nahm den Österreicher vor allem als Hochschullehrer und Politikwissenschaftler wahr. Von Kogons persönlicher Leidensgeschichte und Verfolgungserfahrung wusste er nur, weil öffentlich bekannt war, dass Kogon Autor des *SS-Staates* war. Weder Knothe noch andere erinnerten, dass Kogon jemals in einer Veranstaltung über seine Zeit im KZ gesprochen hatte.[71]

Kogon war den Studierenden über ein halbes Jahrhundert in lebhafter Erinnerung geblieben, weil er die Fähigkeit besessen habe, ein Thema sehr schnell auf den Punkt zu bringen. Darüber hinaus sei es ihm gelungen, die Inhalte seiner Vorlesungen anhand verschiedenartiger Beispiele zu illustrieren und themenübergreifend darzustellen.[72] Zudem sprachen seine ehemaligen Studenten von Kogons lebhafter und bildlicher Vortragsweise und beschreiben ihn als einen Referenten, der

---

66 Peter Nixdorff: Geleitwort. Zur Geschichte der Politikwissenschaft in Darmstadt, in: Tanja Hitzel-Cassagnes/Thomas Schmidt (Hrsg.): Demokratie in Europa und europäische Demokratien. Festschrift für Heidrun Abromeit, Wiesbaden 2005, hier S. 10.
67 Vgl. Kleinmann: Eugen Kogon (1903–1987), S. 235.
68 Vgl. Nixdorff: Geleitwort, S. 10.
69 UA THD, Ordinariat Wissenschaftliche Politik I u. II, Sig. 200-373, Eugen Kogon an Theodor Eschenburg, 26.05.1965.
70 So die Erinnerung der Zeitzeugen Klaus Knothe und Hanns-Peter Ekardt. Dennis Beismann: Zeitzeugeninterview mit Klaus Knothe, Berlin, 05.04.2016, und Hanns-Peter Ekardt, Kassel, 29.04.2016. Dennis Beismann: Zeitzeugeninterview mit Hanns-Peter Ekardt, Kassel 29.04.2016.
71 Hierzu z. B. ebenda.
72 Vgl. Dennis Beismann: Zeitzeugeninterview mit Reinhold Kreile, München, 04.02.2016.

in seinen Vorlesungen auf und ab ging, lebhaft und frei sprach.[73] Tatsächlich sind in seinem Nachlass die zahlreichen Stapel aus nummerierten DIN A5-Zetteln erhalten geblieben, auf denen er die Inhalte seiner Vorlesungen in knappen Stichworten notierte.[74] Und 1965 verriet Kogon dem *Spiegel*-Journalisten Martin Morlock: „Ich bin ein Peripatetiker."[75]

5 Vorlesungen und Lehrinhalte

Da Kogon in den ersten Jahren seiner Lehrtätigkeit kein wissenschaftliches Personal hatte und erstmalig vor der Aufgabe stand, Vorlesungen auszuarbeiten und zu halten, erforderten diese neuen Aufgaben zunächst einen hohen Zeitaufwand. Robert H. Schmidt berichtet:

> „Die Last der Lehrdarbietungen und – wenn einigermaßen systematisch und hinreichend umfassend gelesen werden sollte, was wegen der Studienpläne der Lehramtskandidaten erforderlich war – folglich ein hinsichtlich der Vielseitigkeit der Vorlesungsvorbereitungen zermürbendes Programm oblag in den ersten zehn Jahren, angesichts des damals gegebenen ‚Ein-Mann-Betriebes' Herrn Professor Dr. Eugen Kogon."[76]

Dessen Lehre charakterisierte, dass er sich in seinen Vorlesungen nicht auf einzelne Schwerpunkte und Spezialgebiete konzentrierte, sondern immer stark kontextualisierte und den Gegenstand seiner Ausführungen in seinen übergreifenden geistesgeschichtlichen Gesamtzusammenhang einbettete.[77] Nach dem gleichen Muster strukturierte er auch viele seiner Aufsätze, in denen er ein Thema mit aktuellem Bezug in seinen historischen Entwicklungslinien entfaltete und zahlreiche Rückbezüge auf die Geschichte der Philosophie oder Theologie machte.[78]

In der ersten Hälfte seiner Darmstädter Lehrtätigkeit bildeten Vorlesungen zu totalitaristischen Herrschaftssystemen einen wichtigen Schwerpunkt in Kogons Lehrangebot. Als Konsequenz aus seinen persönlichen Erfahrungen im Nationalsozialismus und aus dem Ansatz heraus, über Lehrinhalte die Festigung der Demokratie zu befördern, bot er insbesondere auch eine Geschichte des Faschismus an, in der er die präfaschistische Situation in Deutschland, Italien, Ungarn, Österreich und anderen europäischen Staaten verglich. In diesen Veranstaltungen vermittelte er den Hörern ein Verständnis davon, unter welchen verschiedenen Bedingungen

---

73 Vgl. Dennis Beismann: Zeitzeugeninterview mit Hanns-Peter Ekardt, Kassel, 29.04.2016.
74 Siehe AdsD, Nl Eugen Kogon, Sig. 140 und 141.
75 Vgl. Martin Morlock: Kein Spass, in: Der Spiegel, Nr. 3, 1965.
76 Schmidt: Politikwissenschaft an der Technischen Hochschule Darmstadt, S. 156.
77 Eine Gesamtübersicht sämtlicher Lehrveranstaltungen, die Kogon an der TH Darmstadt angeboten hat, findet sich im Anhang der vorliegenden Untersuchung.
78 Ein Beispiel von vielen: Kogon: Fünfter Akt im europäischen Schauspiel.

totalitäre Strukturen Fuß fassen können, und verglich unterschiedliche Mechanismen totalitärer Herrschaft.[79] Im Sommersemester 1952 hielt er so eine Vorlesung mit dem Titel „Formen der Diktatur" und im Wintersemester 1954/55 „Faschismus und Bolschewismus als Herrschaftssysteme".

Einen weiteren Schwerpunkt bildeten Themen, die mit der europäischen Einigung in Verbindung standen, so etwa eine seiner ersten Vorlesungen: „Die Bildung supranationaler Autoritäten: Die europäische Montanunion" (Wintersemester 1951/52) oder „Die europäische Konvention der Menschenrechte" (Wintersemester 1952/53). Erst Mitte der 1950er Jahre entwickelte er den längerfristig angelegten Vorlesungszyklus „Geschichte der politischen Theorien", in dem er die Entwicklung der politischen Theorie seit der Antike nachzeichnete. Zu Beginn eines jeden Semesters stellte er den Studierenden das Lernziel der Veranstaltung vor. Dieses bestünde darin, „nicht nur eine breite Linie der menschlichen Geistesgeschichte deutlich zu machen, sondern auch aus der Vergangenheit, die dargestellt wird, unsere Gegenwart verständlich erscheinen zu lassen".[80] Zu seiner Vorgehensweise führte er aus: „Die Darstellung der politischen Ideen des jeweiligen Zeitabschnittes erfolgt durch Ableitung einerseits aus den geistigen, vor allem philosophischen Strömungen der Epoche, [und] anderseits aus der sozialökonomisch-politischen Wirklichkeit."[81] Wie oben dargestellt, prägte dieser Ansatz auch viele seiner Hauptaufsätze, die Kogon in den *Frankfurter Heften* publizierte.

Seine Quellenbasis bildeten die Schriften der Autoren, denen er sich in seinen Ausführungen widmete sowie die Forschungsliteratur zum Thema. Über die Jahre seiner Lehrtätigkeit entwarf er diesen Zyklus und fügte ihm von Jahr zu Jahr ein neues Kapitel hinzu. Die folgenden Epochen und Zeitabschnitte bildeten eigene Unterkapitel in seinem Vorlesungszyklus: 1. Antike, 2. Mittelalter, 3. Hochmittelalter, 4. Beginnendes Europa, 5. Übergang zur Neuzeit, 6. Beginn der Neuzeit, 7. Reformationszeit, 8. Absolutismus, 9. Von der Gegenreformation zur Aufklärung, 10. Die Aufklärung in England, 11. 16./17. Jahrhundert: Der Absolutismus, 12. Die Theoretiker des rationalistischen Naturrechts, 13. Spätantike, Patristik und Frühmittelalter, 14. Die Entwicklung der modernen demokratischen Theorien im 17. u. 18. Jahrhundert, 15. Liberalismus.

Kogon wirkte in Darmstadt in erster Linie als Hochschullehrer, weniger als Forscher im eigentlichen Sinne. Neben seiner äußerst hohen Arbeitsbelastung auf verschiedenen Tätigkeitsfeldern war es ihm kaum möglich, die Entwicklungen in den nationalen und internationalen Politikwissenschaften im Detail zu verfolgen, regelmäßig Konferenzen zu besuchen und wichtige Neuerscheinungen zu lesen. Sein Assistent Peter Graf von Kielmansegg erinnert, dass im Gespräch mit Kogon regelmä-

---

[79] Vgl. Dennis Beismann: Zeitzeugeninterview mit Klaus Knothe, Berlin, 05.04.2016.
[80] AdsD, Nl Eugen Kogon, Sig. 140.
[81] Ebenda.

ßig deutlich wurde, dass dieser zwar mit der frühen politikwissenschaftlichen Literatur aus der Weimarer Republik vertraut war – die Publikationen des Soziologen Werner Sombart habe er z. B. sehr gut gekannt –, mit der neueren, im engeren Sinne politikwissenschaftlichen Literatur, vor allem der amerikanischen, jedoch nicht.[82] Kogon korrespondierte über politikwissenschaftliche Fragestellungen auch nicht mit anderen Vertretern seines Faches und legte keine politisch-theoretische Literatur im eigentlichen Sinne vor. Lediglich für die 1960er Jahre belegen die Quellen wiederholt, dass er plante, ein Lehrbuch der Politikwissenschaften zu schreiben. Dieses Arbeitsvorhaben thematisierte er in seiner Korrespondenz eher am Rande, so z. B. wenn er 1962 die Hochschulleitung um ein Urlaubssemester bat, um das Manuskript fertigzustellen,[83] oder wenn er 1968 Terminanfragen ausschlug, weil er „mit Hochdruck" an seinem Buch arbeite.[84]

Peter Graf Kielmansegg erinnerte sich ferner, dass Kogon im ersten Jahr der Zusammenarbeit mit seinem Assistenten begann, Texte für dieses Projekt zu diktieren, das sich auf die Hauptvorlesungen stützte, die Kogon in den 1950er Jahren mit großem Aufwand erarbeitet hatte. Er beauftragte Kielmansegg damit, die Fundstellen von Zitaten zu liefern, welche Kogon nicht genau vorlagen. Die Textproduktion sei jedoch nach etwa 30 Seiten abgebrochen worden.[85]

Auch wenn Kogon also nach seinem großen Bucherfolg, dem *SS-Staat* von 1946, eine weitere, größere wissenschaftliche Publikation plante, ist doch festzuhalten, dass es sich um ein Lehrbuch, also eine didaktische Schrift, handelte, die nicht als politikwissenschaftliche Literatur im engeren Sinne zu verstehen ist. Es gelang ihm auch deshalb nicht, eine größere zusammenhängende Forschungsarbeit vorzulegen, weil seine zahlreichen Aktivitäten und Möglichkeiten als Publizist es reizvoll machten, die Ergebnisse seines wissenschaftlichen Denkens konstant abzuschöpfen und in kleineren Textformen zu verwenden. Zudem sicherte er über diese Veröffentlichungen sein monatliches Einkommen. Nachdem Anfang der 1950er Jahre seine zahlreichen Firmen Konkurs anmelden mussten und auch die *Frankfurter Hefte* stets am finanziellen Abgrund standen, war er dringend auf die Einnahmen durch Auftragsarbeiten angewiesen, um die monatlichen Kosten zu decken. Allein mit seinem Salär als Professor (das Grundgehalt nach der Berufung zum Professor lag zunächst bei 11 600 DM jährlich)[86] ließ sich die hohe Schuldenlast nicht tragen. Gottfried Erb

---

82 Vgl. Dennis Beismann: Zeitzeugeninterview mit Peter Graf von Kielmansegg, Heidelberg, 05.03.2013.
83 In einem Schreiben vom 27.06.1962 bittet Kogon um ein Urlaubssemester, da er sein Lehrbuch *Politik und Wissenschaft* fertigstellen wolle und zudem gesundheitlich angeschlagen sei. Vgl. UA TH Darmstadt, Personalakte Kogon.
84 Vgl. AdsD, Nl Eugen Kogon, Sig. 221, Eugen Kogon an Jürgen Wichmann, 12.09.1968.
85 Vgl. Dennis Beismann: Zeitzeugeninterview mit Peter Graf von Kielmansegg, Heidelberg, 05.03.2013.
86 Vgl. AdsD, Nl Eugen Kogon, Sig. 232, Ludwig Metzger an Eugen Kogon, 23.06.1951.

erinnerte sich im Zeitzeugeninterview, dass Kogon sich oftmals an der Technischen Hochschule, spätabends, am Ende von Besprechungsrunden, in sein Büro zurückzog, mit den Worten, dass er noch einen Text für eine Zeitung oder ein Magazin zu schreiben habe, welcher am nächsten Morgen vorliegen müsse. Auf diese Honorare sei er finanziell angewiesen gewesen.[87]

6 Kollegium und Studierende

„Der Nationalsozialismus hat die Universitäten früher erobert als die Kanzleien der Regierung", so der NS- und Antisemitismus-Forscher Wolfgang Benz.[88] Dass viele Professoren Hitlers Regime Sympathie entgegenbrachten, ist eine Tatsache, der zunehmend Studien gewidmet werden.[89] 2015 hat Isabel Schmidt eine Studie vorgelegt, in der sie untersucht, wie die TH Darmstadt in den Jahren 1945 bis 1960 mit ihrer gewinnträchtigen Verstrickung in die Kriegsforschung im Nationalsozialismus umging. Schmidt konstatiert, die „TH Darmstadt [...] richtete zwischen 1945 und 1960 nicht zuletzt aus Angst davor, in ihrer zukünftigen Entwicklung eingeschränkt werden zu können, den Blick nicht auf die Vergangenheit, sondern stets nach vorne".[90]

Viele Technikprofessoren an der TH Darmstadt dienten im Nationalsozialismus als hilfswillige und nützliche Helfer in Hinblick auf die Raketenentwicklung. Dies betraf sowohl Wissenschaftler aus dem Bereich Mechanik als auch aus dem Bereich Mathematik.[91] Das Gedenken an der Hochschule widmete sich nach 1945 vor allem den eigenen Gefallenen, weniger den Kollegen, die aus dem Amt gedrängt worden waren.[92] Diese Tatsache schlug sich auch in der Berufungspolitik nieder: „Ohne dass dies in der Intention der Hochschulleitung gelegen haben mag: Gemessen an den NS-Mitgliedschaften wurden in der Nachkriegszeit Personen mit weit größerer politischer Belastung an die TH Darmstadt berufen als zu Zeiten des Nationalsozialismus."[93] Genau genommen verlieh die Hochschule zwischen 1933 und 1945 niemandem einen Professorentitel, der vor dem Machtantritt der Nationalsozialisten in die Partei eingetreten war, und auch keinen Mitgliedern der SS. Nach dem Ende des

---

87 Vgl. Dennis Beismann: Zeitzeugeninterview mit Gottfried Erb, Hungen, 23.08.2012.
88 Wolfgang Benz: Hitlers willige Professoren, in: Der Tagesspiegel, 14.07.2014, http://www.tagesspiegel.de/wissen/unis-in-der-ns-zeit-hitlers-willige-professoren/8494756.html (18.04.2017).
89 Siehe z. B. Henrik Eberle: „Ein wertvolles Instrument". Die Universität Greifswald im Nationalsozialismus, Köln u. a. 2015. Und: Hanel, Melanie: Die TH Darmstadt im Dritten Reich, Darmstadt 2014.
90 Schmidt: Nach dem Nationalsozialismus, S. 501.
91 Dennis Beismann: Zeitzeugeninterview mit Hanns-Peter Ekardt, Kassel, 29.04.2016.
92 Vgl. Schmidt: Nach dem Nationalsozialismus, S. 503.
93 Ebenda, S. 394.

Krieges änderte sich das: Mit der Berufung des Elektrotechnikers Karl Küpfmüller ernannte die Hochschule einen ehemaligen SS-Obersturmbannführer zum Professor – einen derart hohen Rang erreichten nur Nationalsozialisten wie der Leiter des Referats im Reichssicherheitshauptamt, das für die Deportation und Ermordung der europäischen Juden zuständig war, Adolf Eichmann, oder der Kommandant des Konzentrations- und Vernichtungslagers Auschwitz Rudolf Höss. 1955 und 1956 war Küpfmüller zudem Rektor der TH Darmstadt.[94]

Die Ausweitung der Lehramtsstudiengänge machte es Anfang der 1960er Jahre notwendig, einen zweiten Lehrstuhl für Politikwissenschaften zu schaffen,[95] der 1962 mit Arcadius Gurland besetzt wurde.[96] In seinen Arbeiten widmete er sich insbesondere dem sowjetischen Herrschaftssystem und der Theorie des Sozialismus.[97] Neben der gemeinsamen Disziplin einten ihn mit Kogon seine Wurzeln in der ehemaligen Sowjetunion. Gurland war 1904 in Moskau geboren worden, Kogons Mutter stammte aus Nikolajew, der südlichen Ukraine. Zudem waren beide Opfer des Nationalsozialismus: Gurland musste vor den Nationalsozialisten 1933 nach Belgien und nach Frankreich, 1940 in die USA fliehen. Auch Kogon floh, als die Wehrmacht und die Gestapo in Wien einmarschierten, jedoch wurde er beim Übertreten der Grenze zur ehemaligen Tschechoslowakei verhaftet. In New York lehrte Gurland am Institute of Social Research, nach seiner Rückkehr nach Deutschland hatte er von 1950 bis 1954 die Leitung des Instituts für Politische Wissenschaften an der Berliner Freien Universität inne.[98] Schließlich hatte er mit Kogon gemeinsam, dass sich weder in Berlin noch in Darmstadt eine Schule um Gurland bildete.[99] Politisch verorten lässt sich Gurland, wie viele seiner Berliner Kollegen, so z. B. Ernst Fraenkel, Ossip K. Flechtheim oder Richard Löwenthal im sozialdemokratisch orientierten Spektrum.[100] In seiner Forschung verknüpfte er starke gesellschaftstheoretische Thesen mit der in den USA weit verbreiteten Vorstellung einer empirisch orientierten Politikwissenschaft. Mit diesem Ansatz stellte er die politische und gesellschaftliche Entwicklung der Bundesrepublik ist ein kritisches Licht.[101]

---

94 Vgl. ebenda, S. 394 f., 398.
95 Vgl. Nixdorff: Geleitwort, S. 10.
96 Zu Gurland siehe Mario Keßler: Arkadij Gurland: Sozialdemokrat und Politologe zwischen Weimarer Republik, Exil und westlichem Nachkriegsdeutschland (1907-2009), in: Mario Keßler (Hrsg.): Historia magistra vitae? Über Geschichtswissenschaft und politische Bildung, Berlin 2010, S. 191–210.
97 Schmidt: Politikwissenschaft an der Technischen Hochschule Darmstadt, S. 147.
98 Vgl. Söllner: Deutsche Politikwissenschaftler in der Emigration, S. 284.
99 Vgl. Eckhard Jesse/Sebastian Liebold: Politikwissenschaftler und Politikwissenschaft in Deutschland, in: Eckhard Jesse/Sebastian Liebold (Hrsg.): Deutsche Politikwissenschaftler – Werk und Wirkung. Von Abendroth bis Zellentin, Baden-Baden 2014, S. 9–70, hier S. 13.
100 Vgl. Söllner: Deutsche Politikwissenschaftler in der Emigration, S. 276.
101 Vgl. ebenda, S. 285.

Gurlands Lehrstuhl verfügte seit seiner Einrichtung über zwei Wissenschaftliche Assistenten. Eine dieser Stellen besetzte der Bürgerrechtler Jürgen Seifert, der 1967 von der TH Darmstadt zum Akademischen Rat ernannt wurde.[102] Seifert kooperierte im Widerstand gegen die Notstandsgesetzgebung eng mit Kogon, gegen die beide gleichermaßen engagiert mobilisierten. Die zweite Assistentenstelle besaß Rudolf Billerbeck, als Wissenschaftlicher Rat wirkte Wolfgang Sauer.[103]

Kogon unterhielt zu vielen seiner Darmstädter Kollegen ein gutes und enges Verhältnis. „[Er ...] hat die Chance zum fachwissenschaftlichen Gespräch über die Grenzen der Disziplinen hinweg genutzt, die im besonderen Maße die Technische Hochschule bot. Hier waren Kollegen tätig, die sich, beispielsweise in der Praktischen Mathematik oder in der ‚künstlichen Intelligenz' mit Gebieten beschäftigten, die weit in die Politikwissenschaft hineinreichten und deren Selbstverständnis beeinflußten", so Czempiel.[104]

Auch mit Kollegen, die dem Nationalsozialismus sehr nahe gestanden hatten, pflegte Kogon enge Kontakte. So unterhielt er sich mit Karl Küpfmüller angeregt über naturwissenschaftliche Fragen bei einem gemeinsamen Abend in einem Clubhaus. Küpfmüller sandte ihm im Nachgang des Treffens ein Buch zum Thema „Informationsverarbeitung der Nervenzelle" zu. In einem Schreiben vom 12. September 1968 bedankte Kogon sich und führte aus, dass er sich auf den Austausch über das Werk freue und lediglich hoffe, dass er den fachwissenschaftlichen Ausführungen halbwegs folgen könne.[105]

Und Kogon verstand sich nicht nur mit den ehemaligen Nationalsozialisten im Kollegium, – er setzte sich sogar dafür ein, dass es noch mehr wurden. Im Januar 1954 korrespondierte er mit dem Historiker Hellmuth Rössler darüber, inwieweit eine Berufung an die THD als Professor für Neuere Geschichte möglich sein würde.[106] 1933 war Rössler in die SA eingetreten, 1940 in die NSDAP; zudem hatte die NS-Ideologie Eingang in seine Publikationen gefunden.[107] Als der hessische Sozialdemokrat Ludwig Bergsträsser von diesem Vorgang erfuhr, schrieb er an Kogon, um von einer Berufung Rösslers abzuraten.[108] Kogon nahm Rössler jedoch gegen die Vorwürfe in Schutz – dieser sei als Parteigenosse nicht sonderlich aktiv gewesen.[109]

---

102 Vgl. UA THD, Akten der Fakultät Kultus- und Staatswissenschaften, Sig. UA 200-373, Ordinariat Wissenschaftliche Politik I u. II.
103 Schmidt: Politikwissenschaft an der Technischen Hochschule Darmstadt, S. 147.
104 Ernst-Otto Czempiel: Professor Kogon, in: Michael Kogon/Ernst-Otto Czempiel/Gottfried Erb/ Johann Wörner (Hrsg.): Das Maß aller Dinge. Zu Eugen Kogons Begriff der Humanität, Darmstadt 2001, S. 25–34, hier S. 30.
105 Vgl. AdsD, Nl Eugen Kogon, Sig. 221, Eugen Kogon an Karl Küpfmüller, 12.09.1968.
106 Vgl. UA THD, Sig. 200-376, Reiter R.
107 Vgl. Schmidt: Nach dem Nationalsozialismus, S. 529.
108 Vgl. AdsD, Nl Eugen Kogon, Sig. 232, Ludwig Bergsträsser an Eugen Kogon, 22.10.1954.
109 Vgl. AdsD, Nl Eugen Kogon, Sig. 232, Eugen Kogon an Ludwig Bergsträsser, 22.10.1954.

Gegenüber dem hessischen Minister für Erziehung rühmte Kogon Rösslers Qualitäten als Forscher, der die Mitglieder der Fakultät für Staats- und Kulturwissenschaften in vollem Maße überzeugt habe; gleichzeitig schwieg er sich über Rösslers politische Vergangenheit aus. Isabel Schmidt mutmaßt, dass es den Verantwortlichen in dieser Angelegenheit wichtiger erschien, einen weiteren Lehrstuhl für die Fakultät zu gewinnen, als zu verhindern, dass ein ‚131er' in das Kollegium aufgenommen wurde.[110] Aufgrund eines Ergänzungsgesetzes zum Artikel 131 durften sogenannte Minderbelastete, die aufgrund ihrer Tätigkeit im NS-Staat entlassen worden waren, wieder eingestellt werden. Nachdem sich jedoch auch der „Verband heimatvertriebener Hochschulangehöriger" 1954 bei dem Hessischen Kultusminister Arno Hennig für die Berufung Rösslers stark gemacht hatte, erfolgte diese.[111]

Einige Zeit nach Kogons Berufung bewilligte das Kultusministerium dem Lehrstuhlinhaber eine Sekretärinnen-Stelle. Auf dieser Position herrschte zunächst hohe Fluktuation, weil die Bezahlung schlecht war.[112] In den 1960er Jahren wurde Hildegard Kregeloh Kogons Sekretärin, deren Arbeit Kogon schätzte und die er nach seiner Emeritierung in einem privaten Dienstverhältnis weiterbeschäftigte.[113]

Rainer Lochau studierte bei Kogon in den späten 1950er Jahren und war Vorsitzender des AStA. Im Interview erinnerte er sich, dass es einmal einen scharfen Konflikt zwischen der Hochschulleitung und Kogon gegeben hatte, ohne den konkreten Anlass nennen zu können. Zumindest ging es um eine Abendveranstaltung, die an der TH Darmstadt stattfinden sollte, welche der Senat jedoch nicht billigte und für die er aus diesem Grund auch keine Räumlichkeiten zur Verfügung stellen wollte. Es kam zu einem Konflikt, infolgedessen Kogon in Zusammenarbeit mit dem AStA einen alternativen Raum in Darmstadt suchte und die Veranstaltung dort stattfinden ließ. Dieser Vorgang schlug hohe Wellen, so dass die Versammlung schließlich ungemein gut besucht war.[114]

Einige Hochschullehrer an der Technischen Hochschule Darmstadt übten eine besondere Anziehungskraft auf junge Studierende aus. Bei Kogon studierte Ende der 1950er Jahre eine untereinander befreundete Gruppe politisch interessierter Techniker, die auch bei der Durchführung der Zeitzeugeninterviews für die vorliegende Studie noch in Kontakt zueinander standen.[115] Einige von ihnen waren zu ihrer Darmstädter Zeit im AStA aktiv. Sie berichteten, dass sie einerseits wegen Persönlichkeiten wie dem Bauingenieur Kurt Klöppel nach Darmstadt gegangen waren, andererseits aber auch wegen Kogon, den sie im Rückblick als einen ihrer wichtigs-

---

110 Vgl. Schmidt: Nach dem Nationalsozialismus, S. 402.
111 Vgl. UA THD, Sig. 200-376, Reiter R.
112 Vgl. UA THD, Sig. 25/01 3+2/1 Personalakte Eugen Kogon.
113 Vgl. AdsD, Nl Eugen Kogon, Sig. 367/1.
114 Vgl. Dennis Beismann: Zeitzeugeninterview mit Rainer Lochau, Berlin, 16.02.2016.
115 Dazu zählten Hanns-Peter Ekardt, Rainer Lochau, Klaus Knothe, Klaus Schalipp, Helga Schmidt-Thomsen.

ten akademischen Lehrer bezeichneten.[116] Hanns-Peter Ekardt hat ebenfalls Kogons Vorlesungen gehört und berichtete, dass erst einige Jahre nach seinem Studium in ihm die Frage aufkeimte, wie es überhaupt möglich sein konnte, dass für ihn als jungen Menschen Professoren wie Klöppel, die in verschiedenen NS-Organisationen waren und Hitler als Techniker dienten, gleichermaßen prägend waren wie die Opfer des Regimes Eugen Kogon und Arcadius Gurland.[117] Aus der Retrospektive nannte Ekardt als möglichen Erklärungsansatz, dass er zu seinen Studienzeiten nahezu nichts über Klöppels Biographie gewusst habe.[118]

7 Assistenten und Promovierende

Nachdem das Kultusministerium Kogon eine Assistentenstelle bewilligt hatte, fiel die Wahl im Sommersemester 1952 auf Robert Heinz Schmidt. Das Arbeitsverhältnis blieb bestehen, bis Schmidt 1961 nach seiner Habilitation eine Dozentur für Politologie erhielt.[119] Die Aktenlage gibt wenig Aufschluss über das Verhältnis zwischen dem Lehrstuhlinhaber und seinem ersten Assistenten. Das folgende Schreiben, das Schmidt nicht lange nach seiner Einstellung erreichte, macht jedoch deutlich, dass Kogon darauf pochte, als Autoritätsperson behandelt zu werden:

„Auf den heutigen Vorfall hin: Seien Sie vorsichtig, nicht mein Vertrauen zu verlieren! Ich habe nicht den geringsten Grund, irgendjemanden die Arbeitsmethoden zu erklären, die für mich notwendig sind, um mit den Aufgaben zureichend fertigzuwerden, die ich zu leisten habe. Diesen Methoden müssen sich meine Mitarbeiter anpassen, oder sie werden für mich nicht wertlos, sondern sogar störend. Ein Assistent ist zur Hilfe da; seine Funktion schlägt in das Gegenteil um, wenn er in einem noch so verständlichen Eifer meint, seinerseits Art und Tempo der Erledigungen, soweit sie mit mir zu tun haben, bestimmen zu müssen. [...] Ich möchte, dass dies ein für alle Mal zwischen uns unmissverständlich klar ist. Die für mich notwendige und von mir gerne gesehene Zusammenarbeit ist andernfalls ausgeschlossen und ich würde das bestehende Verhältnis zwischen uns radikal lösen. [...] Ich will am Montag, 1. Juni, vor einer Fahrt nach München am späteren Vormittag nach Darmstadt kommen, um die anstehenden Angelegenheiten mit Ihnen zu erledigen, und hoffe, dass die Sache damit ohne jedes zurückbleibende Missverständnis und ohne weitere Trübung der Beziehungen zwischen uns erledigt ist."[120]

Wie der oben skizzierte Konflikt mit Clemens Münster zeigt auch dieses Schreiben, dass Kogon durchaus eine autoritäre Ader hatte. Das Verhältnis zwischen Schmidt

---

116 Dennis Beismann: Zeitzeugeninterview mit Hanns-Peter Ekardt, Kassel, 29.04.2016; Dennis Beismann: Zeitzeugeninterview mit Klaus Knothe, Berlin, 05.04.2016.
117 Vgl. Dennis Beismann: Zeitzeugeninterview mit Hanns-Peter Ekardt, Kassel, 29.04.2016.
118 Hanns-Peter Ekardt an Dennis Beismann, 25.05.2018.
119 Vgl. Schmidt: Politikwissenschaft an der Technischen Hochschule Darmstadt, S. 144.
120 AdsD, Nl Eugen Kogon, Sig. 232, Eugen Kogon an Robert H. Schmidt, 20.05.1953.

und ihm nahm jedoch durch diesen Vorfall keinen bleibenden Schaden, so dass Schmidt Kogons Erster Assistent blieb, bis der Hessische Minister für Erziehung und Volksbildung ihn 1961 zum Diätendozenten ernannte.[121] Im gleichen Jahr erstellte Kogon für Schmidt ein Gutachten, das positiv ausfiel, wenn es auch Ausführungen enthält, die zumindest in der Rückschau nur als kurios empfunden werden können:

> „Herr Dr. Schmidt ist ein angenehmer Kollege von umgänglicher Art. Er drängt sich niemandem auf, nimmt aber gern an nutzbringender Unterhaltung und an geselligen Veranstaltungen teil. Er ist Intrigen abgeneigt (und trinkt gerne ein gutes Glas Wein).
> Seine evangelische Christlichkeit ist ernst. Da sie sich auch in den besten Traditionen des Humanismus ausgeprägt hat, ist sie vor jeder konfessionellen Lage bewahrt geblieben.
> Herr Dr. Schmidt lebt in geordneten Verhältnissen. Seine Frau ist eine sympathische Erscheinung, mit der, sobald sie aus sich herausgeht, sich zu unterhalten ein Gewinn ist."[122]

Auch für seinen nächsten Assistenten, Ernst-Otto Czempiel, der von 1957 bis 1964 am Lehrstuhl tätig war, setzte sich Kogon ein. Czempiel begann sein Beschäftigungsverhältnis 1957 und erfüllte in Darmstadt ab dem Wintersemester 1962/63 einen Lehrauftrag für das Gebiet der Internationalen Politik.[123] Das Dienstverhältnis endete, weil er sich 1964 habilitierte, dann zunächst als Privatdozent tätig war und zwei Jahre später an die Universität Marburg auf eine Professur für Internationale Politik berufen wurde.[124] Für die Besetzung eines Lehrstuhls an der Universität Tübingen empfahl Kogon seinen Assistenten Czempiel. In einem Schreiben von Kogon an Theodor Eschenburg, der selbst Politikwissenschaften an der Universität Tübingen lehrte, erklärte Kogon:

> „Die Internationalen Beziehungen, die Außenpolitik der Staaten und die Internationale Politik waren und sind in meiner Darstellung nicht zentral. Es war für mich eine große Freude, zu sehen, wie sich Herr Dr. Czempiel, der von 1960 an mein Erster Wissenschaftlicher Assistent war, aus eigenem diesem so wichtigen Sachbereich zuwandte und daranging, die wissenschaftlichen Elemente der dringend notwendig gewordenen Spezialtheorie zu bearbeiten. "[125]

Diese Gutachten decken sich mit der These von Arno Mohr über die engen Austauschbeziehungen zwischen den hessischen Lehrstühlen für Politikwissenschaften:

> „Für die Politikwissenschaft in Hessen charakteristisch ist der rege Austausch von Wissenschaftlern untereinander. So wanderten Schüler von Abendroth an die Gesamthochschule Kassel (wie Jörg Kammler oder – via Gießen – Lothar Döhn und Franz Neumann oder nach Gießen

---

121 Schmidt: Politikwissenschaft an der Technischen Hochschule Darmstadt, S. 144.
122 AdsD, Nl Eugen Kogon, Sig. 200, Eugen Kogon Gutachten über Robert H. Schmidt, 18.11.1961.
123 Vgl. Schmidt: Politikwissenschaft an der Technischen Hochschule Darmstadt, S. 148.
124 Dennis Beismann: Zeitzeugeninterview mit Ernst-Otto Czempiel, Berlin, 22.07.2013.
125 UA THD, Ordinariat Wissenschaftliche Politik I u. II, Sig. 200-773, Eugen Kogon an Theodor Eschenburg, 26.05.1965.

(wie Kurt Kliem). Hans-Gerd Schumann war in den 50er Jahren Oberassistent bei Abendroth und lehrt heute als Nachfolger Kogons in Darmstadt. Ernst-Otto Czempiel war zunächst wissenschaftlicher Assistent bei Kogon, später Privatdozent, Ende der 60er Jahre Professor in Marburg, bis er zu Beginn der 70er Jahre nach Frankfurt berufen wurde. Gottfried Erb begann als wissenschaftlicher Assistent bei Kogon, war später Professor und lehrt heute in Gießen."[126]

Genauer gesagt war Erb von 1962 bis 1968 Assistent bei Kogon. Er nahm für sich in Anspruch, unter den Wissenschaftlichen Assistenten in Darmstadt den engsten Bezug zu Kogon gehabt zu haben. Tatsächlich legte der Emeritus, als die *Frankfurter Hefte* Mitte der 1980er Jahre finanziell nicht mehr zu halten waren, deren Abwicklung in Erbs Hände. Erb erklärte, er sei einer der wenigen gewesen, den Kogons Frau zu ihrem Mann ließ, als dieser schwerkrank auf dem Sterbebett lag. Neben seinem leiblichen Vater, Alfons Erb, dem Gründer des Maximilian-Kolbe-Werkes, nennt Erb Walter Dirks und Eugen Kogon als seine geistigen Väter.[127]

In den späten 1960er Jahren war Peter Graf Kielmansegg Assistent von Kogon. Er habilitierte sich 1971 und wurde unmittelbar danach auf eine Professur nach Köln berufen. Kielmansegg hatte den Eindruck, man habe mit Kogon persönlich sehr viel offener sprechen können, als es seine Publizistik nahelegte, in der Kogon oftmals sehr entschiedene und polemische Positionen formuliert habe.[128]

Heinz Mosell wurde 1971 mit der Dissertation *Sprache im Computer. Eine Untersuchung der Möglichkeiten elektronischer Inhaltsanalyse anhand der Wahlhirtenbriefe von 1946–1970* promoviert. Seine biographische Spur scheint sich in den Akten zu verlieren, doch zu seiner Arbeit führt Kogon in einem Gutachten aus:

„Ich habe [...] mit meinen Assistenten, zu denen über Jahre hin Herr Mosell gehörte, in den Abendstunden unter anderem die Probleme des Zusammenhangs von Kirche und Gesellschaft/Gesellschaft und Kirche eingehend erörtert. (Zu meinen Plänen gehörte es, den Entwicklungsgang des Europäischen Geistes im Spiegel der päpstlichen Bullen und Enzykliken darzustellen.) Hierbei äusserte Herr Mosell die Idee, die nach dem Zweiten Weltkrieg erschienenen Hirtenbriefe der katholischen Bischöfe Westdeutschlands auf Denkstrukturen hin zu untersuchen. Aus dem Einfall, den ich sehr begrüßte, wurde Absicht, die ich bestärkte, schließlich ein Planentwurf, zu dem es nicht nur gehörte, die entsprechende Dokumentensammlung vorzunehmen – eine bereits nicht einfache Aufgabe –, sondern vor allem, die Faktoren festzustellen, die für die kirchlichen und insbesondere episkopalen Denkstrukturen konstitutiv sein mussten: die gesellschaftliche Herkunft, das frühe Erziehungsmilieu, die Studienorte und -inhalte, Zeit und Umstände der Weihen etcetera etcetera. [...] Es zeigte sich, dass die als Ziel ins Auge gefasste Inhaltsanalyse mit den traditionellen Methoden einerseits des Zählens und Messens, andererseits des Inbezugsetzens und Vergleichens unmöglich zu leisten war. Herr Mosell unternahm es daher gleichzeitig, ein Schema für elektronische Auswertung zu entwickeln. Bald

---

126 Mohr: Entstehung und Entwicklung der Politikwissenschaft in Hessen, S. 229.
127 Vgl. hierzu Dennis Beismann: Zeitzeugeninterview mit Gottfried Erb, Hungen, 23.08.2012.
128 Dennis Beismann: Zeitzeugeninterview mit Peter Graf von Kielmansegg, Heidelberg, 05.03.2013.

wurde klar, dass auf diese Weise aller Voraussicht nach aufschlussreiche Zusammenhänge bisher nicht oder kaum zugänglicher Art sichtbar gemacht werden konnten."[129]

Zudem promovierten bei Kogon, ohne eine Stelle am Lehrstuhl, 1953 Martin Samuel Allwood mit einer Arbeit über *Die Freizeitgestaltung der arbeitenden Bevölkerung in Darmstadt*. Theodor W. Adorno beantragte den Ausschluss Allwoods, weil dieser gegen ihn intrigiert habe.[130] Die Promotionsakte zu Allwood im Universitätsarchiv Darmstadt enthält eine Vielzahl von Schreiben zum Promotionsverfahren, die zwar belegen, dass es Probleme gab, jedoch keinen näheren Aufschluss darüber zulassen, wie genau die Konfliktlinien verliefen.[131] 1968 promovierte Ingrid Langer-El Sayed bei Kogon, die später als Professorin für Politikwissenschaften an die Universität Marburg berufen wurde. Wie anderen Schülern auch ermöglichte Kogon es Langer-El Sayed, in den *Frankfurter Heften* zu publizieren – in diesem Fall mit einem für die 1960er Jahre sehr progressiven Aufsatz „Frauen im Fünften Bundestag".[132]

Reinhold Kreile, Jurist, CSU-Politiker und später finanzpolitischer Berater von Franz Josef Strauß, promovierte 1956 bei Kogon mit der Arbeit *Staatsgerichtsbarkeit und Außenpolitik* zum Dr. jur. Kreile und Kogon kannten sich, weil der Christsoziale Beiträge als Musikkritiker für die *Frankfurter Hefte* geliefert hatte. Kogon habe daher zu ihm gesagt, dass er, Kreile, eine Assistentenstelle am Darmstädter Lehrstuhl nicht bekommen hätte, da er diese nicht benötige, sondern seine Forschungen auch über publizistische Aktivitäten finanzieren könne. Das Betreuungsverhältnis sei unkompliziert gewesen, man habe sich lediglich Kogons Rhythmus anpassen müssen, so Kreile. Einmal habe der Ordinarius ihm mitgeteilt, dass er am nächsten Tag eine längere Autofahrt hinter sich bringen müsse. Kreile könne ihn begleiten und dabei die Gelegenheit nutzen, alle Detailfragen der Dissertation in Ruhe zu besprechen.[133] In seinem Gutachten zu der Untersuchung erklärt Kogon:

> „Ich habe dem Verfasser die Behandlung des Themas zu einer Zeit empfohlen, als der Kampf um die parlamentarische Billigung und die Ratifizierung des EVG-Vertrages auf das heftigste entbrannt war. Es sollte der politische und der juristische Aspekt umstrittener Angelegenheiten der ‚hohen Politik' präzis und systematisch unterschieden werden, um es möglich zu machen, das Zusammentreffen der beiden Aspekte in Klagen der Opposition und in Urteilen des Bundesverfassungsgerichtes wissenschaftlich zu qualifizieren. Nur jemand, dem die spezifischen

---

129 AdsD, Nl Eugen Kogon, Sig. 367, Eugen Kogon: Gutachterliche Stellungnahme zur Dissertation von Heinz Mosell, 21.06.1971.
130 Vgl. Carsten Klingemann: Soziologie und Politik. Sozialwissenschaftliches Expertenwissen im Dritten Reich und in der frühen westdeutschen Nachkriegszeit, Wiesbaden 2009, S. 22.
131 Vgl. UA THD, Akten der Fakultät Kultur- und Staatswissenschaften, Sig. UA 200 Nr. 388, Promotionsakte Martin Samuel Allwood 1952–1966.
132 Vgl. Ingrid El Sayed: Frauen im Fünften Bundestag, in: FH 21 (1966), H. 3, S. 152f.
133 Dennis Beismann: Zeitzeugeninterview mit Reinhold Kreile, München, 04.02.2016.

Betrachtungsweisen und Methoden sowohl der Rechtswissenschaft wie der Wissenschaft von der Politik genügend vertraut sind, konnte die Bearbeitung übernehmen. [...]"[134]

Als letzter Assistent kam Peter Graf Kielmansegg an den Lehrstuhl. Er berichtete, dass Kogon, wenn er in Darmstadt war, abends lange mit seinen Assistenten beisammensaß und mit ihnen debattierte, bevor er sich erst spät zurückzog. Er habe den Abend, an dem er in Darmstadt war, nur ungern allein verbracht. Akademisch war die Arbeit bei ihm jedoch kaum von Vorteil, da er in den Politikwissenschaften wenig präsent war, so Kielmansegg. Es sei sogar vorgekommen, dass das Gegenteil eintrat, indem Kogon sich in Berufungsverfahren einmischte und so mehr Schaden als Nutzen anrichtete. Dafür wisse er, Kielmansegg, heute nicht, wer in diesen Jahren ein inspirierenderer und faszinierenderer intellektueller Partner hätte sein können als Kogon. Politisch habe er ihm nicht nahegestanden.[135]

Dass Kogon häufiger in Frankfurt als in Darmstadt war, bedeutete für seine Assistenten einen Vor- und Nachteil zugleich. Von Vorteil war, dass sie viele Freiheiten hatten und wenig von ihm in Anspruch genommen wurden. So hat Peter Graf Kielmansegg berichtet, dass er neben der Arbeit an seiner Habilitationsschrift ein 600 Seiten starkes Buch habe schreiben können, was auf einer „normalen" Assistentenstelle sicher nicht ohne Weiteres möglich gewesen sei. Von Nachteil war, dass die Assistenten sehr auf sich selbst im Erlernen des Hochschullehrerberufs gestellt waren und Kogon in der Vorbereitung von Lehrveranstaltungen viel abnehmen mussten, ohne dass sie über die dazu notwendigen Kenntnisse und Fertigkeiten verfügten. Zudem habe man Kogon auch nicht regelmäßig anrufen können, um wichtige Fragen zu klären, da er regelmäßig auf Reisen war.[136] Diese Eindrücke bestätigte auch Czempiel. Kogon hätte sie nicht mit vielen Arbeitsaufträgen belastet, sondern die Freiheit eingeräumt, zu schreiben, „was sie wollten".[137] Die Zusammenarbeit unter den Assistenten sei sehr kooperativ verlaufen.[138]

Und so postulierte Kogon an anderer Stelle: „Auf die Assistenten weitaus mehr als auf die Ordinarien sind die Studierenden positiv angewiesen, auf die Qualität der Assistentenleistung ganz und gar die Ordinarien. Man muß daher die Assistenten im Rang, in der Verselbständigung ihres Status, in der Sicherung des Fortkommens bei entsprechender Leistung und in der Honorierung besserstellen."[139]

---

134 AdsD, Nl Eugen Kogon, Sig. 731, Eugen Kogon: Gutachten zur Dissertation von Reinhold Kreile, 31.07.1956.
135 Dennis Beismann: Zeitzeugeninterview mit Peter Graf von Kielmansegg, Heidelberg, 05.03.2013.
136 Ebenda.
137 Dennis Beismann: Zeitzeugeninterview mit Ernst-Otto Czempiel, Berlin, 22.07.2013.
138 Dennis Beismann: Zeitzeugeninterview mit Peter Graf von Kielmansegg, Heidelberg, 05.03.2013.
139 Kogon: Die Lage der Politischen Wissenschaften in der Bundesrepublik Deutschland, S. 162.

Nach seiner Emeritierung reiste er weiterhin nach Darmstadt, um an den Habilitationsverfahren seiner und anderer Schüler, auch aus den Naturwissenschaften, teilzunehmen. So gehörte er zur Kommission, die 1971 die Arbeit von Lothar Manfred Czayka *Qualitative Input-Output-Analyse. Die Bedeutung der kombinatorischen Graphentheorie für inter-industrielle Input-Output-Analyse* abnahm.

Der Habilitationsvortrag von Peter Graf von Kielmansegg trug den Titel „Wandlung des politischen Konservatismus – das englische Beispiel", der von Gottfried Erb „Teilbarkeit oder Unteilbarkeit der Staatssouveränität". Beide wurden am 5. Februar 1971 gehalten und die Kandidaten habilitiert.[140] Schließlich kann festgehalten werden, dass fast alle Assistenten von Kogon später selbst Lehrstuhlinhaber wurden und auch nahezu alle anderen seiner Doktoranden auf ihren Berufsfeldern Erfolg hatten. Reinhold Kreile lobte, dass Kogon rasch eine Vorstellung davon entwickeln konnte, welche Talente ein junger Mensch mitbrachte und ob es für ihn einen Weg in die Position geben könnte, in der er, Kogon, ihn gerne hätte.[141]

8 Eingliederung der Gewerbelehrerausbildung

Bereits Anfang des 20. Jahrhunderts engagierte sich die preußische Gewerbelehrerschaft für die Akademisierung ihrer Ausbildung. Zwei Gruppen stellten sich diesem Vorschlag entgegen: Die Industrie und das Handwerk sorgten sich um ihren Einfluss auf die berufliche Bildung und lehnten eine weitere Theoretisierung der Lehrinhalte ab. Die Gewerkschaften und Sozialdemokraten wollten den Beruf des Gewerbelehrers als eine Aufstiegsmöglichkeit für Facharbeiter mit entsprechenden Kenntnissen und Fertigkeiten erhalten und diese nicht durch akademische Zulassungsvoraussetzungen erschweren. Aber auch die Finanzminister argumentierten, dass ihr Etat die mit einer höheren Qualifikation einhergehende Gehaltserhöhung der Gewerbelehrer nicht hergebe.[142]

1958 beschloss der Hessische Landtag das „Gesetz über das Lehramt an öffentlichen Schulen", welches unter anderem vorsah, dass die Ausbildung von Berufsschullehrern künftig von den wissenschaftlichen Hochschulen geleistet werden sollte. Die TH Darmstadt sollte Lehrer ausbilden, die Lernende aus den Berufsfeldern des Metall-, Elektro-, Bau-, graphischen und chemisch-technischen Gewerbes sowie aus den Fachrichtungen chemische Industrie unterrichteten.[143] Damit war auch die

---

140 Die Einladungen zu diesen Doktorprüfungen und Habilitationsverfahren finden sich im AdsD, Nl Eugen Kogon, Sig. 367-1.
141 Vgl. Dennis Beismann: Zeitzeugeninterview mit Reinhold Kreile, München, 04.02.2016.
142 Vgl. Schapfel: Die Eingliederung der Gewerbelehramtausbildung in die Technische Hochschule Darmstadt im historischen Kontext, S. 20 f.
143 Vgl. Gustav Grüner: Das Gewerbelehrerstudium an der Technischen Hochschule, in: Darmstädter Hochschulnachrichten 5, 1967, S. 1–7, hier S. 1 f.

8 Eingliederung der Gewerbelehrerausbildung — 123

Hoffnung verbunden, dass dieser Beruf so attraktiver sein und mehr Zuspruch erfahren würde.[144]

Kogon hat sich wiederholt zu bildungspolitischen Fragen geäußert und 1956 im Rahmen einer Tagung der Gewerkschaft Erziehung in Friedberg seine Überlegungen zu einer wohlgestalteten Pädagogik dargelegt. Es sei wichtig, dass sich Bildungseinrichtungen nicht auf die Vermittlung von Wissen beschränkten, sondern die Lernenden zum „richtigen Verhalten" erzögen, welches ihre Stellung und ihr Schicksal in der Gesellschaft bestimmen werde. Eine Voraussetzung, um dieses Ziel erreichen zu können, sei, dass die Lehrkräfte wüssten, „welches Verhalten in der modernen Gesellschaft als richtig gelten soll". Es komme daher darauf an, dass die Lehrenden mit den Mechanismen der industrialisierten Zivilisation vertraut seien, aus denen heraus sich die Probleme der Gegenwart ergäben.[145] Kogon forderte die Ausbildung zum politisch mündigen Staatsbürger nicht nur für Bildungseliten, sondern auch für die Absolventen der Volksschule. Vor diesem Hintergrund befürwortete er die Akademisierung der Gewerbelehrerausbildung und setzte sich dafür ein, dass die angehenden Lehrkräfte in Darmstadt zahlreiche Vorlesungen und Seminare aus dem Bereich der Politischen Bildung besuchten. In den *Darmstädter Hochschulnachrichten* hat er diesen Gedanken entfaltet:

> „In aller Welt sind Bildung und Ausbildung in tiefgreifendem Wandel begriffen. Die zivilisatorische Entwicklung – und nicht nur deren industriewirtschaftlich-technische Komponente! – stellt neue, weitgreifende Anforderungen. Sie haben besonders im Wettbewerb der weltanschaulichen und politischen Herrschaftssysteme Existenzbedeutung angenommen. [...] In den modernen Demokratien geht es nicht an, daß Bildungsprivilegien aufrechterhalten werden; man braucht jede geeignete Kraft, und von der Mitbestimmung in der Entscheidung der gesellschaftlichen Probleme ist niemand ausgeschlossen. Daher sind die rund 82 Prozent Schüler, die in der Bundesrepublik nach dem 8. oder 9. Volksschuljahr unmittelbar in die Berufspraxis des Erwerbslebens eintreten, genauso wichtig wie die Minderheit, die sich bereits vorher auf einen der verschiedenen Studienwege begibt [...]. Besonders fehlt es an der Darbietung des zureichenden gesellschaftlichen Orientierungswissens."[146]

Am 14. August 1955 hatte der Hessische Minister für Erziehung und Volksbildung an den Rektor der THD mit der Bitte geschrieben, zu einer möglichen Eingliederung der Gewerbelehrerausbildung für die gewerblich-technischen Fachrichtungen an seine Hochschule Stellung zu beziehen. Obwohl sich der Rektor für die Anregung offen zeigte, wurden erst 1957 konkrete erste Schritte eingeleitet, die auf Kogons Initiative zurückgingen. Im Januar 1958 sagte Kogon, amtierender Dekan der Fakultät

---

144 Vgl. Schapfel: Die Eingliederung der Gewerbelehramtausbildung in die Technische Hochschule Darmstadt im historischen Kontext, S. 20 f.
145 [o. V.] Das Erziehungsproblem in der industrialisierten Welt, in: Wetterauer Zeitung, 06.01.1956.
146 Eugen Kogon: Technologische Pädagogik, in: Darmstädter Hochschulnachrichten, 1964, S. 1–5, hier S. 1 f.

Kultur- und Staatswissenschaften, die den größten Anteil an der Ausbildung der Gewerbelehrer haben sollte, zu, konkret über die einzuleitenden Schritte zu verhandeln.[147] In einer Sitzung des Kleinen Senats 1960 konnte er gegenüber den Sitzungsteilnehmern begründen, dass die Einführung der Gewerbelehrerausbildung an der TH Darmstadt sinnvoll sei, weil es darum gehen müsse, einen neuen Typus des Gewerbelehrers zu bilden, in dessen Ausbildung geistes- und gesellschaftswissenschaftliche Lehrinhalte einen substanziellen Anteil haben.[148] Die konkreten Herausforderungen bei der Eingliederung hat Kogon 1964 rückblickend beschrieben:

> „Die schwierigste Aufgabe waren einmal das Problem der neuen Kombination von Studienfächern [...], zum anderen die gegenseitige Anpassung der Erfordernisse des neues Studiums und der Lehrmethoden der Technischen Hochschule. Auf drei Gebieten waren, als die Dinge inhaltlich weit genug geklärt waren, die entsprechenden Voraussetzungen zu schaffen: organisatorisch, personell, räumlich."[149]

Heinrich Bartmann, Prorektor der THD, führte in seinem Jahresbericht 1960 zudem die praktischen Herausforderungen an, die eine Erweiterung des Lehrangebots mit sich bringen würde: „Es erfüllt uns mit Sorge, daß sicherlich mit der Eingliederung von weiteren Studenten eine erhebliche Verschärfung der Schwierigkeiten, die unsere Studenten schon jetzt mit Unterkunft und Beköstigung haben, eintreten wird."[150]

Das von der Eingliederungskommission 1962 vorgelegte Konzept sah eine Zweiteilung des Ausbildungsprogramms vor: Knapp die Hälfte aller Semesterwochenstunden sollten die Studierenden mit dem Besuch von Lehrveranstaltungen aus dem Bereich der natur- und ingenieurwissenschaftlichen Fachrichtungen aufwenden, den Rest mit den Studieninhalten der Kultur- und Staatswissenschaften. Der Löwenanteil in diesem Bereich kam den Politikwissenschaften zu: 48 Semesterwochenstunden entfielen auf die Politik, 40 auf Recht/Wirtschaft, 24 auf Erziehungswissenschaften, Psychologie und Philosophie.[151] Für das Wintersemester 1963/64 konnten sich an der TH Darmstadt erstmalig Studierende für das Studium der „Technologischen Pädagogik für Baugewerbe, Metallgewerbe etc." einschreiben.[152] Infolge dieses Integrationsprozesses erfuhr die Erziehungswissenschaft an der TH Darmstadt einen deutlichen Ausbau, der die Schaffung neuer Lehrstühle in der Fa-

---

147 Vgl. Schapfel: Die Eingliederung der Gewerbelehramtausbildung in die Technische Hochschule Darmstadt im historischen Kontext, S. 24.
148 Vgl. UA THD, Rektoratsakten, Sig. 105-195, Protokoll der Senatssitzung 10.08.1960.
149 Kogon: Technologische Pädagogik, S. 4.
150 UA THD, Digitale Sammlungen, Feierliche Übergabe des Rektorats, Heinrich Bartmann: Jahresbericht vom 25.11.1960.
151 Schapfel: Die Eingliederung der Gewerbelehramtausbildung in die Technische Hochschule Darmstadt im historischen Kontext, S. 27.
152 Ebenda, S. 23, 27.

kultät für Kultur- und Staatswissenschaften nach sich zog.[153] Es war Kogon damit gelungen, die Stellung seiner Fakultät an der TH Darmstadt auszubauen, der Politischen Bildung mehr Gewicht zu geben und somit insbesondere den Politikwissenschaften ein weiteres Arbeitsfeld zuzuschanzen.

---

153 Gerbaulet: Vom Wiederaufbau zur Massenuniversität, S. 35.

V Leben in den 1960er Jahren

1 Zunehmende Arbeitsbelastung

In den 1960er Jahren steigerte sich Kogons öffentliches Ansehen und sein Bekanntheitsgrad erheblich. Insbesondere die zunehmende Verbreitung des Sehfunks und Kogons Präsenz in einem Fernsehformat mit hoher Einschaltquote führten dazu, dass er auch in Bereichen der Öffentlichkeit wahrgenommen wurde, die nicht dem üblichen Adressatenkreis der *Frankfurter Hefte* entsprachen. Diese Entwicklung schlug sich in einem außerordentlichen Zuwachs an Zuschriften von Rezipienten nieder, die Kritik üben oder Lob aussprechen wollten. Auch eine kleine Fangemeinde bildete sich um ihn, wie der folgende Brief belegt, welcher 1968 beim NDR einging:

> „[M]it Ihnen möchte ich ein Hühnchen rupfen! Wie konnten Sie in der letzten Sendung [...] [Kogon] einen alten Herren nennen? [...] Hoffentlich haben Sie Humor, sonst verstehen Sie nicht das Folgende: Prof. Kogon wegen musste ich mein Bild vom ‚Traum-Mann' – aus meiner Sicht, – umproportionieren! [...] So sah er aus, mein Idealtyp: 25 % Wilhelm Busch, 25 % G. B. Shaw, 25 % Friedrich Silcher, 25 % Hch. Heine. Jedem der [...] Verblichenen habe ich nur 5 % gekürzt, damit ich für Prof. Kogon auch 20 % zusammenbrachte! Dabei ist er der Einzige unter den lebenden Weilenden, den ich wert erachtete, einbezogen zu werden! [...] Sollte Ihnen jemals ein männliches Exemplar, das die Wesensmerkmale der von mir so hochgeschätzten 5 in einer Person vereinigt, begegnen, bitte sofort telegrafieren; es wird von mir gesucht! [...] Wäre ich etwas boshafter, ich wollte die Probe aufs Exempel machen, ob Sie, mein sehr verehrter Herr, sich augenblicklich der nämlichen geistigen Jugend erfreuen, die man Prof. Kogon ohne Abstriche bescheinigen muss."[1]

Die enorme Zuschauerresonanz traf Kogon unvorbereitet. So hatte er nicht erwartet, dass seine Zuschauer um Autogramme bitten würden, und es dauerte eine Weile, bis er Gelegenheit dazu fand, geeignete Fotografien zu diesem Zweck anfertigen zu lassen. Bis dahin erreichten ihn Fotos, die selbst geschossen oder ausgeschnitten worden waren, mit der Bitte, sie zu signieren. Ein Zuschauer schrieb: „Sie strahlen so viel Wärme und Liebenswürdigkeit aus, daß ich Sie als Fernsehteilnehmer recht herzlich um ein Bild mit händiger Unterschrift bitten möchte."[2] Auf einen anderen Autogrammwunsch antwortete seine Sekretärin: „Das beigelegte Foto hat Herr Professor Kogon unterschrieben; die zweite Aufnahme fand er allerdings so schrecklich, daß er sie lieber in seine Kuriositätensammlung aufgenommen hat."[3]

Ein Frauenarzt bedankte sich bei ihm, da er mit seinem Auto in Falkenstein im Schnee stecken geblieben war und der Österreicher ihm geholfen hatte, den Wagen

---

1 AdsD, Nl Eugen Kogon, Sig. 220, P. E. Buch an den Leiter der Panoramasendung, 1968.
2 AdsD, Nl Eugen Kogon, Sig. 205, Friedrich Gerlach an Eugen Kogon, 01.10.1964.
3 AdsD, Nl Eugen Kogon, Sig. 208, Ursula Kregeloh an Willi Grosser, 26.03.1963.

freizuschaufeln. „Es war für mich eine besondere Freude, Sie auch von dieser Seite kennengelernt zu haben, nachdem Sie mir aus Ihren Veröffentlichungen selbstverständlich längst gut bekannt waren."⁴ Neben diesen kleinen Angelegenheiten erreichten ihn aber nach wie vor regelmäßig ernsthafte Hilfegesuche von Menschen in schwierigen Lebenslagen, und er half, wo es ihm möglich schien.

Scharfe Kritik erreichte ihn nicht oft, hasserfüllte Briefe noch seltener – zumindest haben sie keinen Niederschlag im Nachlass gefunden. Es ist denkbar, dass Kogon oder seine Sekretärin derartige Post weggeworfen hat. Diese Vermutung stützen die Berichte von Gottfried Erb, der sich erinnerte, dass Kogon mit seiner Arbeit sehr wohl auch Hass erntete und dass ihn selbst Briefe mit Kot erreichten. Mit derartigen Attacken habe er sich jedoch gar nicht auseinandersetzen wollen, so dass er derartige Sendung entsorgte.⁵

Ob wohlwollend oder kritisch – wie konnte Kogon diese Flut an Briefen bearbeiten? In den 1960er Jahren hatte er an der TH Darmstadt eine Sekretärin – Hilde Kregeloh –, die täglich Absagebriefe unter der Verwendung von Textbausteinen schrieb und versuchte, die Berge abzuarbeiten. Manchmal sagte Kogon ihr auch, was sie antworten sollte und sie fügte einige konkret bezugnehmende Sätze zu ihren üblichen Standardformulierungen hinzu, bevor sie im Auftrag unterzeichnete. Das große Interesse an Kogons Person, die vielen Aufgaben und Verpflichtungen führten dennoch zu Überlastungserscheinungen, die ihm körperlich und geistig zu schaffen machten. Nachdem ihm eine Bekannte – Josefine Grimme, die ehemalige Sekretärin von Joseph Goebbels und Frau des niedersächsischen Kultusministers Adolf Grimme, – schrieb, er habe im Fernsehen resigniert und müde gewirkt, antwortete er: „Da [bei dieser Arbeitsüberlastung] ist es dann nicht verwunderlich, daß Freunde den – in der Wirklichkeit ja nicht unbegründeten – Eindruck gewinnen, daß ich müde und resigniert sei."⁶ Und an den Sozialdemokraten und Politikwissenschaftler Peter von Oertzen schrieb er: „Ich bin im Moment beinahe physisch am Zugrundegehen, so völlig überlastet bin ich. Bis Ende der Karwoche sehe ich nicht mehr die geringste Chance, irgendetwas Organisatorisches, das ich aktiv erledigen müßte, zu übernehmen; die Verpflichtungen, die ich abzuwickeln habe, sind unbeschreiblich."⁷ Schließlich 1963 an Dirks:

„Manchmal verfinstert sich darüber mein ganzes Dasein, – das sich ohnehin mehr und mehr eintrübt; nur von seiner jenseitigen Zukunft her erleuchtet es der wegweisende Strahl. Freilich auch er läßt das Herz sich zusammenziehen: Was tue ich schon, das sub sua specie Bestand hätte – gemessen etwa am Tagewerk jener heiteren Schwestern der Mutter Therese in Indien, über die Ihr neulich vom WDR aus eine so verdienstvolle Fernsehsendung gebracht habt. Man

---

4 AdsD, Nl Eugen Kogon, Sig. 203, Frauenarzt Cyran an Eugen Kogon, 13.02.1963.
5 Dennis Beismann: Zeitzeugeninterview mit Gottfried Erb, Hungen, 23.08.2012.
6 AdsD, Nl Eugen Kogon, Sig. 205, Eugen Kogon an Josefine Grimme, 16.11.1964.
7 AdsD, Nl Eugen Kogon, Sig. 212, Eugen Kogon an Peter von Oertzen, 31.03.1965.

müßte …, man müßte…, ach ja. Alles, was Du dagegenweißt, sage ich mir auch, und trotzdem, nicht wahr?
Du hast zu Vieles und zu Schönes zu meinem 60. Geburtstag getan: die Artikel, die Weinkiste, die Madonna mit dem Mantel, Mariannes [Dirks' Frau] Buch über die Frömmigkeit, Dein Gedenken, Deine Geduld, – ich komme mir grausig vor, hab' allen Dank für alles, man hat mich eingedeckt, ich ließ nach zehn Tagen einen Text drucken, mußte aber nach Hamburg, kam mit Grippe zurück, nun hat meine Frau sie, ich bin allein, von überall drängt die Arbeit heran, die verschiendenartigste, nun bist Du, dreißig Tage zu spät, buchstäblich – wie sich's ja auch gehört – der erste dem ich sage, daß ich mich erdrückt fühle, zudem ich aus Deinem 60ten noch tief in Schuld stehe!
Dein Brief in den FH hat mich an Bolgona erinnert, als es mich am Grabe des Hl. Dominicus überfiel – daß so viel so anders sein sollte, wenn wir doch die Welt zur Aufgabe haben. Nun tue ich halt das Tagewerk, Stück für Stück, Schuld für Schuld, abtragend, einstecken, ein wenig wissend, hoffentlich auch stellvertretend. […]
Übermorgen schleppe ich mich zu Euch, nach Köln – zum überflüssigen ‚Nationalstaats'-Gespräch mit Frau [Hannah] Arendt. Da sehe ich Dich, das ist, für einen Augenblick das Schönste dran (das Schöne dran). Ich bin mürb. Ich stapfe dahin. Wir beide müßten Zeit haben zu Spaziergängen miteinander, gelegentlich wenigstens. […]"[8]

Der düstere Ton dieses Briefes scheint die schweren Depressionen vorwegzunehmen, unter denen Kogon an seinem Lebensabend litt. Er hat all diese Verpflichtungen nicht an sich gerissen – vieles wurde an ihn herangetragen, er wurde oft angesprochen und gebeten. Und doch besaß er ein zweifelloses Unvermögen, nein zu sagen. Seine genauen Motive dabei sind im Rahmen der Recherchen zur vorliegenden Arbeit nicht deutlich erkennbar geworden. Vermutlich handelte es sich um eine Mischung aus Idealismus und Sorge um die Entwicklungen in Politik und Gesellschaft, Rastlosigkeit, ein aus der Haftzeit resultierendes Entfremdetsein der Familie gegenüber, finanzielle Nöte, wohl auch eine Spur Geltungssucht.

Diese Umstände sind ein entscheidender Grund dafür, dass Kogon keine Briefnetzwerke zum Zwecke geistigen Austauschs aufbaute, wie etwa Walter Dirks oder andere Intellektuelle es taten. Dazu fehlte ihm schlicht die Zeit. Gleichzeitig verfolgte sein Nachdenken über die Situation der Bundesrepublik keinen Selbstzweck, sondern war auf konkrete Einflussnahme ausgelegt. Insofern zog es ihn stets auf die große Bühne, um zu wirken und seine Positionen einem möglichst großen Adressatenkreis vermitteln zu können.

Ferner ist in den Quellen der 1960er Jahre, neben allen Sympathiebekundungen seiner Wegbegleiter, Kogons autoritäre Ader erkennbar, ein zuweilen selbstherrliches Auftreten sowie ein manchmal rabiater Ton. Fast komisch mutet es an, dass der Konflikt mit Ministerialrätin Helene von Bila erneut aufflammte, als diese dem *Darmstädter Echo* entnahm, dass Kogon die Leitung von *Panorama* übernommen habe. Mit dem erneuten Hinweis darauf, dass Nebentätigkeiten nach dem Hessi-

---

8 PA Michael Kogon, Eugen Kogon an Walter Dirks, 03.03.1963.

1 Zunehmende Arbeitsbelastung — 129

schen Beamtengesetz genehmigungspflichtig sind, bat sie Kogon darzulegen, welche Nebentätigkeit er beim NDR ausübe. Der Lehrstuhlinhaber antwortete:

> „Die Tatsache ist, daß ich der führungslos gewordenen *Panorama*-Redaktion in Hamburg zwar aushelfe, damit dieses übergewichtige publizistische Instrument den fortschrittlichen Kräften der Bundesrepublik nicht nur erhalten bleibt, sondern nach und nach wieder in voller Wirkung zur Verfügung steht, daß ich es aber ohne jeden Vertrag und lediglich einige Tage jeweils zum Sendetermin tue. Für die sogenannte Moderation, daß heißt die Darbietung der Sendung, erhalte ich von mal zu mal ein Honorar – genau wie für einen Kommentar oder einen Vortrag im Hörfunk, in meiner Mitarbeit somit noch freier, als es jahrelang für meine Sendereihe im Norddeutschen Rundfunk ‚Blick in die Zeit' der Fall war."[9]

Zur fast gleichen Zeit, aber in einem anderen Sinnzusammenhang, ließ Kogon den für ihn bei *Panorama* anfallenden Arbeitsaufwand ganz anders darstellen. Seine Sekretärin ließ er an Hermann Langbein schreiben:

> „Wie Sie vielleicht wissen, hat Herr Professor Kogon ab 1. Januar 1964 die Fernsehredaktion von *Panorama* in Hamburg übernommen und diese ungeheure Aufgabe neben seinen Verpflichtungen der Technischen Hochschule Darmstadt und den *Frankfurter Heften* gegenüber, ist nur mit einem großen Aufwand an Arbeit und Zeit zu bewältigen. Um diese Sendung so zu gestalten, wie sie sich Herr Professor Kogon vorstellt, damit sie einen nutzbringenden Wert für die Fernsehteilnehmer bringt, muß er fürs erste [sic!] viel in Hamburg sein."[10]

Kogons Reaktion auf die Anfrage einer Frau aus dem Kultusministerium zeugt von einem gesteigerten Selbstbewusstsein und der Annahme, von den üblichen Pflichten eines Beamten befreit zu sein. Dass dieses Verhalten offensichtlich keine weiteren Konsequenzen hervorrief, schien ihn in seiner Einschätzung zu bestätigen.

Kogons autoritäre Ader hat auch Günther Vieser erlebt, der zunächst als persönlicher Referent von Willy Brandt tätig war und später eine Bildungsstätte in der Nachbarschaft von Kogons Haus in Falkenstein leitete. Beide waren daher persönlich miteinander bekannt. Vieser berichtete von Kogons hochkonzentrierter Vortragsweise, die mit Anekdoten geschmückt war und es vermochte, das Publikum in ihren Bann zu ziehen. Gleichzeitig habe Kogon bewusst Distanz zu seinem Gegenüber geschaffen, Respekt erwartet und die Anlage besessen, „energisch zu werden". Vieser erinnerte auch die bereits oben deutlich gewordenen autoritären Züge und berichtete eine Episode, in der er mit Kogon und anderen auf der Frankfurter Buchmesse gewesen sei, wo ein Verlag die Gruppe zum gemeinsamen Austausch eingeladen hatte. Vieser erzählte Kogon etwas und weil er großen Respekt vor der „herausragenden Persönlichkeit der Zeitgeschichte" hatte, sprach er mit leicht gedämpfter Stimme. Völlig unvermittelt fuhr Kogon ihn vor der Gruppe an und forderte scharf,

---

9 AdsD, Nl Eugen Kogon, Sig. 205, Eugen Kogon an Helene von Bila, 20.03.1964.
10 AdsD, Nl Eugen Kogon, Sig. 206, Ursula Kregeloh an Hermann Langbein, 03.02.1964.

dass Vieser lauter spreche, er habe einen Herren gestandenen Alters vor sich und man befinde sich schließlich nicht bei den Trappisten.[11]

Es machte jedoch einen Unterschied, mit *wem* Kogon es zu tun hatte, über *wen* er sich ärgerte oder *wer* einen Beitrag in den *Frankfurter Heften* monierte. Als z. B. Helmut Schmidt bei Kogon Kritik an einem Artikel vorbrachte, deren Hintergründe sich nicht mehr rekonstruieren lassen, antwortete Kogon:

> „Ich konnte, als Sie soeben mit mir telefonierten, mich nicht völlig frei äußern, weil mehrere andere Personen sich mit in meinem Zimmer befanden. Ich möchte Ihnen daher jetzt sofort anschließend zum Ausdruck bringen, wie sehr ich über Ihre Mitteilung zu dem Artikel, den Friedhelm Baukloh in den *Frankfurter Heften* über Sie geschrieben hat, bestürzt bin. Sobald ich die schriftliche Darstellung, die sie mir in Aussicht gestellt haben, besitze, werde ich der Quelle solcher Mißinformation nachgehen. Da die Dezember-Ausgabe der *Frankfurter Hefte* sich bereits im Druck befindet, kann ich erst in der Januar-Nummer den Fall aufgreifen. So, wie sich die Sache mir im Moment darbietet, meine ich, grundsätzlich dazu Stellung nehmen zu müssen."[12]

2 Der „Fernsehprofessor"

Die *Frankfurter Hefte* erzielten in ihren ersten Jahrgängen eine enorme Reichweite, der nur die Papierknappheit der frühen Nachkriegsjahre Grenzen zu setzen vermochte. Dieser kaum zu stillende Hunger der Leserschaft nach neuen Ideen und anspruchsvoller Auseinandersetzung mit dem Zeitgeschehen sowie der „jüngsten Vergangenheit" nahm jedoch nach der Währungsreform 1948 und der Gründung der Bundesrepublik 1949 rapide ab. Während die Auflage der *Frankfurter Hefte* sank, nahm die Verbreitung des Fernsehens zu. Als 1957 die Zahl der angemeldeten Geräte die Millionengrenze hinter sich ließ, avancierte das Fernsehen zum wichtigsten Massenmedium neben dem Hörfunk.[13] In dieser Situation war Kogon offen für neue Möglichkeiten, um seine Reichweite zu erhöhen.

Die Mehrheit der europäischen Intellektuellen verhielt sich gegenüber den neuen Massenmedien zunächst skeptisch und nutzte sie nur in Ausnahmefällen. Viele trugen sich mit der Sorge, dass das Fernsehen als ein unkontrollierbares Instrument zur Manipulation der Rezipienten genutzt werden könne und womöglich traditionelle Kulturwerte begrabe.[14] „Maschinell infantilisiert" säße der Rezipient vor dem Fernsehapparat, so der Philosoph Günther Anders.[15] Der französische Romancier

---
11 Dennis Beismann: Zeitzeugeninterview mit Günther Vieser, 19.05.2017.
12 AdsD, Nl Eugen Kogon, Sig. 212, Eugen Kogon an Helmut Schmidt, 19.11.1965.
13 Vgl. Knut Hickethier: Geschichte des Fernsehens in der Bundesrepublik Deutschland, München 1993, S. 96.
14 Münkel: Intellektuelle für die SPD: Die Sozialdemokratische Wählerinitiative, S. 227.
15 Zitiert nach Hodenberg: Konsens und Krise, S. 33.

Jean-Paul Sartre hingegen sprach sich bereits 1947 dafür aus, jede Möglichkeit zu nutzen, um den eigenen Positionen zusätzliche Wirkmächtigkeit zu verleihen. Er forderte das Denken in Bildern und ein Schreiben, welches den Erfordernissen neuer Medien Rechnung trug.[16] Damit kam eine Debatte ins Rollen, in deren Verlauf sich der Rundfunk zunehmend in intellektuellen Kreisen etablierte und manche Vorbehalte sukzessive in den Hintergrund traten. 1964 stellte der Filmemacher Alexander Kluge dem Glauben an das geschriebene Wort das Potenzial des Bildes und des Films gegenüber. Im Gegensatz zur Sprache harmonisiere der Film nicht, sondern biete weitergehende Möglichkeiten, etablierte Denkschemata zu hinterfragen und herauszufordern.[17]

Kogon musste er davon nicht mehr überzeugen. Bereits 1956 hatte der Österreicher an den Fernsehintendanten des Nordwestdeutschen Rundfunk[18] Werner Pleister geschrieben: „Dieser Tage werde ich mir nun endlich einen Fernseh-Apparat kaufen, damit ich kritisch auf die Höhe komme."[19] Michael Kogon berichtete, dass sein Vater begeistert von dem neuen Medium gewesen sei und rasch Ideen entwickelte, wie sich die Bedingungen des Fernsehens für die politische und historische Bildung nutzbar machen ließen.[20] Kogons Herangehensweise an das neue Medium war unerschrocken und progressiv. Unmittelbar nachdem sich ihm die Möglichkeit dazu eröffnete, nutzte er die Gelegenheit, seine Reichweite über den Rundfunk zu erhöhen. Der Mediensoziologe Andreas Ziemann beschreibt diesen Wandel des medialen Instrumentariums zahlreicher Intellektueller:

> „Rückblickend ist der Prototyp des Intellektuellen gleichermaßen an die Medientechnik des Buchdrucks und der Rotationspresse wie auch an die Kulturtechnik des kritischen Schreibens verwiesen. Ihm folgt mit Sartre dann jener Typus des Schriftstellerintellektuellen, der Philosophie, Politik und Literatur verbindet und seine Interventionen vielfältig auf dem Buch- und Zeitschriftenmarkt, im Hörfunk, im Fernsehen und auf öffentlichen Demonstrationen ausbreitet. Bei dieser Ausweitung intellektuellen Engagements auf alle verfügbaren Massenmedien zeigt sich jedoch (noch) eine Priorisierung und Prämierung der Schreib- und Lesekultur. Erst ab den 1960er Jahren setzt sich dann langsam [...] ein medienbedingter Wandel intellektueller Praxis wie auch Rezeption durch. Seitdem ist das Bewegtbild als eigenmächtiger Faktor von Gegenerfahrungen, Gegenpositionen und alternativen (politischen) Lebensformen installiert und legitimiert."[21]

---

16 Vgl. Andreas Ziemann: Vom Schreiben, Sprechen und Zeigen – intellektuelle Medienpraxis, in: Thomas Kroll/Tilman Reitz (Hrsg.): Intellektuelle in der Bundesrepublik Deutschland. Verschiebungen im politischen Feld der 1960er und 1970er Jahre, Göttingen 2013, S. 151–166, hier S. 158 f.
17 Ebenda, S. 163.
18 Aus dem Nordwestdeutschen Rundfunk (NWDR) gingen zum Jahreswechsel 1955/56 die Sendeanstalten Norddeutscher Rundfunk (NDR) und Westdeutscher Rundfunk (WDR) hervor.
19 AdsD, Nl Eugen Kogon, Sig. 199, Eugen Kogon an Werner Pleister, 13.05.1956.
20 Dennis Beismann: Zeitzeugeninterview mit Michael Kogon, Füllinsdorf, 13.03.2013.
21 Ziemann: Vom Schreiben, Sprechen und Zeigen – intellektuelle Medienpraxis, S. 166.

Diese Transformation prägte auch Kogons Tätigkeit in besonderem Maße. Die Chance zur Mitgestaltung des Rundfunkprogramms erhielt Kogon unter anderem deshalb, weil er den Widerstand gegen den Nationalsozialismus unterstützt hatte. Deutsche Emigranten hatten während des Zweiten Weltkrieges dem Intelligence Team der Psychological Warfare Division eine Liste mit zuverlässigen Personen gegeben, die auskunftsfähig in Fragen des politischen und geistigen deutschen Gemeinwesens seien. Auf dieser Liste stand auch Kogons Name.[22] Amerikanische Besatzungsbehörden ließen ihn daher nach der Befreiung des Lagers unter den Häftlingen ausfindig machen. Sie beauftragen ihn und andere Häftlinge mit der Niederschrift des *Buchenwald-Reports*, auf dessen Grundlage Kogon anschließend den *SS-Staat* schrieb. Nach einem ähnlichen Prinzip verfuhren die Alliierten bei der Besetzung zentraler Schaltstellen im Wiederaufbau des westdeutschen Mediengeschehens. Während nach 1945 vor allem in der Tagespresse bald viele politisch Belastete wieder ihre alten Plätze eingenommen hatten, schritt dieser Prozess in den Rundfunkanstalten gebremst voran, weil die Besatzungsoffiziere diese Bereiche stärker kontrollierten und insbesondere die Vergabe der außerordentlich wichtigen Programmdirektorenposten überwachten. In einer Situation des großen Mangels an erfahrenen Fachkräften, den die starke Expansion der neuen Medien mit sich brachte, fiel es den Amerikanern leicht, Kogon, an dessen Immunität gegenüber totalitären Ideen kein Zweifel bestand, einen einflussreichen Posten einzuräumen.[23]

Erste konkrete Annäherungen hatten bereits Mitte der 1950er Jahre stattgefunden, als für einzelne Rundfunk-Produktionen Kogons Fähigkeit zur Gesprächsmoderation genutzt wurde. In der Vorbereitung einer Sendung kam ihm zudem nicht selten die Aufgabe zu, seine weitreichenden Kontakte zu aktivieren, um gefragte Gesprächspartner zu gewinnen. So schrieb er 1956 an Theanolte Bähnisch, Fritz Erler, Eugen Gerstenmaier, Albrecht Goes, Helmut Gollwitzer, Georg Kiesinger, Erich Mende, Werner Schöllgen und Heinz Westphal, um zu einer Fernsehdebatte im Süddeutschen Rundfunk mit dem Titel „Können wir mit uns zufrieden sein?" einzuladen.[24] Die Zusammenarbeit intensivierte sich, und 1958 schrieb er Manuskripte für die Sendereihe des Norddeutschen Rundfunks (NDR) *Blick in die Welt*.[25] Im gleichen Jahr leitete Ursula Klammroth die Sendung *Das Filmstudio* im Nord- und Westdeutschen Rundfunkverband, ein Format, das sich kulturkritisch mit der Situation in Westdeutschland auseinandersetzte. Die Gesprächsführung lag bei Kogon, seine Themen waren z. B. „Das zweigeteilte Deutschland" oder „Heroen der öffentlichen Meinung".[26]

---

[22] Vgl. Forner: German Intellectuals and the Challenge of Democratic Renewal, S. 22.
[23] Vgl. Hodenberg: Die Journalisten und der Aufbruch zur kritischen Öffentlichkeit, S. 287 f.
[24] Vgl. AdsD, Nl Fritz Erler, Sig. 41C.
[25] Vgl. Gerhard Lampe/Heidemarie Schumacher: Das „Panorama" der 60er Jahre. Zur Geschichte des ersten politischen Fernsehmagazins der BRD, Berlin 1991, S. 87.
[26] Vgl. Knut Hickethier/Peter Hoff: Geschichte des deutschen Fernsehens, Stuttgart 1998, S. 172.

Das Aufkommen des politischen Magazins *Panorama* war Ausdruck einer Trendwende in den westdeutschen Rundfunkanstalten vom seichten Unterhaltungsfernsehen – den Heimatfilmen und den Sketchen – hin zu einem anspruchsvolleren Programm mit höherem Informationsgehalt.[27] In diese Entwicklung fügte sich zudem die kritische Berichterstattung über das politische Geschehen, nicht nur in den Printmedien, auch in den neuen Massenmedien, die sich zunehmend von der reflexhaft-affirmativen Berichterstattung der 1950er Jahre abgrenzte.[28] *Panoramas* kontroverser Kurs stieß auf eine enorme Resonanz – die Beiträge des Magazins waren Stadtgespräch und konnten mit Reaktionen aus Politikerkreisen und der Presse rechnen.[29]

Der NDR strahlte die erste *Panorama*-Sendung am 4. Juni 1961 aus. In der Redaktion hatten sich vorwiegend junge Journalisten wie Gert von Paczensky, Joachim Fest und Peter Merseburger versammelt, die von Gleichaltrigen wie Bernt Engelmann, Lutz Lehmann, Karl-Heinz Wocker und Peter Schier-Gribowsky mit Beiträgen beliefert wurden.[30] Das in Hamburg-Lokstedt produzierte Politmagazin stellte eine völlige Neuigkeit im deutschen Rundfunkgeschehen dar – insbesondere hinsichtlich der scharfen und mutigen Kritik an politischen Verantwortungsträgern. Bereits die ersten Sendungen, die unter der Leitung von Gert von Paczensky produziert wurden,[31] rückten Adenauer und Strauß in ein kritisches Licht, was zur Folge hatte, dass das Magazin nicht nur ins Fadenkreuz der Union geriet, sondern auch ihr nahestehender Institutionen, etwa der katholischen Kirche und den Vertriebenenverbänden.[32] Axel Schildt urteilt gar, dass die Bundesregierung den von *Panorama* betriebenen kritischen Journalismus als „Volksverhetzung" wahrnahm.[33] Die Front der Gegner schloss sich, als sich das Magazin einen weiteren Feind machte, indem es das Meinungsmonopol der *Bild-Zeitung* angriff, die mit der Schlagzeile „Der Spitzbart [gemeint war Paczensky] muss weg" zum Gegenschlag ausholte.[34] Der NDR stellte sich zunächst mutig vor seine Mitarbeiter und wies öffentlich jeden Versuch der Einflussnahme auf seine Programmgestaltung zurück. Warum der Sender Paczensky schließlich doch fallen ließ, lässt sich nicht zweifelsfrei rekonstruieren. Es erscheint jedoch plausibel, dass der sozialdemokratische Rückhalt in den paritä-

---

27 Vgl. Lampe/Schumacher: Das „Panorama" der 60er Jahre, S. 22.
28 Vgl. Hodenberg: Die Journalisten und der Aufbruch zur kritischen Öffentlichkeit, S. 306.
29 Vgl. Hodenberg: Konsens und Krise, S. 19.
30 Vgl. Hodenberg: Die Journalisten und der Aufbruch zur kritischen Öffentlichkeit, S. 306.
31 Vgl. Anja Reschke: Die Unbequemen. Wie Panorama die Republik verändert hat, München 2011, S. 14.
32 Vgl. Lampe/Schumacher: Das „Panorama" der 60er Jahre, S. 59.
33 Axel Schildt: Materieller Wohlstand – pragmatische Politik – kulturelle Umbrüche. Die 60er Jahre in der Bundesrepublik, in: Axel Schildt/Detlef Siegfried/Karl Christian Lammers (Hrsg.): Dynamische Zeiten. Die 60er Jahre in den beiden deutschen Gesellschaften, Hamburg 2000, S. 21–53, hier S. 41.
34 Vgl. Lampe/Schumacher: Das „Panorama" der 60er Jahre, S. 67.

tisch besetzten Gremien des NDR schwand, als Teile der Arbeiterpartei auf Bundesebene bereits eine Große Koalition ansteuerten und keine vermeidbaren Konflikte schüren wollten.[35]

Gert von Paczenskys Posten übernahm Rüdiger Proske, der bereits seit 1958 als Leiter der Hauptabteilung „Zeitgeschehen" eine wichtige Funktion beim NDR hatte. Mit Kogon verband ihn ein freundschaftliches Band, da er bereits früh als Redakteur für die *Frankfurter Hefte* tätig gewesen war, bis die Zeitschrift nach der Währungsreform 1948 in finanzielle Schwierigkeiten geriet und Personal entlassen musste. Zudem kannten sich beide über ihr gemeinsames Engagement in der Europa-Union – so war Proske Lizenzträger der hessischen Europa-Union und Bundesvorsitzender der Jungen Gemeinschaft der Europa-Union.[36] Die pazifistische Ausrichtung seiner Beiträge in den *Frankfurter Heften* und seine Parteinahme für den Aufbau einer sozialen Demokratie setzte er auch in seiner Arbeit für den Norddeutschen Rundfunk fort.[37] Doch Proske, der *Panorama* gemeinsam mit dem „Spitzbart" gegründet hatte, wurde stark mit der Ära Paczensky assoziiert, so dass sich nach nur einem halben Jahr ein Vorwand fand, seine Entlassung durchzusetzen.[38]

Nun sollte Kogon das Ruder übernehmen. Die Wahl war auf ihn gefallen, weil er eigenständig war und der NDR ihm zutraute, dass er vermitteln und den Streit um *Panorama* schlichten könnte.[39] In die Position der Chefredakteurin rückte Ursula Klammroth vom NDR-Hörfunk.[40] Es war nicht die erste Zusammenarbeit zwischen *Panorama* und Kogon, der bereits als Autor 1963 den Beitrag „Würdigung von Papst Johannes XXIII. – ein Porträt anläßlich seines Todes am 3. Juni 1963" für das Politmagazin geliefert hatte. Am 13. Januar 1964 übernahm Kogon nun die Leitung der Sendung und kurz darauf ab dem 2. März auch die Moderation.[41]

Es zeigte sich jedoch bald, dass es der Union zwar gelungen war, unliebsame *Panorama*-Leiter aus dem Amt zu drängen, dass Paczensky den Charakter des Magazins jedoch geprägt hatte und seine Nachfolger das Amt in diesem Geiste weiterführten. Es blieb also bei der kritischen Tonlage, der provokativen und zuweilen auch subjektiven Aufbereitung der Themen. *Panorama* blieb auch unter Kogon streitbar, und so blieb auch der Konflikt zwischen der Redaktion und den Regieren-

---

35 Vgl. ebenda, S. 75.
36 Vgl. Koppe: Das grüne E setzt sich durch, S. 22.
37 Vgl. Lampe/Schumacher: Das „Panorama" der 60er Jahre, S. 33.
38 Vgl. ebenda, S. 76.
39 Vgl. Hickethier/Hoff: Geschichte des deutschen Fernsehens, S. 268.
40 Vgl. Gerhard Lampe: Panorama, Report und Monitor. Geschichte der politischen Fernsehmagazine 1957–1990, Konstanz 2000, S. 82.
41 Vgl. http://daserste.ndr.de/panorama/geschichte/index.html (24.11.2017).

den virulent.[42] Der Zeithistoriker und Herausgeber Joachim Fest zur Ära Kogon bei *Panorama*:

> „Eugen Kogon hatte die Prägungen, die mit seiner Biographie im Zusammenhang stehen. All das hat natürlich auch auf die Art, in der er *Panorama* leitete und in der er die Sendung moderierte, Einfluß gehabt. Das hat zu etwas anderen Akzentsetzungen als bei Proske und Paczensky geführt, aber im Grunde genommen war es doch das Gleiche. Es war der Versuch, in einem Lande, in dem es bis dahin die Vorherrschaft einer Partei oder doch das Zusammenspiel vor allem zweier großer Parteien gegeben hatte, den Journalismus über das Fernsehen als eine kritische Größe zu etablieren. Das war eigentlich unser aller gemeinsame Vorstellung, unser gemeinsames Ziel."[43]

Wie an späterer Stelle zu zeigen sein wird, hatte Kogon sich in der Spiegel-Affäre auf die Seite des Herausgebers des Hamburger Nachrichtenmagazin, Rudolf Augstein, geschlagen. Ob Kogon ahnte, dass auch die Kritik an seiner Arbeit beim NDR rasch hohe Wellen schlagen würde?

Charakteristisch für *Panorama* und eine neue Entwicklung im westdeutschen Fernsehen war die Magazin-Form, die sich an US-amerikanische Produktionen anlehnte und mehrere, teils recht heterogene Themen behandelte.[44] Nicht nur die ungewohnte Produktionsweise des Fernsehens – Licht, Kamera, Film – stellten eine Herausforderung für Kogon dar, insbesondere die Magazin-Form selbst hob sich deutlich von den Formaten ab, die ihm besonders lagen, wie der Hauptaufsatz, der die von ihm geschätzte Möglichkeit bot, zur Entfaltung eines Themas weit in europäische Geistesgeschichte zurückzugehen und längere Argumentationslinien zu entwickeln. Nach seiner Zeit beim NDR verriet er dem *Spiegel*, dass die Notwendigkeit, sich bei der Produktion an Stichworte zu halten, um den vorgegebenen Rhythmus der Sendung nicht zu stören, sowie die viele Technik im Aufnahmestudio für ihn „Verdrießlichkeiten" darstellten.[45]

Inhaltlich standen die Themen, die er bei *Panorama* aufgriff, in unmittelbarer Nähe seines sonstigen Schaffens bei den *Frankfurter Heften* oder der Hochschullehre in Darmstadt. Kogon selbst hat die inhaltliche Kongruenz seiner verschiedenen Tätigkeitsfelder gegenüber dem *Solinger Tageblatt* thematisiert:

> „Lehre ich auf der einen Seite an der TH angehenden Naturwissenschaftlern und Ingenieuren systematisch Politik, so versuche ich auf eben diesem Gebiet in meinen Fernsehsendungen einen Beitrag zur Hebung des Bildungsniveaus des berühmt-berüchtigten Lieschen Müller zu leisten. Und Lieschen Müller, das sind heute leider noch sehr viele Erwachsene."[46]

---

42 Vgl. Reschke: Die Unbequemen, S. 26.
43 Zitiert nach Lampe/Schumacher: Das „Panorama" der 60er Jahre, S. 88.
44 Vgl. ebenda, S. 16 f.
45 Morlock: Kein Spass.
46 [o. V.] Fernseh-„Dompteur" Prof. Eugen Kogon. Interviews und Aufnahmen zur TV-Sendung „Wie frei ist unsere Presse?", in: Solinger Tageblatt, 13.12.1962.

Da es eine weitere zentrale Aufgabe des Rundfunks sei, die freie Meinungsbildung sicherzustellen, müsse er jeder Form autoritären Gegendrucks Stand halten, so Kogon. Die neuen Massenmedien würden verschiedene Perspektiven auf die Themen der Zeit bieten und seien ein wichtiger Teil der Demokratie – auch wenn der Proporz in den Verwaltungsräten die tatsächlichen Möglichkeiten der Programmmacher regelmäßig einschränke.[47] Kogon verstand eine unabhängige Publizistik als vierte Macht im Staat, ohne die die Funktionsfähigkeit der Demokratie nicht zu gewährleisten sei.[48] Noch vor seiner Zeit bei *Panorama* äußerte er: „Verlöre die Demokratie hierzulande ihre problem- und kritikoffenen Rundfunk- und Fernsehanstalten, so wäre sie auf das ernsthafteste gefährdet."[49]

Bereits unter der Ägide von Gert von Paczensky bildete die Auseinandersetzung mit dem Nationalsozialismus einen Teil im Themenspektrum des Magazins. Während dieses Thema in Kogons Publizistik der späten 1940er Jahre besonderen Niederschlag gefunden hat, äußerte er sich selbst in den *Frankfurter Heften* der 1960er nur zu gegebenem Anlass – so etwa anlässlich der Berichterstattung zum Eichmann-Prozess.[50] Es fällt daher auf, dass er dieses Segment im Themenspektrum von *Panorama* deutlich ausbaute, so etwa mit einem Beitrag von Peter Schier-Gribowski über die Karriere Martin Bormanns im Nationalsozialismus und die Frage nach seinem Aufenthaltsort.[51]

Doch nicht nur Kogon und sein Team suchten fortwährend nach geeigneten Inhalten für ihr Politmagazin, auch aus der Politik und Gesellschaft wurden proaktiv Themenvorschläge an die Redaktion herangetragen. So schrieb der Landesvorsitzende der hessischen CDU Wilhelm Fay im April 1964 an Kogon und sprach sich für die Einführung der Briefwahl aus, da sich auf diesem Weg der Wahlmüdigkeit der Bundesbürger entgegentreten ließe. Ferner fragte er Kogon, ob der Leiter von *Panorama* sich vorstellen könne, sich mit einem Sendebeitrag für die Sache stark zu machen.[52] In seinem Antwortschreiben sagte Kogon zu, dass er das Thema gerne in die Redaktion einbringen wolle, da es ihm selbst auch wichtig erscheine.[53]

Die Tätigkeit beim NDR brachte es nicht nur mit sich, dass Kogon sein Zeitmanagement überdenken und straffen musste, vielmehr führte die Arbeit im Rampenlicht auch zu einer gesteigerten Popularität, die seinen Aktionsradius außerhalb des Rundfunkstudios einschränkte. Als die Geschäftsführung des Ostermarsches der

---

47 Kogon: Verteidigung unserer Möglichkeiten, S. 376 f.
48 Vgl. Kogon: Die Rolle der Intelligenz, S. 227.
49 Kogon: Verteidigung unserer Möglichkeiten, S. 377.
50 Eugen Kogon: Nicht der Einzige. Nur eine Anmerkung zum Fall Eichmann, in: FH 15 (1960), H. 7, S. 451 f.
51 Panorama Nr. 100 vom 20.04.1964.
52 Vgl. AdsD, Nl Eugen Kogon, Sig. 204, Wilhelm Fay an Eugen Kogon, 22.04.1964.
53 Vgl. AdsD, Nl Eugen Kogon, Sig. 204, Eugen Kogon an Wilhelm Fay, 29.04.1964.

Atomwaffengegner Kogon 1964 bat, eine Petition zu unterzeichnen, zunächst keine Antwort erhielt und kurz darauf nachhakte, antwortete er:

> „Ich wäre sehr froh, wenn sich von Seiten der Organisation der Atomwaffengegner ein aktivfreundliches Verständnis für meine besondere Situation verwirklichen ließe: ich kann eine so wichtige Wirkbasis wie die von *Panorama* nicht leitend innehaben, wenn ich mich sozusagen grundsätzlich jeder möglichen Anfeindung aussetze; man muß mich auf meine eigene, vor mir selber und allein zu verantwortende Weise – die sehr mannigfach ist – für die Förderung des Friedens wirken lassen; vermutlich kann ich von Zeit zu Zeit auch gegen die Ausbreitung der Atomgefahr Wirksames leisten, ohne mich an Kollektivaktionen zu beteiligen."[54]

Doch auch wenn Kogon sich nicht „jeder möglichen Anfeindung" aussetzte, vertrat er doch streitbare Positionen, die enorme Zuschauerreaktionen hervorriefen – positive und negative. Schon vor seiner Zeit bei *Panorama* erreichten ihn viele Zuschriften, deren Absender sich zu einem seiner Beiträge äußern wollten. Nicht alle Reaktionen waren positiv, manche Zuschauer äußerten sich empört oder erstaunt darüber, was *Panorama* „jede Woche den Politikern entgegenknallte".[55] In einer Zeit, „in der die Regierung vor so schwierigen Aufgaben" stehe, sei es die Aufgabe von *Panorama*, durch „positive Kritik" zu unterstützen, meinten viele Zuschauer.[56] Doch auch weniger zentrale Aspekte der Magazingestaltung wurden kommentiert:

> „Nichts gegen das jetzige *Panorama*! Nichts gegen Professor Kogon! Aber daß wir am Montag ‚untermalende Musik' zu Briefmarken hören und sehen mußten, das wirft aus dem Sattel!! Man kann die Wut über den verlorenen Groschen in Töne transportieren; man kann das matte, stumpfe oder auch klare, lebendige Geräusch fallender Regentropfen in formvollendeten Kompositionen genial erfassen – aber meist schwarz verkleckste Briefmarken sind kalt und unfreundlich und so prosaisch, daß sie sich jeder musikalischen Existenzialisierung entziehen! [...] Sehr veehrter [sic!] Herr Professor Dr. Kogon! Bitte – soweit es in Ihren Kräften liegt – gehen Sie gegen die multilaterale Berieselung im Bildschirm an!"[57]

Und natürlich reagierte nicht nur das Publikum, sondern auch die Rezensenten in den Redaktionen der alten und neuen Medien kommentierten und analysierten, was aus Hamburg-Lokstedt gesendet wurde. Da das breite Echo an dieser Stelle nicht eingefangen werden kann, soll lediglich das folgende, in seiner Wertung ambivalent ausfallende Zitat aus der Westberliner *Nacht-Depesche* einen Einblick in die *Panorama*-Kritiken bieten:

> „Kogons Sendungen zeichnen sich durch ganz besondere Objektivität aus. Jedes Thema, das der Professor der Darmstädter Technischen Hochschule anpackt, wird aus allen nur denkbaren Perspektiven beleuchtet; dafür sorgen schon seine Gesprächspartner, die aus den verschie-

---

54 AdsD, Nl Eugen Kogon, Sig. 206, Eugen Kogon an Arno Klönne, 03.08.1964.
55 Reschke: Die Unbequemen, S. 14.
56 Aus dem Brief eines Zuschauers, zitiert nach ebenda.
57 AdsD, Nl Eugen Kogon, Sig. 204, Hellmut Neumann an Eugen Kogon, 07.04.1964.

densten Lagern kommen. Es soll allerdings nicht verschwiegen werden, daß Professor Kogon in seiner Gesprächsführung mitunter etwas arrogant wirkt, aber man sollte nicht übersehen, daß gerade diese Art die Diskussionsteilnehmer aus der letzten Reserve lockt."[58]

Dass sich unter Kogons Führung die kritische Haltung von *Panorama* fortsetzte, sorgte in Regierungskreisen zwar für keine Begeisterung, doch zu einem handfesten Eklat kam es erst, als in einer Sendung am 9. November 1964 die These aufgestellt wurde, dass die Ermittlungsbehörden der Bundesrepublik Deutschland ausgesprochen viele Verfahren gegen vermeintliche oder tatsächliche Kommunisten führten, deren Gegenstand in der Regel nur Lappalien seien.[59] Diese Sendung rief ein großes öffentliches Echo hervor, nicht nur in Westdeutschland – das Fernsehen der DDR wiederholte den Beitrag gleich mehrfach.[60] Insbesondere die niedersächsische CDU ging scharf mit *Panorama* ins Gericht und brachte eine Große Anfrage zu den Hintergründen und der Wirkung der Sendung auf die DDR ein, die sich insbesondere an den amtierenden Innenminister und den Justizminister in Hannover richtete.[61] Der CDU-Abgeordnete Ulrich Goerdeler machte seiner Empörung im Niedersächsischen Landtag Luft:

„Diese [die Wirkung] scheint sich weder der Fernsehreporter noch der Intendant [...] vorgestellt zu haben. Ich meine aber, es gehört auch einige Erfahrung und auch Einsichtsfähigkeit und die Fähigkeit insbesondere, die Wirkungen eines solchen Programms auf die sowjetische Besatzungszone vorauszusehen, doch wohl dazu. In der SBZ [...] ist dreimal – dreimal! – diese Fernsehsendung auch den dortigen Fernsehteilnehmern zur Kenntnis gebracht worden. Das muß doch bedenklich stimmen, und überdies hat auch der Hörfunk der sowjetischen Besatzungszone gleichfalls große Teile des Inhalts dieser Fernsehsendung [...] sich zu eigen gemacht. Ja, da fragt man sich doch wirklich, ob nicht diese Art der Darstellung, die so lückenhaft und unvollständig wie nur möglich ist und die sich in massiven Kritiken an Nachrichtenpolizei, Kriminalpolizei, Staatsanwaltschaften und deutschen Gerichten ergeht, geeignet ist, gerade diejenigen zu unterstützen, die rechtskräftig oder jedenfalls von deutschen Gerichten nach ordnungsgemäß abgewickelten Verfahren verurteilt worden sind. Wenn wir das dulden, dann dürfte allerdings schon wieder ein Keim für die Möglichkeit gelegt werden, die freiheitliche Bundesrepublik von unverantwortlicher Seite zu unterminieren."[62]

Der scharfe Gegenwind führte dazu, dass Kogon zunehmend resignierte und ihm wohl auch die Freude an der Arbeit bei *Panorama* verging. Im November 1964 erklärte er einem Pfarrer, warum er die Leitung der Sendung am Ende des Jahres abgeben wolle: „[I]ch schaffe es zusammen mit meinem Hochschullehrerberuf nicht mehr."[63] Zwar hatte auch diese Auslegung etwas Wahres, denn über längere Zeit

---

58 Güldenpfennig, Karl-Heinz: Professor Dr. Eugen Kogon, in: Nacht-Depesche, 23.01.1964.
59 Eugen Kogon: Der Streit um die Rolle unserer politischen Strafjustiz. Äußerungen und Gegenäußerungen, in: FH 20 (1965), H. 2, S. 77–88, hier S. 79.
60 Vgl. Lampe: Panorama, Report und Monitor, S. 111.
61 Kogon: Der Streit um die Rolle unserer politischen Strafjustiz, S. 81.
62 Ebenda.

hätte er die enorme Arbeitsbelastung sicher nicht tragen können, doch in seiner Abschiedsrede vor seinen Fernsehzuschauern am 21. Dezember 1964 ging er einen Schritt weiter:

> „Dies [...] war die letzte von mir geleitete *Panorama*-Sendung. Ich weiß nicht, wie Sie nun im einzelnen mit mir ausgekommen sind. Ich jedenfalls habe während des Jahres, in dem ich so häufig auf diesem Stuhl und vor dieser Fernsehkamera gesessen bin, noch einmal auf meine alten Tage reiche Erfahrungen gesammelt, und zwar an einem der wichtigsten Frontabschnitte der modernen Berichterstattung und Meinungsbildung. Zwischen Empörung der einen und Enttäuschung der andern, jeweils gestützt von der Zustimmung der Dritten [...] war ich bemüht, ich sage es mit einem Wort von Graf Bernstorff, den Sie soeben gehört haben, mit Verantwortung einen Standpunkt zu vertreten, auch wo er unbequem war. Er war unbequem. Zuletzt durch den Beitrag von Lutz Lehmann über gefährliche Tendenzen der politischen Strafjustiz unserer Republik. Was für eine Gegenoffensive! Ich kann mich, nicht nur aufgrund dieser Erfahrung, des Eindrucks nicht erwehren, daß der Autoritarismus in unserem Land wieder in voller Ausbreitung begriffen ist. Ich frage mich, wie das erst werden wird, wenn über Notstandsgesetze verfügt werden kann. Ich für meine Person kann es an diesem Platz nicht schaffen. Ich habe von allem Anfang an gesagt, daß ich eben aushelfen wolle, daß es mir darauf ankam, beizutragen, die Plattform der Analyse und der möglichen Kritik zu erhalten. Ich bin länger geblieben, als es ursprünglich in Aussicht genommen war."[64]

Und auch diesen Schritt bewerteten die Rezensenten und Zuschauer ganz unterschiedlich. Die *Funk-Korrespondenz*, die Kogons Schaffen fortwährend kritisch kommentiert hatte, resümierte, dass es wohl handwerkliche Fehler gewesen seien, die Kogon zum Rücktritt zwangen:

> „Von den (vielleicht schon institutionell gewordenen) Fehlern von *Panorama* spricht Kogon also nicht [...]. Hat sich Kogon der Zuverlässigkeit seiner Rechercheure und ihrer Ergebnisse in jedem Falle selbst versichert? Konnte er es überhaupt, wo er jeweils nur einige Tage in Hamburg weilte? Durfte er sicher sein, daß alle seine Rechercheure davon besessen waren, die Wahrheit der Tatsachen aufzudecken und nicht davon, ‚Erfolg' zu haben, wobei ‚Erfolg' offensichtlich für manchen heißt, die Leute ‚um jeden Preis' (so Kogon von [sic!] den Widersprechern der Lehmann-Sendung) vor den Kopf zu stoßen bzw. einen ‚Knüller' zu starten?"[65]

Aus den Reihen seiner Unterstützer erreichten ihn viele Schreiben, in denen Bedauern und Bestürzung zum Ausdruck gebracht wurden:

> „Wohl haben Sie erwähnt, dass Sie vor einem Jahr diese Aufgabe nur für vorübergehend übernommen hätten. Aber – ehrlich – hatten sie nicht häufig selbst Freude an dieser Aufgabe und deshalb bin ich überzeugt, dass sich hinter den Kulissen einiges abgespielt hat. Aber durfte dies Sie veranlassen zu resignieren, denn das taten Sie doch letztendes. Ihr Hinweis auf den bei uns in voller Ausbreitung sich begriffenen Autoritarismus [...] im Zusammenhang mit der

---

63 AdsD, Nl Eugen Kogon, Sig. 206, Eugen Kogon an Pfarrer Dr. Röhrig, 06.11.1964.
64 [o. V.] Fragwürdiger Abschied Kogons bei Panorama, in: Funk-Korrespondenz 1(1965).
65 Ebenda.

zu fürchtenden Notstandsgesetzgebung muss doch zu diesem Schluss führen. Es waren doch jeweils Millionen Menschen, welche sich alle 14 Tage auf Ihre Sendung freuten und immer wieder die Hoffnung daraus schöpften, dass es doch einige Menschen gibt, die uns vor dem zu retten versuchten, was unweigerlich auf uns zukommen wird, wenn eben diese Menschen resignieren."[66]

Am Abend nach dem Rücktritt saß Kogon mit seinem ehemaligen Redaktionsteam im Empfang eines Hotels und sprach einige Abschiedsworte, die sein Mitarbeiter Klaus Wildenhahn notierte:

> „Die Clique schwebt oben im Olymp und regiert nur durch Erlasse. Keinen persönlichen Kontakt. So ist es im Haus, in der Bundesrepublik, und es wird überall so. Die Bürokraten siegen – die Autorität. Ich habe verloren. Aber mit einem Knall enden kann ich nicht. Dazu sind die inneren Komplikationen zu groß. Nach außen würde nichts dringen als das Bild der Verwirrung. Nein, ich gehe geschlagen, aber ohne Bitterkeit. Ich war bitter, aber das nützt nichts, das ist wie im Lager, das schadet nur einem selbst. Ich möchte nur, dass die Plattform erhalten bleibt. Daran müsst ihr denken. Man muß so klug sein, den Dummen recht haben zu lassen. Macht bei [Joachim] Fest mit und tut euer Bestes, nicht Fest ist wichtig, sondern dass etwas von der Plattform erhalten bleibt."[67]

Zwei Jahre später erschien im NDR die Sendereihe *Schwierigkeiten beim Zeigen der Wahrheit* über politische Fernsehmagazine, deren erster Teil *Panorama* gewidmet war. In dieser Produktion kam auch Kogon zu Wort, der einen weiteren Grund für seine Entscheidung anführte, den Posten in Hamburg-Lokstedt aufgegeben zu haben:

> „Die Sendung hat den Sinn, ja ich möchte sagen, mit Salz die Demokratie schmackhaft zu machen. Sie hat nicht die Aufgabe, nach meiner Auffassung, Pfeffer in der Gegend herumzustreuen und besonders nicht jede Woche oder alle 14 Tage oder alle 4 Wochen den Politikern diesen Pfeffer in die Augen oder Mund zu streuen, nur damit Klamauk in diesem Lande sei. [...] Aber, das versteht sich von selbst, daß bei der Erfüllung einer solchen Aufgabe ununterbrochen Schwierigkeiten auftauchen. Schwierigkeiten mit bestimmten Gruppen, mit bestimmten Personen, Schwierigkeiten in den Häusern selbst, in den Rundfunkstationen, hier beim NDR. Von dieser letzten Komplikation will ich ganz besonders sprechen, denn sie hat praktisch zu meinem Rücktritt geführt. [...] Am 9. November und zum 9. November 1964, es wird mir unvergeßlich bleiben, haben wir zum sogenannten Volkstrauertag eine Sendung vorbereitet über diesen Volkstrauertag, und zwar von Christian Geissler. Eine sehr scharfe, kritische Sendung, denn auch ich war der Meinung, mit dem Autor zusammen, daß dies keine Heroisierungsgelegenheit sein sollte, sondern ein Tag der Besinnung gegen den Krieg, gegen alles, was zu diesen Kriegsmöglichkeiten führt. 1 ½ Stunden vor der Sendung erfolgte der sogenannte Durchlauf, d. h. also es wurde die Sendung dem Intendanten gezeigt und kaum war die Sendung vorüber, erfolgte der volle Einspruch. Der stellvertretende Intendant sagte, – ein sehr liberaler Mann beim NDR, – er sagte, das ist ausgeschlossen, daß der Beitrag über den Volkstrauertag erscheinen

---

66 AdsD, Nl Eugen Kogon, Sig. 211, Hermann König an Eugen Kogon, 13.01.1965.
67 Lampe/Schumacher: Das „Panorama" der 60er Jahre, S. 227.

könne. Das sei also destruktivste Politik und richte sich praktisch auch gegen die Bundeswehr. Ich stellte das gänzlich in Abrede, fuhr sofort hin, debattierte mit ihm etwa 20 Minuten freundschaftlich, aber in der härtesten Weise gegeneinander. Wir konnten einander nicht überzeugen, worauf ich sagte, gut, dann kann die Sendung heute abend [sic!] von mir nicht präsentiert werden, ich lasse diesen Beitrag nicht aus, die Sendung findet ohne mich statt. [...] Am Schluss meinte der stellvertretende Intendant, nun gut, er sei bereit, nachzugeben, wenn ich auf einen Take, auf ein Stück dieser Sendung von Herrn Geissler verzichtete, nämlich auf die Darstellung einer Aktion der Ostermarschierer. [... Kogon sagte zu und die] Sendung kam. Die Aufregung der Öffentlichkeit richtete sich ja auf den zweiten Teil, gegen die politische Strafjustizdarstellung und keineswegs gegen den Beitrag von Christian Geissler. [...] Aber, was war also geschehen. Der Intendant und sein Stellvertreter stehen in einem ganz bestimmten Kräftefeld, auf das sie dauernd Rücksicht nehmen müssen, wenn sie in der Leitung einer so riesigen Anstalt bleiben wollen und es kann sehr gut sein, daß sie dort sind. Sie nehmen also Rücksicht, je näher die Wahltermine kommen – umso mehr. Unsereins kennt solche Rücksichtnahmen nicht, hat nur die öffentliche, gesellschaftliche, politische Entwicklung vor Augen und nach bestem Wissen und Gewissen und mit den besten Mitteln werden diese Dinge, wie ich es gezeigt habe, dargestellt. Dies führt notwendigerweise zu Konflikten zwischen den beiden Instanzen. Am besten wäre es, wenn Außenseiter, wie zum Beispiel ich, solche Sachen unabhängig wirklich machen könnten. Das geht aber nicht. Sie sind auf die Hierarchie, auf die riesige Apparatur in jeder Hinsicht, bis zu den Reisegenehmigungen angewiesen und es sind ja auch gewaltige Gelder erforderlich, um solche Sendungen zu machen. Ich weiß nicht, wie man den Konflikt lösen könnte. Das geht ein-, zweimal, wie z. B. in diesem Fall durch einen Kompromiss."[68]

Es kommt in der Rückschau also ein ganzes Potpourri aus Gründen zusammen, die zu Kogons Entscheidung führten, sein Engagement bei *Panorama* aufzugeben. Jedoch spielte der konstante Konflikt mit der Union und der Intendanz des NDR eine Hauptrolle. Nachdem der Zeithistoriker und Herausgeber Joachim Fest die Moderation des Politmagazins übernommen hatte und Kogon sich auf seine Tätigkeiten in Darmstadt und Frankfurt konzentrierte, veröffentlichte der Österreicher eine dreiteilige Artikelserie in den *Frankfurter Heften*, in denen er seine Sicht auf den Konflikt mit der CDU/CSU um die politische Strafjustiz in der Bundesrepublik darlegte.[69]

Doch für Kogon bedeutete das Ende seiner Karriere beim NDR nicht das gänzliche Aus für seine Zusammenarbeit mit dem Fernsehen. Es folgten weitere kleinere Engagements, die ihn zwar zeitlich weniger in Anspruch nahmen, aber dennoch eine Plattform für kritische Interventionen boten. 1968 beteiligte er sich an der

---

68 Hans Brecht: Schwierigkeiten beim Zeigen der Wahrheit?, 05.02.1966, Manuskript zu finden im NDR-Archiv, Nl Rüdiger Proske, Ordner bezeichnet mit „RP Panorama und danach 1963 bis 1967" (Orthographie und Interpunktion wie im Original).
69 Teil 1: Kogon: Der Streit um die Rolle unserer politischen Strafjustiz.

Sendung *Perspektiven*, die wiederum in Regierungskreisen mit Missfallen registriert wurde.[70] So schrieb das Presse- und Informationsamt 1968 an den Bundeskanzler Kurt Georg Kiesinger:

> „Die in dem Koalitionsgespräch vom 23.8.1968 erwähnte Fernsehsendung der ARD *Perspektiven* war die letzte Sendung von Prof. Eugen Kogon. Die Sendereihe wurde damit eingestellt. Tatsächlich hat Kogon, wie das seine Art ist, im ersten Teil die Bundesregierung im Hinblick auf die Energiepolitik, die Verkehrspolitik und die Agrarpolitik kritisiert. [...] Ich schlage vor, der Sendung, die nun schon bald vier Wochen zurückliegt und großteils vergessen ist, nicht noch rückwirkend durch einen Protest bei der ARD Bedeutung zu verleihen. Bei einem persönlichen Gespräch mit Intendant Hess wird einer der verantwortlichen Herren des Bundespresseamts Intendant Hess auf diese Sendung hinweisen."[71]

Dieses Schreiben zeigt, dass Kogons Wirken im Fernsehen weit über die Ära Adenauer hinaus, bis in die späten 1960er Jahre, beobachtet wurde und das Presse- und Informationsamt im Falle kritischer Berichterstattung Gegenmaßnahmen erwog. Dennoch trug die Zusammenarbeit zwischen ihm, einem Opfer des Nationalsozialismus, und Vertretern der „45er"-Generation dazu bei, dass der Konsensjournalismus der 1950er Jahre zunehmend erodierte.[72] Von *Panorama* ausgelöste Auseinandersetzungen hatten in diesen Jahren eine Katalysatorfunktion im Wandlungsprozess zu einem gestärkten Selbstbewusstsein der Akteure im Mediengeschehen, die in den 1970er Jahren vor öffentlicher Kritik an Regierungsmitgliedern und -maßnahmen nicht mehr zurückschrecken mussten.[73]

---

70 Vgl. Bruno Jahn: Die deutschsprachige Presse. Ein biographisch-bibliographisches Handbuch, Berlin 2005, S. 567.
71 BArch Koblenz, Akten des Bundeskanzleramts, Sig. B136/3455, Presse- und Informationsamt der Bundesregierung: An den Bundeskanzler, 31.08.1968.
72 Ein derartiges Bündnis stellte in diesen Jahren keine Ausnahme dar, vielmehr entstanden auch Kooperationen der „45er" mit Schriftstellern der Gruppe 47 oder Gesellschaftswissenschaftlern der Frankfurter Schule. Vgl. Hodenberg: Konsens und Krise, S. 449.
73 Vgl. Hodenberg: Die Journalisten und der Aufbruch zur kritischen Öffentlichkeit, S. 309.

VI Intellektueller in den 1960er Jahren

Die öffentliche Aufmerksamkeit, die Kogon zuteilwurde, erfuhr in den 1960er Jahren durch seine Arbeit bei *Panorama* und anderen Fernsehformaten erheblichen Zuwachs. Doch welche Entwicklung durchlebten sein politisches Denken, seine Werthaltungen und intellektuellen Interventionen in diesem Jahrzehnt? In welchem Maß griff er auf frühere Positionen zurück, welche Rolle spielte das progressive Moment in seiner Gedankenwelt und wie fügt sich all das in die zeitgeschichtliche Forschung zum „Scharnierjahrzehnt" und in die „Dynamik" der 1960er Jahre?[1]

Wie oben dargestellt, war das mediale Geschehen der 1950er Jahre weitgehend von einem auf Harmonie bedachten Verhältnis der Medienvertreter zum Regierungsgeschehen geprägt. Bis Ende des Jahrzehnts opponierten die Entscheidungsträger im Presse- und Rundfunkgeschehen kaum gegen Adenauers Medienpolitik und seinen antikommunistischen Integrationskurs. Erst als im Zuge eines Generationswechsels Alterskohorten, die eine andere Sozialisation erfahren hatten, in einflussreiche Positionen rückten, zeichnete sich eine Abkehr vom „Konsensjournalismus" ab.[2] Seit Ende der 1950er Jahre erfuhren weite Teile der bundesdeutschen Massenmedien eine Politisierung, in deren Zuge sich Regierungskritik vorsichtig aber zunehmend etablierte.[3] Christina von Hodenberg beschreibt das gesellschaftliche Klima, in dem sich dieser Wandel vollziehen konnte:

> „[...] unzensierte Kritik an den politischen Verhältnissen [verlor] ihren Schrecken: Sie vermochte in den Augen der Zeitgenossen die Stabilität nicht mehr zu gefährden. Die Mediengängelei der Adenauer-Ära erschien vielen nun als übertrieben ängstlich, und der strikte Antikommunismus verlor vor dem Hintergrund der weltpolitischen Entspannung an Überzeugungskraft. Beides vermittelte – ebenso wie die Überalterung der politischen Führung – den Eindruck erstarrter Verhältnisse."[4]

Seit Anfang der 1960er Jahre kam in der westdeutschen Gesellschaft zunehmend eine Reformbereitschaft auf, und die Demoskopen konnten ein wachsendes politisches Interesse in der Bevölkerung verzeichnen. Zunehmend traten Publizisten in Erscheinung, die verschiedene Entwicklungen nach dem Zweiten Weltkrieg, so etwa die Auseinandersetzung mit der NS-Vergangenheit, scharfer Kritik unterzogen. Entgegen einem weitläufig verbreiteten Glauben, dem zufolge erst die Studierendenbe-

---
[1] Beide Begriffe in Axel Schildt/Detlef Siegfried/Karl Christian Lammers (Hrsg.): Dynamische Zeiten. Die 60er Jahre in den beiden deutschen Gesellschaften, Hamburg 2000, S. 13–18.
[2] Vgl. Hodenberg: Die Journalisten und der Aufbruch zur kritischen Öffentlichkeit, S. 297.
[3] Vgl. ebenda.
[4] Ebenda, S. 311.

wegung 1968 vergangenheitspolitische Debatten dieser Art anstieß, wurde dieser Wandel bereits zum Anfang des Jahrzehnts deutlich.[5]

In diesem sich bereits seit Ende der 1950er anbahnenden Modernisierungsprozess nahm die Studierendenbewegung dennoch eine wichtige Katalysatorfunktion ein.[6] Die 1960er Jahre waren eine „Phase [des] gesellschaftlichen Umbruchs und reformerischer Aufbrüche, die an ihrem Ende eine kumulative Radikalisierung erfuhren und zu einer Gesellschaft führten, die hinsichtlich der erreichten zivilisatorischen Modernität von der Zeit des Wiederaufbaus mindestens ebenso weit entfernt scheint wie diese von der Jahrhundertwende".[7] Kogon hat die Forderungen der 68er ernst genommen und sich mit ihren Positionen dezidiert auseinandergesetzt. Seine Rezeption der Vorgänge und ihr publizistischer Niederschlag wird nachfolgend in den Fokus der Untersuchung gerückt.

Kogon, der sich auch in den frühen 1950er Jahren kritisch zu Adenauer geäußert hatte, begrüßte das Aufkommen einer „weitgehend unabhängigen Publizistik", die mit erheblicher Kontrollfunktion zu einer „vierten Macht" in der Gewaltenteilung geworden sei.[8] In den *Frankfurter Heften* sprach er sich für politischen Meinungspluralismus aus: „Gepachtete Wahrheiten politischer Natur sind der Tod der Freiheit, ihr Garant ist die Gewißheit, daß es Gegenmeinungen gibt und geben darf. Wer in der Minderheit bleibt, braucht deshalb nicht unrecht zu haben. Nur im Wettbewerb kann das Richtige festgestellt werden."[9] Die Aufgabe der Intellektuellen sei es,

> „nicht nur unbeirrt festzustellen, was ist und was sein soll, sondern auch die spezifischen Standort-Gebundenheiten durch Vergleich und Kritik aufzuzeigen, die Interessenmaskierungen zu entlarven und so der Erkenntnis des Richtigen, damit danach gehandelt werden könne, die Bahn freizumachen. Die Vernunft *kann* Vernebelungen aufklären, auch wenn sie außerstande ist, das Veränderliche, dem sie selbst verhaftet bleibt, mit vollendeter Sicherheit zu erfassen."[10]

Anders als in Zeiten der Weimarer Republik, in denen Geist und Macht sich in klarer Gegnerschaft zueinander positionieren, bahnte sich in der Bundesrepublik zunehmend ein Verständigungsprozess an. In den ersten drei Jahrzehnten nahmen die In-

---

5 Vgl. Schildt: Materieller Wohlstand – pragmatische Politik – kulturelle Umbrüche, S. 36 f. Auch im Katholizismus fand eine vertiefte Auseinandersetzung mit der eigenen Rolle im „Dritten Reich" seit Anfang der 1960er Jahre statt. Angestoßen wurde die Debatte durch einen vielbeachteten und kontrovers debattierten Aufsatz von Ernst-Wolfgang Böckenförde. Siehe Böckenförde, Ernst-Wolfgang: Der deutsche Katholizismus im Jahr 1933. Eine kritische Betrachtung, in: Hochland 53 (1960/61), S. 215–239.
6 Schildt: Materieller Wohlstand – pragmatische Politik – kulturelle Umbrüche, S. 52.
7 Ebenda.
8 Kogon: Die Rolle der Intelligenz, S. 869.
9 Ebenda, S. 861.
10 Ebenda, S. 862 (Hervorhebung im Original).

tellektuellen sukzessive ihren weitgehend unbestrittenen Platz im politischen System ein, und das Verhältnis war zunehmend von einer wechselseitigen Anerkennung gekennzeichnet.[11] Die 1960er Jahre sind ein Jahrzehnt des gesellschaftlichen und politischen Wandels, in dem auch Kogons Positionen einen partiellen Wandel und Liberalisierungsschub erfuhren. Während sich in seiner Publizistik der 1950er Jahre immer Anlehnungen an seine Denkmuster der Zwischenkriegszeit finden, tauchen derartige Versatzstücke in den 1960er Jahren zunehmend seltener auf. Durchzog z. B. seine Schriften im ersten Jahrzehnt der Bundesrepublik die kritische Wahrnehmung der Moderne, ergriff ihn in den 1960er Jahren zuweilen sogar eine regelrechte „Planungseuphorie". Dazu Dirk van Laak: „Vor allem die Politik-, Sozial-, Wirtschafts-, Raumordnungs- und Technikwissenschaften verwendeten ‚Planung' als Signalvokabel einer vermeintlich sachgerechten, der politischen Willkür entzogenen Politik, die der gewachsenen Komplexität der Entscheidungsstrukturen sowie der industriegesellschaftlichen Konvergenz Rechnung zu tragen schien."[12]

Doch auch wenn neue Ideen und Werthaltungen zunehmend Raum in Kogons Gedankengebäude einnahmen, finden sich auch in seinen Positionen der 1960er Jahre Überlegungen der Kontinuität, die in seiner Zeit bei der *Schöneren Zukunft* wurzeln. Insbesondere seine Kapitalismuskritik, die er in den 1950er Jahren, den Jahren des Wirtschaftswachstums und der ökonomischen Prosperität, in moderate Töne kleidete, brach sich nun ihre Bahn und machte terminologische Anleihen bei der 68er-Bewegung. So wetterte er gegen das „Establishment",[13] gegen die Unternehmer, die er als „Gegner"[14] identifizierte und gegen den „Aufbau des neuen kapitalistischen Privilegiensystems".[15]

> „Da werden die Massen zu eifrig konsumierenden Nutznießern am Gesamtertrag, dessen Steuerung wohlbehütet privilegiert bleibt: das industriewirtschaftliche Leistungsgefüge, das Interessengewebe der gesellschaftlich Herrschenden, die politisch-parlamentarische Absicherung, die Filter- und Narkotisierungspraxis der Meinungskonzerne, – am Ende ist das Verhalten, das Denken, ja schon die Sprache derer, die selbständig werden sollen, manipuliert."[16]

---

11 Vgl. Alexander Gallus: Heimat „Weltbühne". Eine Intellektuellengeschichte im 20. Jahrhundert, Göttingen 2012, S. 360.
12 Dirk van Laak: Planung, Planbarkeit und Planungseuphorie, http://docupedia.de/zg/Planung#-Nachkriegszeit_in_Westeuropa (22.10.2017).
13 Eugen Kogon: Klassen und Revolution im Denken der „Neuen Linken", in: Michael Kogon/Gottfried Erb (Hrsg.): Eugen Kogon. Die restaurative Republik. Zur Geschichte der Bundesrepublik Deutschland. Band 3 der Gesammelten Schriften, Weinheim 1996, S. 251–273, hier S. 266, erstmals veröffentlicht in: Erwin K. Scheuch (Hrsg.): Die Wiedertäufer der Wohlstandsgesellschaft, Köln 1968.
14 Eugen Kogon: Soll man kapitulieren?, in: FH 24 (1969), H. 5, S. 307–310, hier S. 310.
15 Ebenda, S. 308.
16 Ebenda, S. 307.

Sein eigenes publizistisches Wirken verstand er als Konterpart gegen die diagnostizierte „Narkotisierungspraxis", mittels derer das bundesdeutsche Primat der Wirtschaftspolitik gerechtfertigt würde. In seinem Aufsatz „Der Ausbau des autoritären Leistungsstaates" erklärte er 1969 seinen Lesern, dass unter „den" Unternehmern die Überzeugung vorherrsche, die Wirtschaft sei im Staat wichtiger als die Politik. Die Erwartungshaltung in diesen Kreisen sei, dass man sie, die Wirtschaftsführer, gewähren lasse, damit die Entwicklung des Staates einen gedeihlichen Verlauf nehmen könne. Der Politik, so die Überzeugung in diesen Kreisen, käme lediglich die Aufgabe zu, optimale Bedingungen zum Wirtschaften zu schaffen. Welche Bedingungen das genau seien, meinten die Unternehmer selbst am besten beurteilen zu können.[17]

Auch in anderen thematischen Zusammenhängen finden sich Passagen, die ein Licht auf Kogon werfen, in dem Versatzstücke seiner Ideen aus den Zeiten der *Schöneren Zukunft* erkennbar werden. So konstatierte er 1962:

> „Ich bin nicht der einzige, der indes behauptet, daß die Utopie, allein mit der Methode des allgemeinen, gleichen, direkten und geheimen Wahlrechts ließe sich [...] die bestmögliche Klasse von Herrschenden zustandebringen, nicht geringer ist als die Illusion des Gottesgnadentums von einst, derzufolge jeweils allein der männliche Erstgeborene einer bestimmten Blutsverwandtschaft die bevorzugte Herrscherbegabung besitzen sollte."[18]

Kogon hat in anderen Zusammenhängen gefordert, das gesellschaftliche Potenzial sämtlicher sozialer Milieus zu nutzen und auch den Absolventen der Volkshochschulen volle politische Partizipationsfähigkeit zu ermöglichen. Eine moderne Gesellschaft könne auf diese Ressourcen nicht verzichten.[19] Diese progressive Haltung hinderte ihn jedoch nicht, das Recht auf gleiche Bildungschancen abhängig von der individuellen, „gottgegebenen Begabung" zu machen:

> „Die Demokratien hatten sich geschichtlich gegen die Regime der Erbprivilegien von Minderheiten durchzusetzen, – sie hatten daher zur Freiheit die Gleichheit auf ihr Panier geschrieben, – Gleichheit der Chance natürlich nur, und zwar für jede vergleichbare Begabung, sozusagen das universelle Gottesgnadentum. Infolgedessen obwaltet in ihnen ein tiefes Mißtrauen gegen die Bezeichnung Elite. Das Monopol von Bildung und Macht, wie es einmal bestanden hat, sollte uns aber nicht davon abhalten, den Tatbestand zu erkennen und anzuerkennen, daß Autorität in der Gesellschaft die Ungleichheit voraussetzt. Ohnehin sind Gleichheit und Ungleichheit der menschlichen Qualitäten keine absoluten, sondern komplementäre Gegensätze, die miteinander dem Ganzen dienen; es gibt also kein System der Herrschaft, das heißt der institutionalisierten Autorität – in den Demokratien zum Zwecke der freiesten Entfaltung des Einzel-

---

17 Kogon: Der Ausbau des autoritären Leistungsstaates in der Bundesrepublik, S. 139.
18 Eugen Kogon: Der Parlamentarismus unter den gegenwärtigen gesellschaftlichen Bedingungen. Festansprache zur Eröffnung des neuen Parlaments-Plenarsaales des Hessischen Landtages in Wiesbaden am 18.09.1962, in: FH 17 (1962), H. 11, S. 725–736, hier S. 728.
19 Siehe z. B. Kapitel IV.8.

nen und seiner Gruppierungen –, das nicht auf Sonderbegabungen im Sinne des generell Politischen angewiesen wäre: auf eine spezifische, mit bestimmten Vorrechten auszustattende ‚classe politique', eine regierende Schicht."[20]

Daraus ergab sich für Kogon, dass man fragen müsse, warum „unter allen qualifizierten Berufen, die es in unserer hochzivilisierten Gesellschaft gibt, just der Beruf, von dem unser aller Schicksal abhängt [nämlich der des Politikers], überhaupt keine Nachwuchspflege haben soll".[21] Bei einem derart wichtigen Beruf sei es unerlässlich, dass Parlamentarier, wie in anderen Berufen auch, die notwendigen Fähigkeiten erlernen würden.[22] Es sei eine „skandalöse Gefahr", dass Individuen allein aufgrund ihres „Charismas" auf diesen Berufsfeldern in Erscheinung treten dürften, ohne die „Grundvoraussetzungen" nachweisen zu müssen.[23] Es konnte bereits in Kapitel III.1 gezeigt werden, dass Kogon sich in den 1950er Jahren nachdrücklich dafür einsetzte, eine Schule für Politiker zu gründen. Obwohl es ihm nicht gelang, seine Pläne Realität werden zu lassen, gab er die Idee auch in den 1960er Jahren nicht auf. An einer zu schaffenden Akademie sollten die Auszubildenden zunächst Vorlesungen zu geisteswissenschaftlichen Themenfeldern hören und anschließend an Kolloquien mit Berufspolitikern teilnehmen, denen es dann obliegen sollte, den Kandidaten die Qualifizierung zu- oder abzusprechen. Bei ausreichender Eignung sollten die Bewerber Auslandserfahrung sammeln und anschließend als parlamentarische Sekretäre in ihrer Partei tätig sein. „Sofern seine Freunde dies für zweckmäßig halten", könne ein Bewerber sich dann zur Wahl aufstellen lassen.[24]

Diese Formen der Privilegierung finden sich nicht nur in seinen Überlegungen zur Ausbildung einer Politiker-Elite, sondern auch zur Politischen Bildung der Wählerschaft. Es ist richtig, dass Kogon sich in verschiedenen Bereichen seines Schaffens – an der TH Darmstadt, bei *Panorama* und an anderer Stelle – dafür eingesetzt hat, der Gesamtgesellschaft politische Partizipationsmöglichkeiten zu ermöglichen. Gleichzeitig vertrat er die Ansicht, dass Wähler, die jede Form von Politischer Bildung verweigerten, nicht ohne Weiteres an die Wahlurne gelassen werden dürften. Diese elitären Anwandlungen kumulieren in seinen Überlegungen zum bundesdeutschen Wahlrecht aus dem Jahr 1960, die ein verblüffendes Maß an Hochmut erkennbar werden lassen:

---

20 Ebenda.
21 Ebenda, S. 731 (Hervorhebung im Original).
22 Vgl. Kogon: Verteidigung unserer Möglichkeiten, S. 361.
23 Vgl. Eugen Kogon: Zusammenfassung zum Darmstädter Gespräch „Der Mensch und seine Meinung" 1960, in: Heinz Winfried Sabais (Hrsg.): Die Herausforderung. Darmstädter Gespräche, München 1963, S. 373–376, hier S. 376.
24 Kogon: Der Parlamentarismus unter den gegenwärtigen gesellschaftlichen Bedingungen, S. 732.

„Die Massengesellschaft unterliegt dem Gesetz der großen Zahl, deren Quantität in Qualität umschlägt. Die politische Werbung für die Wahlen und bei den Wahlen richtet sich [...] allzuleicht nach dem untersten Standard. [...] Man müßte statt dessen umgekehrt Wert darauf legen und dahin wirken, daß die politischen Wahlen als etwas höchst Ehrenvolles, aber Schwieriges erscheinen, zu denen man sich nur begibt, wenn man einigermaßen die zureichenden Wissensvoraussetzungen mitbringt. Wer auch den einfachsten Nachweis darüber scheut, sollte nicht noch aufgemuntert werden, seine Verantwortungslosigkeit mit ins öffentliche Spiel zu bringen. [...] So könnte man vielleicht die Verringerung der Zahl der aktiv Wählenden auf die genügend qualifiziert Unterrichteten ins Auge fassen, statt der angestrebten Bemühungen um die Unwissenden und Leichtfertigen, wie es jetzt üblich zu sein pflegt, aufs intensivste zu frönen, die dann den entscheidenden Ausschlag bei den Wahlen geben. Möglicherweise müßte man bei jeder Landtagswahl einen Vermerk fordern, ob der Wahlberechtigte sich an den Kommunalwahlen beteiligt hat, und eine Erklärung in einem Satz, warum oder warum nicht; entsprechend bei den Bundestagswahlen Vermerk und Erklärung über die Beteiligung oder Nichtbeteiligung an den Landtags- und den Kommunalwahlen. Das Resultat könnte in geeigneter Weise zur Einsicht und Unterscheidung der Bürger veröffentlicht werden. Keine politische Intelligenz zu haben, würde so ein entwertendes Merkmal, sie zu besitzen, ein Vorzug. Das Niveau der Meinungsbildung könnte allmählich die Tendenz annehmen, sich zu heben."[25]

Kogon ist für diese Äußerungen in der Presse scharf kritisiert worden.[26] Und noch 1973 monierte er: „Weder die sozial gerechte Verteilung der materiellen Früchte, die aus der gemeinsamen arbeitsteiligen Produktivität entstehen, hat mit der Gleichheit der politischen Rechte Schritt gehalten, noch die charakterliche Bildung und das Wissen, die dem richtigen Gebrauch der Rechte entsprochen hätte."[27] Vielmehr habe ein Großteil der Bürger kein Verständnis vom Wesen und Funktionieren des Staates, sondern begehe vielmehr den Fehler, seine individuellen oder kollektiven Interessen als Allgemeinwohl zu identifizieren. Daraus ergab sich für Kogon eine Schwäche der Demokratie, die nur so stabil sein könne, wie die der sie tragenden Demokraten.[28]

Auch Anfang der 1960er Jahre sah Kogon die Bundesrepublik noch nicht politisch konsolidiert und bewertete die Existenz von Streitkräften in der BRD unter nationalem Kommando kritisch. Auf Führungsebene der Bundeswehr, so mahnte er, erhöben sich Stimmen – wenngleich in der Minderheit –, die forderten, dass die Streitkräfte weniger der parlamentarischen Kontrolle unterliegen und mehr Selbstbestimmungsrechte ausüben sollten. Setzten sich diese Bestrebungen durch, so könnten sie zu einer Gefahr werden, die einer antidemokratischen Politik den Weg bereitet.[29]

---

[25] Kogon: Zusammenfassung zum Darmstädter Gespräch „Der Mensch und seine Meinung" 1960, S. 375.
[26] Vgl. HHStAW, Akten des Kultusministeriums, Sig. 504-11028, Personalakte Kogon, Kopie eines Berichts aus dem Darmstädter Echo.
[27] Kogon: Fünfter Akt im europäischen Schauspiel, S. 482.
[28] Vgl. Kogon: Verteidigung unserer Möglichkeiten, S. 316 f.
[29] Ebenda, S. 331.

Doch Kogon sah gleichzeitig auch Momente der westdeutschen Stabilität und bezweifelte, dass die Bonner Republik Opfer eines autoritär regierenden Führers werden müsse. Im Vorfeld der Publikation des oben angeführten Beitrags „Verteidigung unserer Möglichkeiten" schrieb er an Friedrich Blüthgen:

> „Im Mai kommt beim Desch-Verlag in München ein polemisches Werk heraus, in dessen Einleitungskapitel Erich Kuby die Ansicht vertritt, daß unsere pluralistische Demokratie den demagogischen Funktionen à la Franz Josef Strauß erliegen müsse; ich selbst versuche im Schlußkapitel zu zeigen, daß das keineswegs so sein muß, ich verteidige also unsere Möglichkeiten."[30]

Auch in anderen Schriften blitzten neben vielfältiger Kritik und Mahnungen doch auch vereinzelte Momente der Zuversicht auf. Die Bundesrepublik befände sich in einer weitgehend gefestigten politischen Lage, meinte er 1962: Im Gegensatz zur Weimarer Republik gäbe es kein „Großagrariertum", keine „Macht der Hochfinanz und die führender Industrieller" und kein Offizierskorps, das über der Republik stünde. Hinzu käme, dass die Bundesbevölkerung sich nicht mehr für die großen Ideologien interessiere und es kaum denkbar sei, dass der Nationalismus oder der Kommunismus den Regierungskurs bestimme. Auch der Föderalismus, das Grundgesetz und die internationalen Beziehungen des westdeutschen Staates machten es, so Kogon, äußerst unwahrscheinlich, dass der Staat von totalitären Kräften übernommen werde.[31] 1966 – nachdem Adenauer aus der aktiven Politik ausgeschieden war – schienen fast versöhnliche Töne durchzuklingen, als Kogon in Bezug auf den greisen Bundeskanzler a. D. notierte: „Es verstand sich in den Notverhältnissen nach Kriegsende von selbst, auch für die Zusammenarbeit mit den Besatzungsmächten, daß mehr autoritär entschieden als parlamentarisch debattiert werden mußte."[32] Doch all diese Versöhnlichkeiten kurz vor dem Tod des ersten deutschen Bundeskanzlers hielten Kogon nicht davon ab, fortwährend Kritik an den unionsgeführten Bundesregierungen zu üben, wie das folgende Kapitel zeigen wird.

---

30 AdsD, Nl Eugen Kogon, Sig. 203, Eugen Kogon an Friedrich Blüthgen, 24.04.1963.
31 Eugen Kogon: Lehren für morgen..., in: Michael Kogon/Gottfried Erb (Hrsg.): Eugen Kogon. Die restaurative Republik. Zur Geschichte der Bundesrepublik Deutschland. Band 3 der Gesammelten Schriften, Weinheim 1996, S. 83–101, hier S. 83–89, erstmals veröffentlicht in: Christian Gneuß (Hrsg.): Der Weg in die Diktatur, München 1962.
32 Kogon: Der Ausbau des autoritären Leistungsstaates in der Bundesrepublik, S. 136.

1 Verhältnis zu den Bonner Parteien

Mitte der 1960er Jahre standen in den Reihen der CDU/CSU „die Denker" Gruppen gegenüber, die davon ausgingen, dass vor allem mit „gute[m] Wille[n]" viele Probleme im politischen Geschehen der Bundesrepublik in den Griff zu bekommen seien.[33] Aus Angst um den Einfluss des Glaubens auf die Politikgestaltung verschloss sich ein Teil in den beiden Schwesterparteien den geistig Tätigen und den Intellektuellen. Das bäuerliche und das kleinbürgerliche Milieu in der CDU/CSU stand der Kunst und der Wissenschaft ablehnend gegenüber und verachtete die freien Berufe.[34] Kogons mit 65 Seiten längster Aufsatz trägt den Titel „Verteidigung unserer Möglichkeiten", den er 1963 in einem von dem Publizisten und Journalisten Erich Kuby herausgegebenen Sammelband veröffentlichte. Die hier versammelten Intellektuellen gingen in ihren Beiträgen der Frage nach, ob die Bundesrepublik einem demagogischen Funktionär unterliegen könne.[35] Kogon argumentierte:

> „Gewiß ist der Teutoburger Wald nicht Paris und Bonn nicht New York (auch nicht Rom, nicht Wien, nicht Warschau...), aber muß man die ‚Linksintellektuellen' gleich derart perhorreszieren, daß man hinter jedem literarischen Gewächs – der ‚Gruppe 47' einen Attentäter gegen die Welt- und Wohlordnung sieht, der mit der Pistole des anarchistischen Geistes bereitsteht, sie umzulegen, und mit dem Spaten der Fomulierkunst, sie einzuscharren?"[36]

Während Kogon die ablehnende Haltung der CDU gegenüber den Intellektuellen kritisch sah, bot der Umgang der Sozialdemokratie mit Wissenschaftlern und Schriftstellern, die in der Öffentlichkeit das Wort ergriffen, dem Österreicher keinen Anlass zum Widerspruch. Führende Sozialdemokraten hoben sich abermals in den 1960er Jahren von der Christdemokratie ab, indem sie sich nicht in Gegnerschaft zu Künstlern und Wissenschaftlern sahen, sondern aktiv nach Kooperationsmöglichkeiten suchten, um weitere Wählerschichten zu erschließen. Willy Brandt regte erstmals im Wahlkampf 1961 eine aktive Zusammenarbeit mit Intellektuellen an. Allerdings hatten die Versuche zur Umsetzung dieser Idee zunächst kaum einen sichtbaren Einfluss auf die Wahlergebnisse.[37]

In den Wahlkämpfen 1965, 1969, 1972 reiste Günter Grass durch die Bundesrepublik und engagierte sich für die Sozialdemokraten, insbesondere für Willy Brandt. Diese Aktivitäten beobachtete die Führungsspitze der SPD nicht selten mit Skepsis, weil sie nicht sicher war, welche Wirkung dieses Engagement tatsächlich auf den Wähler haben würde. Kanzlerkandidat Willy Brandt gestand hingegen freimütig ein, dass er sich im Umfeld der Berliner Intellektuellen deutlich besser aufgehoben

---

33 Pesch: Die CDU und die Intellektuellen, S. 63.
34 Vgl. ebenda, S. 65.
35 Erich Kuby (Hrsg.): Franz Josef Strauß. Ein Typus unserer Zeit, Wien 1963.
36 Kogon: Verteidigung unserer Möglichkeiten, S. 378.
37 Vgl. Münkel: Intellektuelle für die SPD: Die Sozialdemokratische Wählerinitiative, S. 226 f.

fühle als bei seinen Wahlkampfstrategen in Bonn.[38] Der Briefwechsel zwischen Grass und Brandt zeigt, dass der Schriftsteller dem führenden Sozialdemokraten seine Formulierungsfähigkeit zur Verfügung stellte und ihm Ratschläge gab.[39] Daniela Münkel hat die Entwicklung der intellektuellen Wahlkampfhilfe für die SPD untersucht und konstatiert: „Betrachtet man den Zeitraum von 1961 bis 1969, so läßt sich feststellen, daß aus einer elitären Wahlkampfhilfe einiger linker Intellektueller für eine Partei eine breite Bürgerbewegung wurde. Prominente aus Film, Fernsehen, Wirtschaft und Wissenschaft zogen nun einen Großteil der Öffentlichkeit der Initiative auf sich."[40] Diese Unterstützung hat den Stimmenzuwachs für Brandt und die Sozialdemokratie in Wahljahren 1965, 1969 und 1972 begünstigt.[41] Intellektuelle engagierten sich seit Beginn der 1960er Jahre für die SPD, indem sie politische Ämter übernahmen, als Mandatsträger in Erscheinung traten, an Expertengremien teilnahmen oder Öffentlichkeit für die Sozialdemokratie organisierten.[42] Letzteres trifft auch auf Kogon zu, der sich in Hinblick auf die Bundespolitik 1965 für eine sozialliberale Koalition aussprach. Es fällt jedoch auf, dass er sich weiteren Initiativen, wie dem „Aufruf für eine neue Regierung" oder dem „Wahlkontor deutscher Schriftsteller", nicht anschloss. Dies ist in letzterem Falle umso denkwürdiger, als dass einige seiner Weggefährten diese Anzeige aus dem September des Jahres unterschrieben, so etwa Axel Eggebrecht, Alexander Mitscherlich und Kurt Sontheimer.[43] Ob Kogon seine parteipolitische Unabhängigkeit wahren wollte und sich bewusst gegen die Teilnahme an derartigen Wahlkampfaktionen entschied oder ob er womöglich gar nicht gefragt wurde, geht aus den Akten nicht hervor. Jedenfalls kritisierte er, die freiheitliche Linke habe

> „in den parlamentarischen Demokratien kein wie selbstverständlich funktionierendes Verhältnis zu den ihr zugehörigen, aber nicht in ihr organisierten Geistigen mehr [...], weder zu den Schriftstellern und Publizisten noch zu den Wissenschaftlern. [...] Was der politischen Praxis die umfassende und die in die Tiefe gehende Analyse zu bieten hätte, wissen die Parlamentarier nicht mehr; sie können es folglich auch nicht schätzen. [...] Die Professoren, die in den Fraktionen mittätig sind, dienen als Prestige-Besorger und als Sachverständige im einzelnen;

---

38 Möhrchen: Sozialdemokratie und Intellektuelle seit 1945: eine komplizierte Beziehung, S. 140.
39 Friedhelm Boll hat jedoch gezeigt, dass Grass zunehmend auch Kritik, selbst in der Öffentlichkeit, an Brandt übte, und seine „Klugscheißerei" (Brandt) schließlich einer von vielen Faktoren wurde, die dazu führten, dass der erste sozialdemokratische Kanzler der Bundesrepublik von seinem Amt zurücktrat. Siehe Friedhelm Boll: Brandt und Grass – eine Freundschaft?, in: revue d'Allemagne et des pays de langue allemande 46 (2014), H. 2, S. 347–364.
40 Münkel: Intellektuelle für die SPD: Die Sozialdemokratische Wählerinitiative, S. 237.
41 Möhrchen: Sozialdemokratie und Intellektuelle seit 1945: eine komplizierte Beziehung, S. 141.
42 Vgl. Münkel: Intellektuelle für die SPD: Die Sozialdemokratische Wählerinitiative, S. 224.
43 Vgl. Klaus Roehler/Rainer Nitsche/Friedrich Christian Delius (Hrsg.): Das Wahlkontor deutscher Schriftsteller in Berlin 1965. Versuch einer Parteinahme, Berlin 1990, S. 14.

was sie im besten Sinne zu leisten hätten: die wegweisende Orientierung aufgrund erhärteten und systematischen Wissens, wird ihnen nicht abgefordert."[44]

Hier spricht Kogon ganz als Politikwissenschaftler und bemängelt, dass die Kenntnisse und Fertigkeiten seiner Disziplin nicht in ausreichendem Maße in den Parteien gefragt seien. Die Forderung, Politiker der freiheitlichen Linken sollten sich in stärkerem Maße die Analysemöglichkeiten der Wissenschaft zunutze machen, fügt sich in die „Planungseuphorie" der späten 1960er Jahre ein. Kogons Befund wird hingegen konterkariert durch das Beispiel Karl Schillers – jenem sozialdemokratischen Wirtschaftsminister, der als Professor für Wirtschaftstheorie an der Universität Hamburg gelehrt hatte und seinen wissenschaftlichen Background in besonderem Maße in die politische Arbeit einbrachte.[45]

In konkreten und pragmatischen Fragen bildete oftmals die hessische Sozialdemokratie Kogons Tor zur Politik. Er sah daher mit Besorgnis einem Politikwechsel in Wiesbaden entgegen, da er fürchtete, so Einflussmöglichkeiten zu verlieren. Als Georg-August Zinn, zu dem Kogon gute Verbindungen hatte, 1969 aus dem Amt des Hessischen Ministerpräsidenten ausschied, nahm der Österreicher dies nicht gleichgültig hin.[46] Auch zu Zinns Nachfolger, dem Sozialdemokraten Albert Osswald, unterhielt Kogon Beziehungen, die jedoch nicht so eng waren wie die zu seinem Vorgänger. Gottfried Erb berichtete, dass Osswald Kogon z. B. gefragt hatte, ob er den SPD-Politiker Ludwig von Friedeburg für einen geeigneten Kultusminister halte, was Kogon bejahte.[47]

Wie in den 1950er Jahren verbanden Kogon auch im Folgejahrzehnt keine engen Beziehungen zu den Akteuren der Bundespolitik. Zwar kannte er viele Politiker in der westdeutschen Hauptstadt persönlich, die er in konkreten Angelegenheiten ansprechen konnte, jedoch stand er in keinem regelmäßigen Austausch mit den Entscheidungsträgern in Bonn. Kurt Schumachers SPD, die die Wiedervereinigung über die europäische Einigung stellte, blieb ihm fremd. Auch als Erich Ollenhauer 1952 den Parteivorsitz übernahm, änderte sich das Verhältnis kaum. Auf die Verabschiedung des Godesberger Programms 1959, mit dem sich die Partei vom Klassenkampf, der Wirtschaftsplanung und der bedingungslosen Verdammung des „Raubtierkapitalismus" verabschiedete, hat Kogon nicht öffentlich reagiert.[48] Dass er den Sozial-

---

44 Eugen Kogon: Wissenschaft heute und die Gewerkschaften. Begründung einer Notwendigkeit, in: FH 22 (1967), H. 11, S. 749–754, hier S. 752.
45 Vgl. Wolfrum: Die geglückte Demokratie, S. 231.
46 Dennis Beismann: Zeitzeugeninterview mit Peter Graf von Kielmansegg, Heidelberg, 05.03.2013.
47 Dennis Beismann: Zeitzeugeninterview mit Gottfried Erb, Hungen, 23.08.2012.
48 Jedoch kam Dirks in den *Frankfurter Heften* zu einer grundsätzlich würdigenden Einschätzung des Programms, wenngleich er monierte, dass es „provinziell" bleibe, da es vorrangig die Bundesrepublik in den Blick nehme und sich nicht den globalpolitischen Herausforderungen der „Einen Welt" stelle. Walter Dirks: Ein Grundsatzprogramm. Zum „neuen Weg" der Sozialdemokratischen Partei Deutschlands, in: FH 15 (1960), H. 1, S. 1–5, hier S. 4.

demokraten Gustav Heinemann schätzte, beruhte u. a. darauf, dass dieser – wie Martin Niemöller – zu den Kreisen gehörte, die versuchten, durch Entspannungspolitik und Dialogbereitschaft zur Entschärfung des Ost-West-Konflikts beizutragen.[49]

Dennoch beobachtete, kommentierte und kritisierte Kogon das Bonner Regierungsgeschehen auch in den 1960er Jahren intensiv. Weder mit dem Beginn des neuen Jahrzehnts noch nach dem Rücktritt des ersten Kanzlers der Bundesrepublik riss seine Kritik an Adenauer ab. 1960 schrieb er in den *Frankfurter Heften*: „Was wir allein mit der Einrichtung unserer Bundeswehr auf uns genommen haben – einschließlich der Illusion, sie schütze uns! Die CDU-Wahlparole von 1957 sollte [anstatt „Keine Experimente!"] in Wahrheit lediglich sagen: Vertraut Euch unverändert der wohlstandssichernden Partei an, deren Chef als Bundeskanzler schon alles rechtmachen wird".[50] Kogon verurteilte weiterhin, dass Adenauer die Bundesrepublik patriarchal-autoritär führe. Seine Regierungsmethode sei es zwar nicht, die Parteien auszuschließen, jedoch benutze er sie lediglich als „parlamentarische Bestätigungsmaschinerie".[51] Wie genau bewertete Kogon also die politischen Transformationsprozesse in der westdeutschen Bundespolitik, in denen die Spiegel-Affäre 1962 einen wichtigen Streckenabschnitt markierte, der schließlich in der Bildung der sozialliberalen Koalition 1969 mündete?

Angesichts der soeben errichteten Berliner Mauer befürworteten bereits 1961 einige Christ- und Sozialdemokraten im Zuge der Bundestagswahlen eine Große Koalition, um in der angespannten Lage eine Regierung mit großer Machtbasis aufzustellen. Eine Mehrheit in der CDU/CSU und der FDP sprach sich dagegen für eine bürgerliche Koalition aus. An deren Spitze wollten die Liberalen, wie im Wahlkampf propagiert, jedoch nicht Adenauer sehen – dass sie ihn dann doch akzeptierten, brachte ihnen für lange Zeit den Ruf ein, eine „Umfallerpartei" zu sein. Immerhin kam die Regierungsbildung nur zustande, weil Adenauer versicherte, nach der Hälfte der Legislaturperiode zurückzutreten, um einem Nachfolger die Gelegenheit zu geben, sich in das Amt einzufinden. Diese Absprache drang nicht an die Öffentlichkeit.[52]

Die Spiegel-Affäre hatte am parteipolitischen Beziehungsgefüge gerüttelt und verstärkte über Jahrzehnte die Entfremdung zwischen der FDP und der CSU.[53] Im Januar 1963 konstatierte Kogon, dass die Vorgänge um das Hamburger Nachrichtenmagazin ihre ersten positiven Auswirkungen zeigten und sich selbst in den Reihen der treuesten Anhänger des Kanzlers unwidersprochen die Erkenntnis durchsetze, dass die Ära-Adenauer zu Ende gehe und dieser Schritt auch nicht den Untergang

---

49 Dennis Beismann: Zeitzeugeninterview mit Peter Graf von Kielmansegg, Heidelberg, 05.03.2013.
50 Eugen Kogon: Aussicht auf Initiative. Der Generationenwechsel in den USA, in: FH 15 (1960), H. 12, S. 816–818, hier S. 817.
51 Kogon: Lehren für morgen..., S. 95.
52 Vgl. Winkler: Der lange Weg nach Westen, S. 207–210.
53 Vgl. Wolfrum: Die geglückte Demokratie, S. 212.

Deutschlands einleite.[54] Tatsächliche erteilte die Union am 5. März ihrem Vorsitzenden Heinrich von Brentano den Auftrag, einen Vorschlag für die Nachfolge Adenauers vorzulegen. Der Altkanzler konnte nicht verhindern, dass sich eine Mehrheit für den Bundeswirtschaftsminister Ludwig Erhard aussprach.[55] Zu diesem Zeitpunkt hatte die Gesellschaft der Bundesrepublik ihre „wilhelminische" Prägung zu weiten Teilen abgestreift, der Bau der Berliner Mauer eine nationale Desillusionierung gezeitigt und die Spiegel-Affäre dem jungen Staat einen erheblichen Liberalisierungsschub gegeben.[56]

Als Erhard das Amt des Regierungschefs am 16. Oktober 1963 übernahm, hatte die Bundesrepublik nach 14 Regierungsjahren Adenauers erstmals einen neuen Kanzler. Alle Versuche des scheidenden Rheinländers, seinen Nachfolger, „den Vater des Wirtschaftswunders", zu verhindern, konnten sich nicht gegen die Popularität des zigarrerauchenden Franken durchsetzen. Dieser wollte sich vom patriarchalischen Regierungsstil seines Vorgängers abgrenzen, indem er als „Volkskanzler" die Nähe zur Bevölkerung suchte und nicht autoritär, sondern im Dialog regieren wollte.[57] Wenngleich Erhard in seinen ersten zwei Regierungsjahren außenpolitische Fehlschläge einstecken musste, konnte er mit seiner Innenpolitik, insbesondere im Bereich der Wirtschaftspolitik, zufrieden sein. Die Wirtschaft florierte in dieser Zeit, und es herrschte nahezu Vollbeschäftigung.[58]

Im Vorfeld der turnusmäßigen Bundestagswahl 1965 war sich Kogon daher sicher, dass die CDU/CSU nicht aus der Regierungsverantwortung ausscheiden würde. Sollte jedoch die SPD stärkste Kraft werden, so mutmaßte er, würden die Christdemokraten über ein üppiges Angebot an Ministerposten versuchen, die Liberalen von einer sozialliberalen Koalition abzuhalten. Eine große Koalition hingegen bringe keine Perspektive für die Bundesrepublik und käme einem innen- wie außenpolitischen Stillstand gleich.[59] Bereits in diesem Wahljahr befürwortete Kogon daher die Bildung einer rot-gelben Koalition:

> „Aus diesem Grunde wird der 20. September 1965 [der Tag nach der Bundestagswahl] erst recht nicht der Tag des Beginns einer Politik der neuen Horizonte in der Bundesrepublik sein, – es wäre denn, die SPD und die FDP fänden, trotz allem, zusammen. [... Dann könnte] mit deutschen Initiativen im Felde der Entspannung durch Rüstungs-Stop, vielleicht sogar durch Abrüstung gerechnet werden. Des weitern mit diskontinuierlichen, aber doch einigermaßen systematischen Versuchskontakten zum Osten hin [...]. Der Wiedervereinigung brächte uns das nicht näher, und gewiß würde die Oder-Neiße-Linie nicht anerkannt, aber der Vorwurf des ‚Revanchismus', der sich heute fortwährend und intensiv gegen die Bundesrepublik richtet, ver-

---

54 Eugen Kogon: Ausblick, in: FH 18, 1963, S. 1f., hier S. 1.
55 Vgl. Winkler: Der lange Weg nach Westen, S. 216.
56 Vgl. ebenda, S. 222.
57 Vgl. Klaus Hildebrand: Von Erhard zur Großen Koalition 1963–1969, Stuttgart 1984, S. 30–35.
58 Vgl. Winkler: Der lange Weg nach Westen, S. 231.
59 Vgl. Eugen Kogon: Der 20. September, in: FH 20 (1965), H. 9, S. 591f., hier S. 591.

löre einige seiner zumindest optischen Voraussetzungen, was der Entspannung in Mitteleuropa zweifellos zugutekäme. [...]"[60]

Kogon behielt recht, bei den Wahlen am 19. September 1965 gelang Erhard ein erheblicher Wahlsieg: mit 47,6 % der Stimmen verfehlte er nur knapp die absolute Mehrheit.[61] Verschiedene Personalfragen im Rahmen der Koalitionsverhandlungen zu einer Neuauflage der schwarz-gelben Koalition verliefen jedoch so schwierig, dass der Kanzler stark geschwächt in die neue Legislaturperiode ging.[62] In den *Frankfurter Heften* bewertete Kogon das Auftreten Erhardts nach der Wahl:

> „Im Namen des deutschen Volkes, so trat er [Erhard] nach der Wahl und nach der Kabinettsbildung auf; er dankte ihm für das erwiesene Vertrauen. Nicht etwa, als ob es zu heißen gehabt hätte: Ich danke denen, die meiner Person bei der Wahl den Vorzug gaben, allen denen, die die CDU/CSU zum fünften Mal in unserer jungen Republik für vier Jahre zur politischen Führungsgruppe gemacht haben, – wer dagegen war, und das sind immerhin, mit den Stimmen der FDP zusammen, über 16 Millionen, fast 52 Prozent, die eigentliche Mehrheit des Wähler [...] ihnen allen versichere ich, daß ich als Bundeskanzler genauso für sie dasein werde, nach bestem Wissen und Gewissen will ich bedeutsame andere Grundauffassungen, als es die meinigen sind, jederzeit mit in Erwägung ziehen [...]."[63]

Im Wahlkampf 1965 hatte Erhard sein Konzept einer „Formierten Gesellschaft" ins Gespräch gebracht, mit dem er sich von der linken Sozialdemokratie distanzieren wollte. Als geistiger Vater dieses Konzepts gilt der Publizist und Kanzlerberater Rüdiger Altmann. Im Mittelpunkt der kompliziert dargestellten Formel stand Erhards Gedanke, dass die westdeutsche Gesellschaft in organisierte Gruppen und Verbände, die ihre egoistischen Partikularinteressen geltend machen, zerfalle. Drängende tagespolitische Fragen, die sich aus der anbahnenden wirtschaftlichen Rezession sowie dem Vietnamkrieg ergaben, gingen jedoch über Erhards Idee hinweg.[64] Zudem erfuhr das Konzept Kritik, weil es bei vielen Zeitgenossen den Eindruck hinterließ, Erhard wolle die sich zunehmend pluralisierende bundesdeutsche Gesellschaft von oben auf Linie bringen, d. h. „uni"-formieren. Kogon moderierte 1966 eine Diskussion zum Thema zwischen Rüdiger Altmann und dem SPD-Abgeordneten Olaf Radke und bekannte im Verlauf der Debatte: „Wer wird denn, Herr Altmann, im Kreis des schwachen Bundeskanzlers bestimmen, welche Leute werden dahinterstehen? Etwa die Gewerkschaften als Großverband oder doch eher die Unternehmerschaft?"[65]

---

60 Ebenda, S. 591 f.
61 Vgl. Wolfrum: Die geglückte Demokratie, S. 224.
62 Vgl. Winkler: Der lange Weg nach Westen, S. 232.
63 Eugen Kogon: Eine schlechte Lösung, in: FH 20 (1965), H. 11, S. 735 f., hier S. 735.
64 Vgl. Hildebrand: Von Erhard zur Großen Koalition 1963–1969, S. 162–170.
65 Eugen Kogon: Gesellschaftliche Formation. Eine Diskussion vor Referendaren, in: FH 21 (1966), H. 11, S. 745–764, hier S. 762.

Erhards Finanzpolitik führte schließlich dazu, dass sich seine schwache Position nach den Wahlen 1965 zu einer handfesten Krise im September 1966 auswuchs: Der US-amerikanische Präsident Lyndon B. Johnson hatte die Bundesregierung wiederholt dazu aufgefordert, ihre finanziellen Verpflichtungen ernstzunehmen und die Devisenverluste auszugleichen, die den Amerikanern durch die Präsenz ihrer Truppen in Westdeutschland entstanden. Da die Bundesrepublik in finanzielle Schwierigkeiten geraten war, baute Erhard auf einen Zahlungsaufschub, den er bei einem USA-Besuch aushandeln wollte. Er erhielt von Johnson in dieser Angelegenheit jedoch eine klare Absage und als der Bundeskanzler unverrichteter Dinge nach Bonn zurückkehrte, konnte kein Zweifel mehr daran bestehen, dass sich seine Kanzlerschaft dem Ende zuneigte.[66] Da es Erhard nicht gelang, einen ausgeglichenen Haushalt für 1967 vorzulegen, erwogen die Unionsparteien, das Defizit über Steuererhöhungen auszugleichen. Diesen Vorschlag lehnte die FDP entschieden ab. Der Konflikt gewann an Schärfe, bis die vier Minister der FDP aus Protest gegen die Pläne der CDU/CSU zurücktraten.[67] In dieser Situation urteilte Kogon:

> „Die CDU, das ist doch wohl seit langem offensichtlich, wird sich erst erneuern, wenn sie, nach weiteren spürbaren Niederlagen in den Ländern, durch die nächste Bundestagswahl in die Oppositionsrolle gekommen sein wird. Sie verfügt über eine genügend große Zahl von ‚christlichen Jungtürken', die fähig sein werden, die erforderliche Reform der Partei herbeizuführen, wenn der Wählerwille die Voraussetzungen dafür geschaffen haben wird."[68]

Erhard verlor rasch an Autorität und Vertrauen – sowohl in seiner Partei als auch in der Öffentlichkeit. Die Forderung der Sozialdemokraten und der Liberalen, die Vertrauensfrage zu stellen, wies er empört zurück. Zu seinem Rücktritt am 1. Dezember 1966 mussten ihn seine Parteifreunde fast zwingen.[69]

Am 10. November wählte die CDU/CSU-Bundestagsfraktion den Ministerpräsidenten von Baden-Württemberg, Kurt Georg Kiesinger, zum Kanzlerkandidaten, der rasch Sondierungsgespräche führte, um seine Koalitionspartner und sein Kabinett zu finden.[70] Kiesinger, der einen guten Kontakt zu Wehner hatte, zog eine große Koalition durchaus in Erwägung. Wehner ebenfalls.[71] Während die Union mehrheitlich ein erneutes Zusammengehen mit der als wankelmütig wahrgenommenen FDP ablehnte, plädierte diese mehrheitlich für eine Wiederauflage der christlich-liberalen Koalition.[72] Viele Intellektuelle hatten Vorbehalte gegenüber einer schwarz-roten

---

66 Vgl. Joseph Rovan: Erinnerungen eines Franzosen, der einmal Deutscher war, München 2000, S. 221.
67 Vgl. Winkler: Der lange Weg nach Westen, S. 236 f.
68 Eugen Kogon: Der Wählerwille, in: FH 21 (1966), H. 11, S. 741 f., hier S. 742.
69 Vgl. Wolfrum: Die geglückte Demokratie, S. 226.
70 Vgl. Hildebrand: Von Erhard zur Großen Koalition 1963–1969, S. 231.
71 Vgl. ebenda, S. 250–251.
72 Vgl. Wolfrum: Die geglückte Demokratie, S. 228.

Koalition – Karl Jaspers befürchtete gar einen „Zerfall der Demokratie".[73] Günter Grass warnte Willy Brandt, dass insbesondere die junge Generation dieses Regierungsbündnis nicht akzeptieren werde und in die Arme der am politisch linken und rechten Rand Stehenden getrieben werde.[74] Kogon hingegen schien in dieser Frage gespalten zu sein. Inhaltlich verbinde die FDP zwar mittlerweile mehr mit der SPD als mit der CDU/CSU, jedoch würde die hauchdünne Mehrheit einer sozialliberalen Koalition stets eine Schwäche der Regierung sein. Zudem herrschten in beiden Lagern erheblich voneinander abweichende Vorstellungen in Fragen der Wirtschafts- und Sozialpolitik. Einer Großen Koalition hingegen, in der er sich die SPD nur als Juniorpartner vorstellen konnte, würde es kaum gelingen, der Bundespolitik die dringend notwendige neue Stoßrichtung zu geben.[75]

Die Spitzen der beiden Volksparteien entschieden sich schließlich für dieses Regierungsbündnis, das etwas völlig Neues in der Geschichte der Bundesrepublik darstellte und von der Bevölkerung als Sensation wahrgenommen wurde. Die Sozialdemokratie erhielt, indem sie mit ihren ehemaligen Kontrahenten zusammenging, erstmalig die Chance, ihre Regierungsfähigkeit unter Beweis zu stellen.[76] Eine zentrale Herausforderung für Kiesinger stellte die Überwindung der Rezession dar. Zudem setzte Justizminister Gustav Heinemann 1969 eine große Strafrechtsreform ins Werk, nach der Gotteslästerung und Ehebruch nicht mehr strafbar waren. Homosexualität wurde fortan als Privatangelegenheit betrachtet und verlor somit ihre strafrechtliche Relevanz.[77] Und eine weitere Reform hatte der Kanzler in seiner Regierungserklärung angekündigt: die Reform des Wahlrechts hin zu einem Mehrheitswahlrecht – ein Schritt, der das Aus für die kleine FDP bedeutet hätte.[78]

Kogon hat sich in seinen Schriften nicht dezidiert mit dem neuen Mann an der Spitze der Bundesrepublik auseinandergesetzt, und selbst die Ohrfeige, die die Journalistin Beate Klarsfeld Kiesinger 1968 aufgrund seiner NS-Vergangenheit auf einem CDU-Parteitag gab, ließ er unerwähnt.[79] Er sah die Arbeit des gesamten Kabinetts jedoch immer wieder kritisch: Bereits wenige Wochen nach der Regierungsbildung machte er dem neuen Kabinett mangelnde Diskussionsfreude mit der Öffentlichkeit zum Vorwurf:

„Herbert Wehner, der autoritäre Demokrat, der Leute, die ‚außerhalb' stehen und nicht mit ihm übereinstimmen, Neurotiker nennt, versteht die ‚demokratische Durchlüftung' für die er sorgen will (ganz bestimmt wird er da einiges Wünschenswerte zustandebringen), garantiert in

---

73 Winkler: Der lange Weg nach Westen, S. 267.
74 Vgl. ebenda, S. 240.
75 Vgl. Kogon: Der Wählerwille, S. 741.
76 Vgl. Hildebrand: Von Erhard zur Großen Koalition 1963–1969, S. 241.
77 Vgl. Schildt/Siegfried: Deutsche Kulturgeschichte, S. 263.
78 Hildebrand: Von Erhard zur Großen Koalition 1963–1969, S. 248 f.
79 Vgl. Beate Klarsfeld/Serge Klarsfeld/Arno Klarsfeld: Erinnerungen, München/Berlin/Zürich 2017, S. 130–150.

seiner eigenen, in der ihm eigenen Weise; [...] Selbst ein Mann wie Carlo Schmid, der doch weiß, was öffentliche Meinungsbildung im demokratischen Prozeß ausmacht, tadelt es an den ‚Intellektuellen', wenn sie Kritik von ‚außen' statt, wie er es für richtig ansieht, von ‚innen' üben. Was soll man da erst von Höcherl, Strauß, Schröder, Hassel, Lücke – alles Kabinettsmitglieder – sagen? Und gar von der gleichgebliebenen hohen Bürokratie! (Ein Glück, daß Gustav Heinemann das Bundesjustizministerium leitet.) Dabei wäre für die Lösung der enormen Aufgaben, die vor uns liegen [...] die aktivste Teilnahme der Bürgerschaft, abwehrend und positiv, ergänzend, wegbereitend, immer prüfend, das Wünschenswerteste von der Welt. [...] Wie tief der Autoritarismus in unseren Regierenden sitzt, zeigt schon die bekundete Absicht, durch Wahlrechtsreform die Liberalen als eine Partei zu töten. Mit der Abwehr der NPD wird es begründet. Wenn bisher Bedenken innerhalb der Partner-Parteien lautwurden, so nur aus berechnenden Eigeninteressen, nicht weil ihnen der Geist der Freiheit am Herzen läge."[80]

Es verdient Erwähnung, dass Kogon hier auch auf Distanz zum Sozialdemokraten Carlo Schmid geht, zu dem er gute Kontakte unterhielt. Sie kannten sich bereits seit ihrer Zusammenarbeit Anfang der 1950er Jahre im Netzwerk „Kongress für kulturelle Freiheit". Zudem führten beide, gemeinsam mit dem Christdemokraten Carl Spiecker, das Präsidium der Europa-Union. Als sich die Europa-Union für die Europäische Verteidigungsgemeinschaft einsetzte – die die Bonner Sozialdemokratie entschieden ablehnte –, trat Schmid aus der Organisation aus.[81]

Die Reform des Wahlrechts kam vorerst nicht zustande. Beide Parteien hatten erwogen – die Union gründlicher als die SPD –, welche Entwicklung die politische Situation nehmen könnte und inwiefern sie von einem Verschwinden der FDP profitieren würden.[82] Die FDP hingegen nutzte die Oppositionszeit, um sich von Grund auf zu erneuern und rückte unter ihrem neuen Vorsitzenden Walter Scheel nach links. Da sie der SPD so als ein zunehmend attraktiver Koalitionspartner erschien, verabschiedeten sich die Sozialdemokraten von der Idee, das Wahlrecht zu ändern.[83]

Obwohl Kiesinger im Tandem mit seinem Außenminister und Stellvertreter Brandt innen- und außenpolitische Erfolge feiern konnte, herrschte in Teilen der Öffentlichkeit ein latentes Unwohlsein gegenüber den Regierungspraktiken der Großen Koalition. Im politischen Alltagsgeschehen wurde es Usus, dass die Fraktionsvorsitzenden – Rainer Barzel für die CDU/CSU und Helmut Schmidt für die SPD – eine starke Position zu Ungunsten des Parlaments einnehmen. Die öffentliche Kritik, dass Entscheidungsprozesse der Regierung intransparent seien, war derweil nicht unbegründet.[84] Auch Kogons Kritik verschärfte sich, bis er 1968 an die SPD

---

80 Eugen Kogon: Das Ende der Außenseiter, in: FH 22 (1967), H. 1, S. 1–3, hier S. 1 f.
81 Vgl. Koppe: Das grüne E setzt sich durch, S. 63.
82 Winkler: Der lange Weg nach Westen, S. 257.
83 Vgl. Wolfrum: Die geglückte Demokratie, S. 235 f.
84 Vgl. Winkler: Der lange Weg nach Westen, S. 267 f.

appellierte, sich an die Spitze der Außerparlamentarischen Opposition zu stellen, anstatt ihr „von oben herab Belehrungen zu erteilen".[85]

Ein Testballon für die Bundestagswahlen im Oktober 1969 war die im März stattfindende Wahl des Bundespräsidenten. Als Nachfolger für den aus Gesundheitsgründen zurückgetretenen Heinrich Lübke stellte die Union Verteidigungsminister Gerhard Schröder auf, die SPD Justizminister Gustav Heinemann. Zwar sprach sich der rechte Rand der FDP für Schröder aus, jedoch sympathisierte die Mehrheit der Liberalen mit Heinemann. Ein schlagendes Argument für die Wahl des Justizministers lieferte der FDP ihr Landesvorsitzender in Nordrhein-Westfalen, Willy Weyer. Herbert Wehner, Willy Brandt und Heinz Kühn hätten ihm zugesagt, dass die Debatte über das Mehrheitswahlrecht endgültig vom Tisch sei, wenn die Liberalen den Kandidaten Heinemann in das Amt des Bundespräsidenten höben. Das Argument zog. Am 5. März 1969 wählte die Bundesversammlung im dritten Wahlgang Heinemann zum Bundespräsidenten.[86]

Im Zusammenhang mit der Debatte um die Wiederbewaffnung der Bundesrepublik ist oben bereits gezeigt worden, dass Heinemann und Kogon ein sehr gutes Verhältnis zueinander hatten, zusammengearbeitet haben, ja sogar zusammen verreist sind. Kogon reagierte daher zufrieden auf die Wahl Heinemanns:

„[D]ie [im Rahmen der Wahl zum Bundespräsidenten] demoskopisch eruierte Sympathie, die überwog, war auf der Seite dessen, der die Frage, ob er unseren Staat liebe, mit der humansten aller Antworten bedacht hatte: ‚Ich liebe nicht den Staat, sondern meine Frau', auf der Seite des Mannes, der sich nicht als Autoritätsleuchtturm ausgab, sondern der ein humoriger, die Dinge gleichwohl ernstnehmender Reformer ist, auf der Seite Gustav Heinemanns, der nie ein Parteihoplit und politischer Möchtegern-Feldherr war, der seine Parteizugehörigkeit mehrmals sogar, ohne freilich seine Gesinnung und seinen Charakter zu ändern, gewechselt hat."[87]

Nach der Wahl äußerte der umjubelte Wahlsieger, dass sich mit dieser Entscheidung ein Stück Machtwechsel vollzogen habe, was scharfe Töne aus den Reihen der siegverwöhnten CDU/CSU hervorrief.[88] Kogon kommentierte in den *Frankfurter Heften*:

„Nichts anscheinend verträgt das CDU/CSU-Establishment weniger als auch nur den geringsten Hinweis auf einen Schwund seiner Vorherrschaft. Daher die Ausfälligkeit, mit der Dr. Heinemanns Bemerkung beantwortet wurde, seine Wahl zum Bundespräsidenten bedeute ein Stück Machtwechsel. Als ob das nicht zuträfe! Zwar läßt das Amt nur persönlichen Ausstrahlungseinfluß unseres höchsten Staatsrepräsentanten zu, aber es ist offenbar, daß die Hoffnung sich ausgebreitet hat, in der Zweiten Republik der Deutschen könne sich, nach zwanzig Jahren

---

85 Eugen Kogon: Die republikanische Bewegung, in: FH 23 (1968), H. 3, S. 145 f., hier S. 145.
86 Vgl. hierzu Winkler: Der lange Weg nach Westen, S. 269.
87 Eugen Kogon: Das Stück Machtwechsel, in: FH 24 (1969), H. 4, S. 217 f., hier S. 217.
88 Vgl. Hildebrand: Von Erhard zur Großen Koalition 1963–1969, S. 98–399.

im wesentlichen restaurativ verlaufener Entwicklung, nunmehr noch einmal die Möglichkeit auftun, Freiheit als bürgerliche Teilhabe zu verwirklichen."[89]

Nach der Wahl Heinemanns war offenkundig, dass es numerisch nun möglich war, eine sozialliberale Regierung mit einem sozialdemokratischen Kanzler zu wählen. Herbert Wehner und Helmut Schmidt hielten diese Mehrheit jedoch für zu schwach, um ein stabiles Regierungsbündnis auf die Beine zu stellen. Doch entscheidend war die Einschätzung des Parteivorsitzenden Brandt, der einen grundsätzlichen Richtungswechsel in der bundesdeutschen Außenpolitik anstrebte – ein Unternehmen, das mit der Union keine Aussicht auf Erfolg hatte.[90]

Kogon, für den ein Umdenken in außenpolitischen Fragen ebenfalls zu den wichtigsten Aufgaben deutscher Bundespolitik zählte, urteilte im April 1969, dass die SPD wider Erwarten die Große Koalition habe nutzen können, ihre Regierungsfähigkeit unter Beweis zu stellen. Seiner Prognose zufolge habe sie daher Aussicht darauf, bei den Bundestagswahlen im Herbst die meisten Stimmen zu bekommen und mit der FDP die Regierung zu stellen.[91] Diese Perspektive befürwortete er nachdrücklich:

„Damit ist zum Ausdruck gebracht, daß wir es für wünschenswert, ja für notwendig halten, aus den Bundestagswahlen endlich die SPD als die siegreiche Partei hervorgehen zu sehen. Es wäre bitter, wenn der hohe Preis der Anpassung – und der von ihr geforderten Abstoßungen, die Herbert Wehner betrieben hat, um die Sozialdemokratie unter den deutschen Verhältnissen, wie sie schwer veränderbar zu sein scheinen, aus fortgesetzter Minderheitsposition herauszuführen, wenn dieser Preis umsonst bezahlt wäre. ‚Spätestens 1969', so lautet die Vertröstung das vorige Mal, als es ‚der Genosse Trend' noch immer nicht geschafft hatte. Mittlerweile hat Willy Brandts Staatsmannskunst in aller Welt – außer im billig geführten Wahlkampf der CDU/CSU – Anerkennung erlangt, ist Karl Schillers Leistung und deren Bedeutung für das wirtschaftliche Wohlergehen der Republik – wiederum außerhalb der Wahlkampfparolen der CDU/CSU – unbestritten, ist die SPD-Feststellung ‚Wir haben die richtigen Männer' durch weitere tüchtige Minister und eine Reihe jüngerer Staatssekretäre erhärtet, zuletzt, jedoch vor allem steht Gustav Heinemann an der Spitze des Staates!"[92]

Die CDU/CSU, der Kogon in dieser Situation Nervosität attestierte,[93] sei undankbar: Sie habe sich an das Regieren wie an ein „Erbprivileg" gewöhnt und honoriere nicht einmal, dass Wehner und die SPD sie gerettet habe, als das Kabinett Erhard gescheitert war.[94] Am 21. Oktober 1969 wählten die Volksvertreter im Reichstag erstmals seit der Weimarer Republik mit Brandt einen Sozialdemokraten zum Regierungs-

---

89 Kogon: Das Stück Machtwechsel, S. 217.
90 Vgl. Winkler: Der lange Weg nach Westen, S. 273.
91 Kogon: Das Stück Machtwechsel, S. 218.
92 Eugen Kogon: Die überfällige Entscheidung, in: FH 24 (1969), H. 9, S. 609 f., hier S. 609.
93 Ebenda, S. 610.
94 Kogon: Das Stück Machtwechsel, S. 217.

chef. Früh – bereits im November 1969 – zog Kogon eine positive Erstbilanz der sozialliberalen Regierungsarbeit:

> „Markant und vom ersten Augenblick an hat sich der Stil verändert, in dem die Regierung auftritt. Keine Fanfarenstöße, keine pathetischen Ankündigungen, sondern sofort seriöse, lautlos rasche Arbeit: Neueinteilung der Ministeriumsbereiche [...]; Hereinnahme zahlreicher – meist jüngerer – Staatssekretäre; es ging bei der Umbildung, wie man sieht, garnicht um finanzielle Einsparungen, sondern um bessere Effizienz, was weitaus wichtiger ist (im Bundeskanzleramt Professor Ehmke!, Frau Dr. Focke eigens für die Europa-Fragen!, im Verteidigungsministerium Dr. Mommsen!); parteipolitische Unvoreingenommenheit, wenn die Aufgabe zu fordern schien, die üblichen Abgrenzungen außeracht zu lassen (Professor Leussink als Leiter des Ministeriums für Bildung und Wissenschaft); [...]"[95]

Kogon und Brandt hatten sich schon früh auf einer Tagung des Kongresses für kulturelle Freiheit am 25. Januar 1951, in dem beide Mitglied waren, kennengelernt.[96] Doch neben der gemeinsamen politischen Arbeit verbanden beide Männer auch Schnittmengen in ihrer Biographie, in der die Opposition gegen das Hitler-Regime jeweils eine wichtige Rolle spielte. Hinzu kam, dass Adenauer noch im Wahlkampf 1965 mit Hinweisen auf Brandts nichteheliche Geburt gegen den sozialdemokratischen Kanzlerkandidaten der Bundesrepublik polemisiert und ihn damit persönlich getroffen hatte.[97] Für den gläubigen Katholiken Kogon stellte es ebenfalls einen Makel dar, dass er als unehelicher Sohn und in familiär armseligen Verhältnissen aufgewachsen war. „Er hat sehr früh erfahren, was es heißt, am Beginn der 20. Jahrhunderts als uneheliches Kind geboren zu werden und ohne den Schutz seiner Mutter oder seines Vaters aufzuwachsen."[98] Es ergab sich so, dass Kogon zwanzig Jahre nach Gründung der Bundesrepublik erstmalig die Politik einer Bonner Regierung positiv bewertete und sogar für den charismatischen Regierungschef eine besondere Sympathie hegte. Ein besonderer Auftakt zu dieser Zäsur war die Spiegel-Affäre, die daher im folgenden Kapitel in den Fokus der Untersuchung gerückt wird.

2 Spiegel-Affäre

Seit Ende Oktober 1962 dominierte die Spiegel-Affäre die mediale Berichterstattung und die öffentliche Debatte in der Bundesrepublik. Das von Rudolf Augstein herausgegebene Nachrichtenmagazin hatte in dem Beitrag „Bedingt abwehrbereit" dargelegt, dass die Bundeswehr nur ungenügend auf einen Verteidigungsfall vorbereitet

---

[95] Eugen Kogon: Die Koalition ins dritte Jahrzehnt, in: FH 24 (1969), H. 11, S. 763–768, hier S. 766.
[96] Vgl. AdsD, Nl Carlo Schmid, Sig. 1829.
[97] Vgl. Christina Holtz-Bacha: Wahlwerbung als politische Kultur. Parteienspots im Fernsehen 1957–1998, Wiesbaden 1998, S. 104.
[98] Dennis Beismann: Zeitzeugeninterview mit Michael Kogon, Füllinsdorf 13.03.2013.

sei. Der Artikel enthielt viele geheime Detailinformationen aus Insiderkreisen zum NATO-Manöver „Fallex 62".[99] Im Artikel wurde die These aufgestellt, dass CSU-Verteidigungsminister Franz Josef Strauß und weitere führende Militärs es offensichtlich bevorzugten, im Verteidigungsfall mit einem Atomschlag zu reagieren, anstatt, wie es die Kennedy-Administration befürwortete, über ein flexibles Maßnahmenspektrum verfügen zu können.[100] Am 26. Oktober gingen die Ermittlungsbehörden mit 50 Polizisten gegen den *Spiegel* vor, besetzten und durchsuchten die Redaktionsräume und stellten Beweismaterial sicher. Der für den Artikel verantwortliche Conrad Ahlers und Rudolf Augstein wurden festgenommen und saßen wegen Verdacht auf Landesverrats für Monate in Untersuchungshaft.[101] FDP-Justizminister Wolfgang Stammberger wurde von den für die Aktion Verantwortlichen nicht über den Vorgang informiert.[102] Im Bonner Bundeshaus erklärte Adenauer, der einen Rücktritt seines Verteidigungsministers verhindern wollte, dass sich in der Angelegenheit ein „Abgrund von Landesverrat" auftue. Strauß kam in dieser Szenerie eine besondere Aufmerksamkeit zu, weil viele Beobachter hinter den Kulissen einen Machtkampf zwischen dem CSU-Vorsitzenden und dem *Spiegel*-Herausgeber vermuteten. Schon seit längerem hatte Augsteins Magazin gegen Strauß polemisiert und in wenig schmeichelhafter Weise das Auftreten und die Politik des Bayern kommentiert.[103] Bei dem Verfahren kam aus juristischer Perspektive wenig herum: Der Bundesgerichtshof lehnte es am 13. Mai 1965 ab, gegen Ahlers und Augstein ein Hauptverfahren einzuleiten. Indizien, die auf einen wissentlichen Landesverrat hinweisen, seien nicht existent.[104]

Die öffentlichen Reaktionen fielen unterschiedlich aus: Der christsoziale Innenminister Hermann Höcherl verstieg sich zu der Aussage, der Verfassungsschutz könne bei seiner Arbeit „nicht immer mit dem Grundgesetz unter dem Arm herumlaufen".[105] Auffällig war ebenfalls, dass die Sozialdemokraten sich verhalten äußerten und lediglich zur Einhaltung rechtsstaatlicher Grundsätze mahnten. Der Hintergrund dieser Rücksichtnahme in der SPD-Führungsriege war vermutlich die Hoffnung, die angeschlagene CDU/CSU zu einer schwarz-roten Koalition bewegen zu können.[106] Die Affäre führte dazu, dass die fünf Bundesminister der FDP zurücktraten und der FDP-Vorsitzende Erich Mende klarmachte, dass es mit seiner Partei keine christlich-liberale Koalition geben werde, an der Franz Josef Strauß beteiligt

---

99 Vgl. Hodenberg: Konsens und Krise, S. 328.
100 Vgl. Wolfrum: Die geglückte Demokratie, S. 210.
101 Vgl. Hodenberg: Konsens und Krise, S. 328.
102 Vgl. Wolfrum: Die geglückte Demokratie, S. 210.
103 Vgl. Hodenberg: Konsens und Krise, S. 328.
104 Bering: Die Epoche der Intellektuellen – 1898–2001, S. 357.
105 Zitiert nach ebenda, S. 354.
106 Schildt/Siegfried: Deutsche Kulturgeschichte, S. 217.

sei.¹⁰⁷ In Anbetracht dieses Vorgangs und der öffentlichen Proteste wurde die Demission des Verteidigungsministers schließlich unausweichlich.¹⁰⁸

Die Spiegel-Affäre hatte bundesweit zu Demonstrationen für die Meinungs- und Pressefreiheit sowie zu Solidaritätsbekundungen in den Medien zugunsten des *Spiegels* geführt.¹⁰⁹ Das Magazin publizierte zahlreiche Leserbriefe namhafter Literaten, die das Vorgehen der Regierung einmütig kritisierten und sich mit Augstein solidarisierten.¹¹⁰ Gemäß der für die frühen 1960er Jahre charakteristischen Politisierung der Schriftsteller veröffentlichte die Gruppe 47 ein Manifest, das den Rücktritt des Verteidigungsministers forderte.¹¹¹ Auch Kogon unterzeichnete eines der zahlreichen Manifeste, die in diesen Tagen zu den Vorgängen rund um das Hamburger Nachrichtenmagazin erschienen. Im Mai 1963 erreichte ihn deshalb ein Brief von Augstein:

> „[I]n der von Ihnen seinerzeit zur Spiegel-Affäre unterzeichneten Resolution haben Sie ihre Besorgnisse über den Stil unserer Demokratie formuliert. Ich habe Ihre öffentliche Erklärung zu keiner Zeit als Plädoyer oder gar Schützenhilfe für den *Spiegel* angesehen, sondern glaube verstanden zu haben, dass es Ihnen um Wahrung und Einhaltung rechtsstaatlicher Prinzipien ging. Zur Orientierung über unsere Angelegenheiten, die immerhin Anlass Ihres Protestes waren, darf ich Ihnen hier einen Text schicken, den [der Sozialdemokrat] Professor Dr. Horst Ehmke, Freiburg, zur Begründung unserer Verfassungsbeschwerde formuliert hat."¹¹²

Kogon antwortete Augstein, dass er von Ehmkes Begründung zur Verfassungsbeschwerde äußerst beeindruckt sei, sowohl was den Inhalt als auch die Gliederung angehe. Er könne sich nicht vorstellen, dass dieser Vorstoß keinen Erfolg vor den Gerichten haben sollte.¹¹³ Weitere Korrespondenz zwischen beiden Herausgebern ist in dieser Sache nicht archivalisch belegt, doch äußerte Kogon sich deutlicher in einem Schreiben, das er im gleichen Jahr an Karlheinz Leonhard richte:

> „Infolgedessen sehe ich in den negativen Vorkommnissen, wie wir sie in dieser unserer zweiten Republik immer wieder erfahren unter der Voraussetzung, daß man daraus Folgerungen zieht, auch etwas Positives. An erster Stelle die Spiegel-Affäre, jetzt aber auch die unnoble Attacke, die gegen Herrn von Paczensky geführt worden ist, haben meines Erachtens nachhaltig dazu beigetragen, daß die freiheitlichen Kräfte in unserem Lande wach geworden sind und sich besser formieren."¹¹⁴

---

107 Vgl. Winkler: Der lange Weg nach Westen, S. 210.
108 Schildt/Siegfried: Deutsche Kulturgeschichte, S. 217.
109 Hodenberg: Konsens und Krise, S. 329.
110 Vgl. Frank Bösch: Später Protest. Die Intellektuellen und die Pressefreiheit in der frühen Bundesrepublik, in: Dominik Geppert/Jens Hacke (Hrsg.): Streit um den Staat. Intellektuelle Debatten in der Bundesrepublik 1960–1980, Göttingen 2008, S. 91–112, hier S. 101.
111 Schildt: Materieller Wohlstand – pragmatische Politik – kulturelle Umbrüche, S. 41.
112 AdsD, Nl Eugen Kogon, Sig. 203, Rudolf Augstein an Eugen Kogon, 16.05.1963.
113 Vgl. AdsD, Nl Eugen Kogon, Sig. 203, Eugen Kogon an Rudolf Augstein, 29.05.1963.
114 AdsD, Nl Eugen Kogon, Sig. 206, Eugen Kogon an Karlheiz Leonhard, 29.05.1963.

Neben diesen Stellungnahmen hinter den Kulissen äußerte Kogon sich auch öffentlich zu der Attacke gegen das Hamburger Nachrichtenmagazin. Es ist der Abteilung Agitation der SED zu verdanken, die die Berichterstattung im westdeutschen Fernsehen beobachtete, dass ein Transkript eines von Kogon geschriebenen Fernsehbeitrags überliefert ist, der 1963 erschien und den Titel trug „Wie frei ist unsere Presse?" In diesem hieß es:

> „Sie [die Kritiker des *Spiegels*] heben alle Fehler, alle Schwächen, alle Zweideutigkeiten hervor und fragen, ob es denn keine Maßnahmen gäbe, die man dagegen ergreifen könne und wolle, gesetzliche natürlich, welche denn sonst in Deutschland. Ihre Kritik erstreckt sich auf vielerlei. Auf die Art z. B., wie man mit der Regierung umspringt, daß man nicht davor zurückscheut, die Autorität rücksichtslos ins Lächerliche zu ziehen, daß Tratsch und Quatsch und Skandale breitgetreten werden, und die Meldungen berichten nicht nur, sie machen oft genug auch selber Politik [...]."[115]

Und auch in dem für die vorliegende Studie wiederholt zitierten Beitrag im Sammelband *Franz Josef Strauß. Ein Typus unserer Zeit* nahm Kogon Stellung und postulierte, dass die Spiegel-Affäre gezeigt habe, dass die Demokratie gegenüber autoritären Übergriffen nicht schutzlos sei und die Freiheit entschieden verteidige. Die „Restauration" in Westdeutschland, die vielfache Ressentiments gegenüber Journalisten hege, habe in diesem Fall die Auseinandersetzung verloren. Wichtig sei es nun, dass der Vorgang nicht ein Einzelfall bleibe, sondern zu einer grundlegenden Wendemarke werde. Die bundesrepublikanische Demokratie könne sich nicht entwickeln, wenn die zentralen Schaltstellen, die Einfluss auf die öffentliche Meinungsbildung nehmen, von Personen besetzt seien, die sich der Freiheit nicht verpflichtet fühlen.[116] Obwohl Kogon die Stärkung der Pressefreiheit im Zuge der Affäre begrüßte, traute er dem Erreichten nicht und befürchtete, dass eine derartige Auseinandersetzung beim nächsten Mal anders ausgehen könnte. Zudem habe die Demokratie lediglich einen Pyrrhus-Sieg davongetragen, da letztlich durch diese Auseinandersetzung staatliche Institutionen beschädigt worden seien, was nicht in ihrem Interesse liegen könne.[117]

Diese Stellungnahmen sowie die Einlassungen weiterer Intellektueller zum Thema trugen einen wichtigen Teil zur Stabilität der Bundesrepublik bei, in deren politische Kultur die Intellektuellen zunehmend fest integriert waren.[118] Die Auseinan-

---

115 BArch Lichterfelde, Abteilung Agitation (ZK der SED), Sig. DY 30/IV 2/9.02/123, Eugen Kogon: Wie frei ist unsere Presse? Untersuchung von Prof. Dr. Eugen Kogon über das in den letzten Monaten wieder aktuell gewordene Thema Pressefreiheit im Westdeutschen Fernsehen am 18.01.1963.
116 Vgl. Kogon: Verteidigung unserer Möglichkeiten, S. 375.
117 Vgl. ebenda.
118 Vgl. Thomas Kroll/Tilman Reitz: Zeithistorische und wissenssoziologische Zugänge zu den Intellektuellen der 1960er und 1970er Jahre. Eine Einführung, in: Thomas Kroll/Tilman Reitz (Hrsg.):

dersetzung ließ verschiedene oppositionelle Gruppen zusammenrücken, so Christina von Hodenberg:

> „Neben der in den Redaktionen um sich greifenden Solidarisierung mit dem *Spiegel* zeugt die zunehmende Vernetzung mit den Protesten von Schriftstellern, Professoren und Studenten von einem Wandel der Öffentlichkeit. Die Spiegel-Affäre baute neue Brücken zwischen den Massenmedien und der außerparlamentarischen Opposition der Intellektuellen."[119]

Axel Schildt führt den Vorgang als eine wichtige Wegmarke im Transformationsprozess der westdeutschen Gesellschaft an, welcher sich als „Bumerang für die Regierenden" herausstellte.[120] Selbst konservative Zeitungen nahmen eine kritische Haltung zum Vorgehen der Regierung ein, so dass ein deutlicher Wandel im staatsbürgerlichen Selbstverständnis der Westdeutschen nicht von der Hand zu weisen ist.[121] Es ließ sich kaum übersehen, dass die Regierungsbehörden ihre „Lenkungsmacht" gegenüber dem Rundfunk in den 1960er Jahren sukzessive verloren, während dieser zunehmend eine „Kontrollfunktion" gegenüber Regierungsstellen einnahm und zu einer „vierten Gewalt" im politischen System avancierte.[122] In der Rückschau erscheinen die Vorgänge als eine entscheidende Zäsur, die auch für die Öffentlichkeit erkennbar den Anfang vom Ende von Adenauers Kanzlerschaft markierte.[123]

3 Außenpolitik und Deutschlandfrage

Als Kogon in den vordersten Reihen der Europäischen Bewegung stand, dominierte die politische Einigung des Kontinents seine Publizistik. Die Enttäuschung, die sein 1953 notwendig gewordener Rücktritt von allen Ämtern in der Europabewegung für ihn bedeutete, ist in Anbetracht des plötzlichen Verschwindens dieser Thematik aus seiner Publizistik kaum zu übersehen. In der zweiten Hälfte der 1950er Jahre widmete er sich insbesondere Fragen der innenpolitischen Entwicklung der Bundesrepublik. Erst Anfang der 1960er Jahre rückte Kogon die Frage einer deutschen Wiedervereinigung und das Verhältnis des deutschen Weststaates zu seinen Nachbarn im Osten in den Mittelpunkt seiner Veröffentlichungen. Dabei stand im Zentrum seiner Überlegungen die Überzeugung, dass beide Seiten – Ost und West – in einen Dialog treten und nach „Interessenübereinstimmungen" suchen sollten.[124] In den ersten

---

Intellektuelle in der Bundesrepublik Deutschland. Verschiebungen im politischen Feld der 1960er und 1970er Jahre, Göttingen 2013, S. 7–18, hier S. 9.
119 Hodenberg: Konsens und Krise, S. 331.
120 Schildt: Materieller Wohlstand – pragmatische Politik – kulturelle Umbrüche, S. 40.
121 Vgl. ebenda.
122 Wolfrum: Die geglückte Demokratie, S. 210.
123 Vgl. Hodenberg: Konsens und Krise, S. 329.
124 Eugen Kogon: „Ein koboldischer Lärm", in: FH 15 (1960), H. 9, S. 597–599, hier S. 598.

Nachkriegsjahren hatten die *Frankfurter Hefte* den Standpunkt vertreten, dass die deutsche Frage nur dadurch zu lösen sei, dass ein wiedervereintes Deutschland möglichst eng in ein politisch integriertes Europa eingeflochten werde und auf diesem Wege einen erheblichen Teil seines Gefahrenpotenzials für seine Nachbarn einbüße.[125] Mit der Westintegration war die Vorstellung der *Frankfurter Hefte* von einer „dritten Kraft" zwischen den beiden Machtblöcken obsolet geworden. Die Entwicklungen in der europäischen Einigung auf wirtschaftlicher Ebene – die Gründung der Europäischen Wirtschaftsgemeinschaft – beurteilte Kogon dennoch positiv. Ohne sie stünde Europa deutlich schlechter da.[126]

Er blieb auch in der Bundesrepublik bei seiner kritischen Haltung zum Marxismus, die in seinen Überlegungen der Zwischenkriegszeit wurzelte und eine klare Konstante in seinem Denken bildete. Während er in den 1950er Jahren die Terminologie des Kalten Krieges übernahm, setzte er sich jedoch in den 1960er Jahren zunehmend für einen Dialog mit der Sowjetunion ein und ließ seinen Antibolschewismus der Zwischenkriegszeit hinter sich. Wie viele andere bundesdeutsche Intellektuelle befürwortete er nach dem Bau der Berliner Mauer eine Neuausrichtung der Bonner Deutschlandpolitik und trat zunehmend aus dem Freund-Feind-Denken des Ost-West-Konflikts heraus.[127] Die Bundesrepublik sollte sich aktiv für einen Dialog mit den Ländern Osteuropas einsetzen und Abrüstung statt einer „Politik der Stärke" betreiben. Dass die geforderten Schritte zunächst ausblieben, bildete in diesem Jahrzehnt die Zielscheibe für Kogons Hauptkritik an der bundesdeutschen Außenpolitik. Die Diplomatie unter Bundeskanzler Kiesinger führe in eine Sackgasse, urteilte Kogon 1965: „Im ‚Westen' ist das ‚Problem der Deutschen' komplizierter [als im Osten]. So ziemlich überall im außerkommunistischen Bereich genießen wir hohes, zumindest ziemlich hohes Ansehen. Aber warum? Einerseits wegen unserer wirtschaftlichen Leistung und unserer finanziellen Potenz, andererseits wegen unserer militärischen Potentialität. Sonst wegen nichts."[128] Auf der ganzen Welt würde bemerkt, dass eine Schwäche in der deutschen Politik darin bestehe, dass sie zur deutschen Frage keine substanziellen und weiterführenden Vorschläge mache und auch nicht aktiv erörtere, wie sie zur Entspannung beitragen könne.[129]

---

125 Vgl. Michael Grunewald: „Christliche Sozialisten" in den ersten Nachkriegsjahren: Die Frankfurter Hefte, in: Michel Grunewald/Uwe Puschner (Hrsg.): Le milieu intellectuel catholique en Allemagne, sa presse et ses reseaux (1871–1963). Das katholische Intellektuellenmilieu in Deutschland, seine Presse und seine Netzwerke (1871–1963), Bern 2006, S. 459–481, hier S. 476.
126 Eugen Kogon: Vom Nationalismus zur Supranationalität, in: FH 21 (1966), H. 5, S. 303–313, hier S. 312.
127 Vgl. Joachim Scholtysek: Mauerbau und Deutsche Frage. Westdeutsche Intellektuelle und der Kalte Krieg, in: Dominik Geppert/Jens Hacke (Hrsg.): Streit um den Staat. Intellektuelle Debatten in der Bundesrepublik 1960–1980, Göttingen 2008, S. 69–88, hier S. 75.
128 Eugen Kogon: Unsere Demokratie, in: FH 20 (1965), H. 8, S. 517–519, hier S. 517.
129 Vgl. Kogon: Verteidigung unserer Möglichkeiten, S. 362.

Kogon hatte sich Anfang der 1950er Jahre zunächst im Kongress für kulturelle Freiheit, einem antikommunistische, von der CIA finanzierten Netzwerk beteiligt, das er jedoch schon im Juni 1952 verließ.[130] Bereits Ende der 1950er, Anfang der 1960er Jahre hielt er den bundesdeutschen Antikommunismus für eines der größten Hindernisse auf dem Weg zu einem liberalen und pluralistischen Staatsverständnis: „Der Antikommunismus in primitiv-simplifizierender Ausgabe ist der bequeme Generalnenner, auf den die mannigfachen Bestrebungen, Vorherrschaft in der Demokratie zu stabilisieren, die eigenen Meinungen zu dogmatisieren und Opposition schon in der Gesinnung abzutöten, nur allzu gerne gebracht werden."[131]

So viel zum Grundriss seiner außenpolitischen Positionen im zweiten Jahrzehnt der Bundesrepublik. Doch wie hat Kogon diesen Werthaltungen, die eine zentrale Position in seinem politischen Programm der 1960er Jahre einnehmen, Wirkmächtigkeit verliehen? Das Quellenstudium belegt, dass sich sein Engagement auf zwei Ebenen gliederte: die praktische Arbeit in Vereinen und konkrete Vermittlungstätigkeit im Zuge von gegenseitigen Besuchen mit Partnern in der Sowjetunion und sein publizistisches Wirken, in dem die Forderung nach Entspannung im Ost-West-Konflikt einen besonderen Stellenwert einnahm. Dieser Zweischritt – die konkrete Aktion und die publizistische Parteinahme – gliedern das folgende Kapitel.

Kogon reiste wiederholt als Teil einer deutschen Delegation nach Moskau und nach Leningrad, später auch nach Sibirien, um das Land und die Menschen kennenzulernen, in der Bundesrepublik von seinen Erfahrungen zu berichten und so zum Abbau von Fehlannahmen und Vorurteilen beitragen zu können. Er war dabei jedoch nicht der erste, der derartige Ziele verfolgte: Bereits 1956 entsandte der Kölner Nordwestdeutsche Rundfunk mit Gerd Ruge einen Korrespondenten nach Moskau. Hintergrund der Reise war Adenauers Moskau-Besuch 1955, der dazu führte, dass die UdSSR die letzten 10 000 deutschen Kriegsgefangenen freiließ und die BRD im Gegenzug diplomatische Beziehungen mit der Sowjetunion aufnahm. 1965 reiste eine Delegation von Journalisten des WDR nach Warschau und Breslau, an der sich neben Gerd Ruge der Intendant des WDR Klaus von Bismarck sowie der Professor für politische Wissenschaften an der Universität Erlangen Waldemar Besson beteiligten. Diese Delegation stand Kogons Umfeld personell keineswegs fern: Dirks leitete von 1956 bis 1967 das Kulturressort des WDR, von Bismarck hatte wiederholt in den *Frankfurter Heften* publiziert, und Besson und Kogon kannten sich über ihre Mitgliedschaft in der Deutschen Vereinigung für Politische Wissenschaft – ab 1967 sollten sie gemeinsam im Vorstand sitzen. Guido Thiemeyer hat gezeigt, dass gesellschaftliche Kontakte dieser Art eine wichtige Wegbereiterfunktion für die 1969 von der sozialliberalen Koalition eingeleitete Neue Ostpolitik hatten. Die Kontakte mit den Menschen jenseits der Demarkation lösten in der Bundesrepublik eine Debatte

---

130 Vgl. AdsD, Nl Carlo Schmid, Sig. 1829, Schreiben an Carlo Schmid, 26.07.1952.
131 Kogon: Lehren für morgen..., S. 96.

über das Verhältnis der BRD zu seinen osteuropäischen Nachbarn aus und schufen so die erforderliche Basis für die Außenpolitik von Willy Brandt und Walter Scheel.[132]

An Kogons erster Russlandreise 1964 nahm neben seiner Frau unter anderem der spätere Bundespräsident Gustav Heinemann und der Politikwissenschaftler Karl Ossip Flechtheim teil.[133] Zwei Jahre später sprach Martin Niemöller von deutscher Seite eine Gegeneinladung an die sowjetische Seite aus, um ihr einen unvermittelten Einblick in das politische, gesellschaftliche und kulturelle Leben der Bundesrepublik zu ermöglichen und das Land kennenzulernen.[134] Diese zweiwöchige Reise organisierte der Heinemann und Niemöller nahestehende Herbert Mochalski. In Zusammenarbeit mit Kogon entwarf er ein Reiseprogramm für die sowjetische Delegation, die aus Künstlern und Journalisten, Wissenschaftlern, Wirtschaftsakteuren, Politikern und Geistlichen bestand. Die Gäste besuchten deutsche Städte und Landstriche in der gesamten Bundesrepublik, Industriestätten und Kulturveranstaltungen, hörten Vorträge und führten Gespräche mit verschiedenen Oberbürgermeistern und dem Hessischen Ministerpräsidenten Georg-August Zinn.[135] 1968 reiste Kogon dann nach Sibirien – dieses Mal waren sein Freund, der Hamburger Unternehmer Kurt Körber, Martin Niemöller selbst, die Mitherausgeberin und Chefredakteurin der *Zeit* Marion Gräfin Dönhoff und der ehemalige hessische Wirtschaftsminister Harald Koch Teil der Delegation. Auch diese Reise hatte Mochalski organisiert.[136] Körber hat viele Aktivitäten Kogons finanziell unterstützt, insbesondere das Bestreben, den Dialog zwischen der Sowjetunion und der Bundesrepublik zu fördern.[137] Die Reise der sowjetischen Delegation hatte für Kogon den Sinn, zu zeigen, „daß es viele, in ihren gesellschaftlichen Positionen wichtige Menschen in der Bundesrepublik gibt, die nicht nur in Beteuerungen für den Frieden sind, sondern konkret bereit, an den Bedingungen zu arbeiten, die er erfordert".[138]

Zurück von seiner Reise 1964 berichtete Kogon in den *Frankfurter Heften*, dass man die Bundesrepublik in der Sowjetunion als einen „abwartend-kriegslüsternen Verschwörer" und als die „Angriffsvorhut des westlichen Imperialismus" wahrneh-

---

132 Vgl. zu diesem Absatz Guido Thiemeyer: „Wandel durch Annäherung". Westdeutsche Journalisten in Osteuropa 1956–1977, in: Archiv für Sozialgeschichte 45 (2005), S. 101–116, hier S. 101–106.
133 Vgl. Eugen Kogon: Besuch in Moskau und Leningrad. Eindrücke und Überlegungen, in: FH 19 (1964), H. 11, S. 753–760, hier S. 753.
134 Vgl. Eugen Kogon: Sowjetrussischer Besuch in der Bundesrepublik, in: FH 21 (1966), H. 9, S. 591–593, hier S. 591.
135 Ebenda, S. 591 f.
136 Kogon: Impressionen aus Sowjet-Asien, S. 23 f.
137 Ernst-Otto Czempiel: Demokrat und Europäer, https://www.nzz.ch/article8MW5T-1.207414.
138 Kogon: Sowjetrussischer Besuch in der Bundesrepublik, S. 593.

me.¹³⁹ Zudem berichtete er von Überlegungen zur deutschen Wiedervereinigung, die ihm Allunionskongress-Präsident J. W. Spiridonow ausgebreitet habe:

> „Selbstverständlich muß dieses Problem [die Wiedervereinigung Deutschlands] gelöst werden, es ist ein ständiger Unruhequell. Gelöst werden kann es auf gar keinen Fall etwa dadurch, daß die Bundesrepublik die DDR verschluckt, – niemand soll sich da einer Illusion hingeben! Die Regierung der DDR hat bereits mehrmals die Bildung einer Konföderation der zwei Deutschland vorgeschlagen und sie macht diesen Vorschlag immer wieder, aber die bonner Regierung, die anscheinend meint, ein Staat bestehe nicht, wenn man mit Hilfe einer Doktrin seine Existenz in Abrede stellt, will nicht einmal Studienkommissionen haben, die die einzelnen Aspekte des deutschen Problems auf mögliche Teillösungen hin überprüfen könnten."¹⁴⁰

Kogon zitierte Spiridonow vor allem deshalb ausführlich, weil er seine Einschätzung völlig teilte. Zudem unterstrich der Österreicher, dass der Westen einem Irrtum unterliege, wenn er sich die sowjetische Gesellschaft als eine rückständige, archaische vorstelle. Er betonte seinen Gesamteindruck, dass die Lebensverhältnisse in Moskau und Leningrad gut seien und versicherte seinen Lesern in der Bundesrepublik, dass die Menschen in der sowjetischen Hauptstadt besser lebten, als man in Westdeutschland annehme.¹⁴¹ Vier Jahre später – zurück von seiner Sibirienreise – wusste er von den hervorragenden Bedingungen für die Wissenschaft zu berichten, die Forschende in Nowosibirsk vorfänden.¹⁴² In Moskau sei der Fortschritt für Besucher bereits erkennbar, wenn sie nur einige wenige Jahre nicht in der Stadt gewesen seien, so dass schon bald kein Unterschied mehr zu den Hauptstädten der westlichen Welt erkennbar sein würde.¹⁴³ Bei beiden Reisen sei die deutsche Delegation sehr freundlich und offen aufgenommen worden und habe in ihrer Bewegungsfreiheit während des gesamten Aufenthalts keine Einschränkungen wahrnehmen können. Kogon wusste lediglich eine Anekdote zu berichten, in der eine negative Einschätzung des deutschen Staatswesens ihren Ausdruck fand: „In einem Fall, der mich selber betraf, beim Obersten Sowjet im Kreml, gab eine andere Übersetzerin, die politisch überaus versiert war, meine Terminologie ‚pluralistisch-demokratische parlamentarische Demokratie' schlicht mit ‚bourgeoise Demokratie' wieder."¹⁴⁴ Auch die sowjetische Delegation machte bei ihrem Besuch in Westdeutschland positive Erfahrungen. Von ihren Eindrücken berichtete Kogon in den *Frankfurter Heften*:

> „Sie seien zwar zu wenig mit Arbeitnehmern in Kontakt gekommen – die nach Ansicht der Gäste ‚am allerwenigsten zu den Diskussionen über ihr Schicksal herangezogen werden, obwohl ihnen bestimmt das entscheidende Wort zukommt' [...] doch habe man deutsche Industrielle

---

139 Kogon: Besuch in Moskau und Leningrad, S. 757.
140 Ebenda, S. 756.
141 Ebenda, S. 758.
142 Kogon: Impressionen aus Sowjet-Asien, S. 23.
143 Ebenda, S. 32 f.
144 Kogon: Besuch in Moskau und Leningrad, S. 755.

angetroffen, denen es fernliege, ‚in den Kategorien der abenteuerlichen Ideologie des Revanchismus zu denken'."[145]

Neben seinem Reisen bemühte sich Kogon auch als Hochschullehrer um den Austausch mit Universitäten im sowjetischen Einflussbereich. So teilte der Rektor der TH Darmstadt Kogon 1957 mit, dass der Kleine Senat beschlossen habe, dass ihm, Kogon, fortan die Aufgabe zukommen solle, Informationen von staatlichen Stellen über hochschulpolitische Entwicklungen in der DDR entgegenzunehmen. Ferner solle es seine Aufgabe sein, auf dieser Informationsgrundlage Darmstädter Studiengruppen zu beraten, die in die DDR reisen wollten.[146] Kogon sagte zu. Klaus Knothe studierte bei Kogon, engagierte sich in diesen Jahren im Darmstädter AStA und lehrte später als Professor am Institut für Luft- und Raumfahrt der TU Berlin. Er bestätigte, dass Kogon sich fortwährend für die Kontakte der THD zu Universitäten in der DDR eingesetzt habe. Besonders intensiv seien die Kontakte zur Fachhochschule Weimar gewesen. Diese Kooperation habe es ermöglicht, dass Knothe im Rahmen seiner Tätigkeit für den AStA in Weimar auf den Schriftsteller Bruno Apitz traf, der ihm berichtete, dass er Kogon sein Buch *Nackt unter Wölfen* aus dem Jahr 1958 geschickt habe, welches die heldenhafte Rettung eines Kindes durch kommunistische Häftlinge im KZ Buchenwald inszeniert. Apitz äußerte gegenüber Knothe seine Verwunderung darüber, dass Kogon ihm nicht im Gegenzug den *SS-Staat* geschickt habe. Als Knothe, zurück in Darmstadt, Kogon auf dieses Thema ansprach, habe dieser geantwortet: „Das haben die nicht durchgehen lassen." Ob Kogon überhaupt versucht hatte, sein Buch in die DDR zu schicken, konnte Knothe nicht erinnern.[147] Kogons Ausspruch hatte den Hintergrund, dass er in seinem Buch die ambivalente Rolle darstellt, die die überwiegend von Kommunisten geführte interne Lagerleitung in Buchenwald eingenommen hatte. Da das Buch so den Gründungsmythos der DDR konterkarierte, dass der „neue antifaschistische Staat" im Widerstand gegen den Nationalsozialismus wurzele, verhinderte die SED das Erscheinen in ihrem Einflussbereich.[148]

Kogon gründete gemeinsam mit der Frau des Hessischen Ministerpräsidenten Christa Zinn, dem Leiter des Radiobiologischen Instituts an der Universität Frankfurt Boris Rajewsky, dem ehemaligen Präsidenten des Kirchentags, Martin Niemöller, dem ehemaligen Hessischen Wirtschaftsminister Harald Koch von der SPD, dem Pfarrer Herbert Mochalski vom Frankfurter Stimme-Verlag und einigen anderen die Gesellschaft zur Förderung der Beziehungen zwischen der Bundesrepublik Deutsch-

---

145 Kogon: Sowjetrussischer Besuch in der Bundesrepublik, S. 592.
146 Vgl. UA THD, Akten der Fakultät Kultur- und Staatswissenschaften, Sig. UA 200-55, Walter Brecht an Eugen Kogon, 13.12.1957.
147 Dennis Beismann: Zeitzeugeninterview mit Klaus Knothe, Berlin, 05.04.2016.
148 Vgl. Martin Sabrow: Erinnerungsorte der DDR, München 2009, S. 557.

land und der Sowjetunion. Die Ziele und Aufgaben des Zusammenschlusses sollten sein, für

> „eine Verbesserung und Ausdehnung der Beziehungen – insbesondere der kulturellen und wirtschaftlichen – zwischen der Bundesrepublik und der Sowjetunion zu wirken, um eben dadurch dem Frieden zu dienen. Die Gesellschaft möchte durch regen Austausch von Informationen und durch unmittelbare Verbindungen zwischen Vertretern des Geistes-, Kultur- und Wirtschaftslebens sowie anderer öffentlicher Bereiche und durch Vorträge, Foren und Ausstellungen sowie durch Informations- und Studienreisen zur Verbesserung der Beziehungen zwischen der Bundesrepublik und der Sowjetunion beitragen. Die Gesellschaft läßt sich dabei von der Absicht leiten, ein gutes, für beide Seiten förderliches Verhältnis herzustellen."[149]

Zunächst sollten 50 Persönlichkeiten der Bundesrepublik ausgewählt werden, um die Initiative zu tragen. Kogon für seinen Teil schrieb an den Psychoanalytiker und Hochschullehrer Alexander Mitscherlich, um ihn für die Mitarbeit in der Gesellschaft zu gewinnen.[150] Mitscherlich sagte ohne Zögern zu.[151]

Neben diesen konkreten Initiativen nutzte Kogon aber auch die ihm zur Verfügung stehenden Möglichkeiten als Publizist, um für seine außenpolitischen Positionen zu werben und die Bonner Diplomatie scharfer Kritik zu unterziehen. Diese Einlassungen bilden den Untersuchungsgegenstand im weiteren Verlauf des vorliegenden Kapitels.

Mit Beginn des Kalten Krieges stellte Westberlin – als „Schaufenster des Westens" im Herzen der DDR – eine fortwährende Bedrohung und Provokation für die Sowjetunion und die SED dar. 1958 legte der sowjetische Regierungschef Nikita Chruschtschow den drei Westalliierten und der Bundesrepublik die Forderung vor, dass der Westteil der Stadt innerhalb eines halben Jahres in eine Freie Stadt umzuwandeln sei. Geschehe dem nicht, würde Moskau der SED die Hoheitsrechte über die Verbindungswege zwischen Westdeutschland und Westberlin übertragen.[152] Die Lage verschärfte sich 1962, als die Welt im Zuge der Kuba-Krise kurz vor einem Dritten Weltkrieg stand. Um die globale Machtposition der Sowjetunion gegenüber den USA auszubauen, plante Chruschtschow, Mittelstreckenraketen auf Kuba zu stationieren. Der frisch gewählte amerikanische Präsident Kennedy stellte sich diesen Plänen entschieden entgegen, forderte den Abzug der schon vor der Haustür der Amerikaner errichteten Waffensysteme und stellte Kuba unter „Quarantäne". Eine Woche hielt der Machtpoker an, bis der sowjetische Regierungschef einlenkte, die errichteten Raketen abbauen und in die Sowjetunion zurückbringen ließ. Diese Stär-

---

149 UB FFM, Nl Alexander Mitscherlich, Sig. I.3018.6, Eugen Kogon an Alexander Mitscherlich (Anhang), 26.03.1968.
150 Vgl. ebenda.
151 UB FFM, Nl Alexander Mitscherlich, Sig. I.3018.7, Alexander Mitscherlich an Eugen Kogon, 04.04.1968.
152 Vgl. Hans-Peter Schwarz: Die Ära Adenauer. 1957–1963, Stuttgart/Wiesbaden 1983, S. 81.

kung des Westens strahlte auf die Situation in Europa ab: Zwar hielt der Kreml seine Forderung nach einem entmilitarisierten Westberlin aufrecht, doch drohte er nicht mehr damit, einen Friedensvertrag mit der DDR zu schließen und dem Westen seinen Anspruch auf Westberlin streitig zu machen.[153]

Kogon resümierte, dass die gewaltlose Beilegung der Kuba-Krise gezeigt habe, dass beide Weltführungsmächte die eigene Position außerhalb ihrer eigenen Einflussgebiete kaum mehr mit militärischen Mitteln verbessern könnten.[154] Er begrüßte die Wahl Kennedys, da sich die USA mit dieser Entscheidung für eine Politik der Initiative im Ost-West-Konflikt entschieden hätten.[155] Der junge amerikanische Präsident verkörperte für Kogon den Mut und die Progressivität, derer es bedurfte, um Bewegung in den festgefahrenen Ost-West-Konflikt zu bringen. Jedoch fragte er seine Leser: „Wie Präsident Kennedy und seine Mannschaft wohl mit den in der internationalen Bundesgenossenschaft der USA verbliebenen ‚aktiven Geronten' autoritärer Prägung – die von der Demokratie, wenn andere sie leiten, nicht allzu viel halten – zurandekommen werden? Die Ältesten sind jetzt Konrad Adenauer und [der chinesische Präsident] Tschiang kai-Shek."[156] Und weiter: „Wie anders soll man über die eines Tages sonst sicher tödliche Sterilität der totalen Systemgegensätze hinwegkommen als durch Mut, der sich nicht bloß militärisch mißt. Die Bolschewisten wären nicht da, wo sie sind, wenn sie dem Grundsatz [Adenauers] gehuldigt hätten: Nur keine Experimente!"[157]

Nach dem Bau der Berliner Mauer 1961 und der Kuba-Krise 1962 strebten die USA und die UdSSR in Anbetracht des atomaren Patts eine Annäherung an und bemühten sich um militärische Entspannung. Dass Kennedy sich in der Auseinandersetzung mit der Sowjetunion nicht offensiv positionierte, sondern auf Dialog setzte, war eine große Enttäuschung für Adenauer.[158] Auch der amerikanische Außenminister John Foster Dulles irritierte und verunsicherte den Bundeskanzler wiederholt mit „Konzessionsbereitschaft in der Frage der DDR".[159]

1959 hatte Frankreich den General und Kämpfer gegen den Nationalsozialismus Charles de Gaulle zum Präsidenten der Fünften Republik gewählt. De Gaulle wandte sich gegen die USA als zentrale Schutzmacht Westeuropas. In seiner Vorstellung von Europa dominierten weiterhin souveräne Nationalstaaten – so prägte er die Parole eines „Europas der Vaterländer". 1963 unterstrich er sein Vorhaben, Frankreich mit Atomwaffen auszurüsten, die „Force de Frappe" aufzubauen. In Gesprächen sondierten de Gaulle und Adenauer Möglichkeiten, Frankreich und die Bundesrepu-

---

153 Vgl. hierzu Winkler: Der lange Weg nach Westen, S. 208.
154 Kogon: Ausblick, S. 2.
155 Kogon: Aussicht auf Initiative, S. 816.
156 Ebenda, S. 818.
157 Ebenda, S. 817.
158 Vgl. Wolfrum: Die geglückte Demokratie, S. 203.
159 Vgl. Schwarz: Die Ära Adenauer, S. 85.

blik enger aneinander zu binden. Damit geriet die BRD Anfang der 1960er Jahre in eine außenpolitisch schwierige Situation, da sie zwischen ihrer Partnerschaft mit den USA und einer Intensivierung der Kontakte zu Frankreich stand.[160] Ein tiefer Graben trennte beide Lager – „Atlantiker" und „Gaullisten" –, die sich in keinem anderen Land Westeuropas so unversöhnlich gegenüberstanden wie in der Bundesrepublik.[161] Die deutschen „Gaullisten" argumentierten strikt antikommunistisch, standen einer Entspannung im Ost-West-Konflikt kritisch gegenüber und erhofften im Zusammenwirken mit Frankreich eine aktive Mitsprache in militärischen, vielleicht sogar in atomaren Fragen zu erwirken.[162] Großbritannien sollte auch wegen seiner engen Bindung an die Amerikaner nicht Teil der Europäischen Wirtschaftsgemeinschaft (EWG) werden. Westdeutsche „Atlantiker" wie Wirtschaftsminister Ludwig Erhard und Außenminister Gerhard Schröder hingegen sahen in den USA den wichtigsten Bündnispartner der BRD und befürworteten eine Eingliederung der Briten in die EWG.[163] Die Gruppe der „Atlantiker" bildete eine Mehrheit im Regierungslager und in der SPD auf der Oppositionsbank.[164] Schließlich hatte Herbert Wehner mit seiner viel beachteten Grundsatzrede vom 30. Juni 1960 im Bundestag eine Zäsur im außenpolitischen Programm der Sozialdemokraten verkündet: Die SPD bekannte sich fortan zur Westbindung der Bundesrepublik und stellte die Mitgliedschaft im NATO-Bündnis über die eigene Wiedervereinigungspolitik.[165]

Kogon legte seinen Lesern dar, dass de Gaulle jede Form von Supranationalität ablehne und die politische Strategie des französischen Staatspräsidenten darauf hinauslaufe, die bisher erreichten Schritte in der europäischen Einigung rückgängig zu machen.[166] In den *Frankfurter Heften* schrieb er:

> „Die deutschen Wunschpolitiker, die 1953/54 [...], Gefangene ihrer damaligen Antikommunismus-Hysterie, nicht die Kraft gehabt haben, das parlamentarische Frankreich durch Anwendung der Formel ‚Kein deutscher Soldat ohne die politische Einigung Europas' freundschaftlich *und realistisch* in die EVG zu manövrieren [...], müssen heute ein Kontinentaleuropa mitorganisieren, das de Gaulle unter Aufrechterhaltung der nationalstaatlichen Souveränitäten autoritär zur modernen, selbstständigen Supermacht entwickelt wissen will, – das gaullistische Europa. Es wird kein demokratisches sein, wie man's gedacht hatte."[167]

---

160 Vgl. Winkler: Der lange Weg nach Westen, S. 213.
161 Wolfrum: Die geglückte Demokratie, S. 203.
162 Ebenda, S. 205.
163 Vgl. Winkler: Der lange Weg nach Westen, S. 214.
164 Schildt: Materieller Wohlstand – pragmatische Politik – kulturelle Umbrüche, S. 41.
165 Wolfrum: Die geglückte Demokratie, S. 195.
166 Kogon: Unsere Demokratie, S. 517.
167 Eugen Kogon: Der Realist und die Wunschpolitiker, in: FH 18 (1963), H. 3, S. 145 f., hier S. 146 (Hervorhebungen im Original).

Kogon verfolgte diese Entwicklungen mit Besorgnis und ging drei Jahre später in seiner Einschätzung, welche Konsequenzen Europa aus der Politik des französischen Präsidenten erwachsen könnten, noch einen Schritt weiter:

> „Das ‚Europa der Vaterländer', das General de Gaulle in dieser Weltsituation empfiehlt, ist offensichtlich ein Anachronismus. Die institutionalisierte politische Einigung wird sich jedoch über der integrierten ökonomischen Basis Kontinentaleuropas so lange nicht verwirklichen lassen, als de Gaulle an der Spitze der fünften Französischen Republik bleibt. So lange ist auch die Gefahr des Wiederauflebens nationalistischer Gesinnung mit allem Unheil, das sie in bestimmten Konstellationen allenfalls mitauslösen könnten, akut."[168]

Dennoch sah Kogon die Verantwortung für die angespannte Lage keineswegs nur aufseiten des bundesdeutschen Nachbarn im Westen. Auch die Bonner Außen- und Rüstungspolitik hielt er nach wie vor für verfehlt und daher friedensgefährdend:

> „Niemand drängt sich in der Nato so vor wie wir, niemand tut für die Entspannung weniger als wir. Kein internationales militärisches Projekt, das nicht von uns am eifrigsten aufgegriffen, sachverständigst erörtert, korrigiert, vertreten, empfohlen würde. Wir können es nicht abwarten, uns für die nichtvorhandene ‚Force de Frappe' oder für die nichtvorhandene ‚Multilaterale Atom-Streitmacht' zu entscheiden, da wir ja möglichst bald und möglichst weitreichend mitbestimmen müssen – um unserer Würde und unseres Schutzes willen, den wir nach zwanzig geschützten Jahren in einer Phase sorgsam-vorsichtig versuchter internationaler Entspannung unmöglich mehr den Amerikanern allein überlassen dürfen, überlassen können."[169]

Adenauer stimmte zwar mit de Gaulle überein, dass Großbritannien kein zentraler Teil Europas sei, doch hatte der Bundeskanzler keine Zweifel daran, dass die Atomwaffen der Amerikaner ein entscheidender Garant für die europäische Sicherheit seien. Dass in den Reihen der sozialdemokratischen Führungsriege viele Atlantiker standen, hielt Brandt nicht davon ab, mit großem Verständnis auf die politischen Zielvorstellungen des französischen Präsidenten schauen. Dennoch kam der anvisierte Vertrag zwischen Frankreich und der Bundesrepublik, der regelmäßige Treffen zwischen dem westdeutschen und dem französischen Führungspersonal vorsah, nur mit einer Präambel zustande, in der sich der westdeutsche Staat zu seiner Partnerschaft mit den USA, seiner NATO-Mitgliedschaft und der Eingliederung Großbritanniens in die EWG bekannte. Diese Festlegungen standen de Gaulles politischen Zielvorstellungen diametral entgegen und stellten somit eine herbe Enttäuschung für den französischen Präsidenten dar.[170]

Dass Erhard im Oktober 1963 das Amt des Regierungschefs von Adenauer übernahm, konnte von de Gaulle nur als eine weitere negative Entwicklung gewertet werden, stand doch zu erwarten, dass der Atlantiker Erhard die Bindung zwischen

---

168 Kogon: Vom Nationalismus zur Supranationalität, S. 313.
169 Eugen Kogon: Der verhängnisvolle Weg, in: FH 20 (1965), H. 1, S. 1f., hier S. 2.
170 Vgl. zu diesem Absatz Winkler: Der lange Weg nach Westen, S. 213–215.

den USA und der Bundesrepublik intensivieren würde.[171] Kennedys Rede – nur wenige Wochen vor Erhards Amtsantritt vor der American University in Washington gehalten – gab dem sich schon seit einiger Zeit abzeichnenden Entspannungsprozess im Ost-West-Konflikt konkreten Ausdruck. Der junge Präsident sprach sich gegen eine Frontverhärtung zwischen den USA und der UdSSR aus, suchte Gemeinsamkeiten und beschrieb Frieden als Weg, den es zu beschreiten gelte. Dieser Vorstoß stand in Einklang mit Überlegungen, die Brandt bereits ein Jahr zuvor an der Universität in Harvard geäußert hatte, wo sich der Regierende Bürgermeister Westberlins für eine friedliche Koexistenz beider Machtblöcke aussprach und eine Entspannungspolitik des Westens befürwortete. 1963 dehnte er seine These aus und konstatierte, dass sich die deutsche Wiedervereinigung nur im Dialog mit der Sowjetunion erreichen ließe. Bereits am Abend zuvor hatte der Leiter des Presse- und Informationsamtes des Landes Berlin, Egon Bahr, proklamiert, dass es der Bundesrepublik darum gehen müsse, die Lebensbedingungen der Menschen im Osten des Landes zu verbessern und dieser Wandel nur durch eine Annäherung an die Sowjetunion gelingen könne.[172] Auch junge und verständigungsbereite Liberale wie Walter Scheel und Hans-Dietrich Genscher unterhielten bereits in den 1950er Jahren Kontakte zur ostdeutschen Liberal-Demokratischen Partei Deutschlands und zeigten sich schockiert vom Mauerbau. Es war kaum zu übersehen, dass sich die Positionen der SPD und der FDP in Fragen der Wiedervereinigung sukzessive annäherten.[173]

Während im Bonner Staat der 1960er Jahre zunehmend Stimmen laut wurden, die die Bürger der DDR und der BRD näherbringen wollten, um die Teilung Deutschlands und Europas langfristig überwinden zu können, strebten die Staaten des Warschauer Pakts, insbesondere die Sowjetunion, Polen und die DDR, u. a. die Anerkennung der Oder-Neiße-Grenze an.[174] Die Evangelische Kirche verlieh dieser Debatte in Westdeutschland 1965 neue Impulse mit einer viel beachteten Denkschrift, deren Autoren sich dafür aussprachen, den Verlust der im Zweiten Weltkrieg verlorenen Ostgebiete anzuerkennen.[175] Auch mit dieser Frage der bundesdeutschen Außenpolitik hat Kogon sich in den 1960er Jahren auseinandergesetzt. Am 28. März 1965 sprach er mutig in der Frankfurter Paulskirche vor Mitgliedern des Ostpolitischen Deutschen Studentenverbandes – einer Vereinigung von Studierendenverbänden, deren Mitglieder aus den Ostgebieten stammten, die Deutschland nach dem Zweiten Weltkrieg verloren hatte:

> „Ist das Recht auf die Heimat das Recht zur Rücksiedlung? An den gleichen Ort und genau die gleiche Stelle? Die Unausführbarkeit eines derartigen Verlangens, wenn es tatsächlich vertre-

---

171 Vgl. ebenda, S. 216.
172 Vgl. ebenda, S. 216–218.
173 Vgl. Wolfrum: Die geglückte Demokratie, S. 200 f.
174 Thiemeyer: „Wandel durch Annäherung", S. 101.
175 Wolfrum: Die geglückte Demokratie, S. 222.

ten würde, braucht nicht im einzelnen erläutert zu werden; weder in den von den Russen noch in den von den Polen mittlerweile in Besitz genommenen Gebieten, auch nicht im Sudetenland, in der Batschka, im Banat, in Siebenbürgen oder sonstwo in Osteuropa, wo Deutsche einst gesiedelt haben, läßt sich ein solches Verlangen im Verhandlungswege irgendwann vorbringen, geschweigedenn durchsetzen. Also kann es sich nur um ein allgemeines Recht auf Rücksiedlung in den ehemaligen Heimatbezirk handeln."[176]

Kogon schloss seinen Vortrag mit dem Appell an die Studierenden, sie sollten den tatsächlichen oder vermeintlichen Gegner aufsuchen und an ihren Hochschulen den Kontakt und Dialog zwischen Ost und West befördern. Auf diesem Wege könnten die Studierenden ihren Teil zur Verbesserung der gegebenen Situation beitragen:

„Sie brauchen doch nicht die dutzenderlei von Bedenken zu haben, die die Offiziellen bei uns lähmen, wenn sie einmal einen außerordentlichen Schritt unternehmen sollen, um über die Forderungen an andere, in unserer Sache Initiative zu entwickeln, hinauszukommen. Niemand von Ihnen kann das Ulbricht-Regime anerkennen. Sie werten es auch nicht auf. Aber Sie alle können durch gediegenes Wissen um die Probleme, die uns trennen, und die Probleme, die uns verbinden, sowie durch Aufgeschlossenheit in geduldigen Debatten den Eindruck vermitteln, daß es nicht aussichtslos ist, mit uns heute zu sprechen und morgen vielleicht zu verhandeln."[177]

Explizit sprach er sich 1967 erstmalig in einem Artikel zum Tag der deutschen Einheit, der von 1954 bis 1990 am 17. Juni, dem Tag des Volksaufstandes in der DDR, gefeiert wurde, für die Anerkennung der Oder-Neiße-Grenze aus:

„Da es bei Wahlen für alle beteiligten Bewerber, die großen und die kleinen je in ihrem verschiedenen Erfolgsinteresse, meist und jedenfalls oftmals um wenige Prozente geht, wagt man nicht, und läge es hundertmal in unser aller gemeinsamen Interesse, das an- und auszusprechen, was sowohl die politischen Führungsgremien als auch die meisten Redaktionen – der Zeitungen, des Hörfunks, des Fernsehens und einiger ebenfalls wegen ihres Masseneinflusses wichtigen Illustrierten –, ganz besonders aber die allermeisten Deutschen selber wissen: daß wir um die territorialen Folgen des von den Nationalsozialisten angezettelten und von uns verlorenen entsetzlichen Zweiten Weltkrieges nicht herumkommen werden."[178]

Auch nachdem Erhard 1963 in das Amt des Regierungschefs rückte, kritisierte Kogon scharf den Anspruch der Bundesregierung, „alle" Deutschen zu vertreten, weil sich die SED durch derartige juristische Proklamationen nicht beeindrucken lasse.[179] Ferner argumentierte er:

---

[176] Eugen Kogon: Der Beitrag der westdeutschen Studentenschaft zur Verwirklichung der Menschenrechte in der Welt, in: FH 20 (1965), H. 6, S. 877–889, hier S. 884.
[177] Ebenda, S. 888.
[178] Eugen Kogon: „Zum Tag der deutschen Einheit", in: FH 22 (1967), H. 7, S. 457–463, hier S. 462.
[179] Vgl. Eugen Kogon: Die bundesrepublikanische Situation, in: FH 20 (1965), H. 4, S. 223–226, hier S. 224.

„[A]us der Einbildung sollten wir uns befreien, wir könnten mit dem vielen Geld, das wir an Dritte dafür bezahlen, daß sie – vorerst – keine DDR-Botschafter bei sich akkreditieren und nur Generalkonsuln oder Sonderbeauftragte zulassen, die Sache der deutschen Wiedervereinigung auch nur einen winzigen Schritt der Verwirklichung näherbringen. Die ‚Hallstein-Doktrin' ist längst eine juristische Schlinge um unseren eigenen Hals geworden, die sich beliebig auf- und zuziehen läßt."[180]

Seines Erachtens sollte sich die Bundesrepublik nicht auf Fragen der Anerkennung oder Nichtanerkennung zurückziehen, sondern aktiv werden, einen neuen außenpolitischen Ansatz entwickeln und aus eigener Initiative heraus Kontakte zu Personen und Gruppen jenseits der Demarkation aufnehmen.[181]

„Zumindest eins wissen wir mit Sicherheit: Neuordnung der mitteleuropäischen Verhältnisse setzt aktive Koexistenz, das heißt positive Zusammenarbeit der gegensätzlichen Systeme voraus, und sie wird, wenn sie stattfinden soll, von militärischer Entspannung begleitet sein müssen. Ohne eine solche Entwicklung gibt es keine deutsche Wiedervereinigung und niemals einen deutschen Friedensvertrag."[182]

Im slawischen Bereich glaube niemand den westdeutschen Friedensbeteuerungen. Die Menschen hätten die Erfahrungen nach dem Ersten Weltkrieg nicht vergessen, und außer Beteuerungen sei auch nach dem Zweiten Weltkrieg nichts von der Bundesrepublik ausgegangen, das eine Grundlage für ein nachhaltiges Sicherheitsgefühl bei den Nachbarn habe bilden können. Hinsichtlich dieser Sorgen und Nöte sei die Bonner Regierung ahnungslos. Sie verliere sich lieber in dem Irrglauben, ihr Versuch, den Frieden durch Abschreckung aufrechtzuerhalten, werde nicht als eine klar kalkulierte Angriffsvorbereitung interpretiert. Es sei fatal, dass all diese Vorgänge nicht wenigstens im Ansatz durch Friedensbemühungen begleitet würden.[183]

In den Koalitionsgesprächen 1966 zwischen der Union und der SPD stimmten beide Seiten überein, dass die Bundesrepublik ihre Ostpolitik überdenken und neue Wege in der Gestaltung ihrer Beziehungen zu den Staaten jenseits des Eisernen Vorhangs finden müsse. Bei der Planung konkret einzuleitender Schritte zeigte sich jedoch, dass die SPD in dieser Frage rigoroser vorgehen wollte als die CDU/CSU. Die Union wollte die Hallstein-Doktrin dort bewahren, wo es möglich schien, die Sozialdemokraten vertraten den Standpunkt, dass diese Lehre die außenpolitische Bewegungsfreiheit der BRD unnötig einschränke, und forderten weitreichende Konzessionen. Erste Anzeichen eines Wandels zeigten sich in Kiesingers Terminologie, der als erster Bundeskanzler den ostdeutschen Staat zwar nicht als DDR, aber auch nicht

---

180 Ebenda.
181 Vgl. ebenda, S. 226.
182 Kogon: Der Beitrag der westdeutschen Studentenschaft zur Verwirklichung der Menschenrechte in der Welt, S. 885.
183 Vgl. Kogon: Unsere Demokratie, S. 517.

als „Zone" bezeichnete, sondern vom „anderen Teil Deutschlands" sprach.[184] Kogon wertete diese neue Rhetorik als ein wichtiges Signal, für das er lobende Worte fand:

> „Und bereits in Berlin, am 1. Mai, als der Bundeskanzler zur dortigen Bevölkerung sprach, ließ er aus der gewohnten Standard-Formulierung, wir wollten die deutsche Einheit ‚in Frieden und Freiheit', die Freiheit weg – selbstverständlich nicht, weil er auf sie, wie wir sie westlich im Sinne haben, verzichtet sehen möchte, schon garnicht in Westberlin, sondern um durch die bestehenden massiven Prinzipien- und Auffassungsgegensätze hindurch allererste Kontakte wenigstens verbal zu erleichtern. Nach zwanzig Jahren [...] erstmals ein Ansatz, von dem aus sich vielleicht weiterkommen läßt!"[185]

In Kiesingers Außenpolitik dominierten dennoch Ansätze der Kontinuität. Im Gegensatz zu Brandt, Bahr und Wehner lehnte er eine Anerkennung der DDR sowie der Oder-Neiße-Grenze ab.[186] Ferner lehnte er es ab, sich für oder gegen die USA oder Frankreich zu entscheiden, befürwortete die Kooperation mit der UdSSR, hielt jedoch den Alleinvertretungsanspruch der Bundesrepublik für nicht verhandelbar. Dennoch ließ sich die Handschrift seines Außenministers Brandt erkennen, als er ausführte, dass sich seine Regierung dafür einsetzen werde, die Kontakte zwischen den Landsleuten in West- und Ostdeutschland zu erleichtern und zu fördern. Wo zu diesem Zweck Kontaktaufnahmen mit Regierungsstellen im „anderen Teil Deutschlands" nötig seien, bedeute dies kein Abweichen vom eigenen Rechtsstandpunkt.[187] Um die DDR zu isolieren und den Interessen der Länder Osteuropas entgegenzukommen, nahm Bonn 1967 diplomatische Beziehungen zu Bukarest auf.[188] Mit diesem Schritt verabschiedete sich die Bundesrepublik von einem zentralen Element der Hallstein-Doktrin, die Beziehungen zu Staaten, die ihrerseits die DDR anerkannten, ausschloss.[189] Kogon lobte in seinem Aufsatz „Die neue deutsche Ost-Politik", dass sich langsam erste Ansätze in der Bonner Außenpolitik erkennen ließen, den bundesdeutschen Alleinvertretungsanspruch sukzessive aufzugeben.[190] Gleichzeitig bemerkte er kritisch, dass man nicht

> „glauben [sollte], die DDR in Osteuropa ‚ausmanövrieren' zu können. Vom Zusammenhalt der kommunistischen Regime abgesehen, der nicht alles erklärt, aber bis nach Rumänien hin trotz Interessendifferenzierungen einiges (genügend vieles), – die DDR ist und bleibt auf nicht absehbare Zeit der machtpolitische Eckpfeiler des osteuropäischen Vorherrschafts- und Sicher-

---

184 Winkler: Der lange Weg nach Westen, S. 258 f.
185 Kogon: „Zum Tag der deutschen Einheit", S. 459.
186 Vgl. Hildebrand: Von Erhard zur Großen Koalition 1963–1969, S. 327.
187 Winkler: Der lange Weg nach Westen, S. 242.
188 Vgl. Morsey: Die Bundesrepublik Deutschland, S. 98.
189 Vgl. Hermann Wentker: Außenpolitik in engen Grenzen. Die DDR im internationalen System 1949–1989. Veröffentlichungen zur SBZ-/DDR-Forschung im Institut für Zeitgeschichte, Berlin 2007, S. 228.
190 Eugen Kogon: Die neue deutsche Ost-Politik, in: FH 22 (1967), H. 3, S. 153.

heitssystems der Sowjet-Union. Dies mehr als vergleichsweise die Bundesrepublik in Europa für die USA."[191]

Er sollte Recht behalten. Rasch zeigte sich, dass der Vorstoß der Großen Koalition den Interessen der Sowjetunion entgegenstand, die den Staaten des Warschauer Pakts fortan nur dann gestattete, ihre Beziehungen zum westdeutschen Staat zu normalisieren, wenn dieser die DDR sowie die Oder-Neiße-Grenze anerkenne, auf Atomwaffen verzichte und seinen Alleinvertretungsanspruch sowie die Hallstein-Doktrin aufgebe.[192] Die gewaltsame Niederschlagung des Prager Frühlings durch die Sowjetunion – von allen im Bonner Bundeshaus vertretenen Parteien scharf verurteilt – beendete 1968 vorerst die offizielle Ostpolitik der schwarz-roten Koalition.[193] Zwar engagierten sich kirchliche Initiativen – wie der Bensberger Kreis – für den Aussöhnungsprozess mit Polen,[194] ein gänzlich neues Kapitel in diesen Fragen sollte jedoch erst aufgeschlagen werden, als 1969 die Bundesregierung unter Brandt der westdeutschen Außenpolitik eine neue Ausrichtung gab.

4 Gegen die Notstandsgesetzgebung

Bereits Ende der 1950er Jahre hatte der in jenen Jahren amtierende Bundesinnenminister Gerhard Schröder mit Unterstützung der CDU/CSU für den Verteidigungsfall oder den Fall einer Naturkatastrophe eine sogenannte Notstandsgesetzgebung gefordert. In einer solchen Situation sollten zur Gefahrenabwehr sowie zur Versorgung der Streitkräfte und der Bevölkerung die Grundrechte der Bürger eingeschränkt und die Bundesregierung mit Sonderkompetenzen ausgestattet werden.[195] Die zu diesem Zweck erforderliche Grundgesetzänderung war mit der Ratifizierung des Deutschlandvertrags notwendig geworden, in dem das Ende des Besatzungsstatuts und die Souveränität der Bundesrepublik vereinbart worden waren. Bis zu diesem Zeitpunkt hatten die USA, Großbritannien und Frankreich sich das Recht vorbehalten, die Versorgung ihrer in Westdeutschland stationieren Streitkräfte in einer Gefährdungslage

---

191 Ebenda.
192 Vgl. Hildebrand: Von Erhard zur Großen Koalition 1963–1969, S. 328.
193 Winkler: Der lange Weg nach Westen, S. 265.
194 Die affirmativen Ausführungen zur Anerkennung der Oder-Neiße-Grenze im Polenmemorandum des Bensberger Kreises befürwortete Brandt bereits in seiner Rede auf dem Nürnberger SPD-Parteitag am 18.03.1968. Vgl. Boll, Friedhelm: Der Bensberger Kreis und sein Polenmemorandum (1968). Vom Zweiten Vatikanischen Konzil zur Unterstützung sozial-liberaler Entspannungspolitik, in: Friedhelm Boll/Wieslaw Wysocki/Klaus Ziemer: Versöhnung und Politik. Polnisch-deutsche Versöhnungsinitiativen der 1960er Jahre und die Entspannungspolitik, Bonn 2009, S. 77–116.
195 Vgl. Wolfgang Kraushaar: Die Furcht vor einem „neuen 33". Protest gegen die Notstandsgesetzgebung, in: Dominik Geppert/Jens Hacke (Hrsg.): Streit um den Staat. Intellektuelle Debatten in der Bundesrepublik 1960–1980, Göttingen 2008, S. 135–149, hier S. 135 f.

sicherzustellen. Für die ersten drei Entwürfe – 1960, 1963 und 1965 – fand sich im Bundestag nicht die notwendige Zwei-Drittel-Mehrheit, die für eine Grundgesetzänderung erforderlich war.[196] Gegen die Notstandsgesetze opponierten Gewerkschaftler, vor allem aus den Reihen der IG-Metall, einige, aber nicht alle Sozialdemokraten, Literaten, Intellektuelle, Studierende und aus den Reihen der Professorenschaft vor allem Juristen und Politikwissenschaftler.[197] Die Pläne zur Verabschiedung einer Notstandsgesetzgebung fügten sich nahtlos in ihr Bild eines neuen autoritären Staates, ähnlich wie Schritte in der Machtübernahme der Nationalsozialisten 1933.[198] „Sie [die Widerständler] waren eher bereit, sich auf die Alliierten zu verlassen, als einer deutschen Regierung ein Instrument in die Hand zu geben, mit dem – eine entsprechende politische Konstellation vorausgesetzt – die Demokratie ein zweites Mal beseitigt werden konnte."[199] Charakteristisch für den Konflikt ist dabei, dass die Sorge um die freiheitlich-demokratische Grundordnung beide Konfliktparteien einte – die eine sah die Gefahr in einer nicht vorhandenen Vorsorge für den Krisenfall, die andere in einem möglichen Eingriff in die Grundrechte der Bundesbürger.[200]

Kogon stellte sich in die erste Reihe des Protestes gegen die Pläne der Regierung und proklamierte, dass der „Notstand der Demokratie" auszurufen sei, wenn der 1963 diskutierte Gesetzentwurf realisiert würde. Er mache es möglich, dass allein bei einer vermeintlichen Androhung eines Angriffs von einer einfachen Bundestagsmehrheit, der Bundesregierung oder allein vom Bundeskanzler im Schulterschluss mit dem Bundespräsidenten die Demokratie ausgehöhlt werden könne. Dem stehe die Tatsache gegenüber, dass das Grundgesetz, das in einer Zeit beschlossen worden sei, in der weitaus größere Gefahren für die Demokratie bestanden hätten, völlig ausreichende Möglichkeiten für jeden Ausnahmezustand bereithalte.[201] In seiner Rhetorik schlug Kogon jenen polemisch-scharfen Ton an, der viele seiner kritischen Einlassungen der 1960er Jahre kennzeichnete:

> „[D]ie zahlreichen kleinen deutschen de Gaulles, sie werden die Gelegenheiten, die ihnen die Notstandsgesetzgebung bietet, ganz gewiß wahrnehmen, um die Freiheiten, von denen man gegen sie Gebrauch machen könnte, nach und nach zu ersticken. Nur wenige Jahre, wenn überhaupt so lange, wird es dauern, und man wird den vollen Wohlstandmund zu keiner Kritik mehr auftun dürfen, die einen autoritären Mißstand von Bedeutung träfe. In der Presse, im Fernsehen, im Hörfunk, vor Gericht, in Versammlungen, in den Parteien, selbst in der Schule wird vieles sehr viel schwieriger werden. Viele werden es im ‚Spannungszustand' – und nor-

---

196 Vgl. Manfred Görtemaker: Geschichte der Bundesrepublik Deutschland. Von der Gründung bis zur Gegenwart, München 1999, S. 453 f.
197 Vgl. Kraushaar: Die Furcht vor einem „neuen 33", S. 135 f.
198 Vgl. Schildt: Materieller Wohlstand – pragmatische Politik – kulturelle Umbrüche, S. 49.
199 Görtemaker: Geschichte der Bundesrepublik Deutschland, S. 454.
200 Vgl. Michael Schneider: Demokratie in Gefahr. Der Konflikt um die Notstandsgesetze: Sozialdemokratie, Gewerkschaften und intellektueller Protest (1958–1968), Bonn 1986, S. 279.
201 Kogon: Verteidigung unserer Möglichkeiten, S. 366 f.

mal unter den neuen anormalen Leistungsgesetzen – von vornherein schon auf nichts ankommen lassen."[202]

Seine zahlreichen in diesen Jahren abgegebenen Warnungen vor dem Missbrauchspotenzial einer solchen Gesetzgebung kristallisierten sich in seiner Warnung vor einer „faschistischen Entwicklung", die in den Augen der jungen Generation als „fast zwingende Perspektive" wahrgenommen werden müsse.[203]

Doch Kogon beschränkte sich nicht auf publizistische Stellungnahmen, sondern lancierte politische Aktionen und beteiligte sich aktiv an der Protestbewegung gegen die geplante Änderung des Grundgesetzes. So initiierte er eine Umfrage unter allen Bewerbern um ein Mandat bei der Bundestagswahl 1966, um zu ermitteln, wie sie sich im Falle ihrer Wahl in der Debatte um die Notstandsgesetzgebung positionieren würden. Dieses Schreiben unterzeichneten neben Kogon und Dirks der Sozialdemokrat Fritz Baade, der Journalist Oswald Kohut, der Politikwissenschaftler Wolfgang Abendroth, der Soziologe Heinz Maus, Verfassungsrechtler Helmut Ridder, der Theologe Helmut Gollwitzer, Kirchenpräsident Martin Niemöller, Oberlandesgerichtspräsident Richard Schmid und die Schriftsteller Carl Amery, Alfred Goes und Martin Walser.[204] Dort hieß es:

> „Die Unterzeichneten wüßten gerne, wie Sie zur bisherigen und zur künftigen Behandlung des Problems der Notstandsgesetze stehen. [...] Unsere präzise Frage ist die: Sind Sie bereit, als Abgeordneter [...] des kommenden Bundestages in Übereinstimmung mit dem Beschluß zu handeln, den der Deutsche Gewerkschaftsbund am 24. Oktober 1962 in Hannover gefasst hat, sowie in Übereinstimmung mit dem Brief, den die 265 Professoren am 15. April 1965 an den Bundesvorstand des DGB gerichtet haben? [...] Da die Notstandsgesetze und deren Anwendungsmöglichkeiten über das Schicksal der Demokratie in der Zweiten Republik der Deutschen entscheiden können, möchten wir nichts unversucht lassen, über bestehende Ansichten und Absichten aufzuklären."[205]

In Herbert Wehners Antwort, die den Bundestagskandidaten der SPD als Musterreaktion weitergeleitet wurde, hieß es:

> „Die sozialdemokratische Partei Deutschlands ist für eine gesetzliche Regelung des Schutzes von Mensch und demokratischem Staat in Notstandszeiten, in denen die derzeitige Gesetzgebung nicht ausreicht, diesen Schutz zu gewährleisten. Die Voraussetzungen für eine solche gesetzliche Regelung hat die SPD auf ihren Parteitagen in Köln und Karlsruhe sowie durch einen Beschluß in Saarbrücken geschaffen."[206]

---

202 Kogon: Die bundesrepublikanische Situation, S. 226.
203 Eugen Kogon: Veränderung der Szene. Das Attentat und seine Folgen, in: FH 23 (1968), H. 5, S. 295–298, hier S. 295 f.
204 Vgl. HStAS, Nl Richard Schmid, Sig. Q1/40-Bü21, Eugen Kogon an Richard Schmid, 22.7.1965.
205 HStAS, Nl Richard Schmid, Sig. Q1/40 Bü21, Eugen Kogon u. a. an die Bundestagskandidaten, 1965.
206 Zitiert nach Schneider: Demokratie in Gefahr, S. 152 f.

1967 hoffte der SPD-Vorsitzende Helmut Schmidt, die Debatte um die Notstandsgesetze mithilfe eines sogenannten „Hearings" beruhigen zu können und eine Verständigung über die Kritikpunkte am vorliegenden Gesetzesentwurf zu ermöglichen.[207] Am 9. November hörte der Bundestag daher Kogon zu Beginn seiner Sitzung als Sachverständigen in Fragen der Notstandsgesetzgebung an.[208] Auch Wolfgang Abendroth und Helmut Ridder erhielten in diesem Rahmen die Gelegenheit, ihre Bedenken gegenüber den Plänen der Bonner Regierung vorzubringen.[209] Diese Anhörung konnten die Gegner einer Notstandsgesetzgebung schwerlich als Gewinn verbuchen, da zumindest Kogon und Abendroth darauf eingestellt waren, ihre Kritik am vorliegenden Gesetzentwurf vorzutragen und wenig vorbereitet erschienen, als ihnen die Frage nach einer in ihrem Sinne „positiven" Gestaltung der Notstandsvorsorge gestellt wurde. Gleichzeitig zeigte sich, dass die Fragenden in den Hearings vor allem nach außen Diskussionsbereitschaft demonstrieren wollten, in der Sache jedoch kaum bereit waren, ihre Position zu überdenken.[210]

Im Ergebnis kann jedoch festgehalten werden, dass weder diese Initiative noch eine andere der zahlreichen weiteren Aktionen die Realisierung der Regierungspläne verhindern konnte. Am 30. Mai 1968 beschloss der Bundestag endgültig die anvisierte Änderung des Grundgesetzes. Dennoch blieb der Widerstand keineswegs folgenlos, vielmehr unterschied sich das verabschiedete Gesetz deutlich von den ursprünglich vorgelegten Entwürfen. Der Protest und das entschlossene Auftreten einer kritischen Öffentlichkeit machten Korrekturen notwendig, ohne die die Notstandsgesetzgebung wohl tatsächlich zu einer Gefahr für die Demokratie hätte werden können.[211] Dass sich jüdische Remigranten wie Theodor W. Adorno oder Ernst Bloch und Widerstandskämpfer wie Wolfgang Abendroth und Eugen Kogon an die Spitze der Notstandsgegner gestellt hatten, verlieh dem Anliegen der Protestbewegung eine besondere Autorität und nachdrückliche Wirkung.[212]

Dass die zehn Jahre währende Debatte eine derartige Schärfe gewann, ist nicht nur in ihrem Streitgegenstand begründet, sondern erklärt sich über verschiedene außenpolitische Voraussetzungen und innenpolitische Konflikte, die sich in der Adenauerära angestaut hatten und sich nun ihre Bahn brachen. In den 1950er Jahren erschien den Bundesbürgern der Frieden keine Selbstverständlichkeit zu sein, vielmehr rechnete man jederzeit mit einer Eskalation im Ost-West-Konflikt und ei-

---

207 Vgl. Boris Spernol: Notstand der Demokratie. Der Protest gegen die Notstandsgesetze und die Frage der NS-Vergangenheit, Essen 2008, S. 80.
208 Eugen Kogon: „Sachverständigen-Anhörung im Bundestag zur Notwendigkeit und zum Umfang einer Grundgesetz-Änderung für den Notstandsfall", in: FH 22 (1967), H. 12, S. 811–814, hier S. 812.
209 Vgl. Kraushaar: Die Furcht vor einem „neuen 33", S. 138.
210 Vgl. Schneider: Demokratie in Gefahr, S. 223.
211 Vgl. Kraushaar: Die Furcht vor einem „neuen 33", S. 144 f.
212 Vgl. ebenda, S. 148.

nem Atomkrieg. Innenpolitisch dominierte die Spiegel-Affäre die öffentliche Debatte sowie später der in weiten Teilen der westdeutschen Bevölkerung verbreitete Argwohn gegenüber der Großen Koalition. Vor diesem Hintergrund konnte der Protest gegen die Pläne der Regierung rasch ungeahnte Wellen schlagen und so Spannungen kanalisieren, die in keinem direkten Zusammenhang mit dem Streitgegenstand standen. Zudem speiste sich Kogons Protest und seine pessimistische Zeitdiagnose aus seiner Verfolgungserfahrung, – nicht ohne Grund bildete das „Widerstandsrecht" einen zentralen Begriff in der Debatte. So wird nachvollziehbar, warum die Notstandsgesetzgebung von Kogon nicht als politische Sachfrage, sondern vielmehr als eine existenzielle Gefahr wahrgenommen wurde.[213]

5 68er-Bewegung

Seit Mitte der 1960er Jahre protestierten an der FU Berlin die Studierenden, deren Kritik sich zunächst gegen das aus ihrer Sicht überholte Hochschulwesen richtete. Nach dem Besuch des persischen Schahs und dem Tod des Studenten Benno Ohnesorg, den am 2. Juni 1967 ein Polizist bei einer Demonstration erschoss, weitete sich der Protest auf fast alle Hochschulen in Westdeutschland, auch auf die TH Darmstadt aus. Die Aufständischen wandten sich nunmehr gegen die Große Koalition, die aus ihrer Sicht obrigkeitsstaatlich regierte, und die von ihr verfolgte Notstandsgesetzgebung. Ferner kritisierten sie den „Konsumterror", die „verkrusteten gesellschaftlichen Strukturen" und die „Meinungshoheit des Springerkonzerns".[214]

In Hinblick auf die Ursachen des Aufruhrs wird oft das Generationenkonzept herangezogen. Die „68er-Generation" wandte sich nicht nur gegen die „Nazi-Generation", sondern auch gegen die „skeptische Generation" (geb. 1921–1932), die früh in hohe Postionen gelangt war.[215] In dieser Situation sah sich die geistige Führungselite der Bundesrepublik plötzlich und für sie völlig unerwartet scharfer Kritik ausgesetzt. Im gesamten intellektuellen Spektrum war ein neuer Akteur auf die Bühne getreten, der nicht nur die Deutungshoheit über die politischen und gesellschaftlichen Entwicklungen der Zeit für sich in Anspruch nahm, sondern vielmehr das Agieren der etablierten Intellektuellen in seinen Grundfesten hinterfragte:

> „Die 1960er und 1970er Jahre lassen sich [...] als eine Epoche der politischen Verschiebungen fassen, in denen neue Bewegungen und Kräfte auf den Plan traten, die ihre eigenen Typen von

---

[213] Vgl. diesen Absatz mit Spernol: Notstand der Demokratie, S. 89–92.
[214] Für einen aktuellen Forschungsüberblick zur 68er-Bewegung siehe Norbert Frei: 1968. Jugendrevolte und globaler Protest, München 2008.
[215] Vgl. Riccardo Bavaj: „68er" versus „45er". Anmerkungen zu einer „Generationenrevolte", in: Heike Hartung/Dorothea Reinmuth/Christiane Streubel/Angelika Uhlmann (Hrsg.): Graue Theorie. Die Kategorien Alter und Geschlecht im kulturellen Diskurs, Köln u. a. 2007, S. 53–78, hier S. 55, 62.

‚Intellektuellen' hervorbrachten. So ist es kein Zufall, dass selbst die älteren Intellektuellen, welche die Pluralisierung und Liberalisierung der Bundesrepublik vorangetrieben hatten, sich mit den Forderungen, dem Gedankengut und dem Politikstil der radikalen 1968er und Nach-68er nicht ohne weiteres zu arrangieren wussten."[216]

Im Zuge dieser Zäsur kam es zu Spannungen zwischen Wortführern der Protestbewegung und einigen etablierten Intellektuellen sowie unter Intellektuellen selbst. Hintergrund dieser Auseinandersetzungen war die Frage, wer die „wahren" Intellektuellen seien. Die aufbegehrenden Studierenden warfen den etablierten Intellektuellen, die sie als Teil des „Establishments" identifizierten, vor, viel zu reden und wenig zu handeln, ein Papiertiger zu sein.[217]

Der konservative Soziologe und Intellektuelle Helmut Schelsky reagierte darauf und stellte 1975 mit seiner Schrift *Die Arbeit tun die anderen. Klassenkampf und Priesterherrschaft der Intellektuellen* die studentische Protestbewegung in ein kritisches Licht, indem er argumentierte, dass die Studierenden nicht die Interessen der Arbeiterschaft verträten.[218] Es wurden jedoch auch Gegenstimmen im intellektuellen Spektrum laut, die eine ganz andere Haltung einnahmen und sich mit Verve für die Aufständischen stark machten. So war z. B. öffentlich bekannt, dass der evangelische Theologe und Schriftsteller Helmut Gollwitzer als einer der wenigen Professoren der FU Berlin ausdrücklich den Protest der Studierenden begrüßte. Zudem war er mit Rudi Dutschke befreundet und suchte sogar mit RAF-Terroristen den Dialog, wenngleich er ihre Ziele und Methoden ablehnte.[219] Auch Kogon hegte keine Antipathien – bevor Ulrike Meinhof sich an terroristischen Aktivitäten beteiligte, schätzte Kogon sie und publizierte 1966 einen ihrer Artikel über Heimkinder in der Bundesrepublik in den *Frankfurter Heften*.[220]

Kogon hatte zeit seines Lebens auf Gruppen gesetzt, von denen er hoffte, dass sie den gesellschaftlichen Wandel herbeiführen könnten, den er anstrebte: nach

---

216 Kroll/Reitz: Zeithistorische und wissenssoziologische Zugänge zu den Intellektuellen der 1960er und 1970er Jahre, S. 10.
217 Vgl. Ingrid Gilcher-Holtey: Konkurrenz um den „wahren" Intellektuellen. Intellektuelles Rollenverständnis aus zeithistorischer Sicht, in: Thomas Kroll/Tilman Reitz (Hrsg.): Intellektuelle in der Bundesrepublik Deutschland. Verschiebungen im politischen Feld der 1960er und 1970er Jahre, Göttingen 2013, S. 41–52, hier S. 48.
218 Vgl. Wolfgang Eßbach: Intellektuellensoziologie zwischen Ideengeschichte, Klassenanalyse und Selbstbefragung, in: Thomas Kroll/Tilman Reitz (Hrsg.): Intellektuelle in der Bundesrepublik Deutschland. Verschiebungen im politischen Feld der 1960er und 1970er Jahre, Göttingen 2013, S. 38.
219 Vgl. Thomas Kroll: Der Linksprotestantismus in der Bundesrepublik Deutschland der 1960er und 1970er Jahre. Helmut Gollwitzer, Dorothee Sölle und Jürgen Moltmann, in: Thomas Kroll/Tilman Reitz (Hrsg.): Intellektuelle in der Bundesrepublik Deutschland. Verschiebungen im politischen Feld der 1960er und 1970er Jahre, Göttingen 2013, S. 103–122, hier S. 105.
220 Ulrike Meinhof: Heimkinder in der Bundesrepublik. Aufgehoben oder abgeschoben?, in: FH 21 (1966), H. 7, S. 616–626.

dem Ende des Zweiten Weltkrieges zunächst die Häftlingsverbände, dann die hessischen Christdemokraten und die Europabewegung. Als er seine Hoffnungen immer wieder enttäuscht sah, setzte er Vertrauen in die Studierenden der Ingenieurwissenschaften, später in die Gewerkschaften. Nachdem die Ergebnisse der Zusammenarbeit stets hinter seinen Erwartungen zurückblieben, ließ nun die Studierendenbewegung neue Hoffnung in ihm aufkeimen. Er setzte sich mit den Thesen der Studierendenbewegung auseinander und erläuterte sie seiner Leserschaft:

> „Den moralischen Aufstand hatten die Nichtstudierenden begonnen – schon sie für eine andere, bessere Welt, in der nicht Produktion um der Produktion und dahinter um des Profits willen betrieben wird, nicht Verhältnisse des Überflußkonsums gerechtfertigt werden, die allerorten mit aufrechterhaltendem Elend, mit Vorteilen, autoritären Reglementierungen und unbewältigten Konflikten durchsetzt sind. Die Studenten artikulierten den Protest zu einer Demonstrationspolitik – gegen den Krieg Washingtons in Vietnam, gegen die Superrüstung der Weltführungsmächte und den Gefolgschaftsmilitarismus der anderen, gegen die Ausbeutung und die Unterdrückung überall, insbesondere in Lateinamerika, gegen die Diskriminierung der schwarzen Bevölkerung der USA, gegen die Sympathien mit Diktatoren, gegen reaktionäre Kulturpraktiken des Establishments. In der Bundesrepublik verband sich damit der Protest gegen die vorbeugende Notstandsgesetzgebung der Regierenden, gegen besondere restaurative Tendenzen in der gesellschaftlichen Entwicklung, gegen die Teilnahme der Sozialdemokratie an der Großen Koalition, gegen die Meinungsübermacht des Springer-Konzerns, gegen die Rückständigkeit der Lehr- und Lernmethoden sowie die Machtverhältnisse an den Hochschulen."[221]

Eine deutliche Nähe zwischen den von der Außerparlamentarischen Opposition und Kogon erhobenen Forderungen ergab sich aus dem Protest gegen die Notstandsgesetzgebung, die Ablehnung der repressiven Maßnahmen gegen den *Spiegel*, die nachlässige Ahndung von NS-Verbrechen und nicht zuletzt dem entschiedenen Antikapitalismus.[222] In den *Frankfurter Heften* äußerte er daher Sympathie und Verständnis und argumentierte, die Rebellion der Studierenden sei eine natürliche Begleiterscheinung der Konsumgesellschaft:[223]

> „[...] [Um die Aufklärung und die Selbstständigkeit des Menschen zu erreichen] genügt nicht der ökonomische Wohlstand und sein Zuwachs Jahr für Jahr. Erst recht genügt es nicht, die militärische Sicherung auf- und auszubauen. Die junge Generation in allen Ländern der industriellen Hochzivilisation will den Sinn des Daseins absolut nicht auf den Güterkonsum und seine Hervorbringung beschränkt wissen, zumindest nicht egozentrisch. Das beweist jede ihrer radikalen Bewegungen; sogar die Rocker und die Provos flegeln oder rasen, oft genug krimi-

---

221 Kogon: Klassen und Revolution im Denken der „Neuen Linken", S. 266.
222 Vgl. Wolfgang Kraushaar: Denkmodelle der 68er-Bewegung, in: Aus Politik und Zeitgeschichte, 2001, B22-23, S. 14–27, hier S. 15–19.
223 Vgl. Eugen Kogon: Rebellion und Reform an unseren Hochschulen, in: Michael Kogon/Gottfried Erb (Hrsg.): Eugen Kogon. Die reformierte Gesellschaft. Band 5 der Gesammelten Schriften, Weinheim 1997, S. 157–169, hier S. 162, erstmals veröffentlicht in: FH 24 (1969).

nell, gegen den Leistungszwang eines Systems an, das Tag und Nacht zum Konsum aufreizt, ihn jedoch höchst ungleich möglich macht."[224]

Auch die Forderung der Studierenden nach einer Hochschulreform[225] löste in Kogon lebhaften Zuspruch aus. Seines Erachtens sollten Vorlesungen abgebaut und durch Kolloquien ersetzt sowie weitere Modelle der Mitbestimmung, nicht nur auf hochschulpolitischer Ebene, eingeführt werden. Zudem befürwortete er einen deutlichen Ausbau der Stellen im Mittelbau an westdeutschen Universitäten und Hochschulen.[226] Es dürfe nicht vergessen werden, dass das sogenannte Establishment, die Professoren eingeschlossen, dafür verantwortlich sei, dass die von den Studierenden zu Recht eingeforderten „Reformen" – ein von ihm in diesen Jahren inflationär gebrauchter Begriff[227] – bisher ausgeblieben seien. Auch auf politischer Ebene habe man den Protestlern das Feld bereitet, indem der berechtigten Kritik stets mit dem Hinweis auf gegenwärtige Sachzwänge begegnet worden sei.[228]

Abb. 2: Kogon (Zweiter von links) spricht am 9. Februar 1968 auf einer Protestveranstaltung vor Studierenden in Westberlin (Foto: BArch, Bild 183-G0214-0202-005A / Fotograf: Horst Sturm)

---

224 Ebenda.
225 Vgl. Kraushaar: Denkmodelle der 68er-Bewegung, S. 16 f.
226 Vgl. Kogon: Rebellion und Reform an unseren Hochschulen, S. 168 f.
227 Vgl. Kießling: Die undeutschen Deutschen, S. 275.
228 Vgl. Kogon: Rebellion und Reform an unseren Hochschulen, S. 160.

Während Walter Dirks sich bereits in der Zwischenkriegszeit mit den frühen Schriften von Karl Marx auseinandergesetzt hat und auch in den ersten Jahrgängen der *Frankfurter Hefte* über Anknüpfungspunkte zwischen dem Christentum und dem Marxismus nachdachte,[229] blieb Kogon durchweg skeptisch.[230] In seiner Abgrenzung vom Marxismus lässt sich eine klar erkennbare Kontinuitätslinie ausmachen, die seine frühen Schriften aus der *Schöneren Zukunft* mit Texten, die nach der Gründung der Bundesrepublik entstanden, verbindet. Insofern war Kogon auch das Bekenntnis vieler studentischer Gruppen zum Marxismus fremd.[231] Er hat sich mit den Thesen der Protestbewegung dennoch beschäftigt und seinen Lesern deren marxistische und neo-marxistische Wurzeln erläutert. In dem Aufsatz „Klassen und Revolution im Denken der ‚Neuen Linken'" führt er aus, dass die gesellschaftlichen Realitäten die Annahmen sowie Voraussagen des Marxismus längst widerlegt hätten.[232] Diese Beobachtung sei von „westlichen Soziologen" zweifelsfrei belegt worden. Die Neo-Marxisten, so Kogon, würden diese Befunde durchaus auch anerkennen, postulierten jedoch, dass sie teilweise falsch interpretiert würden und einer Ergänzung bedürften.[233]

Andere Forderungen der Bewegung, wie den Kampf gegen Autoritäten und das Sexualtabu ließ der gläubige Katholik Kogon lieber unerwähnt. In einer Kolumne für den konservativen *Industriekurier* bekannte er hingegen: „Begleitend tritt allerorten eine Schicht moralisch Degenerierter mit auf, deren geistige Potenz in ihrer sexuellen verkommen ist."[234] Auch die grellen und schrillen Protestformen, insbesondere die gewalttätigen Aktionen, lösten Irritation in ihm aus. Er sah eine Trennlinie zwischen Studierenden, denen daran gelegen sei, Unruhe zu stiften, und den dialogfähigen, denen es um Inhalte ginge. „Einige wenige Wirrköpfe beherrscht der Wahn, sie könnten auf solche Weise den totalen gesellschaftlichen Umsturz bewirken. Aber nur ihr Illusionsbewußtsein, von scheinmarxistischer Phraseologie durchsetzt und aufrechterhalten, ist total."[235] Gleichzeitig wies er Thesen radikaler Studierendenvertreter zurück, die aus seiner Sicht zu weit gingen, wenn sie Aufforderungen zu „permanenter Revolution" ausgaben. Dass die Protestierenden Einsatzkräfte der Polizei provozierten, um sich in das Engagement einzuüben, die USA in Vietnam zu bekämpfen, löste in ihm starkes Befremden aus.[236] Das Auftreten von Wortführern wie Rudi Dutschke habe ganz erheblich dazu beigetragen, dass die studen-

---
229 Vgl. Ewald: Die gescheiterte Republik, S. 60.
230 Flemming: Gegen Preußen – Für Europa, S. 209.
231 Vgl. Kraushaar: Denkmodelle der 68er-Bewegung, S. 15.
232 Vgl. Kogon: Klassen und Revolution im Denken der „Neuen Linken".
233 Vgl. ebenda.
234 Eugen Kogon: Pioniere oder Außenseiter?, in: Industriekurier, 1968.
235 Kogon: Rebellion und Reform an unseren Hochschulen, S. 158.
236 Vgl. Kogon: Klassen und Revolution im Denken der „Neuen Linken", S. 269.

tische Bewegung in der Bevölkerung mehrheitlich als gewalttätig und radikalrevolutionär wahrgenommen werde.²³⁷

Schon vor den studentischen Unruhen hatte Kogon die Soziologie kritisiert, welche in den 1960er Jahren gänzlich unleserlich geworden sei und eine pseudowissenschaftliche Sprache verwende, die niemand verstehe und die lediglich Distanz zwischen der Wissenschaft und der Öffentlichkeit schaffe. In sein Befremden darüber und den rebellischen Habitus mischten sich zuweilen auch Töne des Amüsements über den seines Erachtens naiven Aktionismus mancher Aktivisten: „Sprechen wir nicht von dem Infantilismus, bei Institutsbesetzungen sich Schreibmaschinen, Vervielfältigungsapparate und Bücher anzueignen und dies allen Ernstes für den Beginn der Sozialisierung von Produktionsmitteln auszugeben."²³⁸

Grundsätzlich war seine Analyse der gegebenen Situation darauf bedacht, zu beschwichtigen, zu entdramatisieren und einen Ausgleich zu erreichen. Die Leser der *Frankfurter Hefte* beruhigte er dahingehend, dass keineswegs die Gefahr drohe, der SDS und seine Sympathisanten könnten sämtliche gesellschaftlichen und politischen Institutionen unterlaufen. Mit ihren indiskutablen Formen des Protests würden die Aufständischen nichts erreichen, vielmehr sei das Gegenteil der Fall: verschärfte Repressionen vonseiten des „Establishments" und eine Delegitimierung ihrer Kritik.²³⁹ Dass Stimmen aus der Politik die Situation aufbauschten, Angst schürten und gar von „bürgerkriegsähnlichen Zuständen" sprachen, verurteilte er scharf.²⁴⁰ Damit fügte Kogon sich in das Bild einer Gruppe von Antifaschisten wie dem Bürgerrechtler und Politikwissenschaftler Jürgen Seifert²⁴¹ sowie dem Schriftsteller Heinrich Böll, zu denen die Studierendenbewegung in einem positiven Bezug stand und die versuchten, zwischen den Aufständischen und der Mehrheitsgesellschaft zu vermitteln. Diese Gruppe hat in der jüngsten Forschung zunehmende Beachtung gefunden.²⁴²

Hinter der Hysterie und den Effekten, die die Debatte in diesen Jahren prägten, ging Kogon der Frage nach, wie die Ideen und das Erneuerungspotenzial der Studierendenbewegung konstruktiv genutzt und in geordnet ablaufende Reformen eingebracht werden könnte:

> „Die systematische Aufdeckung der Zusammenhänge durch Politologen, Soziologen, Historiker, Psychologen und Sozialpädagogen wird die vollendete Utopie, es könnten bei uns Voraus-

---

237 Vgl. ebenda, S. 268.
238 Kogon: Rebellion und Reform an unseren Hochschulen, S. 167.
239 Vgl. ebenda, S. 159.
240 Ebenda, S. 157.
241 Jürgen Seifert war als Assistent von Arcadius Gurland tätig, der neben Eugen Kogon den zweiten Lehrstuhl für Politikwissenschaften an der THD hatte.
242 Siehe z. B. Dominik Rigoll: Erfahrene Alte und entradikalisierte 68er. Menschenrechte im roten Jahrzehnt, in: Norbert Frei/Annette Weinke (Hrsg.): Toward a New Moral World Order? Menschenrechtspolitik und Völkerrecht seit 1945, Göttingen 2013, S. 182–192.

setzungen dafür geschaffen werden, das jugoslawische Modell oder irgendein ähnliches einzuführen, durch schwer genug auszuführende, aber verwirklichbare Vorschläge ersetzen, die es möglich erscheinen lassen können, den Verfall der parlamentarischen Entscheidungsmacht durch ihre zeitgerechte Ergänzung in eine neue Wirksamkeit zu verwandeln."[243]

Kogon verknüpft hier seine Beschwichtigungsversuche und Fürsprache für einen evolutionären Weg mit dem Hinweis auf die Bedeutung von Geistes- und Gesellschaftswissenschaften, nicht zuletzt den Politikwissenschaften. Dass sich die Politikwissenschaften Ende der 1960er Jahre in einer Defensivlage befanden und Kogon als Präsident der Deutschen Vereinigung für Politische Wissenschaft ganz unmittelbar mit dieser Konfliktsituation konfrontiert war, ist Gegenstand des Kapitels VII.3.

Abb. 3: Eugen Kogon in Frankfurt am Main, 1968 (Foto: Barbara Klemm)

Doch die Studierendenbewegung betraf Kogon nicht nur mittelbar, indem er sich als politischer Publizist mit ihr auseinandersetzte, sondern auch unmittelbar als Professor an der TH Darmstadt, wenngleich die Proteste hier schwächer ausfielen als an vielen anderen Lehreinrichtungen.[244] Das Epizentrum der Proteste in den

---

243 Kogon: Klassen und Revolution im Denken der „Neuen Linken", S. 271 f.
244 Vgl. Dennis Beismann: Zeitzeugeninterview mit Reinhold Kreile, München, 04.02.2016.

westdeutschen Bundesländern bildete Frankfurt und strahlte von hier aus auf weitere hessische Hochschulen ab. Die Studierenden der überwiegend technischen Berufe in Darmstadt griffen diese Impulse jedoch verzögert und zurückhaltend auf.[245] Dennoch kam es auch hier zu verschiedenen Aktivitäten, wie Go-ins, Sit-ins und Protestaktionen.[246] Das, wenn auch moderat ausfallende, Aufbegehren der Studierenden stieß auf die entschiedene Ablehnung der Hochschulleitung. So führte der Prorektor – und ehemaliges SA-Mitglied – Karl Marguerre bei der feierlichen Rektoratsübergabe am 24. November 1967 aus:

> „Man ist nach so vielen Jahren einer fast unnatürlichen Ruhe allzu leicht geneigt, in dem Aufbegehren der Studenten das Werk einiger Extremisten zu sehen, die ihre Anhänger nur finden unter Studenten der überfüllten Massenfächer der Universitäten – bei den durch die Rationalität ihres Studiums erzogenen Ingenieurstudenten seien solche Erscheinungen nicht zu erwarten. Im vergangenen Jahre war das so, aber es ist nicht selbstverständlich, daß es so bleibt. Denn daß solche Träger der Unruhe [...] nun plötzlich den Ton angeben können, hat seine Ursache in der tiefen Problematik unserer leitbildlosen Zeit. [... Die Nachkriegsjahre sind] zu Ende, und inzwischen ist eine Studentengeneration herangewachsen, die den Mißbrauch der Ideale, die Schrecken des Krieges nicht mehr erlebt hat, und die das Ergebnis des allzu gut gelungenen Wiederaufbaus (der nicht das Werk ihren Schweißes ist) als selbstverständlich hinnimmt. [...] Nicht was die alte Generation geleistet, sondern allein was sie versäumt hat, schlägt zu Buch: weg mit ihr, die uns im Wege steht! Jacob Burckhardt hat vorausgesagt, daß die terribles simplificateurs das Kennzeichen des 20. Jahrhunderts sein werden. Vielleicht werden diese entsetzlichen Vereinfacher das Leben auf dieser Erde endgültig zur Hölle machen – wir alle aber, und gerade Sie, meine Kommilitonen, sind aufgerufen, dem zu wehren."[247]

Im Vergleich zur Position der Hochschulleitung schätzte Kogon den Aufstand an der TH durchaus wohlwollender ein. Bereits ein Jahrzehnt bevor die Proteste der Studierendenbewegung die Bundesrepublik erschütterten, unterstützte er ihre Forderungen nach weitergehenden Rechten. Bereits kurze Zeit nach der Wiedereröffnung der TH Darmstadt brachten studentische Repräsentanten die Forderung zum Ausdruck, Vertreter aus dem AStA in den Senat entsenden zu können. Dies wurde vonseiten der Hochschulleitung auch akzeptiert und entsprechend umgesetzt, jedoch sollten die Studierenden nur dann hinzugezogen werden, wenn ihre Belange berührt seien. Wann dies der Fall sei, wollte der Senat selbst entscheiden. Als Studierende gegen diese Vorgehensweise protestierten, beriet der Senat darüber, wie mit der Situation umzugehen sei. Die überwiegende Mehrheit wies die Forderungen zurück, mit Ausnahme von Kogon, der ausführte, dass durch diese Form von Beteiligung eine Vorstellung von Verantwortung vermittelt würde. Jedoch waren seine Einwände nicht so schwerwiegend, dass er sich dem Fraktionszwang der Professo-

---

245 Vgl. Gerbaulet: Vom Wiederaufbau zur Massenuniversität, S. 43.
246 Vgl. ebenda.
247 UA THD, Rektoratsübergaben, Karl Marguerre: Jahresbericht bei der Feier der Rektoratsübergabe am 24.11.1967.

renschaft widersetzen wollte, denn das Protokoll hält fest, dass er, trotz seines Bedauerns, keinen Einspruch erhob.[248] Die Studierenden konnten ihre Forderungen nach paritätischer Mitbestimmung, die sie bis in die 1970er Jahre hinein aufrechterhielten, nicht gegen den Widerstand der Professorenschaft durchsetzen.[249]

Als die Studierendenproteste ab Mitte der 1960er Jahre an Schärfe gewannen, trat Kogon als Repräsentant der THD in Erscheinung und referierte zu den gesellschaftlichen Fragen und Konflikten dieser Jahre. In einem Vortrag vor den Hochschulfreunden Darmstadt, einer Vereinigung, die die Lehre und Forschung an der TH mit erheblichen finanziellen Mitteln unterstützte, erläuterte er, welche Ursachen der Aufruhr aus seiner Sicht habe. Dem Zeitungsbericht im *Darmstädter Echo* zufolge führte er aus, dass das demokratische System noch jung sei und vielen Zeitgenossen ein Einblick in seine Mechanismen und Problemzusammenhänge fehle. Zudem verwehrten Ideologien die Möglichkeit, eine unvoreingenommene Betrachtungsweise einzunehmen.[250]

Es kann festgehalten werden, dass Kogon versuchte, die Energien der 68er-Revolte zu kanalisieren, um sie für eine bundesdeutsche Politik- und Gesellschaftsreform nutzbar zu machen. Wie erfolgreich seine Versuche, zwischen den jungen Rebellen und der Mehrheitsgesellschaft zu vermitteln, letztlich waren, lässt sich auf Grundlage der vorliegenden Quellen nicht einschätzen. Allerdings zeigt ein Bericht aus der *Frankfurter Allgemeinen Zeitung*, dass auch Kogon nicht davor gefeit war, als Gegner identifiziert zu werden. So sollte er am 3. November 1968 eine Diskussionsrunde mit Manfred Abelein, Hartmut von Hentig, Walter Rüegg und drei Studenten des SDS an der Universität Frankfurt moderieren. Als Kogon jedoch die unangekündigte Forderung der Studenten, das Gesprächsthema zu ändern und über den „Zustand der Gesellschaft" sowie den „Justizterror" zu diskutieren, ablehnte, flogen „Eier gegen Kogon" und es kam zu „schweren Tumulten".[251] Trotz seines Status als NS-Verfolgter und deutlicher Berührungspunkte in den politischen Zielvorstellungen wurde zunehmend eine Trennlinie zwischen ihm und vielen Studierendengruppen deutlich, die es nicht bei Reformen und intellektuellen Stellungnahmen belassen wollte, sondern praktische Unterstützung in der Fortführung ihres Protests erwartete.

---

248 Vgl. hierzu Schmidt: Nach dem Nationalsozialismus, S. 449–451.
249 Vgl. Gerbaulet: Vom Wiederaufbau zur Massenuniversität, S. 44.
250 Vgl. [o. V.] Ruf nach Reform: die Rebellion und das Parlament. Fünfzig-Jahr-Feier der Hochschulfreunde – Professor Kogon über Motive der Unruhe, in: Darmstädter Echo, 25.05.1968.
251 [o. V.] Eier gegen Kogon, in: FAZ, 04.11.1968.

VII Präsident der DVPW in den 1960er Jahren

1 Gründung der Deutschen Vereinigung für Politische Wissenschaft

Die Forschung hat bisher wenig über Kogons wissenschaftliche Leistungen in den 1960er Jahren zutage gefördert. Sein größter Verdienst für die Politologie in diesem Jahrzehnt ist sein Engagement als Präsident der Deutschen Vereinigung für Politische Wissenschaft (DVPW). Zu den wenigen Informationen, die zu diesem Lebensabschnitt vorliegen, zählt ein Hinweis aus der Feder seines ehemaligen Assistenten am Darmstädter Lehrstuhl, Ernst-Otto Czempiel: „[A]ls Vorsitzender der Deutschen Vereinigung für Politikwissenschaften hat er der entfalteten Disziplin über ihre Phase der Unruhe und der überstarken Politisierung hinweggeholfen."[1] Wie Kogon sein Amt ausfüllte und mit welchen Herausforderungen er sich konkret konfrontiert sah, ist bisher Terra incognita. Ziel des folgenden Kapitels ist daher, besonders wichtige Gesichtspunkte aus seiner Arbeit an der Spitze der DVPW herauszuarbeiten, um Czempiels Urteil zu bewerten und Kogons Verdienst für die Politikwissenschaften gewichten zu können.

Im Kapitel IV.1 wurde der Aufbau der Politikwissenschaften nach dem Zweiten Weltkrieg in Westdeutschland umrissen und angedeutet, in welchen Schritten sich die Etablierung der neuen Disziplin vollzog. Einen wichtigen Etappenabschnitt auf diesem Weg markierte die Konferenz von Waldleiningen 1950, auf der auch Kogon anwesend war. Neben den zentralen Fragen nach dem institutionellen Aufbau und dem inhaltlichen Zuschnitt einer neuen Forschungsdisziplin stand hier schon die Gründung eines Fachverbandes zur Debatte. Dieser sollte nach dem Vorbild der American Political Science Association aufgebaut werden.[2] Die offizielle Gründungsveranstaltung der Deutschen Vereinigung für Politische Wissenschaft fand am 10. Februar 1951 in Königstein statt, wo Westberlin zum Hauptsitz der Vereinigung gewählt wurde.[3] Die Gründungsmitglieder wählten den Nationalökonom und Soziologen Alfred Weber zum Ehrenvorsitzenden und den Soziologen und Wirtschaftswissenschaftler Alexander Rüstow zum Präsidenten der Vereinigung.[4] Zum ersten Vorstand der DVPW zählten die Juristen Wolfgang Abendroth, Adolf Grabowsky, Ernst Wilhelm Meyer sowie Otto Suhr, der Volkswirtschaft, Geschichte und Zeitungswis-

---

1 Ernst-Otto Czempiel: Professor Kogon, S. 25.
2 Vgl. Bleek: Geschichte der Politikwissenschaft in Deutschland, S. 271.
3 Vgl. DVPW: Ziele der DVPW, http://www.dvpw.de/wir/profil/ziele.html (26.01.2018).
4 Vgl. Bleek: Geschichte der Politikwissenschaft in Deutschland, S. 272.

senschaft studiert hatte.[5] An den Vorarbeiten zur Gründung der Vereinigung war auch Kogon aktiv beteiligt.[6]

2 Wahl zum Präsidenten

Die Gründungsväter der westdeutschen Politikwissenschaften stellten in den 1950er Jahren auch die Führung der DVPW. Zu einem Generationswechsel kam es in den 1960er Jahren, als die erste Schülergeneration zunehmend die schwer umkämpften Plätze ihrer Lehrer im Vorstand und Beirat einnahm.[7] Als ältester Vertreter der Schülergeneration hatte bereits der Liberale Karl Dietrich Bracher von 1965 bis 1967 das Präsidialamt bekleidet. In den 1970er Jahren sollte der Präsident ebenfalls ausschließlich von Kandidaten gestellt werden, die bei einem der Gründungsväter der Disziplin gelernt hatten. Kogons Präsidentschaft von 1967 bis 1969 kann als ein Bindeglied zwischen beiden Generationen gesehen werden, dem kein Vorsitzender mehr aus der Lehrergeneration folgte.

Das Gerangel um die Plätze im Vorstand und Beirat der DVPW erlebte einen Höhepunkt auf dem Mitgliederkongress am 8. Oktober 1967 in Tutzing, der Kogon zum Präsidenten wählte. Gerhard Lehmbruch, in den 1990er Jahren selbst Vorsitzender, schildert, wie sich eine Gruppe junger Politikwissenschaftler zusammenfand, um zu beschließen, gegen ihre Lehrer aufzubegehren und einige altehrwürdige, aber missliebige Ordinarien aus dem Vorstand zu wählen:

> „Die [jungen Politikwissenschaftler] trafen sich zu einer Art von Fraktionssitzung im Andechser Hof in Tutzing, und ich wurde auch da hin eingeladen. [...] Es gab drei Abschußkandidaten, die man aus dem Vorstand kegeln wollte, nämlich Hans Maier, Kurt Sontheimer und Wilhelm Hennis. Und das setzte voraus, daß man mit einer vorbereiteten Liste in die Schlacht zog und eine regelrechte Blockwahl machte. [...] Bei den Beiratswahlen kam dann noch der eine oder andere wieder herein, aber ich habe noch sehr genau sowohl die Räumlichkeiten als auch die versteinerten Gesichter der Kollegen vor Augen, die damals aus dem Vorstand abgewählt wurden. Vorsitzender wurde Eugen Kogon, wie das schon vorher auch im alten Vorstand im Konsens vereinbart worden war, der war den Putschisten durchaus recht. Kogon war freilich von dem Ergebnis der Vorstandswahl unangenehm überrascht, aber er verdankte seiner österreichischen Herkunft wohl auch das taktische Geschick, Dinge wieder ein bißchen gerade zu biegen. So versuchte er, den Eklat durch Kooptation abzumildern und erklärte, als Vorsitzender

---

5 Vgl. ebenda.

6 Arno Mohr bezieht sich auf ein Schreiben von Suhr an Abendroth, in dem Suhr ausführt, dass er sich in Bezug auf die Gründung einer fachwissenschaftlichen Vereinigung bereits an Repräsentanten des Faches, u. a. Kogon, gewandt habe. Vgl. Arno Mohr: Politikwissenschaft als Alternative. Stationen einer wissenschaftlichen Disziplin auf dem Wege zu ihrer Selbständigkeit in der Bundesrepublik Deutschland 1945–1965, Bochum 1989, S. 165.

7 Vgl. Udo Bermbach: Die siebziger Jahre, in: Jürgen W. Falter/Felix W. Wurm (Hrsg.): Politikwissenschaft in der Bundesrepublik Deutschland. 50 Jahre DVPW, Wiesbaden 2003, S. 29–34.

werde er von nun an den deutschen Vertreter bei der IPSA [International Political Science Association] immer zu den Vorstandssitzungen einladen. Das war damals Kurt Sontheimer, und Kogon wollte natürlich auf diese Weise einen der Abgewählten wieder hereinholen. Seit Kogons listiger Improvisation blieb es Usus, daß der IPSA-Vertreter [...] an den Vorstandssitzungen teilnimmt. Damals war man bei den Verschwörern ziemlich entrüstet, daß man sie so hinterrücks erdolchte, und Sontheimer seinerseits schien nur mäßig zufriedengestellt."[8]

Der alte Vorstand hatte sich also darauf geeinigt, das Präsidentenamt Kogon anzuvertrauen, und so empfahl der scheidende Präsident Karl Dietrich Bracher[9] der Mitgliederversammlung in Tutzing den Österreicher, welcher mit 80 von 90 Stimmen gewählt wurde.[10] Mit ihm zusammen bildeten Wolfgang Abendroth, Waldemar Besson, Karl Dietrich Bracher, Ernst-Otto Czempiel, Erwin Faul, Gerhard Lembruch, Kurt Sontheimer (für die IPSA) den Vorstand. Den Beitat bildeten: Klaus von Beyme, Gert von Eynern, Klaus Jürgen Gantzel, Christian Graf von Krokow, Kurt Lenk, Dieter Lutz, Hans Maier, Wolfgang-Dieter Narr, Dieter Oberndörfer, Otto Stammer und Kurt Tudyka. Sie alle waren Professoren für Politikwissenschaft oder standen 1967 kurz davor, berufen zu werden.

In der ersten gemeinsamen Sitzung von Vorstand und Beirat am 19. und 20. Februar 1968 in Darmstadt stellte Kogon vor, wo der Vorstand seines Erachtens in den nächsten zwei Jahren seine Tätigkeitsschwerpunkte setzen sollte. Unter seinem Vorsitz beschloss das Gremium ein Programm, das der Mitgliederbasis zwei Monate später im Rundbrief der Organisation vorgestellt wurde:

„1. Zum Thema ‚Situation und Zukunftsaufgaben der politikwissenschaftlichen Forschung in der Bundesrepublik' wurde eine Kommission mit folgenden Aufgaben betraut: 1. Bestandsaufnahme 2. Feststellung von Forschungslücken 3. Vorschläge für Forschungsschwerpunkte. [...]
2. Einer weiteren Kommission wurde die Ausarbeitung des von der Mitgliederversammlung angeforderten Berichts über ‚Ausbildung und Berufschancen der Politologen' übertragen. Die Kommission soll eng mit dem Politologenverband und der Deutschen Gesellschaft für Soziologie zusammenarbeiten. Sie wird sich vor allem mit der Frage des Zugangs zur höheren Verwaltungslaufbahn für Politologen und der Einführung der Sozialkundefakultas in allen Bundesländern beschäftigen. [...]
3. Zum Thema ‚Möglichkeiten der Entwicklung von Richtlinien für ein einheitliches Lehrprogramm im Fach Politologie' wurde beschlossen, zunächst einen genauen Überblick über die gegenwärtige Situation im Lehrbetrieb zu gewinnen. Erst dann soll in enger Zusammenarbeit mit der Kommission ‚Berufsaussichten' die Arbeit an der Entwicklung von Richtlinien aufgenommen werden. [...]"[11]

---

8 Gerhard Lehmbruch: Die sechziger Jahre, in: Jürgen W. Falter/ Felix W. Wurm (Hrsg.): Politikwissenschaft in der Bundesrepublik Deutschland. 50 Jahre DVPW, Wiesbaden 2003, S. 21–28, hier S. 27.
9 Vgl. UA FU Berlin, DVPW, Sig. 33, Eugen Kogon an Karl Dietrich Bracher, 31.10.1967.
10 Vgl. UA FU Berlin, DVPW, Sig. 33, Protokoll der Mitgliederversammlung vom 08.10.1967.
11 DVPW (Hrsg.): Rundbrief Nr. 37, Berlin 1968, S. 1.

Wolf-Dieter Narr wurde mit der Leitung der Kommission „Ausbildung und Berufschancen der Politologen" betraut, die dieser im Wintersemester 1968 gründete. Das Ziel war eine statistische Erhebung der Absolventenzahlen im Fach Politikwissensschaften sowie der potenziellen beruflichen Arbeitsfelder für diese Hochschulabgänger.[12] Zudem sollte die Analyse transparent machen, wieviel Prozent der Politikwissenschaftler in dieser Zeit ohne Beschäftigung waren. Kogon betraute zudem Dieter Grosser mit der Leitung der Kommission „Situation und Zukunftsaufgaben der politikwissenschaftlichen Forschung". Die Aufgabe dieser Arbeitsgruppe sollte sein, eine Zusammenstellung politologischer Untersuchungen vorzulegen, um zu zeigen, in welche Richtung die Disziplin ihre Forschungen sinnvollerweise entwickeln könne, bzw. um die Förderungswürdigkeit bestimmter Projekte mit belastbarem Datenmaterial untermauern zu können. Dabei handelte es sich nicht um eine Gesamtdarstellung, sondern lediglich um eine Auswahl, die verdeutlichen sollte, dass in der deutschen Politikwissenschaft praxisrelevante Forschungsarbeiten angefertigt würden.[13] Die Entscheidung, Erhebungen dieser Art durchführen zu lassen, sollte sich schon wenige Wochen später auszahlen, als die bundesdeutsche Politikwissenschaft von ihren Kritikern ein erhebliches Stück weiter in die Defensive gedrängt wurde.

Erste Ergebnisse der Kommission „Möglichkeiten der Entwicklung von Richtlinien für ein einheitliches Lehrprogramm im Fach Politologie" lagen im Mai 1969 vor. Zunächst hatte die Kommission die institutionelle Situation des Faches über eine Umfrage an den Universitäten und Hochschulen ermittelt und eruiert, dass es zu dieser Zeit 62 Lehrstühle für Politikwissenschaften gebe und die Errichtung 20 weiterer Lehrstühle für die Folgejahre geplant sei. 60 Assistenten forschten zum Umfragezeitpunkt zu Projekten, die einen Teil ihrer Habilitationsschriften darstellten.[14]

Kogon förderte diese Kommissionsarbeiten vor dem Hintergrund, dass sich die westdeutschen Politikwissenschaften in der zweiten Hälfte der 1960er Jahre zunehmend in der Defensive wiederfanden. Kritische Stimmen behaupteten, dieser Forschungszweig entließe einen großen Teil seiner Absolventen in die Arbeitslosigkeit. Ferner stand der Vorwurf im Raum, es seien Studierende der Politikwissenschaften und der Soziologie, die die Rebellion an den Universitäten gestartet hätten und die somit verantwortlich für die gesellschaftlichen Unruhen der späten 1960er Jahre seien. Um diesen Animositäten selbstbewusst entgegentreten zu können, förderte er den Aufbau der Kommissionsarbeiten, um valides Datenmaterial vorlegen zu können.

---

12 Vgl. UA FU Berlin, DVPW, Sig. 89, Protokoll der gemeinsamen Sitzung von Vorstand und Beirat am 14.02.1969 in Darmstadt.
13 Vgl. ebenda.
14 Vgl. DVPW (Hrsg.): Rundbrief Nr. 42, Berlin 1969, S. 5.

3 Politikwissenschaft(ler) in der Defensive

Erst durch die negative Aufmerksamkeit vonseiten der Öffentlichkeit trat die Politologie, die bis dahin ein gesellschaftliches Schattendasein gefristet hatte, in das Bewusstsein der bundesdeutschen Gesellschaft. Politikwissenschaftler wie Eugen Kogon oder Dolf Sternberger, der Herausgeber *Der Wandlung*, waren zwar für ihre publizistischen Aktivitäten, nicht aber für ihre Tätigkeit als Hochschullehrer bekannt. Das Gleiche galt für Politiker wie Carlo Schmid, der einen „Lehrstuhl für Politische Wissenschaft" in Frankfurt hatte, oder Otto Suhr, der neben seinem Amt als Regierender Bürgermeister Berlins als Direktor der Deutschen Hochschule für Politik amtierte. Mit dem Aufkommen der Studierendenproteste in den 1960er Jahren änderte sich das schlagartig.

An seiner eigenen Hochschule war Kogon von dem Aufstand der Studierenden kaum betroffen, da die Proteste an der TH Darmstadt längst nicht so heftig ausfielen wie an anderen Universitäten.[15] Als Präsident der DVPW, in dessen Amtszeit die wohl heftigste Phase des Aufstandes fiel, war er mit der Situation hingegen ganz unmittelbar konfrontiert. Bereits in der ersten Vorstandssitzung unter Kogons Präsidentschaft diskutierten die Anwesenden dieses Thema. Die Strategie des Sitzungsleiters in dieser angespannten Situation bestand u. a. darin, dass er seine publizistischen Kanäle nutzte, um gegenüber der Öffentlichkeit eine Trennung zwischen „notorischen Unruhestiftern" und „gesprächsbereiten, reformorientierten Studierenden und Absolventen" zu unternehmen:

> „Man [die Kritiker der Politikwissenschaften] behauptet alles Mögliche drauflos – verleitet von dem Eindruck, den die Gewaltaktionen des SDS und die sie meist einleitenden oder begleitenden Palaver-, Tomaten- und Farbeutelfiguren der Kommunarden hervorrufen. Man sollte indes festhalten: Politologen im Beruf sind nicht gleichzusetzen mit Revoluzzern und Krawallmachern. Vorige Woche bestätigt hat es der Kongreß des Politologen-Verbandes in Mannheim, bei dem die beiden aneinandergerieten. Es ist ein Irrtum zu meinen, es gebe bei uns ein akademisch-politologisches Proletariat, das sich bei jeder Demonstrationsgelegenheit auf der Straße herumtreibe. [...] Daß anscheinend ein nicht unbeachtlicher Prozentsatz von Studierenden der Politikwissenschaft an der derzeitigen Rebellionsbewegung beteiligt ist, spricht nicht gegen die Notwendigkeit der Wissenschaft, sondern gegen ganz andere Verhältnisse und Zustände. Um es zusammenzufassen: Die Politologie ist nicht gemeingefährlich, sondern, richtig gelehrt und richtig angewandt, von höchstem gesellschaftlichen Nutzen."[16]

Jüngere Fachvertreter konnten Kogon Anfang der 1970er nicht mehr in dieser Interpretation folgen, sondern äußerten weitgehendes Verständnis für den radikalen Teil

---

15 Vgl. TU Darmstadt: Aufbruchstimmung und Protest. Die Jahre 1968 bis 1971, www.tu-darmstadt.de/universitaet/selbstverstaendnis/profil_geschichte/geschichtetu/thema_geschichte_k5.de.jsp (26.01.2018).
16 Kogon, Eugen: Gefährliche Politologen, in: Industriekurier, 1968.

der Protestbewegung. Der Hamburger Kongress der Vereinigung 1973 ging in die Geschichte der bundesdeutschen Politikwissenschaft als der „Kongress der Resolutionen" ein. Eine Mehrheit der Anwesenden stimmte einer Entschließung zu, die sich gegen den Sturz des chilenischen Präsidenten Salvador Allende aussprach, der in seinem Land ein sozialistisches Gesellschaftsmodell etablieren wollte. Konservative Kritiker sahen in diesem Kongress den Höhepunkt der Vereinnahmung der Wissenschaft durch den Neomarxismus.[17] Richtig ist, dass die Sozialwissenschaften in der zweiten Hälfte der 1960er Jahre vor allem den Studierenden als ein attraktives Fach erschien, die die christdemokratisch geprägte Regierungspolitik aus einer kritisch-distanzierten Perspektive betrachteten.[18] Diese Entwicklung erfuhr Kritik im konservativen Lager, dessen Protagonisten zuweilen über das Ziel hinausschossen. So behauptete der Publizist Matthias Walden, dass die gesamte revolutionäre Energie der späten 1960er Jahre im Westberliner Otto-Suhr-Institut für Politikwissenschaften wurzele.[19]

Dass der Politologie eine maßgebliche Verantwortung für die radikalisierten Studierendenproteste zukomme, hat die Forschung zur Geschichte der Disziplin zurückgewiesen.[20] Die inhaltlichen und politischen Auseinandersetzungen, die zu Kogons Amtszeit die Politikwissenschaften in Westdeutschland prägten, sind vielmehr als ein Teil der gesamtgesellschaftlichen Umbruchstimmung zu verstehen. Im aufgeheizten Klima dieser Jahre spitzte sich auch die Kritik der Studierenden und des Mittelbaus an einigen etablierten Ordinarien zu, denen vorgeworfen wurde, lediglich in der Oberflächenbeschreibung von politikwissenschaftlichen Forschungsgegenständen zu verharren, anstatt zu den entscheidenden Fragestellungen, etwa zu sozioökonomischen Abhängigkeiten, vorzudringen.[21]

Vorwiegend im Lager der Union wurde der Vorwurf erhoben, etablierte Hochschullehrer missbrauchten ihren Einfluss auf die Studierenden, um diese zur Verbreitung gesellschaftlicher Unruhe anzustiften. Mit dem Christdemokraten Gerhard Stoltenberg kam Kogon in Kontakt, nachdem Stoltenberg im Oktober 1965 vom Regierungschef Ludwig Erhard zum Bundesminister für wissenschaftliche Forschung berufen wurde. Die Vermutung liegt nahe, dass diese Personalentscheidung aus Kogons Sicht für die Vereinigung günstig gewesen sein muss, hatte Stoltenberg selbst doch Geschichte, Soziologie und Philosophie studiert. An seiner Heimatuniversität promovierte er und habilitierte sich später mit Arbeiten, die politikwissenschaftlichen Fragestellungen nachgingen. Im Vorstand der DVPW konnte man also ruhigen Gewissens davon ausgehen, dass der neue Wissenschaftsminister der Politologie

---

17 Vgl. Mohr: Die Durchsetzung der Politikwissenschaft an deutschen Hochschulen, S. 74.
18 Vgl. ebenda, S. 68.
19 Vgl. Bleek: Geschichte der Politikwissenschaft in Deutschland, S. 366.
20 Vgl. ebenda, S. 367.
21 Vgl. ebenda, S. 350.

durchaus aufgeschlossen gegenüberstehen würde. Kogon dürfte unangenehm überrascht gewesen sein, als Stoltenberg sich am 3. Mai 1968 in einer Pressekonferenz abwertend gegenüber den Politikwissenschaften in der Bundesrepublik äußerte, die lediglich „Modewissenschaft[en]" seien.[22] In Anbetracht der insgesamt angespannten Lage und der kritischen Haltung, die der Disziplin in der Öffentlichkeit entgegengebracht wurde, nahm Kogon Stoltenbergs Bemerkungen als ernsthafte Bedrohung wahr. Umgehend wies er im Fernsehen die Angriffe zurück.[23] Im gesamten Vorstand der DVPW zog der Vorfall anhaltende Debatten nach sich, die über mehrere Vorstandssitzungen geführt wurden. Die Anwesenden stimmten überein, dass es in dieser Angelegenheit darum gehen müsse, Stoltenberg klarzumachen, dass die Politikwissenschaft ihre Daseinsberechtigung habe und alle Anstrengungen darauf zu richten seien, den wissenschaftlichen Anschluss an das internationale Niveau zu finden.[24]

Kogon schrieb noch am gleichen Tag in seiner Funktion an den Minister, um zu erfahren, ob seine Stellungnahme von den Zeitungen korrekt wiedergegeben worden sei, da er sich in diesem Fall als Vorsitzender der DVPW dazu gezwungen sehe, Stellung zu nehmen. In seinem Antwortschreiben führte Stoltenberg aus:

> „Die Wiedergabe meiner Ausführungen in den Zeitungen, auf die Sie sich allgemein beziehen, war in einigen Punkten abweichend und nicht in jedem Bericht völlig genau. [...] Ausgangspunkt [meiner Darlegungen] war eine Kritik an der Situation des naturwissenschaftlichen Unterrichts in der Oberstufe der Gymnasien, vor allem dem Tatbestand, daß 50 Prozent der Primaner heute keinen Unterricht in Chemie und Physik haben. Daran schloß sich der Hinweis auf die relativ geringe Zunahme der Studentenzahlen in einer Reihe von technischen Schlüsseldisziplinen an. Sie steht in einem bemerkenswerten Kontrast zu der raschen Steigerungsquote in anderen Fächern, insbesondere den politischen Wissenschaften, der Soziologie und Psychologie. Ich habe daran die Feststellung geknüpft, daß dies den erkennbaren Bedarfstendenzen der Gesellschaft widerspricht, weil schon heute qualifizierte Absolventen der genannten Fächer teilweise Schwierigkeiten haben, einen angemessenen Arbeitsplatz zu finden. Hieraus habe ich abgeleitet, daß bei den künftigen Ausbauplanungen der Hochschulen und vor allem den Neugründungen die Schwerpunkte auf jene Disziplinen gelegt werden sollten, deren Expansion den beruflichen Chancen und sachlichen Notwendigkeiten der Zukunft entspricht."[25]

Noch bevor Kogon dieses in seiner Formulierung auf Deeskalation ausgelegte Schreiben erreichte, hielt Stoltenberg am 7. Mai 1968 im deutschen Bundestag eine Rede, mit der der Minister seine Kritik ausweitete und zuspitzte:

---

22 Vgl. DVPW (Hrsg.): Rundbrief Nr. 44, Berlin 1969, S. 9.
23 Vgl. UA FU Berlin, DVPW, Sig. 33, Eugen Kogon an die Mitglieder des Vorstandes und des Beirats, 15.05.1968.
24 UA FU Berlin, DVPW, Sig. 31, Protokoll der Vorstands- und Beiratssitzung am 12./13.07.1968.
25 UA FU Berlin, DVPW, Sig. 71, Gerhard Stoltenberg an Eugen Kogon, 08.05.1968.

„Allerdings droht in einigen wissenschaftlichen Disziplinen in einem radikalen Umschlag schon stellenweise das andere Extrem einer einseitigen Politisierung und Ideologisierung. Das politische Engagement mancher Hochschullehrer hat sich in den letzten Jahren auf die periodische Unterzeichnung von Protestresolutionen gegen ‚Bonn' beschränkt. [...] Hier gibt es in jüngster Zeit einige bedrückende Zeugnisse der Entstellung. Ich habe vor einigen Tagen ein Rundschreiben von Professor Dr. Helmut Ridder erhalten mit der freundlichen Einladung, einen Aufruf gegen die Notstandsgesetze zu unterzeichnen. [...] Es sind aus früheren Aktionen bekannte Namen, die unter diesem Machwerk stehen: Abendroth, Flechtheim, Hofmann, Maus und andere mehr, auch der Vorsitzende des Verbandes Deutscher Studentenschaften gehört dazu. [...] Daß hier nicht das völlig legitime sachliche Für und Wider der Notstandsdiskussion im objektiven Urteil der Wissenschaftler zum Ausdruck kommt, sondern eine rein tendenziöse und bösartige Agitation, weiß Herr Ridder selbst. [...] Wir können die Radikalisierung eines Teils der Studenten, die sporadische Anwendung von Gewalt mit ihren tragischen Opfern nicht in den tieferen Ursachen verstehen, ohne auf das Wirken dieser kleinen, aber lautstarken Gruppe von Hochschullehrern zu verweisen."[26]

Stoltenbergs Brief an den Präsidenten der DVPW hatte es nicht vermocht, Kogon zu beruhigen, und die erneuten Angriffe im Bundestag taten ihr Übriges. Daher bat Kogon den Minister umgehend um eine Unterredung im kleinen Kreis. Den Vorstandsmitgliedern legte er dar, wie er in der Sache verfahren wolle. Ein erstes Gespräch, so plante er, sollte die Atmosphäre zwischen der Vereinigung und dem Minister verbessern sowie Vorurteile abbauen. Im Anschluss an diese Unterredung müsse ein zweites Treffen stattfinden, bei dem die konkrete nähere Zusammenarbeit zwischen dem Ministerium und der Vereinigung für die Zukunft erörtert werde.[27]

Am 24. Juli 1968 begab sich Kogon nach Bonn, um Stoltenberg zu treffen, der zum Gespräch mit drei Referenten erschien. Kogon eröffnete das Gespräch mit seinen Einwänden gegen die diskriminierenden Ausführungen, die Stoltenberg gegen die Politikwissenschaften insgesamt und insbesondere gegen einige Mitglieder der DVPW vorgebracht hatte. Zu Kogons Verblüffung erwiderte sein Gesprächspartner,

„dass seine Stellungnahme in einer auf beiden Seiten verschärften Gegensituation als politische Polemik zu werten gewesen sei und keineswegs als etwa prinzipiell gegen unsere Disziplin oder gar gegen die Meinungsfreiheit der akademischen Lehrer gerichtet. Er bat mich [Kogon], auf ein Kommuniqué, das ich anregte, zu verzichten, weil es der Auseinandersetzung neue Nahrung geben könnte, und statt dessen diese seine aufklärende Information Vorstand und Beirat unserer Vereinigung zu vermitteln."[28]

Kogon ging auf den konzilianten Ton des Ministers ein, und die Gesprächspartner wandten sich der Frage zu, wie eine gedeihliche Zusammenarbeit in Zukunft gestal-

---

26 Stoltenberg, Gerhard: Rede am 07.05.1968, 5. Wahlperiode, 170. Sitzung des Deutschen Bundestages, http://dipbt.bundestag.de/doc/btp/05/05170 (17.12.2015).
27 Vgl. UA FU Berlin, DVPW, Sig. 31, Protokoll der Vorstands- und Beiratssitzung am 12./13.07.1968.
28 UA FU Berlin, DVPW, Sig. 33, Aktennotiz „Aussprache mit Minister Stoltenberg" vom 23.08.1968.

tet werden könnte. Sie vereinbarten eine engere Kooperation und dass Referenten des Ministeriums sowie Vertreter der DVPW rasch ein weiteres Treffen anvisieren sollten, um Notwendiges gemeinsam zu planen und zu beraten. Bei dieser Zusammenkunft sollten bereits erste Arbeitsergebnisse der von Kogon lancierten Kommissionsarbeit genutzt werden.

Der Präsident des Politologenverbandes schien es Stoltenberg nicht zu verübeln, dass dieser sich auf Kosten der Politikwissenschaften profiliert hatte, sondern nahm die Chance der Zusammenarbeit stattdessen in der Folgezeit sehr ernst und drängte mit Nachdruck auf erste Arbeitsergebnisse der gegründeten Kommissionen. Anhand dieser wollte er belegen, dass die angeblich überbordenden Studierendenzahlen der Politikwissenschaften jeder Faktengrundlage entbehren. Bei der gemeinsamen Sitzung von Vorstand und Beirat am 3. Mai 1969 in Darmstadt gaben die Kommissionsleiter Grosser und Narr bekannt, dass sie ungeachtet der Tatsache, dass die Kommissionen ihre Arbeit noch nicht beendet hätten, so weit in der Vorbereitung des Gespräches seien, dass der Vorsitzende einen Termin mit Minister Stoltenberg abstimmen könne.[29] Obwohl Kogon sich bemühte, diesen Termin zu arrangieren, fand das Treffen in seiner Amtszeit nicht mehr statt. Als im Oktober 1969 die sozialliberale Koalition Regierungsverantwortung übernahm, trat an Stoltenbergs Stelle der parteilose Hans Leussink. Auch zu diesem Bundesminister für Bildung und Wissenschaft – so der neue Titel des Amtes – unterhielt die Spitze der DVPW enge Kontakte.

Ungeachtet des Regierungswechsels war Kogon dringend auf die Materialien von Grosser und Narr angewiesen, da sowohl vor als auch nach der Causa Stoltenberg namhafte Politiker zur Attacke gegen die westdeutschen Politikwissenschaften und deren Protagonisten ritten. Nach wie vor kolportierten Kritiker, dass diese Disziplin ein künftiges Heer arbeitsloser Akademiker ausbilde. Als prominenter Fürsprecher dieser Auffassung trat der damalige Vorsitzende der SPD-Bundestagsfraktion Helmut Schmidt in Erscheinung. Im Oktober 1968 polterte er: „Wir haben zuviel[e] Soziologen und Politologen. Wir brauchen mehr Studenten, die sich für anständige Berufe entscheiden, die der Gesellschaft auch nützen."[30] Kogon sah sich nun genötigt, den Kritikern die Zahlen gegenüberzuhalten und führte aus, dass bisher nur die Freie Universität Berlin Diplom-Politikwissenschaftler ausgebildet habe. Bisher seien es nicht mehr als 700 gewesen. Gegenwärtig studierten an der FU 981 Immatrikulierte Politologie im Hauptfach. In Hamburg seien es 110, für Marburg seien die Zahlen noch nicht bekannt. In welchen Berufsfeldern die Absolventen tätig seien, könne gegenwärtig niemand sagen, eine Umfrage werde jedoch von der

---

29 Vgl. UA FU Berlin, DVPW, Sig. 31, Protokoll der Vorstands- und Beiratssitzung am 03.05.1969.
30 Jost Kaiser: Als Helmut Schmidt einmal ... Kleine Geschichten über einen großen Mann, München 2012, S. 59 f.

DVPW durchgeführt.³¹ Diese Zahlen vermochten es nicht, die Kritiker zu beruhigen. Noch im Mai 1971 knüpfte die bayerische Staatssekretärin Hildegard Hamm-Brücher an die Ausführungen Helmut Schmidts an, indem sie behauptete, „dass es bereits zu viele Soziologen und Politologen gebe, dass ihnen aber ein katastrophaler Mangel an Lehrern und Medizinern gegenüberstehe".³² Auch diese Bemerkung diskutierte der Vorstand, er beauftragte Kogon, Hamm-Brücher, mit der der Vorsitzende sehr gut bekannt war, auf diesen abfälligen Kommentar anzusprechen.

Neben den Bedenken, Absolventen könnten nach ihrem Studienabschluss dem Steuerzahler zur Last fallen, stand der Vorwurf, manche Professoren würden sich in einer Weise zu tagespolitischen Fragen äußern, die ihnen nicht zustünde. So war in der *Berliner Morgenpost* schon am 25. Januar 1968 unter der Überschrift „Für Gottschalch" zu lesen: „Das Studentenparlament der Pädagogischen Hochschule hat gestern das gegen PH-Professor Dr. Gottschalch angestrengte Disziplinarverfahren verurteilt. Dem Wissenschaftler wird vorgeworfen, Senat und Parteien mehrfach öffentlich scharf kritisiert zu haben."³³ Wenige Tage später brachte eine Gruppe um den Marburger Wolfgang Abendroth diesen Vorfall auf die Tagesordnung einer Vorstands- und Beiratssitzung der DVPW.³⁴ Abendroth forderte, die Vereinigung solle intervenieren und in einer Stellungnahme das Vorgehen der Exekutive zurückweisen. Nachdem die Mehrheit diesen Antrag abgelehnt hatte, schlug Kogon vor, den Fall zu prüfen, um im gegebenen Fall mit dem Berliner Senator für Wissenschaft und Kunst, Werner Stein, in Kontakt zu treten. Damit waren alle Sitzungsteilnehmer einverstanden.³⁵ Kogons Nachforschungen führten zu dem Ergebnis, dass er einige Monate später dem Vorstand empfehlen konnte, nicht in dieser Sache zu intervenieren, da die Ermittlungsbehörden das Verfahren nicht mehr intensiv betrieben, bzw. dieses womöglich bereits eingestellt sei.³⁶

Doch obwohl Kogon versuchte, die Vorstandsmitglieder zu beruhigen, spitzte sich die Lage in den kommenden Monaten zu. Diese Entwicklungen empfand auch der Vorsitzende durchaus als eine große Bedrohung. Am 11. Oktober 1968 schrieb er an Kurt Sontheimer: „Wir müssen in praktischer Arbeit zusammenhalten, lieber Herr Sontheimer, denn es ist offensichtlich an allen Ecken und Enden in der Bundesrepublik eine richtige Frontbildung gegen uns Politologen in Gang!"³⁷ Auch Vor-

---

31 Vgl. Kogon: Gefährliche Politologen.
32 UA FU Berlin, DVPW, Sig. 38, Protokoll der gemeinsamen Sitzung von Vorstand und Beirat am 22.05.71.
33 [o. V.] Für Gottschalch, in: Berliner Anzeiger, 25.01.1968.
34 Vgl. UA FU Berlin, DVPW, Sig. 31, Protokoll der gemeinsamen Sitzung von Vorstand und Beirat am 20.02.1968.
35 Vgl. ebenda.
36 Vgl. UA FU Berlin, DVPW, Sig. 33, Protokoll der gemeinsamen Sitzung von Vorstand und Beirat am 13.12.1968.
37 UA FU Berlin, DVPW, Sig. 33, Eugen Kogon an Kurt Sontheimer, 11.10.1968.

standsmitglied Erwin Faul war besorgt und kommentierte in einer persönlichen Notiz für Kogon: „Jetzt wäre ja auch noch der Bemerkung Helmut Schmidts entgegen zu treten, der offenbar glaubte, den Reigen der Großen Koalition mit ähnlichen Bemerkungen wie Minister Stoltenberg schließen zu müssen."[38]

Beide bezogen sich auf die zunehmenden Diffamierungen gegen Hochschullehrer, die in der DVPW organisiert waren. Beiratsmitglied und Inhaber des Lehrstuhls für Theorie und Soziologie der Politik an der Universität des Saarlandes, Christian Graf von Krockow, hatte sich Ende Mai 1968 kritisch gegen die Notstandsgesetzgebung der Bundesrepublik geäußert.[39] Der christdemokratische Ministerpräsident des Saarlandes, Franz-Josef Röder, verurteilte daraufhin diese Bemerkungen im Rahmen einer Pressekonferenz äußerst scharf. Krockow reagierte mit der Bitte an seinen Vorgesetzten, aus dem Dienstverhältnis entlassen zu werden, da Röder „mit der Bemerkung, daß es gegen die Treuepflicht eines Beamten verstoße, wenn er zu Protestaktionen gegen bereits verabschiedete Gesetze aufrufe, ihm das Recht auf freie Meinungsäußerung bestritten" habe.[40] Während die Machtprobe zwischen den beiden Kontrahenten noch anhielt, forderte wiederum Abendroth die Führung der DVPW auf, eine deutliche Loyalitätsadresse an Krockow zu richten. Eine Gruppe um das CDU-Mitglied und den Konstanzer Ordinarius Waldemar Besson widersprach den Formulierungen der Stellungnahme, die Abendroth im Namen der Vereinigung publiziert wissen wollte. Auch Kogon stand nicht hinter Abendroth, den er sehr schätzte, sondern schlug vor, „statt auf einzelne Fälle einzugehen, eine Verlautbarung der Vereinigung mit der Formulierung wünschenswerter genereller Übereinstimmungen herauszugeben".[41] Es stellte sich heraus, dass sich die Anwesenden in dieser Frage unverbrüderlich gegenüberstanden und sich auf keine Formulierung einigen konnten. Der Protokollant hielt fest, dass alle Beteiligten Kogon ihre Vorschläge zukommen lassen würden und dieser dann die Anregungen in einem mehrheitsfähigen Papier zusammenbrächte. Angesichts der Tatsache, dass die verschiedenen Positionen im Vorstand denkbar weit auseinanderlagen – Abendroth als Neo-Marxist und der CDU-nahe Kreis um Besson –, war dieser Auftrag eine Herkulesaufgabe. Doch Kogon gelang es, die zahlreichen Einlassungen seiner Vorstandskollegen in einer Stellungnahme zusammenzubringen, auf die sich eine Majorität im Vorstand einigen konnte.[42] In seinem Entwurf aus dem November 1968 hieß es:

---

38 UA FU Berlin, DVPW, Sig. 33, Erwin Faul an Eugen Kogon, 09.10.1968.
39 Vgl. Axel Buchholz: Röders Rüge. Politologe Krockow fühlt sich verleumdet, in: Die Zeit, 12.07.1968.
40 Ebenda.
41 UA FU Berlin, DVPW, Sig. 31, Protokoll der gemeinsamen Sitzung von Vorstand und Beirat am 12./13.07.1968.
42 Lediglich Gerhard Lembruch, Kurt Lenk und Kurt Tudyka hätten sich in dieser Angelegenheit schärfere Formulierungen gewünscht. Vgl. UA FU Berlin, DVPW, Sig. 33, Kurt Tudyka an Eugen Kogon, 29.10.1968.

„Die Wissenschaft von der Politik kann [... nicht] für die Tatbestände verantwortlich gemacht werden, die sie erforscht und darstellt; wir finden sie vor. Keinerlei Schranke von vornherein darf den Fragestellern und den Aussagen der Wissenschaft gesetzt werden, wenn die Fruchtbarkeit von Forschung und Lehre erhalten bleiben soll. [...]. Das praktische politische Engagement, das daraus, in welcher Richtung und welcher Weise immer, folgen kann, darf nicht zum Einwand gegen die Erkenntnis und zum Vorwand für Animositäten gegen die Aufklärung gemacht werden. Daß die Vertreter einer Disziplin, zu deren Aufgabe die Analyse der politischen Realität gehört, nicht selten geneigt sind, sich auch selbst politisch zu engagieren, ist nicht verwunderlich. [...] Begreiflicherweise wird in der Öffentlichkeit ein solches Engagement häufig als Stellungnahme der Wissenschaft gewertet. Daraus ergibt sich für den akademischen Lehrer, der in die politische Auseinandersetzung eingreift, ohne Zweifel eine gesteigerte Verantwortung."[43]

Diese Stellungnahme schickte das Vorstandsbüro der DVPW an alle wichtigen westdeutschen Tageszeitungen und Presseagenturen mit der Bitte um Veröffentlichung sowie an die Kultusminister der Länder, den Bundesminister für wissenschaftliche Forschung sowie die Rektoren sämtlicher Hochschulen.[44]

Die Vorwürfe gegen namhafte Politologen trugen dazu bei, dass Bundeskanzler Willy Brandt und die Regierungschefs der Bundesländer 1972 erklärten, dass nur Kandidaten in den Öffentlichen Dienst aufgenommen würden, die sich zum Grundgesetz für die BRD bekennen. Fortan stellten staatliche Stellen bei jeder Verbeamtung im Vorfeld eine Regelanfrage an das Bundesamt für Verfassungsschutz, ob der Bewerber Mitglied einer verfassungsfeindlichen Organisation sei. Kritiker argumentierten, dass dieses Vorgehen an Deutschlands vordemokratischen Charakter erinnere und bezeichneten die Maßnahme abschätzig als „Radikalenerlass".[45]

4 Finanzen und Mitgliedszahlen

Frühzeitig begann Kogon, sich der finanziellen Schwierigkeiten anzunehmen, in denen sich die DVPW bei seiner Amtsübernahme befand. In seinem ersten Schreiben an die Mitglieder der Vereinigung beklagte er diese Situation und die Zahlungsmoral der Mitglieder, auf deren Beiträge die DVPW angewiesen sei. Er appellierte an die Adressaten, die Ausstände möglichst zügig zu begleichen. Zudem bemühte er seine Kontakte zu einflussreichen und vermögenden Personen in der Bundesrepublik, um Spenden einzuwerben. Bereits bei der zweiten Vorstandssitzung am 19. Februar 1968 konnte Kogon berichten, dass der Hessische Ministerpräsident Georg-Au-

---

43 UA FU Berlin, DVPW, Sig. 33, Eugen Kogon: Wissenschaft als Ursache politischer Unruhen?, November 1968.
44 Vgl. DVPW (Hrsg.): Rundbrief Nr. 41, Berlin 1969, S. 5.
45 Wolfrum: Die geglückte Demokratie, S. 323.

gust Zinn der DVPW im gleichen Monat 10 000 DM zur Verfügung stelle.[46] Auch den Hamburger Unternehmer und Mäzen Kurt Körber konnte Kogon als Spender für die Vereinigung gewinnen.[47]

Zudem richtete Kogon an 33 Verlage die Bitte, die DVPW zu unterstützen und erhielt recht kurzfristig vom Hain-, Luchterhand-, Enke-, Suhrkamp- und vom Bertelsmann-Verlag eine Zusage. Seine Bemühungen, Rundfunkanstalten wie etwa die ARD zur Förderung der DVPW zu motivieren, waren hingegen nicht von Erfolg gekrönt.[48]

Vor dem Hintergrund der finanziellen Schieflage kam Bewegung in die seit Gründungstagen umstrittene Frage, wer als (Beiträge zahlendes) Mitglied in die Vereinigung aufgenommen werden solle. Konsens war zunächst, dass beitreten dürfe, wer die Politikwissenschaften „würdig" nach außen hin repräsentiere. Bei der Konstituierung hatten sich die Gründungsmitglieder ursprünglich darauf geeinigt, dass nicht mehr als 100 Forschende Mitglied werden sollten. Im Mai 1952 waren es dann schon 128, 1961 175 und 1970 328 Mitglieder.[49]

Die Debatten um dieses Thema zogen sich über Jahrzehnte hin und auch in Kogons Amtszeit standen sich im Wesentlichen zwei Lager gegenüber: Während Fachvertreter wie Kurt Sontheimer und Gerhard Lehmbruch den Exklusivitätsanspruch der Vereinigung bewahren und damit die Beitrittsbedingungen möglichst hoch halten wollten, befürwortete eine Mehrheit hinter Kogon, die Satzung extensiv auszulegen. In einer Vorstandssitzung im Februar 1968 machte er daher deutlich, dass die DVPW auch finanziell von einer breiten Mitgliederbasis profitieren würde. Zudem führte er aus, dass die Forderung einiger Vorstandsmitglieder, nur Promovierte in die DVPW aufzunehmen, satzungswidrig sei. Er zitierte aus der Satzung: „Mitglied kann werden, wer lehrend, forschend, publizistisch oder sonst im öffentlichen Leben für die Politische Wissenschaft wirkt." Schließlich argumentierte Kogon mit Blick auf das schlechte Image der Politikwissenschaften in der westdeutschen Öffentlichkeit, dass die Organisation von einer breiteren Mitgliederbasis profitieren würde.[50] Auch bei der Mitgliederversammlung der DVPW im Oktober 1969, die einen neuen Vorstand wählte und das Ende von Kogons Amtszeit markierte, entzündete sich eine Debatte darüber, wie die Satzung hinsichtlich der Aufnahmekriterien auszulegen sei. Im Ergebnis fand sich eine sehr schwache Mehrheit dafür, die Sat-

---

46 Vgl. UA FU Berlin, DVPW, Sig. 34, Gottfried Erb an Barbara Reichelt, 09.02.1968.
47 Vgl. UA FU Berlin, DVPW, Sig. 34, Gottfried Erb an Barbara Reichelt, 23.04.1969.
48 Vgl. UA FU Berlin, DVPW, Sig. 31, Protokoll der gemeinsamen Sitzung von Vorstand und Beirat am 12./13.07.1968.
49 Mohr: Die Durchsetzung der Politikwissenschaft an deutschen Hochschulen, S. 70.
50 Vgl. hierzu UA FU Berlin, DVPW, Sig. 33, Protokoll der gemeinsamen Sitzung von Vorstand und Beirat am 19./ 20.02.1968.

zung nicht restriktiv auszulegen und einem weiter gefassten Adressatenkreis die Mitgliedschaft zu ermöglichen.[51]

Die Debatten über dieses Thema konnten auch nach Kogons Amtszeit zu keinem gütlichen Ende gebracht werden, sondern sollten sich zunehmend verschärfen. 1983 gipfelte die Kontroverse in der Spaltung der Mitgliederbasis und der Gründung der Deutschen Gesellschaft für Politikwissenschaft, die restriktive Zugangsvoraussetzungen in ihrer Satzung festschrieb. Diese Spaltung konnte bis zur Publikation der vorliegenden Untersuchung nicht überwunden werden.[52]

5 Der wissenschaftliche Kongress im Oktober 1969

Die Vorbereitungen zum großen, alle zwei Jahre stattfindenden wissenschaftlichen Kongress der Vereinigung im Oktober 1969 standen im Zeichen der massiven Kritik, welche vonseiten der Öffentlichkeit und der Politik an die Politikwissenschaften herangetragen wurde. Die thematische Gestaltung der Veranstaltung folgte daher ausschließlich der Leitfrage, welchen Eindruck die Disziplin in der Öffentlichkeit machen wolle. Über Kogons gesamte Amtszeit bildete dieses Thema in nahezu jeder Vorstandssitzung einen zentralen Tagesordnungspunkt. In einem Protokoll aus dem Jahr 1968 heißt es:

„Im Laufe der Diskussion wurde von vielen Seiten darauf hingewiesen, daß die Frage nach dem Selbstverständnis der Politischen Wissenschaft für die Tagung von zentraler Bedeutung sei. Es zeigt sich, daß zwei Vorstellungen einander gegenüberstehen: Dr. Tudyka und einige weitere Mitglieder befürworten eine ‚Leistungsschau' des Faches, bei der in parallel tagenden Arbeitskreisen der Stand der Forschung auf verschiedenen Gebieten diskutiert wird. Demgegenüber betonen mit Prof. Abendroth mehrere Mitglieder die Notwendigkeit, gerade in der gegenwärtigen ‚Defensivsituation der Politologie' mit einem Generalthema an die Öffentlichkeit zu gehen."[53]

Kogons Vorschlag, als Thema „Die Außenpolitik im parlamentarischen System" zu wählen, fand keine Mehrheit, stattdessen zog man „Das politische System der Bundesrepublik" in Erwägung, verwarf auch diese Idee einige Wochen später und einig-

---

51 Vgl. DVPW (Hrsg.): Rundbrief Nr. 45, Berlin 1969, S. 8.
52 Siehe dazu: Tobias Bartels: Eine Disziplin – zwei Fachgesellschaften!? Ursachen und Hintergründe des Verhältnisses von DVPW und DGfP, in: Wilhelm Knelangen/Tine Stein (Hrsg.): Kontinuität und Kontroverse. Die Geschichte der Politikwissenschaft an der Universität Kiel, Essen 2013, S. 481–519.
53 UA FU Berlin, DVPW, Sig. 31, UA FU Berlin Protokoll der gemeinsamen Sitzung von Vorstand und Beirat am 12./13.07.1968.

te sich schließlich auf „Probleme der Demokratie heute", unter der der Kongress dann auch stattfand.[54]

Kogon hatte frühzeitig Westberlin und nicht, wie es in der Vergangenheit üblich gewesen war, Tutzing als Tagungsort ausersehen, da die Freie Universität der wichtigste Schauplatz der westdeutschen Politikwissenschaften in den 1960er Jahren war. Hinzu kam, dass diese Hochschule gemeinhin als das Epizentrum der Rebellion gesehen wurde und man die Flucht nach vorne wagen und sich der Kritik stellen wollte. Gerade diese Vorstellung beunruhigte diejenigen Fachvertreter, die eine besonders große Kluft von den rebellierenden Studierenden trennte. Sie befürchteten, dass in Berlin die Gefahr zu groß sei, dass die Aufständischen den Kongress als Bühne für sich nutzten und so ein weiteres Mal die DVPW mit dem SDS identifiziert werde.

Der Bonner Ordinarius Karl Kaiser, der in Hamburg lehrende Hans-Peter Schwarz, der Direktor des Berliner Otto-Suhr-Instituts, Otto Stammer, sowie andere Fachvertreter schrieben in dieser Angelegenheit besorgt an Kogon und äußerten Bedenken, ob es in Westberlin möglich sein werde, eine gedeihliche Arbeitsatmosphäre zu schaffen. Doch der Präsident zeigte sich gelassen und argumentierte gegenüber dem Arnold Bergstraesser-Schüler Hans-Peter Schwarz,

> „daß die zur Zeit vom superradikalen Teil der Studentenschaft noch angewandten Methoden bis zum Herbst dieses Jahre in ihrer Wirkung erschöpft sein werden. Im übrigen liegt der Termin unseres Kongresses vierzehn Tage vor der Eröffnung des Wintersemesters. Und außerdem erhoffe ich mir doch einiges von der Teilnahme einer Reihe wissenschaftlich qualifizierter und zu seriöser Kooperation bereiter Studenten an den Vorbereitungen und an der Ausführung."[55]

Auch weil die Vorbereitungen in Berlin schon weit vorangeschritten waren und die hier ansässige Geschäftsstelle weitaus effizienter die Organisation übernehmen konnte, fand sich keine Mehrheit für eine erneute Debatte des Veranstaltungsortes. Kogon hatte die notwendigen Finanzmittel bereits bei dem sozialdemokratischen Senator für Wissenschaft und Kunst in Berlin, Werner Stein, beantragt und die Chancen auf Bewilligung standen gut. Im Rahmen der Vorbereitungen für die Veranstaltung sprach Kogon mit Stein und führte aus, dass der geplanten Tagung eine herausgehobene Bedeutung für die Politikwissenschaften in der gesamten Bundesrepublik zukäme und dass er beabsichtige, Vertreter der Studierendenbewegung einzuladen, um auf diesem Wege das Konfliktpotenzial niedrig zu halten.[56] Stein sprach Kogon sein Wohlwollen aus und sagte finanzielle und technische Unterstüt-

---

54 UA FU Berlin, DVPW, Sig. 71, Wissenschaftlicher Kongreß 1969: „Probleme der Demokratie heute", Papers der Arbeitsgruppen.
55 UA FU Berlin, DVPW, Ordner beschriftet mit: (7) Tagungen Berlin 1969 3, Eugen Kogon an Hans-Peter Schwarz, 23.01.1969.
56 Vgl. UA FU Berlin, DVPW, Sig. 34, Barbara Sindermann: Aktennotiz für Kogon. Betr.: Gespräch mit Senator Stein über die Wissenschaftliche Tagung 1969 am 21.10.1968 in Berlin.

zung zu. „Anschließend betonte der Senator sein Interesse daran, daß sich die Politologie der Berliner Öffentlichkeit positiv darstellt und die Tagung die entstandene Kluft überwinden hilft."[57]

Dennoch standen große Teile der Mitgliederbasis dem Kongress nach wie vor aufgrund der schwierigen Ausgangslage skeptisch gegenüber, so dass die Zahl der Anmeldungen zunächst niedrig blieb. Als sich im Sommer 1969 noch immer erst 60 Teilnehmer angemeldet hatten, schrieb Kogon besorgt an die Mitglieder:

> „Niemand ist sich im Unklaren darüber, daß es im gegenwärtigen Zeitpunkt nicht einfach ist, in Berlin einen politikwissenschaftlichen Kongreß abzuhalten. Niemand sollte auf der anderen Seite übersehen, wie dringend notwendig in einem Augenblick, in dem für die Fortentwicklung unseren Faches sehr ernsthafte Gefahren drohen, eine überzeugende wissenschaftliche Selbstdarstellung ist, wie wir sie nur in Kooperation erbringen können. Beide Überlegungen weisen in die gleiche Richtung. Ohne die Bereitschaft zur Teilnahme, zum Engagement von seiten einer überwältigenden Mehrzahl derer, die das Fach an unseren Hochschulen vertreten, kann die Tagung keinen Erfolg haben. Ein Mißerfolg schadet nicht der Deutschen Vereinigung für Politische Wissenschaft – das hätte nicht viel zu sagen – sondern der Politikwissenschaft in der Bundesrepublik."[58]

Um keinen Zweifel daran zu lassen, dass die Politikwissenschaften eine international anerkannte Disziplin sei, die wichtige Beiträge zum Staatsaufbau und zum Gedeih der Gesellschaft beitrage, beschloss Kogon, einen amerikanischen und einen israelischen Politologen einzuladen, die im Rahmen einer ergänzenden Abendveranstaltung darüber sprechen sollten, welche Rolle die Disziplin in den USA bzw. Israel einnehme und wie diese vor Ort von der Bevölkerung wahrgenommen werde. Zu diesem Zweck schrieb er an den deutsch-amerikanischen Politikwissenschaftler Carl Joachim Friedrich von der Harvard Universität und an die Hebräische Universität, um Vorschläge zu bekommen, welcher Wissenschaftler für diese Aufgabe infrage käme.[59] Ob die Einwände von Wolf-Dieter Narr und Kurt Tudyka, die befürchteten, dass diese Entscheidung als eine apologetische Haltung interpretiert werde, dazu beitrugen, dass Kogons Idee nicht in die Tat umgesetzt wurde, lässt sich aus dem vorhandenen Material nicht ergründen.[60]

Mit insgesamt 300 Teilnehmern, von denen 130 Mitglieder der Vereinigung waren, fand der Kongress schließlich vom 4. bis zum 8. Oktober 1969 in den Räumen der Technischen Universität Berlin statt. Im Rahmen der Tagung sollten sechs Arbeitsgruppen zusammenkommen, von denen sich vier eher „klassischen" politik-

---

57 Ebenda.
58 UA FU Berlin, DVPW, Ordner: Tagung Berlin 1969 1, Eugen Kogon an die Mitglieder der DVPW, 24.07.1969.
59 Vgl. UA FU Berlin, DVPW, Ordner: Tagung Berlin 1969 1, Eugen Kogon an Carl Joachim Friedrich, 03.01.1969.
60 Vgl. UA FU Berlin, DVPW, Sig. 31, DVPW: Protokoll der gemeinsamen Sitzung von Vorstand und Beirat am 14.02.1969.

wissenschaftlichen Themen zuwandten und zwei einen inhaltlichen Zuschnitt hatten, dem ein nicht unerhebliches Konfliktpotenzial innewohnte, weil sie zentrale Stichworte der 68er-Bewegung aufgriffen. So widmete sich eine Arbeitsgruppe dem Thema „Räte als politisches Ordnungsprinzip". Für diesen Cluster lagen sechs Papers vor: Jürgen Fijalkowski: „Bemerkungen zu Modell und strategischem Konzept der Rätedemokratie", Bernd Rabehl: „Thesen zur Rätedemokratie", Peter Lösche: „Rätesystem im historischen Vergleich", Wilfried Gottschalch: „Modelltheoretische Darlegungen zum Problem der Rätedemokratie", Oskar Anweiler: „Thesen zur Rätedemokratie", Udo Bermbach: „Rätesysteme als Alternative. Zum Repräsentationscharakter direkt-demokratischer Organisationsprinzipien". Eine andere Arbeitsgruppe hatte das Thema „Demokratisierung und öffentliche Kontrolle der Wirtschaft", zu dem die folgenden Ausarbeitungen vorlagen: Carl Böhret: „Ökonomische Effizienz als Argument gegen Demokratisierung?", Hans-Hermann Hartwich: „Wirtschaftsdemokratie und die Theorie vom sozialen Rechtsstaat. Über die politische Relevanz einer affirmativen Theorie des gesellschaftlichen status quo", Heinrich August Winkler: „Unternehmer und Wirtschaftsdemokratie in der Weimarer Republik", Peter Klinar: „Probleme der Selbstverwaltung in Jugoslawien", Othmar Nikola Haberl: „Die Arbeiterselbstverwaltung im jugoslawischen Regierungssystem".[61] Von diesen elf Referenten kamen neun aus Berlin.

Kogon hielt den Eröffnungsvortrag des Kongresses mit dem Titel „Die Lage der Politischen Wissenschaften in der Bundesrepublik", indem er sich stark auf die Ergebnisse der von ihm initiierten Kommissionen stützten konnte. Zudem unterstrich er in seinem Vortrag die hohe Bedeutung der Politikwissenschaften für die Bundesrepublik und die aus seiner Sicht weiterhin dringend notwendige Förderung der Disziplin. Auf diesem Feld sei es in jüngster Zeit zu Hemmnissen gekommen.[62] Zudem nahm er Bezug auf die öffentliche Kritik an der Politologie:

> „Die vielerorts bei uns noch vorhandenen Residualgesinnungen haben Scheinbestätigung erhalten, als die studentische Rebellion ausbrach: Soziologie- und Politologiestudierende waren es in der Hauptsache, die an der Spitze und in den Debatten sichtbar wurden. Assistenten dieser Disziplin traten als radikale Sprecher hervor. Man berief sich auf die linken Kritiker in der Professorenschaft... Die Bewegung um die Hochschulreform wurde radikalisiert und als Stoßtruppunternehmen zum gesamtgesellschaftlichen Umsturz proklamiert. Waren denn nach alledem nicht die Professoren selber für diese Entwicklung verantwortlich, hatten sie nicht die studierende Jungen falsch indoktriniert, sie gegen die bestehende Gesellschaft und ihre Leistungseinrichtungen als das ‚Establishment' der Unterdrückung eingenommen, ja ihnen den Staat der zweiten Republik der Deutschen durch Kritik und nichts als Kritik verleidet?"[63]

---

61 Vgl. UA FU Berlin, DVPW, Sig. 71, DVPW: Wissenschaftlicher Kongreß 1969 „Probleme der Demokratie heute". Papers der Arbeitsgruppen.
62 Vgl. Kogon: Die Lage der Politischen Wissenschaften in der Bundesrepublik Deutschland, S. 154.
63 Ebenda.

Es sei nicht von der Hand zu weisen, dass sich aus diesen Wahrnehmungen der Politik tatsächliche Nachteile für die Disziplin ergäben, da sie infolgedessen von parlamentarischer Seite nur unzureichend gefördert werde und die wenigen institutionellen Verbesserungen aus jüngster Zeit auf Zusagen zurückzuführen seien, die noch aus einer deutlich früheren Zeit rührten.[64] Doch Kogon übte auch Kritik an den Protagonisten der Studierendenbewegung und argumentierte, dass zu viel Zeit drauf verwendet werde, Behauptungen aufzustellen und zu wenig, um diese mithilfe fundierter Analysen zu belegen.[65]

> „Die kritische Funktion unserer Disziplin können wir uns nicht abnehmen lassen. Daß sie den Privilegierten und Saturierten des Establishment nicht behagt, ist selbstverständlich. Aber sie muss nach den bindenden Maximen der Wissenschaft und zutreffend ausgeübt werden, im Ausdruck außerdem, so meine ich denn doch, trotz allem Verständnis für den Nutzen einer nicht auswuchernden Fachsprache – einer nicht hypertrophischen Spezialterminologie sollte es wohl, immer noch bescheiden, heißen! – zugänglich auch der Öffentlichkeit, insbesondere den noch nicht eingeweihten Studierenden, die man nicht verderben sollte."[66]

Den Vorwurf, dass die Politikwissenschaften ein akademisches Proletariat produzierten, konnte Kogon mit einem Hinweis auf die von den Kommissionen vorgelegten, tatsächlichen Zahlen entkräften.[67] Gleichwohl kritisierte er, dass die bundesdeutschen Politikwissenschaften sich Versäumnisse vorwerfen lassen müssten, und benannte zahlreiche Forschungsfelder – etwa das politische System der Sowjetunion –, auf denen die Disziplin deutlich hinter dem Wünschenswerten zurückgeblieben sei.[68]

Der Widerhall, den der Berliner Kongress in der bundesdeutschen Presse fand, lässt erkennen, dass die Veranstaltung planmäßig und ohne Zwischenfälle verlief. Die Journalisten schrieben vor allem über Kogons Rede und die kritischen Fragen, die er an die anwesenden Fachvertreter gerichtet hatte.[69] Wenn es Kogon auch gelang, dass die Tagung ein wenig aufgeregtes Presseecho hervorrief, konnte er doch nicht verhindern, dass die Spannungen zwischen den Flügeln der Vereinigung nach seiner Amtszeit zunahmen. Es ist dennoch auch seinem Verdienst zuzurechnen, dass die Tagung reibungslos in einer für die Politikwissenschaften äußerst schwierigen Zeit stattfinden konnte.

---

64 Vgl. ebenda.
65 Vgl. ebenda, S. 155.
66 Ebenda.
67 Vgl. ebenda, S. 156 f.
68 Vgl. ebenda, S. 160.
69 Siehe z. B. Zöllner, Michael: Wozu Politologen? Eugen Kogons Rede auf dem Berliner Kongreß, in: FAZ, 08.10.1969.

6 Ende der Amtszeit

Im Rahmen des Berliner Kongresses kam auch eine Mitgliederversammlung zusammen, um einen neuen Präsidenten zu wählen. Ein Blick in die Vorstandsgeschichte der DVPW zeigt, dass kurze Amtszeiten für den Vorstand der Regel entsprachen. Vollversammlungen fanden alle zwei Jahre statt, bei denen die Mitglieder einen neuen Vorstand wählten. Kaum einer von Kogons Vorgängern oder Nachfolgern hatte das Amt deutlich länger als zwei Jahre inne.[70]

Nachdem die Anwesenden den noch sehr jungen, aus Bayern stammenden Hans Maier in das Amt des Vorsitzenden gehoben hatten, endete Kogons Präsidentschaft nach etwas mehr als zwei Jahren. Bei den Wahlen zum neuen Vorstand entfielen auf ihn die meisten Stimmen, so dass er in der Führungsriege der Vereinigung blieb.[71] Nachdem Maier etwa ein Jahr später, im Dezember 1970, zum bayerischen Kultusminister ernannt wurde, wandte er sich an den Vorstand, um mitzuteilen, dass er den Vorsitz der Vereinigung niederlegen müsse, und um zu erfragen, wer sein Amt übernehme solle.[72] In einer Abstimmung, ob umgehend ein neuer Präsident zu wählen sei oder ob Kogon als früherer Vorsitzender zunächst die Geschäfte führen solle, sprach sich eine große Mehrheit für letztere Option aus. Nach diesem Votum schlug Kogon vor, dass ein Dreiergremium der Vereinigung vorübergehend vorstehen solle, bestehend aus Winfried Steffani, Udo Bermbach und seiner selbst. Dieses Triumvirat führte dann auch kommissarisch die Geschäfte der DVPW für zehn Monate, bis die Mitglieder im Oktober 1971 den Hamburger Steffani zum Präsidenten wählten und Kogon aus dem Vorstand ausschied.[73] Mit dieser Entscheidung war die Übergabe der Stafette an die nachrückende Generation endgültig vollzogen.

Zuweilen hat die Forschung Kogons Präsidentschaft auch in Hinblick auf die politische Lagerbildung eine Scharnierfunktion zugewiesen. Während die meisten Amtsinhaber vor ihm dem eher politisch „rechten" Spektrum zuzuordnen gewesen seien, hätten seine Nachfolger überwiegend politisch „links" gestanden.[74] In Anbetracht der thematischen Gestaltung des Hamburger Kongresses 1973 – „Politik und Ökonomie – autonome Handlungsmöglichkeiten des politischen Systems" – erklärte der frühere Vorsitzende der Vereinigung, Dolf Sternberger, demonstrativ seinen Austritt aus der DVPW. Er argumentierte, dass der Zuschnitt und die Ausrichtung

---

70 Vgl. UA FU Berlin, DVPW, Sig. 1.
71 Vgl. DVPW (Hrsg.): Rundbrief Nr. 45, S. 9.
72 Vgl. UA FU Berlin, DVPW, Sig. 38, Hans Maier an den Vorstand und Beirat der DVPW, 08.12.1970.
73 Vgl. Arndt, Hans-Joachim: Die Besiegten von 1945. Versuch einer Politologie für Deutsche samt Würdigung der Politikwissenschaft in der Bundesrepublik Deutschland, Berlin 1978, S. 195.
74 Vgl. ebenda, S. 196.

der Tagung auf ein systemkritisches Verständnis von Politikwissenschaften schließen lasse, das er nicht mittragen könne.[75]

Im Licht der Quellen wird erkennbar, dass Kogon sich als Präsident der DVPW nur selten in fachwissenschaftliche Debatten einbrachte. Von weitaus größerer Bedeutung für die Vereinigung war, dass er als ein ausgezeichneter Repräsentant auftrat, der aufgrund seiner hohen Popularität und seiner weitreichenden Kontakte die Interessen der Organisation wirkungsvoll nach außen vertrat.

Auch nach seiner Amtszeit bat man ihn regelmäßig, für die DVPW zu vermitteln und die Interessen der Organisation nach außen zu vertreten. Als der Hessische Ministerpräsident Georg-August Zinn im Januar 1970 aus unbekannten Gründen aus der DVPW austreten wollte, beauftragte der Vorstand Kogon, ihn zum Bleiben zu bewegen. Und auch als die Vereinigung im August 1970 Hannah Arendt für eine öffentliche Veranstaltung und einen Vortrag gewinnen wollte, bat der Vorstand Kogon, in Stuttgart anzufragen, inwieweit der Süddeutsche Rundfunk bereit wäre, die Veranstaltung zu übertragen und das Honorar für die Rednerin zu übernehmen.[76] Die Kontroverse mit dem Bundesminister für wissenschaftliche Forschung Gerhard Stoltenberg ging über dessen und Kogons Amtszeit hinaus und wurde mit Stoltenbergs Nachfolger, Hans Leussink, fortgesetzt. Als jedoch für den 11. Juni 1970 eine Unterredung zwischen Hans Maier und Hans Leussink geplant war, bat Maier seinen Vorgänger Kogon, ihn zu diesem Termin zu begleiten.[77]

Zusammenfassend lässt sich sagen, dass Kogon die Aufgabe des DVPW-Vorsitzenden mit voller Kraft angenommen und durchgeführt hat. Für sein Wirken als aktiver Präsident erfuhr er vom Vorstand breite Zustimmung, sein Rat wurde von allen Seiten geschätzt und über die Amtszeit hinaus erbeten. Zudem gelang es ihm in vorbildlicher Weise, innerhalb der Vereinigung zu vermitteln und verschiedene politische Lager zusammenzubringen. Auch die erfolgreiche Durchführung der Berliner Tagung im turbulenten Jahr 1969 sowie das Ausbleiben des gefürchteten Eklats sind eine große Leistung und auf Kogons diplomatisches Geschick zurückzuführen. Mit den von ihm klug und vorausschauend lancierten Kommissionsarbeiten schuf er ein Fundament, auf dessen Grundlage die Politikwissenschaft ihrem Negativimage selbstbewusst entgegentreten konnte und sich als eine Disziplin präsentierte, die nicht nur die Auseinandersetzung sucht, sondern auf valider Faktenbasis argumentiert.

---

75 Vgl. Mohr: Die Durchsetzung der Politikwissenschaft an deutschen Hochschulen, S. 72.
76 Vgl. UA FU Berlin, DVPW, Sig. 38, UA FU Berlin Protokoll der gemeinsamen Sitzung von Vorstand und Beirat vom 31.08.1970.
77 Vgl. DVPW (Hrsg.): Rundbrief Nr. 47, Berlin 1970.

Schluss

> „Das Konzentrationslager quetschte die Seelen seiner Opfer wie zwischen Mühlsteine. Wer konnte diesen Prozeß heil bestehen? Es ist keiner so herausgekommen, wie er hineingegangen ist."[1]

Die lange Haftzeit bildete für Kogon eine entscheidende biographische Determinante, die auf sein gesamtes späteres Leben, Denken und Wirken ausstrahlte. Zu vielen ehemaligen Mithäftlingen stand er auch lange nach der Befreiung aus dem Konzentrationslager in Kontakt. Es fällt auf, dass er, der zu einem großen Teil seiner Gesprächs- und Kooperationspartner Distanz wahrte, eine besondere Verbindung zu den „Buchenwaldern" hatte, sich mit ihnen duzte. Die Gefangenschaft schweißte die ehemaligen „Kameraden" über Jahrzehnte zusammen und selbst in Zeiten enormer Arbeitsbelastung bemühte sich Kogon, den zahlreichen Hilfegesuchen, die ihn aus diesem Kreis erreichten, zu entsprechen.[2]

Seine Schriften zur Auseinandersetzung mit dem Nationalsozialismus konnten in der deutschen Nachkriegsgesellschaft ein so großes Echo hervorrufen, weil Kogon nicht zur Generalanklage gegen die deutsche Bevölkerung ausholte. Dass er 1947 das „Recht auf den politischen Irrtum" proklamierte, ist auch darauf zurückführen, dass er selbst den „Irrtum" eingestehen musste, in der Zwischenkriegszeit eine Koalition des politischen Katholizismus mit der NSDAP befürwortet zu haben. Er versprach sich keinen politischen Vorteil davon, in einer Öffentlichkeit, in der „Mitläufer" und politisch Belastete die überwiegende Mehrheit bildeten, nachdrücklich auf seine Verfolgungserfahrungen hinzuweisen. Zwar kritisierte er seit Mitte der 1950er Jahre die Rückkehr ehemals aktiver Nationalsozialisten in hohe gesellschaftliche Positionen, doch im Gesamtbild fällt die „Konzilianz" ins Auge, mit der er sich unter seinen einstigen Peinigern bewegte. Auch in sein Kollegium an der TH Darmstadt, die nach 1945 mehr Professoren mit SA-, SS- oder NSDAP-Hintergrund berief als in Zeiten des Nationalsozialismus, reihte er sich ein, ohne dass die Quellen Rückschlüsse auf persönliche Reibungspunkte jedweder Art zulassen.[3] Wenngleich diese „Diskretion"[4] eine Grundvoraussetzung für eine Karriere in der bundesdeutschen Nachkriegsgesellschaft war, litt Kogon an den sozialen und emotionalen Folgen seiner Gefangenschaft, die ihm die Rückkehr in seine Familie, das kollegiale Miteinander in der FH-Redaktion sowie Nähe im nachbarschaftlichen Zusammenleben erschwerten.

Gleichzeitig verfügte er als Opfer des Nationalsozialismus über eine besondere Autorität, ja moralische Unanfechtbarkeit. Doch sein soziales Kapital und sein

---

1 Kogon: Der SS-Staat, S. 382.
2 Siehe Kapitel III.3.
3 Siehe Kapitel III.3 und IV.6.
4 Schildt: Der Umgang mit der NS-Vergangenheit in der Öffentlichkeit der Nachkriegszeit, S. 22.

Selbstbewusstsein fußten auf dem früh von den Dominikanern geförderten Sprachgefühl und Redetalent sowie auf seinem einnehmenden Auftreten. Kogons publizistischen Leistungen und sein Engagement als Repräsentant der Europabewegung hatten rasch zur Folge, dass ihm in der Öffentlichkeit hohe Anerkennung zuteilwurde. Zugleich besaß er, der in den 1960er Jahren den bundesdeutschen „Autoritarismus" geißelte, eine autoritäre Ader, die seine Mitarbeiter und andere Menschen in seinem Umfeld rasch zu spüren bekommen konnten.[5]

Um Briefnetzwerke aufzubauen und in ausschweifenden Korrespondenzen mit anderen Intellektuellen über geistige Fragen zu debattieren, ließ sein eng getakteter Terminkalender keine Zeit. Zudem versprach er sich von derlei Tätigkeiten auch kaum eine Möglichkeit konkreter Einflussnahme, und vermutlich war er auch zu sendungsbewusst für Aktivitäten, die seinem Ansehen keinen unmittelbaren Auftrieb verliehen. Er wirkte nicht als Netzwerker und Strippenzieher, vielmehr wusste er um seine Beredsamkeit und Wortgewalt und suchte nach öffentlicher Aufmerksamkeit, um diese Stärke für sich und seine Sache ins Spiel zu bringen. Auf diesem Weg wollte er sowohl seinem Denken Wirkmächtigkeit verleihen als auch an Prestige gewinnen.

Das Verhältnis der bundesdeutschen Intellektuellen zum Bonner Staat erstreckte sich von emphatischem Beifall bis hin zu radikaler Ablehnung. Anders als andere Autoren, wie z. B. Alfons Steininger, der das politische System der Bundesrepublik mit dem Faschismus gleichsetzte, befürwortete Kogon den Weststaat und seine parlamentarische Demokratie. Zwar übte er entschiedene Kritik an einzelnen politischen Entscheidungen, Personen und Parteien, jedoch beschränkten sich seine Forderungen auf partielle Kursänderungen und eine Weiterentwicklung des politischen Maßnahmenkatalogs. Mit Ausnahme eines kurzen Ausflugs in die Reihen der Christdemokraten wurde er jedoch niemals zu einem Parteiintellektuellen und bewahrte sich zeit seines Lebens seine parteipolitische Ungebundenheit. Darüber hinaus lag es ihm weniger, sich mit Detailfragen des politischen Alltagsgeschäfts auseinanderzusetzen. Lieber widmete er sich in den *Frankfurter Heften* ganz grundsätzlichen Zeitdiagnosen, um eine politische und gesellschaftliche Entwicklungsperspektive anbieten zu können.

Nach der Befreiung vom Nationalsozialismus beseelten Kogon zunächst Aufbruchsstimmung und Euphorie, die sich aus seinen frühen programmatischen Texten herauslesen lassen. Mit der Währungsreform, der Gründung der Bundesrepublik und der Wiederbewaffnung wurden jedoch Realitäten geschaffen, die seine Ideen konterkarierten. Unter dem Oberbegriff der „Restauration" subsumierte er seit 1952 politische und gesellschaftliche Entwicklungstendenzen, die der Negativfolie seiner Überzeugungen entsprachen. Mit der EVG scheiterte auch seine letzte Hoffnung, dass sich eine seiner zentralen politischen Zielvorstellungen auf absehbare Zeit rea-

---

5 Siehe Kapitel II.1, II.2 und V.1.

lisieren ließe. Bis zu diesem 30. August 1954, an dem die französische Nationalversammlung gegen den Aufbau einer europäischen Armee votierte, hatte er selbst seine Skepsis gegenüber einer westdeutschen Wiederbewaffnung hintanstellen wollen, wenn man auf diesem Weg der europäischen Einigung einen Schritt näher käme. Als mit der EVG auch die Suchbewegungen in Richtung Europa scheiterten, die Wiederbewaffnung eines deutschen Nationalstaates dennoch Realität wurde, führte dieses Frustrationserlebnis zu einem Radikalisierungsschub in seinen Positionen. Hatte Kogon bisher einzelne politische Projekte Adenauers unterschiedlich beurteilt, erstarkte nun der kritische Impetus in seiner Publizistik und erstreckte sich auf weite Teile der christdemokratisch geführten Innen- und Außenpolitik. Erst der Regierungswechsel 1969, den er publizistisch unterstützte, ließ ihn wieder hoffen. Sein Antibolschewismus der Zwischenkriegszeit ermöglichte ihm zunächst eine leichte Eingliederung in die Schlachtordnung des Kalten Krieges und die Mitgliedschaft im antikommunistischen Kongress für kulturelle Freiheit. Spätestens Ende der 1950er Jahre hatte er seine Position überdacht und setzte sich wie viele andere westdeutsche Intellektuelle gegen eine weitere Aufrüstung sowie für Dialogbereitschaft gegenüber der Sowjetunion ein.[6]

Dass Kogon aus einem katholischen Milieu stammte, dem Marxismus skeptisch gegenüberstand und trotzdem zu einem Kritiker Adenauers wurde, machte ihn zu einem intellektuellen Exoten in der Bundesrepublik. Es war nur eine kleine Gruppe um ihn – und Walter Dirks –, die nach 1949 in der CDU/CSU keine politische Heimat fand. Anders als andere Intellektuelle seiner Zeit setzte er in den 1950er Jahren auf Bundesebene keine Hoffnungen in die SPD – zu sehr standen sein ablehnendes Verhältnis zum Marxismus sowie Schumachers Nationalismus einer Annäherung im Weg. Erst seit dem Godesberger Programm von 1959 und spätestens seit Willy Brandt 1964 den Parteivorsitz übernommen hatte, entwickelte Kogon ein zunehmend wohlwollendes Verhältnis zur Sozialdemokratie. Je größer die zeitliche Distanz zu seinem politischen Denken der Zwischenkriegszeit wurde, desto mehr entspannte sich sein Verhältnis zur Bonner SPD.[7]

Die Studie konnte für den Untersuchungszeitraum Momente der Kontinuität und der Transformation in Kogons Ideenwelten nachweisen. Die neuen Eindrücke, die er in Gesprächen mit kommunistischen und sozialdemokratischen Mithäftlingen in Buchenwald gewann, übten einen nachhaltigen Einfluss auf seinen Ablösungsprozess von autoritär-hierarchischen Ordnungsvorstellungen der Zwischenkriegszeit aus. Mit seiner nunmehr gewonnenen Überzeugung, dass es auf die „gesellschaftlichen Kräfte" ankäme, konnte er sich umso besser mit den Rahmenbedingungen des neugegründeten Weststaates anfreunden. In seiner Publizistik ging er einige Schritte weiter – insbesondere seit den 1960er Jahren mahnte er Liberali-

---

6 Siehe Kapitel III.4, III.8, VI.3.
7 Siehe Kapitel VI.1.

sierungsprozesse in verschiedenen politischen und gesellschaftlichen Teilbereichen an und sprach sich gegen den seiner Wahrnehmung nach ausschließlich auf „wirtschaftlicher Leistung" und „militärischer Potentialität" basierenden christdemokratischen Regierungsstil aus.

Viele Denkfiguren bundesdeutscher Intellektueller um 1950 lassen sich auf die Jahre um 1930 zurückführen.[8] Und auch in Kogons Gedankengebäude finden sich zahlreiche Elemente, die ihren Ursprung in seiner Wiener Zeit haben und in der Nachkriegspublizistik offen oder unterschwellig zutage treten. So findet sich sein Elitegedanke und zumindest ein Kokettieren mit Vorstellungen politischer Ungleichheit sowie „gottgegebener Begabung" zu Ungunsten von „Lieschen Müller" auch in den Schriften der 1950er und 1960er Jahre.[9] Die meisten dieser Elemente einer kulturkonservativen Ideologie legte er nicht wie viele ähnlich argumentierende Denker im Laufe der 1950er Jahre ab, sie persistierten vielmehr über den gesamten Untersuchungszeitraum, wenngleich in zunehmender Abschwächung. Auch seine kritischen Einlassungen in der Modernedebatte zeigten deutliche Kontinuitätsstränge, die sich noch fortsetzen, als in der intellektuellen Öffentlichkeit Westdeutschlands längst über andere Themen debattiert wurde.[10] Eine weitere Konstante war seine Skepsis gegenüber dem Marxismus sowie sein katholischer Glaube. Kogon trat nie aus der Kirche aus, blieb bei seiner christlich-sozialen Grundauffassung und begriff den Menschen als Geschöpf Gottes und damit als Teil einer natürlichen und vorgegebenen Ordnung. Aus dieser Überzeugung speiste sich auch sein Antikapitalismus – eine weitere Traditionslinie seines Denkens, die sich in allen Schaffensphasen wiederfindet. Lediglich seine Lösungsvorschläge fielen nach dem Zweiten Weltkrieg anders aus als zuvor: Nun strebte er nicht mehr nach einer romantisierten Rückkehr in mittelalterliche Gesellschaftsmodelle, sondern forderte einen „Sozialismus der Freiheit" und Mitbestimmungsrechte der Belegschaft in den Betrieben. So steigerte er sich in seiner Agitation, bis er Ende der 1960er Jahre gegen den „Konsumterror" und den „autoritären Leistungsstaat" zu Felde zog.

So überrascht es kaum, dass Kogon die inhaltlichen Forderungen der „68er"-Bewegung – den Ruf nach „Reformen", wie er ihn den Studierenden gern unterschob – begrüßte. Obwohl die äußere Form des Protests Befremden in ihm auslöste, zeigte er im gesellschaftlich angespannten Klima dieser Tage die Fähigkeit, zwischen der Mehrheits-Bevölkerung und den protestierenden Studierenden zu vermitteln.[11] Die Sympathie für die Forderungen der Aufbegehrenden markierte einen Höhepunkt seiner Abkehr von frühen autoritär-hierarchischen Ordnungsvorstellungen – ein

---

8 Vgl. Schildt: Auf neuem und doch scheinbar vertrautem Feld, S. 21.
9 Siehe Kapitel III.1 und VI.
10 Siehe Kapitel III.1.
11 Siehe Kapitel VI.5.

Prozess, den die Liberalisierungsschübe der „dynamischen 60er"[12] und seine fast zwanzig Jahre während Zusammenarbeit mit jungen Menschen an der TH Darmstadt begünstigt hatte.

Als Präsident der Europa-Union sprach sich Kogon nicht für die Modellvorstellung eines Westeuropas oder die Westbindung der Bundesrepublik aus. Bevor die Bundesrepublik NATO-Mitglied wurde, befürwortete er vielmehr ein Europa der „dritten Kraft", das sich weder am östlichen Kollektivismus noch am westlichen Individualismus orientierte.[13] Auch auf inhaltlicher Ebene hat er sich in seiner Publizistik kaum der amerikanischen Kultur gewidmet. Dabei waren transatlantische Kontakte durchaus vorhanden. So haben ihn die US-amerikanischen Besatzungsmächte frühzeitig protegiert und zur Abfassung des *SS-Staates* motiviert, ihn zu Studienreisen in die USA eingeladen, die Lizenz für die *Frankfurter Hefte* erteilt und die Europa-Union unter seiner Ägide finanziell unterstützt. Immerhin stärkten diese Erfahrungen seine Identifikation mit Kernelementen des westlichen Wertekanons, wie der parlamentarischen Demokratie, die, wie er proklamierte, auch ohne ein kapitalistisches Wirtschaftssystem zu haben sei. Auch in seiner Arbeit mit den neuen Medien war Kogon frei von modernitätsskeptischen Bedenken, öffnete sich früh Impulsen aus dem Mediengeschehen jenseits des Atlantiks und wirkte an der Gestaltung von Sendeformaten mit, die den Westdeutschen bisher nicht bekannt waren – so etwa dem Politmagazin *Panorama*. Schließlich ist auch sein Engagement für die Gründung der Politikwissenschaften in der Bundesrepublik sowie seine Lehrtätigkeit an der TH Darmstadt nicht ohne den Einfluss der US-amerikanischen Besatzungsbehörden zu denken, die früh die Etablierung der Disziplin an westdeutschen Hochschulen förderten. Kogons Tätigkeit stützt daher zumindest insofern die Westernisierungsthese, als dass er einzelne Impulse aus „dem Westen" aufgriff und zu einem Teil seines eigenen Denkens und Wirkens machte.

Gegen verschiedene Widerstände trug Kogon zur Etablierung und zur Akzeptanz der Politikwissenschaften an der TH Darmstadt bei. Zudem entwarf und repräsentierte er als vorerst einziger Lehrstuhlinhaber für diese Disziplin an seiner Fakultät das lokale Erscheinungsbild des neuen Faches.[14] Ferner wirkte er in entscheidendem Maße an der Integration der Gewerbelehrerausbildung in die TH mit, wodurch der „Fakultät für Kultur- und Staatswissenschaften" und somit auch der Politischen Bildung ein deutlich höheres Gewicht zukamen.[15] Sein nachdrückliches Engagement für die staatsbürgerliche Ausbildung der „technologischen Intelligenz" fußte auch auf modernitätsskeptischen Gesellschaftsmodellen.

---

12 Schildt/Siegfried/Lammers (Hrsg.): Dynamische Zeiten.
13 Siehe Kapitel III.4.
14 Vgl. Hüttig/Lutz: Die „Marburger Schule(n)" im Umfeld der westdeutschen Politikwissenschaft 1951–1975, S. 296.
15 Siehe Kapitel IV.8.

Kogon legte in seinen Darmstädter Jahren keine politikwissenschaftliche Fachpublikation im engeren Sinne vor. Er verstand sich weniger als forschender Wissenschaftler, mehr als Hochschullehrer und Demokratiepädagoge, berufen in einer Zeit, in der die Westdeutschen nur wenig über das politische System des Bonner Staates wussten. Ferner wirkte er als Solitär und begründete keine eigene politikwissenschaftliche Schule wie andere Gründungsväter der Disziplin. Dass er in der Gemeinschaft der Forschenden keinen herausragenden Ruf genoss, lag auch an seinem eigenen Anspruch – „ich bin kein Fußnotenkämpfer" – und der Vielfältigkeit seiner Tätigkeitsfelder. Nicht zuletzt konnte Kogon, anders als andere Politikwissenschaftler seiner Generation, nicht auf eine Emigrationserfahrung in den USA zurückblicken, wo seine Kollegen oftmals die modernen Sozialwissenschaften kennengelernt hatten. Insofern wäre es ihm wohl auch schwerer als anderen gefallen, Anschluss an das internationale Forschungsniveau zu finden.

Bezeichnenderweise handelte es sich bei einem Buchprojekt, das Kogon über längere Zeit ambitioniert verfolgte, jedoch nie zu Ende brachte, um ein Lehrbuch für die politische Theorie, also ein didaktisches Werk.[16] Und auch der *SS-Staat* war keine wissenschaftliche Arbeit, sondern verfolgte einen „volkspädagogischen" Zweck, indem das Buch die Nachkriegsgesellschaft über das System der deutschen Konzentrationslager informierte.[17] In seinem gesamten Schaffen findet sich der Grundantrieb wieder, auf dem Weg der politischen Bildung einen Beitrag zur Stärkung der Demokratie zu leisten. Dieser Anspruch umklammerte die verschiedenen Bereiche seines Wirkens und gab ihnen eine gemeinsame Stoßrichtung. Wie fast alle Politikwissenschaftler der ersten Stunde verstand Kogon seine Disziplin als „Demokratiewissenschaft" – also eine Lehre, die den demokratischen Gedanken in der Bevölkerung verankern sollte.[18] Und auch mit seiner Arbeit bei *Panorama* versuchte er, dem Publikum „mit Salz die Demokratie schmackhaft zu machen".[19] Schließlich findet sich dieser Stil, den viele aufgrund seines hohen Informationsgehalts schätzten und manche als „oberlehrerhaft" bezeichneten, auch in seiner Publizistik wieder.

Gerne entwickelte Kogon seine Argumentation, indem er lange Entwicklungslinien europäischer Geistesgeschichte nachzeichnete, um die tiefere Bedeutung eines Sachverhaltes herauszuarbeiten und auf dieser Grundlage zu einer Gesamteinschätzung tagespolitischer Sachfragen zu gelangen. Sicherlich richteten sich die *Frankfurter Hefte* an einen anderen Rezipientenkreis als das Politmagazin *Panorama*. Dennoch durchzog alle Bereiche seiner Tätigkeit die Grundidee, sich vom „Spezialwissen" abzuwenden und einen auf den Geistes- und Sozialwissenschaften fußenden

---

16 Siehe Kapitel IV.5.
17 Siehe Kapitel III.3.
18 Siehe Kapitel IV.1.
19 Siehe Kapitel V.2.

Beitrag zur Bildung eines politisch mündigen Staatsbürgers zu leisten. In einer Situation, in der die DVPW um die Verankerung ihrer Lehrinhalte an Schulen und Universitäten fürchten musste, erschien Kogon als der beste Kandidat für das Präsidentenamt, da man ihm zutraute, die Notwendigkeit der Politikwissenschaften wirkungsvoll gegenüber der bundesdeutschen Öffentlichkeit zu repräsentieren.[20]

In seinem Beitrag zu Axel Eggebrechts Sammelband „Die zornigen alten Männer" stellte Kogon 1979 klar, dass er rückblickend nicht zornig, sondern vielmehr in wesentlichen Fragen über den Weg der „Erfolgsdeutschen" enttäuscht sei. Die frühe Abkehr von Ideen sozialistischer Prägung, das Scheitern der föderalen Einigung Europas, die nationale Wiederbewaffnung der Bundesrepublik sowie das rasche Ende seiner *Panorama*-Karriere – für ihn war die Geschichte des Bonner Staates eine Geschichte der Enttäuschungen. Kogon starb am Heiligabend 1987 in Königstein/Taunus im Alter von 84 Jahren. An seinem Lebensabend war er hoch verschuldet, sein erlischendes Augenlicht machte ihm das Arbeiten – sein Lebenselixier – unmöglich, er litt an Depressionen. Im letzten überlieferten Brief an seinen Freund Walter Dirks schrieb er: „Aber werde ich das Buch trotz allen physischen und spirituellen Bedrängtheiten, das Abschiedsbuch, noch zustandebringen?"[21] Es sollte ihm nicht mehr gelingen. Als seine Kraft und seine Hoffnung schwanden, holten ihn vielmehr die Erinnerungen an die Jahre der Gefangenschaft ein und brachen sich ihre Bahn in Tag- und in Nachtträumen.[22]

Von vielen anderen Intellektuellen unterschied sich Kogon durch seine außerordentliche Beredsamkeit und sein einnehmendes Auftreten, das er für sich zu nutzen wusste. Beides prädestinierte ihn für seine Arbeit beim Fernsehen sowie für öffentliche Funktionen wie das Präsidentenamt der Deutschen Vereinigung für Politische Wissenschaft. Wiederholt kam aus seinem Umfeld oder aus dem Kreis seiner Zuschauer der Vorschlag, dass er für das Amt des Bundespräsidenten kandidieren solle.[23] Er fühlte sich von derartigen Vorschlägen geschmeichelt und antwortete knapp, dass die Entscheidung bei den Parteien läge, welchen Kandidaten sie für die Wahl des höchsten Amtes im Staat nominieren wollten. Mit seinen intellektuellen Stellungnahmen in den Schlüsseldebatten der Bundesrepublik nahm er zweifellos Einfluss auf den Weg der Bundesrepublik zu einem liberalen Staatsverständnis, zu einem kritischen Umgang mit der eigenen Geschichte sowie zu gesellschaftlichem und politischem Pluralismus. So wäre zum Beispiel ohne den entschiedenen Protest gegen die Notstandsgesetzgebung, in dem Kogon eine wichtige Rolle spielte, der Entwurf zur Grundgesetzänderung anders ausgefallen und vielleicht tatsächlich zu der Gefahr für das demokratische System geworden, die die Kritiker fürchteten. Ob-

---

20 Siehe Kapitel VII.3.
21 AdsD, Nl Walter Dirks, Sig. 169A, Eugen Kogon an Walter Dirks, 18.04.1986.
22 Vgl. Erb: Vorwort, S. 7.
23 Vgl. AdsD, Nl Eugen Kogon, Sig. 221, Elisabeth Heinrici an Eugen Kogon, 27.10.1968.

wohl er sich in Bezug auf die Festigung der parlamentarischen Demokratie große Verdienste erwarb, ist Kogons Name heute weitgehend in Vergessenheit geraten. Dazu beigetragen hat sicherlich, wie er selbst sagte, dass er als politischer Publizist nicht die „große geschlossene Leistung" vorweisen konnte wie ein Politiker oder Schriftsteller. „Das Ergebnis trägt nicht den Urhebernamen", äußerte er Mitte der 1970er Jahre.[24] Zudem haben diejenigen seiner Betrachtungen und Stellungnahmen, die Bezug auf das aktuelle Zeitgeschehen nahmen, ihren Gegenwartsbezug meist längst eingebüßt.[25]

2014 fand in der Bonner Friedrich-Ebert-Stiftung eine Tagung zu Walter Dirks statt, die den Titel trug: „Den Roten zu schwarz, den Schwarzen zu rot". Eine zentrale These der Konferenz war, dass Dirks politisch zwischen den Stühlen gesessen und keine Heimat im Parteiensystem der Bundesrepublik gefunden habe. Gleiches gilt für Kogon, der mit Ausnahme eines kurzen Abstechers in die frühe CDU sich nicht zur aktiven Mitarbeit in der bundesdeutschen Parteienlandschaft entscheiden konnte und wollte. Von seiner Überparteilichkeit profitierte er zu Lebzeiten manches Mal – so fand er sich als geeigneter Kompromisskandidat im Vergabeverfahren des ersten Lehrstuhls für Politikwissenschaften an der TH Darmstadt. Und obwohl er als Politikwissenschaftler keine einzige Forschungsarbeit im eigentlichen Sinne vorweisen konnte, erschien er der DVPW als geeigneter Präsident, dem man zutraute, die öffentlichen Anfeindungen gegenüber der Disziplin Ende der 1960er Jahre aufzufangen und deeskalierend zu wirken. Auch der an ihn herangetragene Vorschlag, seine Person eigne sich für das Amt des Bundespräsidenten, verfolgte diese Stoßrichtung. Seine politische Ungebundenheit, die ihm zu Lebzeiten manche Tür öffnete, entpuppte sich jedoch postum als Nachteil. Eugen Kogon ist auch deshalb zunehmend in Vergessenheit geraten, weil er ideengeschichtlich nicht leicht einzuordnen ist und keine politische Partei ihn ohne Weiteres als Impulsgeber für sich in Anspruch nehmen kann. Er hat es so gewollt.

---

24 Eugen Kogon: Fragende Erinnerungen, in: Michael Kogon/Gottfried Erb (Hrsg.): Eugen Kogon. „Dieses merkwürdige, wichtige Leben". Begegnungen. Band 6 der Gesammelten Schriften, Weinheim 1997, S. 274–283, hier S. 283.
25 Vgl. Kleinmann: Eugen Kogon (1903–1987), S. 240.

Anhang

Danksagung

An erster Stelle und von ganzem Herzen danke ich meinem Doktorvater Prof. Dr. Friedhelm Boll, der sich – nicht nur fachlich – sehr für mich und mein Promotionsvorhaben engagiert hat. Er stand auch in kritischen Arbeitsphasen hinter mir, gab Zuspruch und war durch sein besonderes Interesse am Thema meiner Dissertation auf allen Ebenen des Arbeitsprozesses eine enorme Unterstützung. Prof. Dr. Wolfgang Schroeder danke ich für das Erstellen des Zweitgutachtens.

Ohne die großzügige finanzielle Förderung der Gustav-Kettel-Stiftung und der Lothar-Beyer-Stiftung hätte ich die Untersuchung nicht in dieser Zeit anfertigen können. Dass das Institut für Zeitgeschichte meine Arbeit in seine Schriftenreihe aufgenommen hat, erfüllt mich mit Dankbarkeit und ein bisschen Stolz. Stellvertretend erwähnen möchte ich Angelika Reizle, die viel Arbeit investiert und dem Text seinen letzten redaktionellen Schliff verliehen hat. Auch Prof. Dr. Johannes Hürter und Prof. Dr. Thomas Raithel haben viele wichtige und kenntnisreiche Hinweise zur Endredaktion des Manuskripts gegeben.

Dr. Merle Funkenberg und Franziska Raeder haben mich mit offenen Armen in ihre Promovierenden-Familie aufgenommen, mich durch viele Untiefen des Wissenschaftsbetriebes begleitet und unzählige Exposés, Abstracts und Kapitel gegengelesen. Ihnen gilt mein ganz besonderer Dank.

Viele Zeitzeugen standen mir als Interviewpartner zur Verfügung und nahmen sich Zeit für ausgiebige und anregende Gespräche. Insbesondere Dr. Michael Kogon beantwortete nicht nur mit Engelsgeduld meine Nachfragen, sondern ließ mich in seinem Haus arbeiten, wo ich viele Korrespondenzakten seines Vaters einsehen durfte. Dafür, dass er mich auch dann mit Materialien und Auskünften versorgte, wenn wir in der Sache nicht einer Meinung waren, hat er meine höchste Anerkennung. Auch Beate Kogon unterstützte mein Arbeitsvorhaben herzlich und hilfsbereit mit zahlreichen Erinnerungen an ihren Großvater.

In vielen Archiven und Bibliotheken habe ich wertvolle Unterstützung erfahren. Stellvertretend danke ich Irmgard Rebel vom Universitätsarchiv der Technischen Universität Darmstadt, die viel Zeit und Mühe aufbrachte, um mich auf wichtige Fundstellen in den Beständen ihres Hauses hinweisen zu können.

Ich danke Merle Resch, Sebastian Kirsch, Patrick Beismann, Anne Schaub, Lukas Spriestersbach, Benjamin Gerlinger, Tobias Sadrowski, Christiane Claus, Dr. Sebastian Lotto-Kusche, Prof. Dr. Oliver Plessow und nicht zuletzt Veit Möller. Sie und viele andere haben mich in der Promotionszeit fachlich und persönlich beraten, in Krisenzeiten an mich geglaubt und meine Launen ertragen.

Mein größter Dank gilt schließlich meinen Eltern Marita und Wolfgang Beismann, die mir alle grundlegenden Fähigkeiten mitgegeben haben, derer es bedurfte, die Dissertation erfolgreich abzuschließen. Ihnen ist diese Arbeit gewidmet.

Abkürzungen

a. D.	außer Dienst
AdK	Akademie der Künste
AdsD	Archiv der sozialen Demokratie
APO	Außerparlamentarische Opposition
ARD	Arbeitsgemeinschaft der öffentlich-rechtlichen Rundfunkanstalten der Bundesrepublik Deutschland
AStA	Allgemeiner Studierendenausschuss
BArch	Bundesarchiv
BRD	Bundesrepublik Deutschland
CDP	Christlich Demokratische Partei
CDU	Christlich Demokratische Union
CIA	Central Intelligence Agency
CSU	Christlich-Soziale Union
DDR	Deutsche Demokratische Republik
DGB	Deutscher Gewerkschaftsbund
DGfP	Deutsche Gesellschaft für Politikwissenschaft
DM	Deutsche Mark
DP	Deutsche Partei
dpa	Deutsche Presse-Agentur
DVPW	Deutsche Vereinigung für Politische Wissenschaft
EK	Eugen Kogon
e. V.	eingetragener Verein
EVG	Europäische Verteidigungsgemeinschaft
EWG	Europäische Wirtschaftsgemeinschaft
FAZ	Frankfurter Allgemeine Zeitung
FDP	Freie Demokratische Partei
FFM	Frankfurt a. M.
FH	Frankfurter Hefte
FU	Freie Universität
Gestapo	Geheime Staatspolizei
H.	Heft
HICOG	High Commissioners for Germany
HHStAW	Hessisches Hauptstaatsarchiv Wiesbaden
HStAS	Hauptstaatsarchiv Stuttgart
IfZ	Institut für Zeitgeschichte
IG	Industriegewerkschaft
IPSA	International Political Science Association
ITS	International Tracing Service
KMK	Kultusministerkonferenz

KL	Konzentrationslager
KPD	Kommunistische Partei Deutschlands
KZ	Konzentrationslager
NATO	North Atlantic Treaty Organization
NDR	Norddeutscher Rundfunk
Nl	Nachlass
NMT	Nürnberger Militärtribunale
NPD	Nationaldemokratische Partei Deutschlands
NS	Nationalsozialismus
NSDAP	Nationalsozialistische Deutsche Arbeiterpartei
NWDR	Nordwestdeutscher Rundfunk
PA	Privatarchiv
PH	Pädagogische Hochschule
PKW	Personenkraftwagen
RAF	Rote Armee Fraktion
SA	Sturmabteilung
SBZ	Sowjetische Besatzungszone
SED	Sozialistische Einheitspartei Deutschlands
Sig.	Signatur
SS	Schutzstaffel
SDS	Sozialistischer Deutscher Studentenbund
SPD	Sozialdemokratische Partei Deutschlands
SWS	Semesterwochenstunden
TH	Technische Hochschule
THD	Technische Hochschule Darmstadt
TU	Technische Universität
TV	Television
UA	Universitätsarchiv
UB	Universitätsbibliothek
UdSSR	Union der Sozialistischen Sowjetrepubliken
UEF	Union Européenne des Fédéralistes
US/USA	United States/United States of America
VVN	Vereinigung der Verfolgten des Naziregimes
WDR	Westdeutscher Rundfunk
ZK	Zentralkomitee

Kogons Lehrveranstaltungen an der TH Darmstadt[1]

Semester	Titel der Veranstaltung
WS 51/52	Die öffentliche Meinung als politischer Faktor Die Bildung supranationaler Autoritäten: Die europäische Montanunion Kolloquium: Die Beziehungen zwischen Technik und Politik (WS u. SS) Einführung in die Politik (WS u. SS)
SS 52	Formen der Diktatur Die Bildung supranationaler Autoritäten: Zahlungs-, Verkehrs-, Elektrizitäts-, Agrar-Union
WS 52/53	Haupttheorien der politischen Herrschaftssysteme (WS u. SS) Die Europäische Konvention der Menschenrechte Die Stellung der USA und der UdSSR in der Weltpolitik Übungen (mit Teilnahme aktiver Politiker und mit Besuch politischer Einrichtungen in Darmstadt, Wiesbaden, Bonn und Straßburg) (WS u. SS) Grundbegriffe der Politik (WS u. SS) Proseminar (für Fortgeschrittene)
SS 53	Probleme der kontinentaleuropäischen Föderation Probleme der deutschen Wiedervereinigung Die demokratischen Wahlsysteme
WS 53/54	Politische Verfassungslehre I (WS u. SS) Probleme der Wiedervereinigung Deutschlands Ursachen und politischer Verlauf des 2. Weltkrieges (WS u. SS) Technik und Politik (WS u. SS) Ausgewählte Kapitel der neueren politischen Memoiren-Literatur (WS u. SS)
SS 54	siehe WS 53/54
WS 54/55	Regierung, Parteien und Öffentliche Meinung (Staatspolitik I) Faschismus und Bolschewismus als Herrschaftssysteme I (WS u. SS) Weltsicherheitsprobleme Übungen (Staatsphilosophische Schriften) (WS u. SS) Grundvorgänge und Grundbegriffe der Politik (WS u. SS)
SS 55	Internationale Beziehungen (Staatspolitik II) Politik und Recht
WS 55/56	Herrschaftsformen I (Darstellende Verfassungskunde) Neutralität Kirche und Politik Übungen mit Exkursionen: Moderne Nachrichtenorgane Seminar mit Vorführungen: Tendenzfilme

---

[1] Vgl. Technische Hochschule Darmstadt (Hrsg.): Personal- und Vorlesungsverzeichnisse, http://tudigit.ulb.tu-darmstadt.de/show/sammlung29 (21.02.2018).

Semester	Titel der Veranstaltung
SS 56	Herrschaftsformen I (Vergleichende Verfassungskunde) Opposition Religiöser Sozialismus Übungen mit Exkursionen: Wirtschaft und Politik Seminar mit Vorträgen aktiver Politiker: Parteiprogramme
WS 56/57	Grundvorgänge und Grundbegriffe der Politik (Politische Soziologie) (WS u. SS) Politische Theorienlehre (Antike) I (WS u. SS) Der dialektische Materialismus (Politische Theorienlehre) Macht und Moral
SS 57	Der Widerstand gegen den Nationalismus Übungen Politik und zweite Industrielle Revolution
WS 57/58	Grundvorgänge und Grundbegriffe der Politik (Politische Soziologie) III Politische Theorienlehre III (Mittelalter) Der deutsche Widerstand gegen den Nationalsozialismus Seminarübung zu: Ortega y Gasset „Der Aufstand der Massen"
SS 58	Herrschaftssysteme (Innenpolitik) I: Bundesrepublik Deutschland (Institutionen und Kräfte) Politische Theorienlehre IV (16. und 17. Jahrhundert) Entwicklung und Probleme der europäischen Föderation (mit Exkursionen) Wirtschaft und Politik (am Beispiel Saar) (mit Exkursion)
WS 58/59	Politische Theorienlehre V (Hochmittelalter) Das Problem der atomaren Rüstung (Kolloquium mit Fachvorträgen auswärtiger Teilnehmer und Politisches Seminar) Herrschaftssysteme II
SS 59	Politische Theorienlehre VI (Beginnendes Europa) Lektüre und Besprechung von Machiavelli „Der Fürst" Internationale Beziehungen Politisches Seminar
WS 59/60	Grundlegung der Politik (Herrschaftssysteme I) (WS u. SS) Geschichte der politischen Theorien VII (Übergang zur Neuzeit) Der Begriff der Wissenschaft von der Politik Dialektischer Materialismus Seminar über Dialektischen Materialismus
SS 60	Geschichte der politischen Theorien VIII (Beginn der Neuzeit) Präfaschistische Situation
WS 60/61	Grundlegung der Politik (Herrschaftssysteme): Bolschewismus und Faschismus Geschichte der politischen Theorien (Reformationszeit) Präfaschistische Situationen II (Deutschland, Österreich, Frankreich) Seminar: Anleitung zur Anfertigung selbständiger Arbeiten (privatissime et gratis)
SS 61	Geschichte der politischen Theorien (Absolutismus) Grundvorgänge und Grundbegriffe der Politik I (Dialektik der Gesellschaft) Opposition Proseminar: Einführung in die Techniken politikwissenschaftlichen Arbeitens

Semester	Titel der Veranstaltung
WS 61/62	Geschichte der Politischen Theorien (Von der Gegenreformation zur Aufklärung) Geschichte der politischen Theorien (Die Aufklärung in England) Grundvorgänge und Grundbegriffe der Politik I Tendenzfilme als meinungsbildender Faktor (mit Vorführungen)
SS 62	Der amerikanisch-sowjetische Gegensatz (Fortsetzung) Grundvorgänge und Grundbegriffe der Politik II Die Demokratie in Amerika. Das Fernsehen als Problem
WS 62/63	Der Primat der Auswärtigen Politik. Übungen über die Beziehung zwischen Innen- und Außenpolitik
SS 63	Grundvorgänge und Grundbegriffe der Politik (Der politische Integrationsprozeß) Geschichte der politischen Theorien (16./17. Jahrhundert: Der Absolutismus) Aktive Neutralität Die Entstehung der Vereinten Nationen
WS 63/64	Der Primat der Auswärtigen Politik. Übung über die Beziehung zwischen Innen- und Außenpolitik Grundvorgänge und Grundbegriffe der Politik Geschichte der Politischen Theorien: die Theoretiker des rationalistischen Naturrechts Der Prozeß der europäischen Einigung Das Fernsehen als Faktor der politischen Information und Meinungsbildung
SS 64	Grundvorgänge und Grundbegriffe der Politik Geschichte der Politischen Theorien: Spätantike, Patristik und Frühmittelalter Entwicklungshilfe in Europa Seminar zur Vorlesung; Entwicklungshilfe in Europa (mit Exkursionen nach Süditalien)
WS 64/65	Grundvorgänge und Grundbegriffe der Politik III Geschichte der Politischen Theorien: Die Entwicklung der modernen demokratischen Theorien im 17. und 18. Jahrhundert
SS 65	Grundvorgänge und Grundbegriffe der Politik IV Geschichte der politischen Theorien: Liberalismus Anleitung zur Diplom- oder Doktorarbeit
WS 65/66	Allgemeine Theorie der Herrschaftssysteme Integrationsseminar
SS 66	Spezielle Theorie der Herrschaftssysteme I: Pluralistische Demokratie Nationalismus und Supranationalität
WS 66/67	Allgemeine Theorie der Herrschaftssysteme I Integrationsseminar Anleitung zur Diplom- oder Doktorarbeit
SS 67	Spezielle Theorie der Herrschaftssysteme I: Pluralistische Demokratie Nationalismus und Supranationalität Übungen in Kunst und Kritik der Zeitungslektüre (gemeinsam mit Martin Drath) Staat und Gesellschaft in Israel (Seminar gemeinsam mit Fritz Huhle)

Semester	Titel der Veranstaltung
WS 67/68	Spezielle Theorie der Herrschaftssysteme II: Totalitarismus
	Das Deutschlandproblem in der Koexistenzphase der Weltpolitik
	Der Völkerbund und die Vereinten Nationen (Integrationsseminar in Zusammenarbeit mit Karl Otmar von Aretin)
	Anleitung zur Staatsexamens- oder Doktorarbeit

Quellen und Literatur

1 Archivalische Quellen

Akademie der Künste Berlin (AdK)
Nachlass Theodor W. Adorno
Nachlass Hans-Werner Richter
Nachlass Johannes R. Becher
Archiv der sozialen Demokratie Bonn (AdsD)
Akten SPD-Bundestagsfraktion
Nachlass Hans Böckler
Nachlass Walter Dirks
Nachlass Fritz Erler
Nachlass Eugen Kogon
Nachlass Paul Löbe
Nachlass Carlo Schmid
Nachlass Martin Stankowski
Bundesarchiv Koblenz (BArch)
Akten Bundeskanzleramt
Nachlass Hermann Brill
Nachlass Robert Kempner
Bundesarchiv Berlin-Lichterfelde (BArch)
Akten Abteilung Agitation (ZK der SED)
Akten KPD-Politbüro
Hauptstaatsarchiv Stuttgart (HStAS)
Nachlass Richard Schmid
Hessisches Hauptstaatsarchiv Wiesbaden
Akten des Hessischen Kultusministeriums
Nachlass Georg-August Zinn
Institut für Stadtgeschichte Frankfurt
Akten Verband für Freiheit und Menschenwürde
Institut für Zeitgeschichte München–Berlin (IfZ)
Gerichtsakten
Nachlass Arthur Dietzsch
Nachlass Dieter Sattler
Bestand Manuskripte
Bestand Zeitschriftentum
Internationaler Suchdienst Bad Arolsen (ITS Archive)
Personalakte Kogon
Korrespondenzakte Eugen Kogon
Privatarchiv Michael Kogon (PA)
Norddeutscher Rundfunk Unternehmensarchiv (NDR-Archiv)
Nachlass Rüdiger Proske
Sozialwissenschaftliches Archiv Konstanz
Akten Deutsche Gesellschaft für Soziologie

Universitätsarchiv Darmstadt (UA THD)
Akten der Fakultät Kultur- und Staatswissenschaften
Akten Ordinariat Wissenschaftliche Politik I u. II
Reden zu Rektoratsübergaben (Digitale Sammlung)
Universitätsarchiv Freie Universität Berlin (UA FU Berlin)
Akten der Deutschen Vereinigung für Politische Wissenschaft
Universitätsbibliothek Frankfurt a. M. (UB FFM)
Nachlass Max Horkheimer
Nachlass Alexander Mitscherlich

2 Zeitungen und Zeitschriften

[o. V.] Das Erziehungsproblem in der industrialisierten Welt, in: Wetterauer Zeitung, 06.01.1956.
[o. V.] Fragwürdiger Abschied Kogons bei Panorama, in: FUNK-Korrespondenz 1 (1965).
[o. V.] Eier gegen Kogon, in: FAZ, 04.11.1968.
[o. V.] Fernseh-„Dompteur" Prof. Eugen Kogon. Interviews und Aufnahmen zur TV-Sendung „Wie frei ist unsere Presse?", in: Solinger Tageblatt, 13.12.1962.
[o. V.] Für Gottschalch, in: Berliner Anzeiger, 25.01.1968.
[o. V.] Ruf nach Reform: die Rebellion und das Parlament. Fünfzig-Jahr-Feier der Hochulfreunde – Professor Kogon über Motive der Unruhe, in: Darmstädter Echo, 25.05.1968.
Buchholz, Axel: Röders Rüge. Politologe Krockow fühlt sich verleumdet, in: Die Zeit, 12.07.1968.
Güldenpfennig, Karl-Heinz: Professor Dr. Eugen Kogon, in: Nacht-Depesche, 23.01.1964.
Iwand, Joachim: Ecce homo, in: Die Zeit, 14.08.1947.
Kogon, Eugen: Gefährliche Politologen, in: Industriekurier, 1968.
Kogon, Eugen: Pioniere oder Außenseiter?, in: Industriekurier, 1968.
Morlock, Martin: Kein Spass, in: Der Spiegel, Nr. 3, 1965.
Zöllner, Michael: Wozu Politologen? Eugen Kogons Rede auf dem Berliner Kongreß, in: FAZ, 08.10.1969.

3 Internetdokumente

Czempiel, Ernst-Otto: Demokrat und Europäer. Zum hundertsten Geburtstag von Eugen Kogon, https://www.nzz.ch/article8MW5T-1.207414 (03.04.2017).
DVPW: Ziele der DVPW, http://www.dvpw.de/wir/profil/ziele.html (26.01.2018).
Körber-Stiftung: Alle Protokolle des Bergedorffer Gesprächskreises, https://www.koerber-stiftung.de/bergedorfer-gespraechskreis/protokolle.html (28.01.2018).
Mittag, Jürgen: Vom Honoratiorenkreis zum Europanetzwerk. Sechs Jahrzehnte Europäische Bewegung in Deutschland, http://www.netzwerk-ebd.de/wp-content/uploads/2014/08/Festschrift_07_EBD-Geschichte.pdf (01.07.2016).
Panorama-Archiv, https://daserste.ndr.de/panorama/archiv/index.html (19.04.2018).
Stamm, Christoph: Aufklärung über den Nationalsozialismus und „Sozialismus aus christlicher Verantwortung" – Der Nachlass Eugen Kogon im AdsD, https://www.fes.de/archiv/adsd_neu/inhalt/newsletter/newsletter/NL_01_2009/html012009/stamm.html (19.02.2018).
Technische Hochschule Darmstadt (Hrsg.): Personal- und Vorlesungsverzeichnisse, http://tudigit.ulb.tu-darmstadt.de/show/sammlung29 (21.02.2018).

TU Darmstadt: Aufbruchstimmung und Protest. Die Jahre 1968 bis 1971, www.tu-darmstadt.de/universitaet/selbstverstaendnis/profil_geschichte/geschichtetu/thema_geschichte_k5.de.jsp (26.01.2018).

van Laak, Dirk: Planung, Planbarkeit und Planungseuphorie, http://docupedia.de/zg/Planung#-Nachkriegszeit_in_Westeuropa (22.10.2017).

4 Zeitzeugeninterviews

Czempiel, Ernst-Otto, Berlin, 22.07.2013.
Ekardt, Hanns-Peter, Kassel, 29.04.2016.
Erb, Gottfried, Hungen, 23.08.2012.
Kielmansegg, Peter Graf von, Heidelberg, 05.03.2013.
Knothe, Klaus, Berlin, 05.04.2016.
Kogon, Beate, telefonisches Gespräch am 19.12.2017.
Kogon, Michael, Füllinsdorf, 13.03.2013 und 03./04.02.2016 (sowie zahlreiche weitere Telefonate und E-Mail-Wechsel)
Kreile, Reinhold, München, 04.02.2016.
Lochau, Rainer, Berlin, 16.02.2016.
Vieser, Günther, telefonisches Gespräch am 19.05.2017.

5 Literatur

Adorno, Theodor W./Horkheimer, Max/Kogon, Eugen: Die Menschen und der Terror, in: Alfred Schmidt/Gunzelin Schmid Noerr (Hrsg.): Max Horkheimer. Gesammelte Schriften. Nachgelassene Schriften 1949–1972, Bd. 13, Frankfurt a. M. 1989, S. 143–152.

Albrecht, Clemens u. a.: Die intellektuelle Gründung der Bundesrepublik. Eine Wirkungsgeschichte der Frankfurter Schule, Frankfurt a. M./New York 1999.

Arndt, Hans-Joachim: Die Besiegten von 1945. Versuch einer Politologie für Deutsche samt Würdigung der Politikwissenschaft in der Bundesrepublik Deutschland, Berlin 1978.

Auerbach, Hellmuth: Die Gründung des Instituts für Zeitgeschichte, in: VfZ 18 (1970), H. 4, S. 529–554.

Bartels, Tobias: Eine Disziplin – zwei Fachgesellschaften!? Ursachen und Hintergründe des Verhältnisses von DVPW und DGfP, in: Wilhelm Knelangen/Tine Stein (Hrsg.): Kontinuität und Kontroverse. Die Geschichte der Politikwissenschaft an der Universität Kiel, Essen 2013, S. 481–519.

Bavaj, Riccardo: „68er" versus „45er". Anmerkungen zu einer „Generationenrevolte", in: Heike Hartung/Dorothea Reinmuth/Christiane Streubel/Angelika Uhlmann (Hrsg.): Graue Theorie. Die Kategorien Alter und Geschlecht im kulturellen Diskurs, Köln u. a. 2007, S. 53–78.

Beismann, Dennis: Eugen Kogons Netzwerke in der Bundesrepublik Deutschland, in: Lothar Beyer-Stiftung (Hrsg.): Passagen in den Sozialwissenschaften. Beiträge der Stipendiaten, Kassel 2014, S. 218–235.

Berg, Nicolas: Der Holocaust und die westdeutschen Historiker. Erforschung und Erinnerung, Göttingen 2003.

Bering, Dietz: Die Epoche der Intellektuellen – 1898–2001. Geburt, Begriff, Grabmal, Darmstadt 2010.

Bermbach, Udo: Die siebziger Jahre, in: Jürgen W. Falter/Felix W. Wurm (Hrsg.): Politikwissenschaft in der Bundesrepublik Deutschland. 50 Jahre DVPW, Wiesbaden 2003, S. 29–34.

Bleek, Wilhelm: Geschichte der Politikwissenschaft in Deutschland, München 2001.
Böckenförde, Ernst-Wolfgang: Der deutsche Katholizismus im Jahr 1933. Eine kritische Betrachtung, in: Hochland 53 (1960/61), S. 215–239.
Boll, Friedhelm: Sprechen als Last und Befreiung. Holocaust-Überlebende und politisch Verfolgte zweier Diktaturen: ein Beitrag zur deutsch-deutschen Erinnerungskultur, Bonn 2003.
Boll, Friedhelm: Der Bensberger Kreis und sein Polenmemorandum (1968). Vom Zweiten Vatikanischen Konzil zur Unterstützung sozial-liberaler Entspannungspolitik, in: Friedhelm Boll/Wieslaw Wysocki/Klaus Ziemer: Versöhnung und Politik. Polnisch-deutsche Versöhnungsinitiativen der 1960er Jahre und die Entspannungspolitik, Bonn 2009, S. 77–116.
Boll, Friedhelm: Brandt und Grass – eine Freundschaft?, in: revue d'Allemagne et des pays de langue allemande 46 (2014), H. 2, S. 347–364.
Boll, Friedhelm: Walter Dirks' Pazifismus und die Aussöhnung mit Polen, in: Benedikt Brunner/Thomas Großbölting/Klaus Große Kracht/Meik Woyke (Hrsg.): „Sagen, was ist". Walter Dirks in den intellektuellen und politischen Konstellationen Deutschlands und Europas, Berlin 2020, S. 235–274.
Bösch, Frank: Später Protest. Die Intellektuellen und die Pressefreiheit in der frühen Bundesrepublik, in: Dominik Geppert/Jens Hacke (Hrsg.): Streit um den Staat. Intellektuelle Debatten in der Bundesrepublik 1960–1980, Göttingen 2008, S. 91–112.
Bühl, Hendrik: Eugen Kogon: Der SS-Staat, in: Torben Fischer/Matthias N. Lorenz (Hrsg.): Lexikon der „Vergangenheitsbewältigung" in Deutschland. Debatten- und Diskursgeschichte des Nationalsozialismus nach 1945, Bielefeld 2007, S. 31–33.
Conze, Vanessa: Das Europa der Deutschen. Ideen von Europa in Deutschland zwischen Reichstradition und Westorientierung (1920–1970), München 2005.
Czempiel, Ernst-Otto: Professor Kogon, in: Michael Kogon/Ernst-Otto Czempiel/Gottfried Erb/Johann Wörner (Hrsg.): Das Maß aller Dinge. Zu Eugen Kogons Begriff der Humanität, Darmstadt 2001, S. 25–34.
Detjen, Joachim: Ferdinand A. Hermes (1996–1998), in: Eckhard Jesse/Sebastian Liebold (Hrsg.): Deutsche Politikwissenschaftler – Werk und Wirkung. Von Abendroth bis Zellentin, Baden-Baden 2014, S. 347–361.
Dirks, Walter: Der restaurative Charakter der Epoche, in: FH 5 (1950), H. 9, S. 942–954.
Dirks, Walter: Ein Grundsatzprogramm. Zum „neuen Weg" der Sozialdemokratischen Partei Deutschlands, in: FH 15 (1960), H. 1, S. 1–5.
Dirks, Walter: Der singende Stotterer. Autobiographische Texte, München 1983.
Doering-Manteuffel, Anselm: Westernisierung. Politisch-ideeller und gesellschaftlicher Wandel in der Bundesrepublik bis zum Ende der 60er Jahre, in: Axel Schildt/Detlef Siegfried/Karl Christian Lammers (Hrsg.): Dynamische Zeiten. Die 60er Jahre in den beiden deutschen Gesellschaften, Hamburg 2000, S. 311–341.
Eberle, Henrik: „Ein wertvolles Instrument". Die Universität Greifswald im Nationalsozialismus, Köln u. a. 2015.
Eckel, Jan: Hans Rothfels. Eine intellektuelle Biographie im 20. Jahrhundert, Göttingen 2005.
Eckert, Ferdinand: Einführung: Wie ich Eugen Kogon erlebt habe, in: Michael Kogon/Gottfried Erb (Hrsg.): Eugen Kogon. Liebe und tu, was du willst. Reflexionen eines Christen. Band 4 der Gesammelten Schriften, Weinheim/Berlin 1996, S. 31–38.
Eichmüller, Andreas: Die SS in der Bundesrepublik. Debatten und Diskurse über ehemalige SS-Angehörige 1949–1985, Berlin/Boston 2018.
El Sayed, Ingrid: Frauen im Fünften Bundestag, in: FH 21 (1966), H. 3, S. 152 f.
Eppel, Peter: Zwischen Kreuz und Hakenkreuz. Die Haltung der Zeitschrift „Schönere Zukunft" zum Nationalsozialismus in Deutschland 1934–1938, Wien 1980.

Erb, Gottfried: Ein Mann des anderen Deutschlands. Erinnerungen an Eugen Kogon, in: Orientierungen 52 (1988), H. 9, S. 102–104.

Erb, Gottfried: Vorwort, in: Michael Kogon/Gottfried Erb (Hrsg.): Eugen Kogon. Die restaurative Republik. Zur Geschichte der Bundesrepublik Deutschland. Band 3 der Gesammelten Schriften, Weinheim 1996, S. 7–14.

Erb, Gottfried: „Unsere Kraft reicht weiter als unser Unglück" (Ingeborg Bachmann). Eugen Kogon in der restaurativen Republik, in: Hans-Rüdiger Schwab (Hrsg.): Eigensinn und Bindung. Katholische deutsche Intellektuelle im 20. Jahrhundert, Kevelaer 2009, S. 363–375.

Eßbach, Wolfgang: Intellektuellensoziologie zwischen Ideengeschichte, Klassenanalyse und Selbstbefragung, in: Thomas Kroll/Tilman Reitz (Hrsg.): Intellektuelle in der Bundesrepublik Deutschland. Verschiebungen im politischen Feld der 1960er und 1970er Jahre, Göttingen 2013.

Ewald, Hans-Gerd: Die gescheiterte Republik. Idee und Programm einer „Zweiten Republik" in den Frankfurter Heften (1946–1950), Frankfurt a. M./New York 1988.

Feretti, Alessandra: Ein politischer Plan für das Europa der Nachkriegszeit, in: Technische Universität Darmstadt (Hrsg.): Das Maß aller Dinge. Zu Eugen Kogons Begriff der Humanität, Darmstadt 2001, S. 97–123.

Fetscher, Iring: In keiner Weise überholt: „Der SS-Staat", in: Neue Gesellschaft. Frankfurter Hefte 50 (2003), H. 1–2, S. 73–76.

FH-Redaktion: Mitteilung. Statt drei, zwei Herausgeber der FH, in: FH 5 (1950), H. 3, S. 450.

Flemming, Jens: Gegen Preußen – Für Europa. Ordnungspolitische Suchbewegungen von Eugen Kogon und Walter Dirks in den Anfangsjahren der Frankfurter Hefte, in: Benedikt Brunner/Thomas Großbölting/Klaus Große Kracht/Meik Woyke (Hrsg.): „Sagen, was ist". Walter Dirks in den intellektuellen und politischen Konstellationen Deutschlands und Europas, Berlin 2020, S. 191-213.

Forner, Sean A.: „Das Sprachrohr keiner Besatzungsmacht oder Partei". Deutsche Publizisten, die Vereinigten Staaten und die demokratische Erneuerung in Westdeutschland 1945–1949, in: Arnd Bauerkämper/Konrad H. Jarausch/Marcus M. Payk (Hrsg.): Demokratiewunder. Transatlantische Mittler und die kulturelle Öffnung Westdeutschlands 1945–1970, Göttingen 2011, S. 159–189.

Forner, Sean A.: German Intellectuals and the Challenge of Democratic Renewal. Culture and Politics After 1945, Cambridge 2017.

Frei, Norbert: Vergangenheitspolitik. Die Anfänge der Bundesrepublik und die NS-Vergangenheit, München 1999.

Frei, Norbert: 1968. Jugendrevolte und globaler Protest, München 2008.

Gallus, Alexander: Heimat „Weltbühne". Eine Intellektuellengeschichte im 20. Jahrhundert, Göttingen 2012.

Geppert, Dominik/Hacke, Jens: Einleitung, in: Dominik Geppert/Jens Hacke (Hrsg.): Streit um den Staat. Intellektuelle Debatten in der Bundesrepublik 1960–1980, Göttingen 2008, S. 9–22.

Gerbaulet, Sabine: Vom Wiederaufbau zur Massenuniversität. Die Entwicklung der Technischen Hochschule, Darmstadt 2000.

Gerster, Daniel: Friedensdialoge im Kalten Krieg: Eine Geschichte der Katholiken in der Bundesrepublik 1957–1983, Frankfurt a. M. 2012.

Gilcher-Holtey, Ingrid: Konkurrenz um den „wahren" Intellektuellen. Intellektuelles Rollenverständnis aus zeithistorischer Sicht, in: Thomas Kroll/Tilman Reitz (Hrsg.): Intellektuelle in der Bundesrepublik Deutschland. Verschiebungen im politischen Feld der 1960er und 1970er Jahre, Göttingen 2013, S. 41–52.

Görtemaker, Manfred: Geschichte der Bundesrepublik Deutschland. Von der Gründung bis zur Gegenwart, München 1999.

Grosser, Alfred: Die Last der Geschichte überwinden. Laudatio auf Preisträger Wladyslaw Bartoszewski, in: Neue Gesellschaft. Frankfurter Hefte 50, 2003, 1/2, S. 78–82.

Grüner, Gustav: Das Gewerbelehrerstudium an der Technischen Hochschule, in: Darmstädter Hochschulnachrichten 5 (1967), S. 1–7.

Grunewald, Michael: „Christliche Sozialisten" in den ersten Nachkriegsjahren: Die Frankfurter Hefte, in: Michel Grunewald/Uwe Puschner (Hrsg.): Le milieu intellectuel catholique en Allemagne, sa presse et ses reseaux (1871–1963). Das katholische Intellektuellenmilieu in Deutschland, seine Presse und seine Netzwerke (1871–1963), Bern 2006, S. 459–481.

Grußendorf, Johan: Die Europa-Union in der westdeutschen Tagespresse in den 1950er Jahren. Kontinuitäten und Wandel in der Berichterstattung über einen Europaverband, Berlin 2007.

Hackett, David A. (Hrsg.): Der Buchenwald-Report. Bericht über das Konzentrationslager Buchenwald bei Weimar, München 2010.

Hammerstein, Notker: Helene von Bila. Wissenschaftspolitikerin in der Nachkriegszeit, in: Carl Horst/Eva M. Felschow/Jürgen Reulecke/Volker Roelcke/Corina Sargk (Hrsg.): Panorama, 400 Jahre Universität Gießen. Akteure – Schauplätze – Erinnerungskultur, Frankfurt a. M. 2007, S. 142–145.

Hanel, Melanie: Die TH Darmstadt im Dritten Reich, Darmstadt 2014.

Herr, Friedrich: Der Linkskatholizismus, in: Zeitschrift für Politik 5 (1958), S. 134–161.

Hickethier, Knut: Geschichte des Fernsehens in der Bundesrepublik Deutschland, München 1993.

Hickethier, Knut/Hoff, Peter: Geschichte des deutschen Fernsehens, Stuttgart 1998.

Hildebrand, Klaus: Von Erhard zur Großen Koalition 1963–1969, Stuttgart 1984.

Hodenberg, Christina von: Die Journalisten und der Aufbruch zur kritischen Öffentlichkeit, in: Ulrich Herbert (Hrsg.): Wandlungsprozesse in Westdeutschland. Belastung, Integration, Liberalisierung 1945–1980, Göttingen 2003, S. 278–311.

Hodenberg, Christina von: Konsens und Krise. Eine Geschichte der westdeutschen Medienöffentlichkeit 1945–1973, Göttingen 2006.

Holtz-Bacha, Christina: Wahlwerbung als politische Kultur. Parteienspots im Fernsehen 1957–1998, Wiesbaden 1998.

Horkheimer, Max/Adorno, Theodor W./Kogon, Eugen: Die verwaltete Welt oder: Die Krise des Individuums. Gespräch im Hessischen Rundfunk am 04.09.1950, in: Alfred Schmidt/Gunzelin Schmid Noerr (Hrsg.): Max Horkheimer. Gesammelte Schriften. Nachgelassene Schriften 1949–1972, Bd. 13, Frankfurt a. M. 1989, S. 121–142.

Horn, Gerd-Rainer: Die Quellen der Transnationalität des westeuropäischen Linkskatholizismus (1924–1954). Querdenker, Kommunikationsnetzwerke und soziale Bewegungen, in: Claus Arnold/Johannes Wischmeyer (Hrsg.): Transnationale Dimensionen wissenschaftlicher Theologie, Mainz 2013, S. 107–124.

Hüttig, Christoph/Lutz, Raphael: Die „Marburger Schule(n)" im Umfeld der westdeutschen Politikwissenschaft 1951–1975, in: Wilhelm Bleek/Hans J. Lietzmann (Hrsg.): Schulen der deutschen Politikwissenschaft, Opladen 1999, S. 293–315.

Institut für Stadtgeschichte Frankfurt (Hrsg.): Findbuch zum Bestand Verband für Freiheit und Menschenwürde. Verbandsgeschichte, Frankfurt a. M. 2000.

Institut zur Förderung Öffentlicher Angelegenheiten e. V. (Hrsg.): Politische Erziehung und Bildung in Deutschland: ein Bericht über die Konferenz von Waldleiningen 1949, Frankfurt a. M. 1950.

Jäger, Georg: Der Schriftsteller als Intellektueller. Ein Problemaufriß, in: Sven Hanuschek/Therese Hoernigk/Christine Malende (Hrsg.): Schriftsteller als Intellektuelle. Politik und Literatur im Kalten Krieg [DFG-Tagung vom 1. bis 3. Oktober 1996 in Berlin], Tübingen 2000, S. 1–28.

Jahn, Bruno: Die deutschsprachige Presse. Ein biographisch-bibliographisches Handbuch, Berlin 2005.

Jarren, Otfried: Medien und Kommunikation in den 50er Jahren, in: Axel Schildt/Arnold Sywottek (Hrsg.): Modernisierung im Wiederaufbau. Die deutsche Gesellschaft der 50er Jahre, Berlin 1993, S. 433–438.

Jesse, Eckhard/Liebold, Sebastian (Hrsg.): Deutsche Politikwissenschaftler – Werk und Wirkung. Von Abendroth bis Zellentin, Baden-Baden 2014.

Jesse, Eckhard/Liebold, Sebastian: Politikwissenschaftler und Politikwissenschaft in Deutschland, in: Eckhard Jesse/Sebastian Liebold (Hrsg.): Deutsche Politikwissenschaftler – Werk und Wirkung. Von Abendroth bis Zellentin, Baden-Baden 2014, S. 9–70.

Kaiser, Jost: Als Helmut Schmidt einmal …: Kleine Geschichten über einen großen Mann, München 2012.

Keller, Thomas: Eugen Kogon und David Rousset: Geteiltes Gedächtnis, in: Thomas Keller/Freddy Raphel (Hrsg.): Lebensgeschichten, Exil, Migration, Berlin 2006, S. 31–64.

Keßler, Mario: Arkadij Gurland: Sozialdemokrat und Politologe zwischen Weimarer Republik, Exil und westlichem Nachkriegsdeutschland (1907–2009), in: Mario Keßler (Hrsg.): Historia magistra vitae? Über Geschichtswissenschaft und politische Bildung, Berlin 2010, S. 191–210.

Kießling, Friedrich: „Gesprächsdemokraten" – Walter Dirks' und Eugen Kogons Demokratie- und Pluralismusbegründungen in der frühen Bundesrepublik, in: Alexander Gallus/Axel Schildt (Hrsg.): Rückblickend in die Zukunft. Politische Öffentlichkeit und intellektuelle Position in Deutschland um 1950 und um 1930, Göttingen 2011, S. 385–412.

Kießling, Friedrich: Die undeutschen Deutschen. Eine ideengeschichtliche Archäologie der alten Bundesrepublik 1945–1972, Paderborn 2012.

Klarsfeld, Beate/Klarsfeld, Serge/Klarsfeld, Arno: Erinnerungen, München/Berlin/Zürich 2017.

Kleinmann, Hans-Otto: Eugen Kogon (1903–1987), in: Jürgen Aretz/Rudolf Morsey/Anton Rauscher (Hrsg.): Zeitgeschichte in Lebensbildern. Aus dem deutschen Katholizismus des 19. und 20. Jahrhunderts, Münster op. 1999, S. 223–242.

Klingemann, Carsten: Soziologie und Politik. Sozialwissenschaftliches Expertenwissen im Dritten Reich und in der frühen westdeutschen Nachkriegszeit, Wiesbaden 2009.

Knigge, Volkhard: „Die organisierte Hölle". Eugen Kogons ambivalente Zeugenschaft, in: Jürgen Danyel/Jan-Holger Kirsch/Martin Sabrow (Hrsg.): 50 Klassiker der Zeitgeschichte, Göttingen 2007, S. 24–28.

Kogon, Eugen: Faschismus und Korporativstaat. Dissertation, Wien 1927.

Kogon, Eugen: Das Dritte Reich und die preußisch-deutsche Geschichte, in: FH 1 (1946), H. 3, S. 44–57.

Kogon, Eugen: Demokratie und Föderalismus, in: FH 1 (1946), H. 6, S. 66–78.

Kogon, Eugen: Der SS-Staat. Das System der deutschen Konzentrationslager, München 1946.

Kogon, Eugen: Gericht und Gewissen, in: FH 1 (1946), H. 1, S. 25–39.

Kogon, Eugen: Das Ende der Flitterwochen in Bonn, in: FH 5 (1950), H. 3, S. 225–228.

Kogon, Eugen: Gegen die ideologischen Spiegelfechter, in: FH 5 (1950), H. 3, S. 239 f.

Kogon, Eugen: Politik als Wissenschaft, in: Institut zur Förderung Öffentlicher Angelegenheiten e. V. (Hrsg.): Politische Erziehung und Bildung in Deutschland: ein Bericht über die Konferenz von Waldleiningen 1949, Frankfurt a. M. 1950, S. 125–128, erstmals veröffentlicht in: FH 4 (1949).

Kogon, Eugen: Die Wiederkehr des Nationalsozialismus, in: FH 6 (1951), H. 6, S. 377–382.

Kogon, Eugen: Fünfter Akt im europäischen Schauspiel. Darin Deutschland, in: FH 7 (1952), H. 7, S. 481–506.

Kogon, Eugen: „Der Würfel, der entscheidet, liegt …", in: FH 8 (1953), H. 10, S. 741–744.

Kogon, Eugen: Der archimedische Punkt ist der Geist selbst, in: FH 9 (1954), H. 1, S. 4–8.

Kogon, Eugen: Einige Thesen zum „weltpolitischen Wendepunkt", in: FH 10 (1955), H. 8, S. 529–534.

Kogon, Eugen: Die Rolle der Intelligenz. Ideologien und Ideologiekritik, in: FH 14 (1959), H. 12, S. 861–870.
Kogon, Eugen: Aussicht auf Initiative. Der Generationenwechsel in den USA, in: FH 15 (1960), H. 12, S. 816–818.
Kogon, Eugen: „Ein koboldischer Lärm", in: FH 15 (1960), H. 9, S. 597–599.
Kogon, Eugen: Nicht der Einzige. Nur eine Anmerkung zum Fall Eichmann, in: FH 15 (1960), H. 7, S. 451 f.
Kogon, Eugen: Der Parlamentarismus unter den gegenwärtigen gesellschaftlichen Bedingungen. Festansprache zur Eröffnung des neuen Parlaments-Plenarsaales des Hessischen Landtages in Wiesbaden am 18.09.1962, in: FH 17 (1962), H. 11, S. 725–736.
Kogon, Eugen: Ausblick, in: FH 18 (1963), S. 1 f.
Kogon, Eugen: Das Recht auf den politischen Irrtum, in: Hubert Habicht (Hrsg.): Eugen Kogon. Die unvollendete Erneuerung. Deutschland im Kräftefeld 1945–1963, Frankfurt a. M. 1963, S. 23–40, erstmals veröffentlicht in: FH 2 (1947).
Kogon, Eugen: Der Realist und die Wunschpolitiker, in: FH 18 (1963), H. 3, S. 145 f.
Kogon, Eugen: Die Aussichten der Welt. Zu den geistigen Grundlagen der Gegenwart, in: Hubert Habicht (Hrsg.): Eugen Kogon. Die unvollendete Erneuerung. Deutschland im Kräftefeld 1945–1963, Frankfurt a. M. 1963, S. 155–167, erstmals veröffentlicht in: FH 7 (1952).
Kogon, Eugen: Verteidigung unserer Möglichkeiten, in: Erich Kuby (Hrsg.): Franz Josef Strauß. Ein Typus unserer Zeit, Wien 1963, S. 315–380.
Kogon, Eugen: Zusammenfassung zum Darmstädter Gespräch „Der Mensch und seine Meinung" 1960, in: Heinz Winfried Sabais (Hrsg.): Die Herausforderung. Darmstädter Gespräche, München 1963, S. 373–376.
Kogon, Eugen: Auschwitz und eine menschliche Zukunft, in: FH 19 (1964), H. 12, S. 830–838.
Kogon, Eugen: Besuch in Moskau und Leningrad. Eindrücke und Überlegungen, in: FH 19 (1964), H. 11, S. 753–760.
Kogon, Eugen: Technologische Pädagogik, in: Darmstädter Hochschulnachrichten, 1964, S. 1–5.
Kogon, Eugen: Der 20. September, in: FH 20 (1965), H. 9, S. 591–592.
Kogon, Eugen: Der Beitrag der westdeutschen Studentenschaft zur Verwirklichung der Menschenrechte in der Welt, in: FH 20 (1965), H. 6, S. 877–889.
Kogon, Eugen: Der Streit um die Rolle unserer politischen Strafjustiz. Äußerungen und Gegenäußerungen, in: FH 20 (1965), H. 2, S. 77–88.
Kogon, Eugen: Der verhängnisvolle Weg, in: FH 20 (1965), H. 1, S. 1–2.
Kogon, Eugen: Die bundesrepublikanische Situation, in: FH 20 (1965), H. 4, S. 223–226.
Kogon, Eugen: Die Verjährung, in: FH 20 (1965), H. 3, S. 149–153.
Kogon, Eugen: Eine schlechte Lösung, in: FH 20 (1965), H. 11, S. 735 f.
Kogon, Eugen: Unsere Demokratie, in: FH 20 (1965), H. 8, S. 517–519.
Kogon, Eugen: Der Wählerwille, in: FH 21 (1966), H. 11, S. 741 f.
Kogon, Eugen: Gesellschaftliche Formation. Eine Diskussion vor Referendaren, in: FH 21 (1966), H. 11, S. 745–764.
Kogon, Eugen: Sowjetrussischer Besuch in der Bundesrepublik, in: FH 21 (1966), H. 9, S. 591–593.
Kogon, Eugen: Und wieder: Deutsche Soldaten!, in: FH 21 (1966), H. 3, S. 147 f.
Kogon, Eugen: Vom Nationalismus zur Supranationalität, in: FH 21 (1966), H. 5, S. 303–313.
Kogon, Eugen: Das Ende der Außenseiter, in: FH 22 (1967), H. 1, S. 1–3.
Kogon, Eugen: Die neue deutsche Ost-Politik, in: FH 22 (1967), H. 3, S. 153.
Kogon, Eugen: „Sachverständigen-Anhörung im Bundestag zur Notwendigkeit und zum Umfang einer Grundgesetz-Änderung für den Notstandsfall", in: FH 22 (1967), H. 12, S. 811–814.
Kogon, Eugen: Wissenschaft heute und die Gewerkschaften. Begründung einer Notwendigkeit, in: FH 22 (1967), H. 11, S. 749–754.

Kogon, Eugen: „Zum Tag der deutschen Einheit", in: FH 22 (1967), H. 7, S. 457–463.
Kogon, Eugen: Die republikanische Bewegung, in: FH 23 (1968), H. 3, S. 145 f.
Kogon, Eugen: Impressionen aus Sowjet-Asien. Blick in eine fremde, dennoch verwandte Welt, in: FH 23 (1968), H. 1, S. 21–32.
Kogon, Eugen: Veränderung der Szene. Das Attentat und seine Folgen, in: FH 23 (1968), H. 5, S. 295–298.
Kogon, Eugen: Das Stück Machtwechsel, in: FH 24 (1969), H. 4, S. 217 f.
Kogon, Eugen: Die Koalition ins dritte Jahrzehnt, in: FH 24 (1969), H. 11, S. 763–768.
Kogon, Eugen: Die überfällige Entscheidung, in: FH 24 (1969), H. 9, S. 609–610.
Kogon, Eugen: Soll man kapitulieren?, in: FH 24 (1969), H. 5, S. 307–310.
Kogon, Eugen: Die Stunde der Ingenieure. Technologische Intelligenz und Politik, Düsseldorf 1976.
Kogon, Eugen: Der Kampf um Europa, in: Michael Kogon/Gottfried Erb (Hrsg.): Eugen Kogon. Europäische Visionen. Band 2 der Gesammelten Schriften, Berlin 1995, S. 51–55, erstmals veröffentlicht in: FH 2 (1947).
Kogon, Eugen: Die Aussichten Europas, in: Michael Kogon/Gottfried Erb (Hrsg.): Eugen Kogon. Europäische Visionen. Band 2 der Gesammelten Schriften, Berlin 1995, S. 26–42, erstmals veröffentlicht in: Alfred Andersch: Europäische Avantgarde, Frankfurt a. M. 1948.
Kogon, Eugen: Europa und die Nationalstaaten, in: Michael Kogon/Gottfried Erb (Hrsg.): Eugen Kogon. Europäische Visionen. Band 2 der Gesammelten Schriften, Berlin 1995, S. 42–51, erstmals veröffentlicht: Vortrag im Stuttgarter Rundfunk am 07.04.1953.
Kogon, Eugen: Gericht und Gewissen. Teil 1, in: Michael Kogon/Gottfried Erb (Hrsg.): Eugen Kogon. Ideologie und Praxis der Unmenschlichkeit. Erfahrungen mit dem Nationalsozialismus. Band 1 der Gesammelten Schriften, Berlin 1995, S. 219–227, erstmals veröffentlicht in: FH 1 (1946).
Kogon, Eugen: Gesprächsbeitrag bei der Tagung „Hitler – eine Erweckungsbewegung?" vom 6.–8.01.78, in: Michael Kogon/Gottfried Erb (Hrsg.): Eugen Kogon. Ideologie und Praxis der Unmenschlichkeit. Erfahrungen mit dem Nationalsozialismus. Band 1 der Gesammelten Schriften, Berlin 1995, S. 80–82.
Kogon, Eugen: Zwischen Atlantik-Pakt und Schumann-Plan, in: Michael Kogon/Gottfried Erb (Hrsg.): Eugen Kogon. Europäische Visionen. Band 2 der Gesammelten Schriften, Berlin 1995, S. 79–85, erstmals veröffentlicht in: FH 5 (1950).
Kogon, Eugen: Beinahe mit dem Rücken an der Wand, in: Michael Kogon/Gottfried Erb (Hrsg.): Eugen Kogon. Die restaurative Republik. Zur Geschichte der Bundesrepublik Deutschland. Band 3 der Gesammelten Schriften, Weinheim 1996, S. 116–125, erstmals veröffentlicht in: FH 9 (1954).
Kogon, Eugen: Der Ausbau des autoritären Leistungsstaates in der Bundesrepublik, in: Michael Kogon/Gottfried Erb (Hrsg.): Eugen Kogon. Die restaurative Republik. Zur Geschichte der Bundesrepublik Deutschland. Band 3 der Gesammelten Schriften, Weinheim 1996, S. 135–148, erstmals veröffentlicht in: FH 24 (1969).
Kogon, Eugen: Der entscheidende Schritt ist getan. Die Bundesrepublik ist auf dem Weg zur Macht, in: Michael Kogon/Gottfried Erb (Hrsg.): Eugen Kogon. Die restaurative Republik. Zur Geschichte der Bundesrepublik Deutschland. Band 3 der Gesammelten Schriften, Weinheim 1996, S. 131–134, erstmals veröffentlicht in: Frankfurter Neue Presse, 12.05.1955.
Kogon, Eugen: Dreißig Jahre – wohin?, in: Michael Kogon/Gottfried Erb (Hrsg.): Eugen Kogon. Die restaurative Republik. Zur Geschichte der Bundesrepublik Deutschland. Band 3 der Gesammelten Schriften, Weinheim 1996, S. 279–305, erstmals veröffentlicht in: Axel Eggebrecht (Hrsg.): Die zornigen alten Männer, Reinbek 1982.
Kogon, Eugen: Frankfurter Rede. Gehalten auf der ersten Kundgebung der CDU am 11.11.45, in: Michael Kogon/Gottfried Erb (Hrsg.): Eugen Kogon. Die restaurative Republik. Zur Geschichte

der Bundesrepublik Deutschland. Band 3 der Gesammelten Schriften, Weinheim 1996, S. 15–22.

Kogon, Eugen: Klassen und Revolution im Denken der „Neuen Linken", in: Michael Kogon/Gottfried Erb (Hrsg.): Eugen Kogon. Die restaurative Republik. Zur Geschichte der Bundesrepublik Deutschland. Band 3 der Gesammelten Schriften, Weinheim 1996, S. 251–273, erstmals veröffentlicht in: Erwin K. Scheuch (Hrsg.): Die Wiedertäufer der Wohlstandsgesellschaft, Köln 1968.

Kogon, Eugen: Lehren für morgen…, in: Michael Kogon/Gottfried Erb (Hrsg.): Eugen Kogon. Die restaurative Republik. Zur Geschichte der Bundesrepublik Deutschland. Band 3 der Gesammelten Schriften, Weinheim 1996, S. 83–101, erstmals veröffentlicht in: Christian Gneuß (Hrsg.): Der Weg in die Diktatur, München 1962.

Kogon, Eugen: Man braucht Deutschland, auch deutsche Soldaten?, in: Michael Kogon/Gottfried Erb (Hrsg.): Eugen Kogon. Die restaurative Republik. Zur Geschichte der Bundesrepublik Deutschland. Band 3 der Gesammelten Schriften, Weinheim 1996, S. 148–170, erstmals veröffentlicht in: FH 4 (1949).

Kogon, Eugen: Meine Entwicklung im Glauben, in: Michael Kogon/Gottfried Erb (Hrsg.): Eugen Kogon. Liebe und tu, was du willst. Reflexionen eines Christen. Band 4 der Gesammelten Schriften, Weinheim, Berlin 1996, S. 39–52.

Kogon, Eugen: Abkommandiert zur Liquidation, in: Michael Kogon/Gottfried Erb (Hrsg.): Eugen Kogon. „Dieses merkwürdige, wichtige Leben". Begegnungen. Band 6 der Gesammelten Schriften, Weinheim 1997, S. 55–59.

Kogon, Eugen: Alt werden, in: Michael Kogon/Gottfried Erb (Hrsg.): Eugen Kogon. „Dieses merkwürdige, wichtige Leben". Begegnungen. Band 6 der Gesammelten Schriften, Weinheim 1997, S. 229–236, erstmals veröffentlicht in: Kurt Lothar Tank (Hrsg.): Last und Lob des Alters, Berlin 1973.

Kogon, Eugen: An die Vereinigung des Verfolgten des Naziregimes, in: Michael Kogon/Gottfried Erb (Hrsg.): Eugen Kogon. „Dieses merkwürdige, wichtige Leben". Begegnungen. Band 6 der Gesammelten Schriften, Weinheim 1997, S. 127.

Kogon, Eugen: Bericht am 19.06.1958 an die Frankfurter Stadtverordnetenversammlung, in: Michael Kogon/Gottfried Erb (Hrsg.): Eugen Kogon. „Dieses merkwürdige, wichtige Leben". Begegnungen. Band 6 der Gesammelten Schriften, Weinheim 1997, S. 157–158, erstmals veröffentlicht in: Mitteilungen der Stadtverwaltung Frankfurt a. M. 12.07.1958.

Kogon, Eugen: Besuch in Moskau und Leningrad. Eindrücke und Überlegungen, in: Michael Kogon/Gottfried Erb (Hrsg.): Eugen Kogon. „Dieses merkwürdige, wichtige Leben". Begegnungen. Band 6 der Gesammelten Schriften, Weinheim 1997, S. 171–181, erstmals veröffentlicht in: FH 19 (1964).

Kogon, Eugen: Der Anfang der Frankfurter Hefte, in: Michael Kogon/Gottfried Erb (Hrsg.): Eugen Kogon. „Dieses merkwürdige, wichtige Leben". Begegnungen. Band 6 der Gesammelten Schriften, Weinheim 1997, S. 89–96.

Kogon, Eugen: Die Aussichten der Restauration. Über die gesellschaftlichen Grundlagen der Zeit, in: Michael Kogon/Gottfried Erb (Hrsg.): Eugen Kogon. Die reformierte Gesellschaft. Band 5 der Gesammelten Schriften, Weinheim 1997, S. 42–60, erstmals veröffentlicht in: FH 7 (1952).

Kogon, Eugen: Die Professur, in: Michael Kogon/Gottfried Erb (Hrsg.): Eugen Kogon. „Dieses merkwürdige, wichtige Leben". Begegnungen. Band 6 der Gesammelten Schriften, Weinheim 1997, S. 136–138.

Kogon, Eugen: Die Rettung, in: Michael Kogon/Gottfried Erb (Hrsg.): Eugen Kogon. „Dieses merkwürdige, wichtige Leben". Begegnungen. Band 6 der Gesammelten Schriften, Weinheim 1997, S. 59–62.

Kogon, Eugen: Ein Sturmbannführer wird umgedreht, in: Michael Kogon/Gottfried Erb (Hrsg.): Eugen Kogon. „Dieses merkwürdige, wichtige Leben". Begegnungen. Band 6 der Gesammelten Schriften, Weinheim 1997, S. 63–70.

Kogon, Eugen: Fragende Erinnerungen, in: Michael Kogon/Gottfried Erb (Hrsg.): Eugen Kogon. „Dieses merkwürdige, wichtige Leben". Begegnungen. Band 6 der Gesammelten Schriften, Weinheim 1997, S. 274–283.

Kogon, Eugen: Kampf dem Atomtod, in: Michael Kogon/Gottfried Erb (Hrsg.): Eugen Kogon. „Dieses merkwürdige, wichtige Leben". Begegnungen. Band 6 der Gesammelten Schriften, Weinheim 1997, S. 156–160.

Kogon, Eugen: Rebellion und Reform an unseren Hochschulen, in: Michael Kogon/Gottfried Erb (Hrsg.): Eugen Kogon. Die reformierte Gesellschaft. Band 5 der Gesammelten Schriften, Weinheim 1997, S. 157–169, erstmals veröffentlicht in: FH 24 (1969).

Kogon, Eugen: Vor der Befreiung (März/April 1945), in: Michael Kogon/Gottfried Erb (Hrsg.): Eugen Kogon. „Dieses merkwürdige, wichtige Leben". Begegnungen. Band 6 der Gesammelten Schriften, Weinheim 1997, S. 71–74.

Kogon, Eugen: Was man in Österreich gegen Hitler unternehmen konnte, in: Michael Kogon/ Gottfried Erb (Hrsg.): Eugen Kogon. „Dieses merkwürdige, wichtige Leben". Begegnungen. Band 6 der Gesammelten Schriften, Weinheim 1997, S. 39–43.

Kogon, Eugen: Wir Fünfundvierziger, in: Michael Kogon/Gottfried Erb (Hrsg.): Eugen Kogon. „Dieses merkwürdige, wichtige Leben". Begegnungen. Band 6 der Gesammelten Schriften, Weinheim 1997, S. 83–89.

Kogon, Eugen: Die Lage der Politischen Wissenschaften in der Bundesrepublik Deutschland, in: Jürgen W. Falter/Felix W. Wurm (Hrsg.): Politikwissenschaft in der Bundesrepublik Deutschland. 50 Jahre DVPW, Wiesbaden 2003, S. 147–162.

Kogon, Eugen: Der SS-Staat. Das System der deutschen Konzentrationslager, München ^{44}2006 (Erstausgabe 1946).

Kogon, Eugen/Dirks, Walter: Europa und die Amerikaner, in: FH 6 (1951), H. 2, S. 73–80.

Kogon, Michael: Preisträger und Laudatoren mit Format zum Staatspräsidenten. Der Königsteiner „Eugen-Kogon-Preis für gelebte Demokratie", in: Hochtaunuskreis (Hrsg.): Jahrbuch Hochtaunuskreis 2013, S. 127–133.

Kogon, Michael: Eugen Kogons „Der SS-Staat" ist ein halbes Jahrhundert alt, in: Aus dem Antiquariat 12 (1996), S. A497-A507.

Kogon, Michael: Die frühen Schriften Eugen Kogons, in: Michael Kogon/Gottfried Erb (Hrsg.): Eugen Kogon. Die Idee des christlichen Ständestaates. Frühe Schriften 1921–1949. Band 8 der Gesammelten Schriften, Berlin 1999, S. 9–60.

Kogon, Michael: Kurze Geschichte der Erinnerung an meinen Vater, in: Neue Gesellschaft. Frankfurter Hefte 50 (2003), H. 3, S. 59–63.

Kogon, Michael: Lieber Vati! Wie ist das Wetter bei Dir? Erinnerungen an meinen Vater Eugen Kogon. Briefe aus dem KZ Buchenwald, München 2014.

Kogon, Michael/Erb, Gottfried (Hrsg.): Eugen Kogon. „Dieses merkwürdige, wichtige Leben". Begegnungen. Band 6 der Gesammelten Schriften, Weinheim 1997.

Koppe, Karlheinz: Das grüne E setzt sich durch, Köln 1967.

Körner, Klaus: Gegen Krieg und Faschismus. Der Frankfurter Röderberg-Verlag und Reclam Leipzig, in: Ingrid Sonntag (Hrsg.): An den Grenzen des Möglichen, Berlin 2016, S. 142–156.

Kraushaar, Wolfgang: Die Protest-Chronik 1949–1959, Hamburg 1996.

Kraushaar, Wolfgang: Denkmodelle der 68er-Bewegung, in: Aus Politik und Zeitgeschichte, 2001, B22-23, S. 14–27.

Kraushaar, Wolfgang: Die Furcht vor einem „neuen 33". Protest gegen die Notstandsgesetzgebung, in: Dominik Geppert/Jens Hacke (Hrsg.): Streit um den Staat. Intellektuelle Debatten in der Bundesrepublik 1960–1980, Göttingen 2008, S. 135–149.

Kroll, Thomas: Der Linksprotestantismus in der Bundesrepublik Deutschland der 1960er und 1970er Jahre. Helmut Gollwitzer, Dorothee Sölle und Jürgen Moltmann, in: Thomas Kroll/Tilman Reitz (Hrsg.): Intellektuelle in der Bundesrepublik Deutschland. Verschiebungen im politischen Feld der 1960er und 1970er Jahre, Göttingen 2013, S. 103–122.

Kroll, Thomas/Reitz, Tilman: Zeithistorische und wissenssoziologische Zugänge zu den Intellektuellen der 1960er und 1970er Jahre. Eine Einführung, in: Thomas Kroll/Tilman Reitz (Hrsg.): Intellektuelle in der Bundesrepublik Deutschland. Verschiebungen im politischen Feld der 1960er und 1970er Jahre, Göttingen 2013, S. 7–18.

Kuby, Erich (Hrsg.): Franz Josef Strauß. Ein Typus unserer Zeit, Wien 1963.

Lampe, Gerhard: Panorama, Report und Monitor. Geschichte der politischen Fernsehmagazine 1957–1990, Konstanz 2000.

Lampe, Gerhard/Schumacher, Heidemarie: Das „Panorama" der 60er Jahre. Zur Geschichte des ersten politischen Fernsehmagazins der BRD, Berlin 1991.

Lange, Ansgar: Eugen Kogon als christlicher Publizist, in: Die neue Ordnung 58 (2004), H. 3, S. 225–238.

Laurien, Ingrid: Politisch-kulturelle Zeitschriften in den Westzonen 1945–1949. Ein Beitrag zur politischen Kultur der Nachkriegszeit, Frankfurt a. M./New York 1991.

Lehmbruch, Gerhard: Die sechziger Jahre, in: Jürgen W. Falter/Felix W. Wurm (Hrsg.): Politikwissenschaft in der Bundesrepublik Deutschland. 50 Jahre DVPW, Wiesbaden 2003, S. 21–28.

Loth, Wilfried: Die Europa-Bewegung in den Anfangsjahren der Bundesrepublik, in: Ludolf Herbst/Werner Bührer/Hanno Sowade (Hrsg.): Vom Marshallplan zur EWG. Die Eingliederung der Bundesrepublik Deutschland in die westliche Welt, München 1990, S. 63–80.

Loth, Wilfried: Konrad Adenauer und die europäische Einigung, in: Mareike König/Matthias Schulz (Hrsg.): Die Bundesrepublik Deutschland und die europäische Einigung 1949–2000. Politische Akteure, gesellschaftliche Kräfte und internationale Erfahrungen. Festschrift für Wolf D. Gruner zum 60. Geburtstag, Wiesbaden 2004, S. 39–60.

Marcus M. Payk: „… die Herren fügen sich nicht; sie sind schwierig.". Gemeinschaftsdenken, Generationenkonflikte und die Dynamisierung des Politischen in der konservativen Presse der 1950er und 1960er Jahre, in: Franz-Werner Kersting/Jürgen Reulecke/Hans-Ulrich Thamer (Hrsg.): Die zweite Gründung der Bundesrepublik. Generationswechsel und intellektuelle Wortergreifungen 1955–1975, Stuttgart 2010, S. 43–68.

Mautner, Josef P.: Dekonstruktion des Christentums. Linkskatholizismus und Gegenwart, in: Richard Faber (Hrsg.): Katholizismus in Geschichte und Gegenwart, Würzburg 2005, S. 227–256.

Meinhof, Ulrike: Heimkinder in der Bundesrepublik/Aufgehoben oder abgeschoben?, in: FH 21 (1966), H. 7, S. 616–626.

Menne, Ferdinand: Dirks & Kogon. Eine Momentaufnahme, in: Neue Gesellschaft. Frankfurter Hefte, 2003, 1+2, S. 76.

Meyer, Kristina: Die SPD und die NS-Vergangenheit 1945–1990, Göttingen 2015.

Moebius, Stephan: Intellektuellensoziologie – Skizze zu einer Methodologie, in: Sozial.Geschichte Online 2 (2010), S. 37–63.

Mohr, Arno: Die Durchsetzung der Politikwissenschaft an deutschen Hochschulen und die Entwicklung der Deutschen Vereinigung für Politische Wissenschaft, in: Klaus von Beyme (Hrsg.): Politikwissenschaft in der Bundesrepublik Deutschland. Entwicklungsprobleme einer Disziplin, Wiesbaden 1986, S. 62–77.

Mohr, Arno: Politikwissenschaft als Alternative. Stationen einer wissenschaftlichen Disziplin auf dem Wege zu ihrer Selbständigkeit in der Bundesrepublik Deutschland 1945–1965, Bochum 1989.

Mohr, Arno: Politikwissenschaft als Universitätsdisziplin in Deutschland, in: Arno Mohr (Hrsg.): Grundzüge der Politikwissenschaft, Berlin 1997, S. 1–64.

Mohr, Arno: Entstehung und Entwicklung der Politikwissenschaft in Hessen, in: Jürgen W. Falter/Felix W. Wurm (Hrsg.): Politikwissenschaft in der Bundesrepublik Deutschland. 50 Jahre DVPW, Wiesbaden 2003, S. 211–231.

Möhrchen, Helmut: Sozialdemokratie und Intellektuelle seit 1945. Eine komplizierte Beziehung. Ein Überblick, in: Ulrich von Alemann/Gertrude Cepl-Kaufmann/Hans Hecker/Bernd Witte (Hrsg.): Intellektuelle und Sozialdemokratie, Wiesbaden 2000, S. 137–146.

Möller, Horst: Das Institut für Zeitgeschichte und die Entwicklung der Zeitgeschichtsforschung in Deutschland, in: Horst Möller/Udo Wengst (Hrsg.): 50 Jahre Institut für Zeitgeschichte. Eine Bilanz, München 1999, S. 1–68.

Morsey, Rudolf: Die Bundesrepublik Deutschland. Entstehung und Entwicklung bis 1969, Berlin 2007.

Mühlhausen, Walter: Eugen Kogon – Ein Leben für Humanismus, Freiheit und Demokratie. Blickpunkt Hessen, Wiesbaden 2006.

Münkel, Daniela: Intellektuelle für die SPD: Die Sozialdemokratische Wählerinitiative, in: Gangolf Hübinger/Thomas Hertfelder (Hrsg.): Kritik und Mandat. Intellektuelle in der deutschen Politik, Stuttgart 2000, S. 222–238.

Neißkenwirth, Frederike: „Die Europa-Union wird Avantgarde bleiben". Transnationale Zusammenarbeit in der niederländischen und deutschen Europabewegung (1945–1958), Münster 2016.

Neumann, Philip: Das Internationale Komitee Buchenwald-Dora und Kommandos (1952–2005), Jena 2012.

Nixdorff, Peter: Geleitwort. Zur Geschichte der Politikwissenschaft in Darmstadt, in: Tanja Hitzel-Cassagnes/Thomas Schmitt (Hrsg.): Demokratie in Europa und europäische Demokratien. Festschrift für Heidrun Abromeit, Wiesbaden 2005.

Pendas, Devin O.: The Frankfurt Auschwitz Trial, 1963–1965. Genocide, History, and the Limits of the Law, München 2013.

Perels, Joachim: Eugen Kogon (1903–1987), in: links. Sozialistische Zeitung 20 (1988), H. 215, S. 45 f.

Perels, Joachim: Eugen Kogon – Zeuge des Leidens im SS-Staat und Anwalt gesellschaftlicher Humanität, in: Claudia Fröhlich/Michael Kohlstruck (Hrsg.): Engagierte Demokraten. Vergangenheitspolitik in kritischer Absicht, Münster 1999, S. 31–45.

Pesch, Ludwig: Die CDU und die Intellektuellen. Für eine konstruktive Kulturpolitik, in: Die politische Meinung, 1964, S. 61–66.

Peter, Jürgen: Der Nürnberger Ärzteprozess. Im Spiegel seiner Aufarbeitung anhand der drei Dokumentensammlungen von Alexander Mitscherlich und Fred Mielke, Berlin u. a. 2013.

Peter, Lothar: Warum sind die französischen Intellektuellen politisch, die deutschen nicht?, in: Hans-Jürgen Bieling/Klaus Dörre/Jochen Steinhilber/Hans-Jürgen Urban (Hrsg.): Flexibler Kapitalismus. Analyse, Kritik und politische Praxis. Frank Deppe zum 60. Geburtstag, Hamburg 2001, S. 240–251.

Picker, Herny/Gerhard Ritter (Hrsg.): Hitlers Tischgespräche im Führerhauptquartier 1941–1942, Bonn 1951.

Pfeil, Ulrich: Die DDR und die europäische Integration (1949–1957): Eine andere Variante der SED-Deutschlandpolitik, in: Mareike König/Matthias Schulz (Hrsg.): Die Bundesrepublik Deutschland und die europäische Einigung 1949–2000. Politische Akteure, gesellschaftliche Kräfte und internationale Erfahrungen. Festschrift für Wolf D. Gruner zum 60. Geburtstag, Wiesbaden 2004, S. 471–494.

Prümm, Karl: Walter Dirks und Eugen Kogon als katholische Publizisten der Weimarer Republik, Heidelberg 1984.

Pyta, Wolfram: Biographisches Arbeiten als Methode in der Geschichtswissenschaft, in: Christian Klein (Hrsg.): Handbuch Biographie. Methoden, Traditionen, Theorien, Stuttgart/Weimar 2009, S. 331–338.

Reschke, Anja: Die Unbequemen. Wie Panorama die Republik verändert hat, München 2011.

Richter, Reinhard: Nationales Denken im Katholizismus der Weimarer Republik, Münster 2000.

Rigoll, Dominik: Erfahrene Alte und entradikalisierte 68er. Menschenrechte im roten Jahrzehnt, in: Norbert Frei/Annette Weinke (Hrsg.): Toward a New Moral World Order? Menschenrechtspolitik und Völkerrecht seit 1945, Göttingen 2013, S. 182–192.

Roehler, Klaus/Nitsche, Rainer/Delius, Friedrich Christian (Hrsg.): Das Wahlkontor deutscher Schriftsteller in Berlin 1965. Versuch einer Parteinahme, Berlin 1990.

Rogosch, Detlef: Sozialdemokratie zwischen nationaler Orientierung und Westintegration 1945–1957, in: Mareike König/Matthias Schulz (Hrsg.): Die Bundesrepublik Deutschland und die europäische Einigung 1949–2000. Politische Akteure, gesellschaftliche Kräfte und internationale Erfahrungen. Festschrift für Wolf D. Gruner zum 60. Geburtstag, Wiesbaden 2004, S. 287–310.

Rovan, Joseph: Erinnerungen eines Franzosen, der einmal Deutscher war, München 2000.

Rupp, Hans Karl: Außerparlamentarische Opposition in der Ära Adenauer: Der Kampf gegen die Atombewaffnung in den fünfziger Jahren. Eine Studie zur innenpolitischen Entwicklung der BRD, Köln 1980.

Sabrow, Martin: Erinnerungsorte der DDR, München 2009.

Sälter, Gerhard: Phantome des Kalten Krieges. Die Organisation Gehlen und die Wiederbelebung des Gestapo-Feindbildes „Rote Kapelle", Berlin 2016.

Schapfel, Franz: Die Eingliederung der Gewerbelehramtausbildung in die Technische Hochschule Darmstadt im historischen Kontext, in: Josef Rützel (Hrsg.): Gesellschaftlicher Wandel und Gewerbelehrerausbildung. Analysen und Beiträge für eine Studienreform, Alsbach 1994, S. 19–32.

Schildt, Axel: Der Umgang mit der NS-Vergangenheit in der Öffentlichkeit der Nachkriegszeit, in: Wilfried Loth/Bernd A. Rusinek (Hrsg.): Verwandlungspolitik. NS-Eliten in der westdeutschen Nachkriegsgesellschaft, Frankfurt a. M. u. a. 1998, S. 19–54.

Schildt, Axel: Konservatismus in Deutschland. Von den Anfängen im 18. Jahrhundert bis zur Gegenwart, München 1998.

Schildt, Axel: Zwischen Abendland und Amerika. Studien zur westdeutschen Ideenlandschaft der 50er Jahre, München 1999.

Schildt, Axel/Detlef Siegfried/Karl Christian Lammers (Hrsg.): Dynamische Zeiten. Die 60er Jahre in den beiden deutschen Gesellschaften, Hamburg 2000.

Schildt, Axel: Materieller Wohlstand – pragmatische Politik – kulturelle Umbrüche. Die 60er Jahre in der Bundesrepublik, in: Axel Schildt/Detlef Siegfried/Karl Christian Lammers (Hrsg.): Dynamische Zeiten. Die 60er Jahre in den beiden deutschen Gesellschaften, Hamburg 2000, S. 21–53.

Schildt, Axel: Auf neuem und doch scheinbar vertrautem Feld. Intellektuelle Positionen am Ende der Weimarer und am Anfang der Bonner Republik, in: Alexander Gallus/Axel Schildt (Hrsg.): Rückblickend in die Zukunft. Politische Öffentlichkeit und intellektuelle Position in Deutschland um 1950 und um 1930, Göttingen 2011, S. 13–32.

Schildt, Axel/Siegfried, Detlef: Deutsche Kulturgeschichte. Die Bundesrepublik – 1945 bis zur Gegenwart, München 2009.

Schildt, Axel/Sywottek, Arnold (Hrsg.): Modernisierung im Wiederaufbau. Die deutsche Gesellschaft der 50er Jahre, Berlin 1993.
Schlich, Jutta: Geschichte(n) des Begriffs ‚Intellektuelle', in: Jutta Schlich (Hrsg.): Intellektuelle im 20. Jahrhundert in Deutschland. Ein Forschungsreferat, Berlin 2000, S. 1–114.
Schmidt, Isabel: Nach dem Nationalsozialismus. Die TH Darmstadt zwischen Vergangenheitspolitik und Zukunftsmanagement (1945–1960), Darmstadt 2015.
Schmidt, Robert H.: Politikwissenschaft an der Technischen Hochschule Darmstadt im Rahmen der Entwicklung der Hochschule von den Anfängen bis zur Gegenwart. Ein Beitrag zur Geschichte der Disziplin und zur Geschichte der TH Darmstadt, Darmstadt 1963.
Schmitt, Horst: Die Freiburger Schule 1954–1970. Politikwissenschaft in „Sorge um den deutschen Staat", in: Wilhelm Bleek/Hans J. Lietzmann (Hrsg.): Schulen der deutschen Politikwissenschaft, Opladen 1999, S. 213–237.
Schneider, Michael: Demokratie in Gefahr. Der Konflikt um die Notstandsgesetze: Sozialdemokratie, Gewerkschaften und intellektueller Protest (1958–1968), Bonn 1986.
Schrage, Franz H.: Weimar – Buchenwald. Spuren nationalsozialistischer Vernichtungsgewalt in Werken von Ernst Wiechert, Eugen Kogon, Jorge Semprun, Düsseldorf 1999.
Schöler, Uli: Wolfgang Abendroth – Fragen an einen politischen Lebensweg, in: Friedrich-Martin Balzer/Hans Manfred Bock/Uli Schöler (Hrsg.): Wolfgang Abendroth, wissenschaftlicher Politiker. Bio-bibliographische Beiträge, Opladen 2001, S. 11–46.
Scholtysek, Joachim: Mauerbau und Deutsche Frage. Westdeutsche Intellektuelle und der Kalte Krieg, in: Dominik Geppert/Jens Hacke (Hrsg.): Streit um den Staat. Intellektuelle Debatten in der Bundesrepublik 1960–1980, Göttingen 2008, S. 69–88.
Schroeder, Wolfgang: Katholizismus und Einheitsgewerkschaft. Der Streit um den DGB und der Niedergang des Sozialkatholizismus in der Bundesrepublik bis 1960, Bonn 1992.
Schulte, Jan Erik: Im Zentrum der Verbrechen: Das Verfahren gegen Oswald Pohl und weitere Angehörige des SS-Wirtschafts-Verwaltungshauptamtes, in: Kim Christian Priemel/Alexa Stiller (Hrsg.): NMT. Die Nürnberger Militärtribunale zwischen Geschichte, Gerechtigkeit und Rechtschöpfung, Hamburg 2013, S. 67–100.
Schwarz, Hans-Peter: Die Ära Adenauer. Gründerjahre der Republik 1949–1957, Stuttgart 1981.
Schwarz, Hans-Peter: Die Ära Adenauer. 1957–1963, Stuttgart/Wiesbaden 1983.
Schwiedrzik, Wolfgang: Träume der ersten Stunde. Die Gesellschaft Imshausen, Berlin 1991.
Seefried, Elke: Reich und Stände. Ideen und Wirken des deutschen politischen Exils in Österreich 1933–1938, Düsseldorf 2006.
Söllner, Alfons: Deutsche Politikwissenschaftler in der Emigration. Studien zu ihrer Akkulturation und Wirkungsgeschichte. Mit einer Bibliographie, Heidelberg 1996.
Spernol, Boris: Notstand der Demokratie. Der Protest gegen die Notstandsgesetze und die Frage der NS-Vergangenheit, Essen 2008.
Stankowski, Martin: Linkskatholizismus nach 1945. Die Presse oppositioneller Katholiken in der Auseinandersetzung für eine demokratische und sozialistische Gesellschaft, Köln 1976.
Sywottek, Arnold: Wege in die 50er Jahre, in: Axel Schildt/Arnold Sywottek (Hrsg.): Modernisierung im Wiederaufbau. Die deutsche Gesellschaft der 50er Jahre, Berlin 1993, S. 13–46.
Thiemeyer, Guido: „Wandel durch Annäherung". Westdeutsche Journalisten in Osteuropa 1956–1977, in: Archiv für Sozialgeschichte 45 (2005), S. 101–116.
Uertz, Rudolf: Christentum und Sozialismus in der frühen CDU. Grundlagen und Wirkungen der christlich-sozialen Ideen in der Union 1945–1949, Stuttgart 1981.
Weber, Petra: Guter Patriot und guter Europäer – das Europa Carlo Schmids, in: Volker Depkat/Piero Graglia (Hrsg.): Entscheidung für Europa – Decidere l'Europa. Erfahrung, Zeitgeist und politische Herausforderungen am Beginn der europäischen Integration – Esperienza, mentalità e sfide politiche agli albori dell'integrazione europea, Berlin 2011, S. 243–262.

Wentker, Hermann: Außenpolitik in engen Grenzen. Die DDR im internationalen System 1949–1989. Veröffentlichungen zur SBZ-/DDR-Forschung im Institut für Zeitgeschichte, Berlin 2007.

Winkler, Heinrich August: Der lange Weg nach Westen. Deutsche Geschichte vom „Dritten Reich" bis zur Wiedervereinigung, München 2001.

Wolfrum, Edgar: Die geglückte Demokratie. Geschichte der Bundesrepublik Deutschland von ihren Anfängen bis zur Gegenwart, Bonn 2007.

Ziemann, Andreas: Vom Schreiben, Sprechen und Zeigen – intellektuelle Medienpraxis, in: Thomas Kroll/Tilman Reitz (Hrsg.): Intellektuelle in der Bundesrepublik Deutschland. Verschiebungen im politischen Feld der 1960er und 1970er Jahre, Göttingen 2013, S. 151–166.

Personenregister

Abelein, Manfred 191
Abendroth, Wolfgang 94 f., 99, 101, 107, 118 f., 181 f., 192–194, 199, 201 f., 205
Adenauer, Konrad 16, 61, 65, 69, 71, 74, 77–80, 85 f., 88, 90 f., 133, 142–144, 149, 153 f., 161 f., 165, 167, 172, 174, 214
Adorno, Theodor W. 34 f., 120, 182
Agartz, Viktor 99
Ahlers, Conrad 162
Allende Gossens, Salvador 197
Allwood, Martin Samuel 120
Altmann, Rüdiger 90, 155
Amery, Carl 181
Andres, Stefan 81
Anweiler, Oskar 208
Apitz, Bruno 170
Arendt, Hannah 128, 211
Arndgen, Josef 16
Auerbach, Philipp 46
Augstein, Rudolf 135, 161–163
Baade, Fritz 181

Bähnisch, Theanolte 132
Bahr, Egon 175, 178
Bartel, Walter 50
Bartmann, Heinrich 124
Barzel, Rainer 158
Batke, Elisabeth 28
Bergstraesser, Arnold 95, 107
Bergsträsser, Ludwig 46, 95, 97–99, 101, 115
Bermbach, Udo 208, 210
Besson, Waldemar 167, 194, 202
Beyme, Klaus von 194
Bila, Helene von 94, 99, 103–106, 128
Billerbeck, Rudolf 115
Bismarck, Klaus von 167
Bismarck, Otto von 65
Bloch, Ernst 182
Blüthgen, Friedrich 149
Böhret, Carl 208
Böll, Heinrich 81, 188
Bormann, Martin 136
Born, Max 84
Bracher, Karl Dietrich 193 f.
Brandt, Willy 96, 129, 150 f., 157–161, 168, 174 f., 178, 203, 214

Brauer, Max 84
Brenner, Eduard 45
Brentano, Heinrich von 154
Brill, Hermann 46, 49, 52, 68, 94 f., 97, 99 f.
Brüning, Heinrich 11
Buber-Neumann, Margarete 48
Burckhardt, Jacob 190

Chiang Kai-shek 172
Chruschtschow, Nikita 171
Churchill, Winston 50, 74
Czayka, Lothar Manfred 122
Czempiel, Ernst-Otto 93, 115, 118 f., 121, 192–194

Dehio, Ludwig 46
Dehler, Thomas 81
Dietze, Constantin von 46
Dietzsch, Arthur 49
Ding-Schuler, Erwin 14, 45
Dirks, Marianne 128
Dirks, Walter 5, 21, 25–28, 30–33, 41–44, 55, 64, 66, 81 f., 88, 119, 127 f., 181, 214, 218 f.
Döhn, Lothar 118
Dollfuß, Engelbert 99
Dönhoff, Marion Gräfin 168
Drath, Martin 99
Dulles, John Foster 172
Dutschke, Rudi 184, 187

Eberhard, Fritz 99
Eberle, Joseph 87
Eckert, Ferdinand 21
Eggebrecht, Axel 81, 151, 218
Ehmke, Horst 161, 163
Eichmann, Adolf 114, 136
Eisenhower, Dwight D. 69
Ekardt, Hanns-Peter 117
Engel, Ludwig 82
Engelmann, Bernt 133
Erb, Alfons 119
Erb, Gottfried 6, 20 f., 24, 38, 58, 112, 119, 122, 127, 152
Erdmann, Karl Dietrich 99
Erhard, Ludwig 35, 90 f., 154–156, 160, 173 f., 176, 197
Erler, Fritz 68, 132

Eschenburg, Theodor 48, 94, 99, 109, 118
Eynern, Gert von 194

Faul, Erwin 194, 202
Fay, Wilhelm 136
Ferber, Walter 87
Fest, Joachim 133, 135, 140 f.
Feuerer, Karl 52
Fijalkowski, Jürgen 208
Flechtheim, Ossip Kurt 75, 95, 114, 168, 199
Focke, Katharina 161
Fraenkel, Ernst 95, 99, 108, 114
Frenay, Henri 69, 79
Freund, Ludwig 100
Friedeburg, Ludwig von 152
Friedländer, Ernst 69, 71
Friedrich, Carl Joachim 207

Gablentz, Otto Heinrich von 108
Gantzel, Klaus Jürgen 194
Gaulle, Charles de 172–174, 180
Gehlen, Reinhard 73 f.
Geissler, Christian 140 f.
Genscher, Hans-Dietrich 175
Gerstenmaier, Eugen 132
Gerth, Hans 99
Globke, Hans 61
Glum, Friedrich 47
Goebbels, Joseph 127
Goerdeler, Ulrich 138
Goes, Albrecht 132, 181
Gollwitzer, Helmut 132, 181, 184
Gottschalch, Wilfried 201, 208
Grabowsky, Adolf 99, 192
Grass, Günter 150 f., 157
Grimme, Adolf 127
Grimme, Josefine 127
Grosser, Dieter 195, 200
Guggenheimer, Walter Maria 21, 30, 32
Gurland, Arcadius 99, 114 f., 117

Haberl, Othmar Nikola 208
Hamm-Brücher, Hildegard 201
Hartung, Fritz 46
Hartwich, Hans-Hermann 208
Hassel, Kai-Uwe von 158
Hättich, Manfred 107
Hax, Karl 104
Heinemann, Gustav 74 f., 80 f., 153, 157–160, 168

Hennig, Arno 105 f., 116
Hennis, Wilhelm 193
Hentig, Hartmut von 191
Hermens, Ferdinand Aloys 107
Hessel, Stéphane 23
Heuberger, Cäcilie 9, 89
Heuss, Theodor 45 f.
Hilpert, Werner 16, 48 f., 97
Hippel, Ernst von 46
Hitler, Adolf 12, 47, 54, 56, 89, 100, 107, 113, 117
Höcherl, Hermann 158, 162
Holtzmann, Ernst 82
Horkheimer, Max 30, 34, 57, 99
Höss, Rudolf 114

Jahn, Hans Henny 81
Jaspers, Karl 157
Johnson, Lyndon Baines 156

Kaiser, Karl 206
Kammler, Jörg 118
Kästner, Erich 81
Kaufmann, Erich 46
Kautsky, Benedikt 99
Kelsen, Hans 9
Kennedy, John Fitzgerald 171 f., 175
Kielmansegg, Peter Graf 38, 105, 111 f., 119, 121 f.
Kiesinger, Georg 132, 142, 156–158, 166, 177 f.
Kirchheimer, Otto 99
Klammroth, Ursula 132, 134
Klarsfeld, Beate 157
Kliem, Kurt 119
Klinar, Peter 208
Klöppel, Kurt 116 f.
Kluge, Hans-Georg 105
Knappstein, Karlheinz 16
Knecht, Josef 88
Knothe, Klaus 109, 170
Koch, Harald 168, 170
Koch, Ilse 62
Kofler, Karl 99
Kogon, Alexius 20, 23
Kogon, Beate 25
Kogon, Cornelia 20, 22 f.
Kogon, Margarethe 21, 168
Kogon, Michael 6, 12, 21, 23, 25, 28, 32, 131
Kogon, Sophie 9

Kohary, Philipp Josias 13, 88
Kohut, Oswald 181
Kolb, Walter 48
Koppe, Karlheinz 68–70, 79
Körber, Kurt 31, 168, 204
Korsch, Karl 99
Kramer, Franz 88 f.
Kregeloh, Hilde 116, 127
Kreile, Reinhold 120, 122
Krokow, Christian Graf von 194, 202
Kuby, Erich 149 f.
Kühn, Heinz 159
Küpfmüller, Karl 114 f.

Langbein, Hermann 19, 129
Langer-El Sayed, Ingrid 120
Lehmann, Lutz 133, 139
Lehmbruch, Gerhard 193 f., 204
Leibholz, Gerhard 99
Lenk, Kurt 194
Leonhard, Karlheinz 163
Leuschner, Else 48
Leussink, Hans 161, 200, 211
Levi, Primo 19
Lindner, Heinz 103
Litt, Theodor 46
Löbe, Paul 38, 68, 81
Lochau, Rainer 116
Lösche, Peter 208
Löwenthal, Richard 95, 114
Lübke, Heinrich 159
Lücke, Paul 158
Lutz, Dieter 194

Maier, Hans 107, 193 f., 210 f.
Marcuse, Herbert 57, 99
Marguerre, Karl 190
Marx, Karl 27, 187
Matschek, Alex 49
Mau, Hermann 47 f.
Maus, Heinz 181, 199
Mayer, Hans 73, 75
McCloy, John 74
Mehmel, Alfred 101
Mehnert, Klaus 99
Meinecke, Friedrich 46
Meinhof, Ulrike 184
Mende, Erich 132, 162
Menzel, Walter 84

Merseburger, Peter 133
Metzger, Ludwig 105 f.
Meyer, Ernst Wilhelm 99 f., 192
Meyer, Ludwig 99 f.
Mitscherlich, Alexander 151, 171
Mochalski, Herbert 168, 170
Mommsen, Ernst Wolf 161
Mosell, Heinz 119
Münster, Clemens 16, 25, 28 f., 117

Narr, Wolfgang-Dieter 194 f., 200, 207
Neumann, Franz 95, 118
Niekisch, Ernst 25
Niemöller, Martin 153, 168, 170, 181

Oberländer, Theodor 61, 82
Oberndörfer, Dieter 107, 194
Oertzen, Peter von 127
Ohnesorg, Benno 183
Ollenhauer, Erich 81 f., 91, 152
Oppenheim, Friedrich Carl von 70
Osswald, Albert 152

Paczensky, Gert von 133–136, 163
Papen, Franz von 11, 87, 89
Pfeiffer, Anton 46
Pleister, Werner 23, 131
Pleven, René 77
Pohl, Oswald 61
Proske, Rüdiger 134 f.

Raabe, Cuno 48
Rabehl, Bernd 208
Radke, Olaf 155
Rajewsky, Boris 170
Richter, Hans Werner 35 f.
Ridder, Helmut 181 f., 199
Riess, Curt 22
Ritter, Emil 87
Ritter, Gerhard 46
Röder, Franz-Josef 202
Rose, Gerhard 62
Rosenberg, Albert G. 50
Rössler, Hellmuth 115 f.
Rüegg, Walter 191
Ruge, Gerd 167
Rüstow, Alexander 192

Sandys, Duncan 68 f.
Sattler, Dieter 45

Sauer, Wolfgang 115
Scheel, Walter 168, 175
Schelsky, Helmut 184
Schier-Gribowsy, Peter 133, 136
Schiller, Karl 152, 160
Schlechta, Karl 103, 106
Schmid, Carlo 67 f., 81, 99, 101, 158
Schmid, Richard 181
Schmidt, Arno 30
Schmidt, Helmut 130, 158, 160, 182, 200–202
Schmidt, Robert Heinz 103, 110, 117 f.
Schnabel, Franz 45 f.
Schöllgen, Werner 132
Schröder, Gerhard 158, 159, 173, 179
Schumacher, Kurt 58, 68, 91, 152, 214
Schuman, Robert 77
Schumann, Hans-Gerd 119
Schwarz, Hans-Peter 107, 206
Seebohm, Hans-Christoph 61
Seifert, Jürgen 115, 188
Siebrecht, Valentin 16
Siemer, Laurentius 9
Sombart, Werner 112
Sontheimer, Kurt 107, 151, 193 f., 201, 204
Spaak, Paul Henri 69
Spann, Othmar 9, 87
Speidel, Hans 46
Spiecker, Carl 67, 158
Spinelli, Altiero 69, 71, 79
Spiridonow, J. W. 169
Ssemjonoff, Alexander Michael 9
Stalin, Josef 78
Stammberger, Wolfgang 162
Stammer, Otto 194, 206
Steffani, Winfried 210

Stein, Erwin 48, 93–95, 99–101, 104
Stein, Werner 201, 206
Stempel, Hans 81
Sternberger, Dolf 26, 94, 108, 210
Stock, Christian 48, 101
Stoltenberg, Gerhard 197–200, 211
Stone, Shepard 47 f.
Strauß, Franz Josef 80, 120, 133, 149, 158, 162
Suhr, Otto 94, 108, 192 f., 196

Thape, Ernst 52
Truman, Harry S. 50
Tudyka, Kurt 194, 207

Vieser, Günther 129
Voegelin, Eric 95
Vollmer, Bernhard 46

Walden, Matthias 197
Walser, Martin 181
Weber, Alfred 81, 192
Wehner, Herbert 156 f., 159 f., 173, 178, 181
Wessel, Helene 82
Westphal, Heinz 132
Weyer, Willi 159
Wildenhahn, Klaus 140
Winkler, Heinrich August 76, 84, 208
Winkler, Wilhelm 46
Wocker, Karl-Heinz 133
Woller, Rudolf 86, 89
Wörner, Johann-Dietrich 93

Zinn, Christa 170
Zinn, Georg-August 94, 99 f., 152, 168, 204, 211
Zinnkann, Heinrich 48

www.ingramcontent.com/pod-product-compliance
Lightning Source LLC
Chambersburg PA
CBHW082037230426
43670CB00016B/2690